Russian Stage Tw

Welcome Back!

The Russian-American Collaborative Series: Russian in Stages

Russian Stage Two:
Welcome Back!

TEXTBOOK

Cynthia L. Martin
Andrei E. Zaitsev

GRAMMAR COMMENTARIES
Richard D. Brecht
Cynthia L. Martin

Editor:
Maria D. Lekič

Series Editor:
Dan E. Davidson

KENDALL/HUNT PUBLISHING COMPANY
4050 Westmark Drive Dubuque, Iowa 52002

CTR
American Council of Teachers of Russian
1776 Massachusetts Ave., NW Washington DC 20036

Русский язык: Этап II

Welcome Back!

Синтия Мартин
Андрей Зайцев

Учебник

Под редакцией
Д. Дэвидсона

KENDALL/HUNT PUBLISHING COMPANY
4050 Westmark Drive Dubuque, Iowa 52002

American Council of Teachers of Russian
1776 Massachusetts Ave., NW Washington DC 20036

Editor
Maria Lekič

Photos by
Arkadij Britov
Sergej Leont'ev

Video Production by
Svetlana Prudovskaya

Video Storyline
Andrei Zaitsev, Cynthia Martin, Svetlana Prudovskaya

Typeset and Layout
Allen Coté, Business Images, Inc.

Copyright © 1993, 2001 by the American Council of Teachers of Russian

ISBN 0-7872-7683-9

Printed in the United States of America
10 9 8 7 6 5 4 3 2 1

RUSSIAN STAGE TWO: WELCOME BACK! is intended for adult learners of Russian at the intermediate level of study. The goal of this second-year course is to improve functional competence in speaking, listening, reading, and writing by 1) activizing the base grammar generally covered in an elementary course and 2) doubling the learner's active vocabulary to reach approximately 1600-2000 words. In terms of the ACTFL proficiency scale, the aim is to provide the learner with the tools necessary for attaining a solid Intermediate Mid level of oral proficiency.

The course materials are based on a video series (divided into 10 units, 20 episodes) that takes us back to Moscow to see how our friends from *Russian Stage One: Live from Moscow!* are doing—Tanya, Misha, Olya and Dennis. We follow the new adventures and misadventures of our old friends and meet some new ones along the way. While the characters and many of the settings in Welcome Back! will be familiar to those who have used *Russian Stage One: Live From Moscow!*, this set of materials can be used independently by any learner who possesses the usual 800-1000 word vocabulary of a beginning learner and who has completed a core elementary course covering the basic grammar and structure of the language.

RUSSIAN STAGE TWO: WELCOME BACK! is designed for a course that meets once a day for a typical 15-week semester. The following materials comprise *Russian Stage Two:*

MAIN TEXTBOOK

10 chapters, each based on two video episodes. Each of the ten lessons is designed for 12 class periods and is structured as follows:

Day 1	Video day, first episode of the unit. Introduction to lexical, grammatical and communicative models to be practiced on Days 2-4.
Days 2–4	Practice days.
Day 5	Video day, second episode of the unit. Introduction to lexical, grammatical and communicative models to be practiced on Days 6-8.
Days 6-8	Practice days.
Day 9	Video Review: Focus on reviewing the content of the video episodes and related models with a focus on reported speech, simple narration and description of events.
Days 10-11	Reading days.
Day 12	Chapter Review Day.

Grammar commentaries are included at the end of each unit. The main textbook contains a comprehensive Russian-English and English-Russian Dictionary, as well as extensive appendices.

Workbooks

(volume I: Units 1-5 and volume II: Units 6-10)
Homework assignments are included to correspond to every day of each unit. As a rule, homework assignments are designed to reinforce material covered in class and to prepare students by anticipating material to be covered the next day.

Video Cassette
Contains all 10 units (20 episodes).

Audio Cassettes (2)
Contain homework assignments for each of the ten units.

An Instructors Manual
Contains a variety of instructional support materials.

Acknowledgments

The development and preparation of any modern language textbook requires a truly collective effort. *RUSSIAN STAGE TWO: WELCOME BACK!* is no exception, and there are many people and organizations to whom the authors owe significant debts.

Firstly, our thanks go to Dr. Dan E. Davidson (Bryn Mawr College and ACTR), whose vision for the **Russian in Stages** series has guided the development of materials for the past two decades and has led to the transformation of our field. Numerous generations of young Slavists and students of Russian are indebted to Dr. Davidson for his vision, leadership, and devotion to the field of Russian and modern language study. A special note of thanks goes to Dr. Richard Brecht (University of Maryland and National Foreign Language Center) whose original work and approach to the structure of Russian has significantly inspired the grammatical approach taken throughout the **Russian in Stages** series. We extend a special, heartfelt thanks to Dr. Maria D. Lekic (University of Maryland and Director of Curriculum and Testing for ACTR) for her exceptional methodological and professional guidance, as well as her sustained support of this project from its inception to the present. We are also grateful to the entire staff of the Publications Department of ACTR, especially to Irina VanDusen, Senior Editor and Office Manager, as well as to Martha Clarke and Heather McDonnell, for their expertise and diligent attention during the editing and proofing phases of this project. We are particularly indebted to our colleague, Galina Sergushenkova-Wladyka, whose remarkable experience as a teacher of Russian, both in Moscow and in the U.S., provided an especially valuable perspective for the improvement of these materials.

The authors also wish to acknowledge the special effort in this project carried out by the ACTR video production unit, headed by Svetlana Proudovskaya who oversaw all phases of the filming and editing of the two-hour video program that comprises **Stage II**. In this connection, we express our personal gratitude to the members of the Moscow-based players and production crew, who have played their own positive role in the US in winning over thousands of American students in the past four years to the study of Russian. A special note of thanks goes to Tatiana Kirsch for her professional expertise and methodological guidance exercised with consummate skill during the filming of the **Stage II** video. Finally, for their musical talent and original contributions to the video score, we thank Viktor Proudovsky and Misha Davidson.

We are deeply grateful to Allen Coté of Business Images, Inc. for his imaginative work with these materials. Allen's creativity and meticulous attention to detail and style have greatly improved these materials, and his good humor and patience made the final, most stressful phase of our work much easier.

While it is not possible here to express thanks to all the teachers who have piloted these materials in various stages of their development, we do wish to acknowledge the special contributions and valuable feedback of the following American teachers of Russian: Inna Hardman and Zhanna Vernola (University of Maryland); Dr. Benjamin Rifkin (University of Wisconsin and Director of The Russian School, Middlebury College, 2000); Elisa Frost (University of Wisconsin and Middlebury Russian School); Grigory Ziskin (Artistic Director, International Association of Russian Actors of Montreal, McGill University, and Middlebury College Russian School); Irina Dolgova (Yale University); James Levine (George Mason University); Bella Ginzbursky-Blum (College of William and Mary); and Mark Swift (University of New Zealand).

The development, test-teaching, and refinement of these materials would not have been possible were it not for the good humor and flexibility of many students, especially at the University of Maryland and the Summer 2000 Russian School, Middlebury College. In particular, we would like to thank the following students who took part in the final test-teaching cycle of these materials: Isaac Cohen, Audra Degesys, Erin Farrell, Emily Gaertner, Kaya Hansen, Nicole Hofstad, Taylor Hoyland, Brenden McDougal, Josephine Morgan, Sherrice Rogers, Peggy Saul, Sophia Umanksi, Oliver Walton, Laura Wayne, Samuel Witt. We are also very pleased to acknowledge here the participants of the ACTR Moscow 1999 Summer Language Program who appear in unit seven, episode 13: Amy Audetat, Janine Bergin, Wilson Brown, David Crawford, Jennifer Daniels, Lauren Warner, Jennifer Webster, Beata Ziolkowska.

It goes almost without saying, but is therefore all the more important to take note, that the creation of these materials for the particular market represented by the Russian post-elementary textbook field would never have been possible without the strong institutional and financial assistance of ACTR, the non-profit professional organization dedicated to the support and advancement of the Russian field. Costs associated with the development, editing, proofing, video production, general project management, and oversight have been assumed by ACTR from the outset of this project. Students and teachers of Russian in the U.S. are fortunate indeed that there is an organization within the field that upholds this important function. The authors also wish to acknowledge the support of our research and teaching by the University of Maryland at College Park, in particular the chair and faculty of the Department of Asian and East European Languages and Cultures and its administrative assistant, Bonnie Griffin. A special note of thanks also goes Chris Watkins of Language Media Services for his technical support of the Maryland-based test teaching of these materials.

Finally, we wish to thank Stephanie, Alexander, Anastasia, Max, Linda and Betty for their unconditional support and immeasurable patience during the many phases of our work on RUSSIAN STAGE II: WELCOME BACK!

The authors and publishers welcome suggestions from students and teachers of Russian for the improvement of these materials in the future.

Washington, D.C.
October 2000

	Уро́к/ эпизо́ды	Коммуникати́вные це́ли и ле́ксика	Грамма́тика
УРОК 1	Эпизо́д 1: Это так здо́рово! Эпизо́д 2: Лу́чше ме́ньше, да лу́чше!	Meeting new people, telling about self, family, school, and asking about others. Making/discussing plans. Expressing opinions, stating what we like more, less, etc. ле́ксика: о себе́; знако́мство; профе́ссии; студе́нческая жизнь	The absence of the verb "to be" in the present tense (review) Expressing location: review Expressing possession: review Dative case: review, form and function Verbs of studying and learning – учи́ться, изуча́ть Second-person imperative Expressing Dates Simple comparative of adjectives and adverbs Reported speech: reporting statements, questions with interrogatives
УРОК 2	Эпизо́д 3: Все хотя́т побыстре́е. Эпизо́д 4: Ты боле́ешь, а я за́муж выхожу́!	Filling out анкеты, providing official information about oneself. Phone etiquette. Extending invitations. Discussing health, visiting a doctor or clinic. Giving advice ле́ксика: здоро́вье; телефо́нный этике́т	Comparatives with the prefix по- Expressing age когда́? че́рез + accus. Time expressions (review): year, days of the weeks, months Expressing a plural subject (мы с Та́ней, мы с Ми́шей) Constructions used on the phone First-person imperative: "Let's...!" Constructions needed to discuss health Reported Speech (что́бы) Review of кото́рый
УРОК 3	Эпизо́д 5: Оди́н биле́т до Смоле́нска, туда́ и обра́тно. Эпизо́д 6: Это культу́рное ме́сто!	Making travel arrangements, buying tickets, checking into a hotel, etc. Spending and discussing leisure time – visiting a club, ordering, etc. Flagging down a taxi/private car. ле́ксика: путеше́ствия; выраже́ние вре́мени	Unprefixed verbs of motion (review, overview) Transitive verbs of motion: вози́ть-везти́, носи́ть-нести́ Prefix по- with verbs of motion Clock time (review of 24-hour clock, telling time colloquially) Reported Speech: Yes/No questions, ли
УРОК 4	Эпизо́д 7: Как дое́хать до гости́ницы «Росси́я»? Эпизо́д 8: Где ваш биле́т?	Asking, giving directions. Checking into hotel. Finding out information about a new place. Using mass transportation. Describing a person. ле́ксика: тра́нспорт, доро́га; черты́ хара́ктера	Spatial prepositions ме́жду, за, ря́дом, напра́во, нале́во, спра́ва, сле́ва Prefixed verbs of motion Common expressions for giving directions Subjunctive Mood, use of бы Reported thought or knowledge

	Уро́к/ эпизо́ды	Коммуникати́вные це́ли и ле́ксика	Грамма́тика
УРОК 9	Эпизо́д 17: Всё са́мое ва́жное — здесь. Эпизо́д 18: Понима́ешь, э́то сюрпри́з.	Making requests. Describing physical surroundings (room, house, city) Giving and responding to compliments. ле́ксика: поку́пки; выраже́ние про́сьбы; описа́ние до́ма, кварти́ры; комплиме́нты	Review of demonstrative pronoun весь, всё, вся, все Clauses of purpose introduced by что́бы Stative verbs (стоя́ть, висе́ть, лежа́ть, сиде́ть) Causative verbs (класть, ста́вить, ве́шать) Giving compliments with кому́ что́ идёт Unprefixed verbs of motion in past The verb лета́ть/лете́ть
УРОК 10	Эпизо́д 19: Поздравля́ю вас, ребя́та. Эпизо́д 20: Го́рько. . . Го́рько!!!	Table etiquette (засто́лье). Making toasts. Expressing wishes and preferences Describing clothing, appearance. ле́ксика: ру́сское засто́лье; описа́ние вне́шности; оде́жда; пожела́ния и то́сты	Construction я не успе́л(а) . . ., и . . . Impersonal construction Как тебе́ не . . .!? Use of что́бы to express wishes Constructions to describe personal appearance and clothing Constructions for proposing toasts Demonstrative сам, сама́, са́ми

Содержание

Урок

*I*n this lesson you will learn how to:

- talk about yourself, your close friends and relatives;

- ask about others;

- discuss special events and activities;

- talk about what you like and dislike;

- state your opinions.

1. Посмотри́те вво́дный эпизо́д и скажи́те: ☑

   а. Что зна́чит: «Москва́ — э́то се́рдце Росси́и»?
      ❏ Москва́ нахо́дится в це́нтре Росси́и.
      ❏ Москва́ — э́то столи́ца Росси́и.
      ❏ Москва́ — э́то са́мый краси́вый го́род Росси́и.

   б. В конце́ эпизо́да есть слова́: «Ну, отли́чно! Пое́хали!»
      Что э́то значи́т?
      ❏ Please visit Moscow!
      ❏ Great! Let's get started!
      ❏ Let's go to Moscow! It's great!

2. Что́ вы уже́ узна́ли (и́ли уже́ зна́ли) о на́ших моско́вских
   друзья́х из "Live from Moscow!"?

   Кто они́?

Та́ня · · · · · · · · · ·	ветерина́р.
Оля	америка́нец.
Ми́ша	студе́нтка.
Дэ́нис	журнали́ст.

Welcome Back!

Уро́к 1
День 0

Я уже́ зна́л(а), что . . .
Я узна́л(а), что . . .

   б. Скажи́те о на́ших геро́ях: (Ми́ша, Та́ня, Оля, Дэ́нис):

   Где он (она́) живёт?
   Что́ он (она́) лю́бит де́лать?
   Где он (она́) рабо́тает/у́чится?
   Как вы ду́маете, ско́лько ему́/ей лет?

3. Что́ ещё вы зна́ете (по́мните) о них?

Кому? (Dative)	
-у/-ю	-е
бра́ту	ма́ме
учи́телю	сестре́

4. а. Слу́шайте и повторя́йте за преподава́телем.
        (Pay attention to word order and intonation!)

Как вас зову́т? — **А вас** как зову́т?
Отку́да вы? — **А вы** отку́да?
Где вы живёте? — **А вы** где живёте?
Где вы ра́ньше жи́ли? — **А вы** где ра́ньше жи́ли?
Где вы рабо́таете? — **А вы** где рабо́таете?
Где вы ра́ньше рабо́тали? — **А вы** где ра́ньше рабо́тали?
Где вы у́читесь? — **А вы** где у́читесь?

б. Познако́мьтесь друг с дру́гом. Расскажи́те немно́го о себе́.
    (Use material from Exercise 4.a. Enjoy your small talk!)

—Как вас зову́т?
—Ли́за. **А вас** как зову́т?
—Андре́й. Очень прия́тно.
—Очень прия́тно.
— …

5. а. Now try to meet everyone in the class. (You will have to move around the room!) Find out as much basic information as you can about as many of your classmates as possible. Fill out the following table with what you learn.

Имя	Отку́да он(á)?	Где он(á) живёт?	Где он(á) рабо́тает?	Где он(á) у́чится?
1. Джон	из Мэриле́нда	в Ро́квилле	в магази́не	в Мэри́лендском университе́те
2.				
3.				
4.				
5.				
6.				
7.				
8.				

б. Now tell the class about one of your classmates (in Russian, of course!).

Эпизо́д 1

Э́то так здо́рово!

1. Как вы ду́маете, что случи́лось?

—Почему́ ты пришла́? Что́ случи́лось?

2. Посмотри́те эпизо́д 1. Что́ вы узна́ли?

Ми́ша	рабо́тает в телесту́дии.
Та́ня	сде́лал предложе́ние Та́не.
Оля	согласи́лась вы́йти за́муж за Ми́шу.

3. Скажи́те: ☑

Та́ня пришла́ в телесту́дию, потому́ что она́ хо́чет
- ❏ посмотре́ть, как рабо́тает её сестра́.
- ❏ пойти́ с ней в кафе́.
- ❏ рассказа́ть ей но́вость.

сде́лать предложе́ние = to
propose (marriage) +
кому́ (Dat.)
вы́йти за́муж за кого́ = to
get married + за кого́
(Acc.)

но́вость = news

кýча = heap, *colloquial*
кýча рабóты = ton of
work

Тáня былá 5 дней
- ❏ в Амéрике.
- ❏ на мóре.
- ❏ в Петербýрге.

Тáня сказáла Оле чтó-то óчень вáжное:
- ❏ «У меня́ сегóдня кýча рабóты!»
- ❏ «Дóма все жúвы-здорóвы!»
- ❏ «Мúша сдéлал мне предложéние!»

Оля отвéтила Тáне:
- ❏ «Это ужáсно».
- ❏ «Это так интерéсно!»
- ❏ «Это так здóрово!»

4.  Кто э́то сказáл?

   Т = Тáня
   О = Оля

____ —Сейчáс я тебé всё расскажý!

____ —У меня́ сегóдня кýча рабóты!

____ —Не волнýйся. Всё нормáльно.

____ —Ну, расскáзывай, чтó случúлось?

____ —Ну, в óбщем, я...согласúлась.

____ —Это так здóрово! Я так рáда!

____ —Ой, подождú... А родúтелям сказáла?

5. У Тáни есть мáма, пáпа и сестрá, Оля. А у вас?
   У Волóдиных есть собáка. А у вас?

одúн брат   однá сестрá
два брáта   две сестры́

нет брáта   нет сестры́

и ещё = also, . . .

Оля: У меня́ есть мáма, пáпа,
      млáдшая сестрá Тáня,
      но нет брáта. **И ещё** у нас
      есть собáка Брáун.

6. Fill in the following information about your own family, then ask one another about your respective families.

Кто	Как зовут . . .?	Сколько лет?	Где живёт?	Кем работает?	Что любит?
отец					
мама					
брат					
сестра					
. . . . . *					
. . . . .					
. . . . .					

*дедушка, бабушка, дядя, тётя, муж, жена, сын, дочь

7. Read the joke and answer: Что вы узнали о семье этой девочки?

Я узнал(а), что . . .

Маленькая девочка спрашивает старшую сестру:
—Маша, где ты родилась?
—Я родилась в Москве.
—А наш папа?
—Папа родился в Петербурге.
—А мама?
—Мама в Париже.
—А где я?
—Ты родилась в Нью-Йорке.
—А как же мы все познакомились?

фоне́тика

Слу́шайте и повторя́йте:

> —Что́ случи́лось?
> —Всё норма́льно. Не волну́йся! Ничего́!
> —Что́ случи́лось? Что́ с тобо́й?
> —Не волну́йся! Ничего́!

1. О чём расска́зывает Та́ня?

Оля: —Ну, расска́зывай! Что́ случи́лось?
Та́ня: —Ми́ша сде́лал мне предложе́ние!

2. а. Как мо́жно сказа́ть по-друго́му? ☑
        (Check all that are synonymous.)

Что́ случи́лось?   ❏ —Что́ с тобо́й?
                                 ❏ —Что́ произошло́?
                                 ❏ —Что́ ты хо́чешь?

Всё норма́льно.   ❏ —Всё ужа́сно.
                                 ❏ —Всё хорошо́.
                                 ❏ —Всё в поря́дке.

б. Заменѝте вы́деленные фра́зы (replace the italicized phrases) фра́зами из упражне́ния 2. а. и расскажи́те но́вость:

—*Что́ случи́лось?* . . . .
—Не волну́йся. *Всё норма́льно.*
—Ну, расска́зывай! Что случи́лось?
—...

3. а. Что́ вы им ска́жете? (Indicate which of the five possible responses is most appropriate.)

____ Я потеря́л свой па́спорт.

____ Ми́ша сде́лал мне предложе́ние.

____ Я не сдала́ (passed) экза́мен.

____ Та́ня подари́ла мне ко́шку.

____ Я потеря́л свой фотоаппара́т.

____ Я выхожу́ за́муж.

____ Дэ́нис прие́дет за́втра.

____ Сего́дня не бу́дет уро́ка, преподава́тель заболе́л (got sick).

потеря́ть + что (Acc.)
  = to lose

1. Я так ра́д(а) за тебя́.
2. Как э́то здо́рово!
3. Это ужа́сно.
4. Пра́вда? Не мо́жет быть!
5. Отли́чно!

б. Прочита́йте в па́рах. (Have fun with the responses!)

4. Соста́вьте други́е возмо́жные диало́ги геро́ев: (Use the material from Exercise 2.)

Та́ня: — ...
Ми́ша: —Я потеря́л свой па́спорт.
Та́ня: — ...

Оля: — ...
Та́ня: —Я не сдала́ экза́мен по исто́рии кино́.
Оля: — ...

Оля: — ...
Дэ́нис: —Я потеря́л дорого́й япо́нский фотоаппара́т.
Оля: — ...

5. Прочитáйте плохи́е и хорóшие нóвости и состáвьте диалóги сáми:

> сдать/не сдать экзáмен;
> потеря́ть дéньги (рюкзáк, су́мку);
> быть на мóре;
> забы́ть (forget) ключ, дéньги;
> купи́ть нóвый компью́тер,
> И ТАК ДÁЛЕЕ (ETC. = Use your imagination!)

а.
—Привéт.
—Привéт. Как делá?
—Замечáтельно.
—Прáвда? Расскажи́.
— ...

б.
—Привéт.
—Привéт. Как делá?
—Ужáсно.
—Прáвда? Расскажи́. Чтó случи́лось?
— ...

6. Чтó случи́лось?

Москви́ч отдыхáет на Кавкáзе. Он прихóдит к врачу́, и врач спрáшивает егó:
—Ну, чтó случи́лось?
—Понимáете, дóктор, дéло в тóм, что мне тру́дно дышáть, — говори́т москви́ч.
—Прáвда? Не мóжет быть! У нас в горáх сáмый чи́стый вóздух.
—В тóм-то и дéло! Я привы́к ви́деть тó, чтó вдыхáю*.

В тóм то и дéло! = That's the thing (problem)!
дышáть = to breathe
чи́стый вóздух = clean air

привы́к = I am used to
вдыхáю = I inhale

фоне́тика

Слу́шайте и повторя́йте:

а.
Я позвоню́ тебе́.
Ты позвони́шь мне.
Он позвони́т ей.
Она́ позвони́т ему́.
Мы позвони́м вам.
Вы позвони́те нам.
Они́ позвоня́т им.

б.
Я помогу́ тебе́.
Ты помо́жешь мне.
Он помо́жет ей.
Она́ помо́жет ему́.
Мы помо́жем вам.
Вы помо́жете нам.
Они́ помо́гут им.

в.
Я напишу́ тебе́.
Ты напи́шешь мне.
Он напи́шет ей.
Она́ напи́шет ему́.
Мы напи́шем вам.
Вы напи́шете нам.
Они́ напи́шут им.

1. а. Кому́ Ми́ша сде́лал предложе́ние?

—Сего́дня у́тром
Ми́ша сде́лал
мне предложе́ние!

б. Когда́ Ми́ша сде́лал Та́не предложе́ние?

2. Кто расска́зывает но́вость кому́?

Та́ня расска́зывает но́вость Оле.

по образцу́ = according to the model

3. Скажи́те по образцу́:

Та́ня, Оля, подру́га

Кому́? (Dative)		
-у/-ю	-е	-ам/-ям
Дэ́нису	Оле	подру́гам
Арка́дию	Ната́ше	роди́телям

по/звони́ть помога́ть/помо́чь говори́ть/сказа́ть (о чём) расска́зывать/ рассказа́ть о чём	+ кому́

а. позвони́ть

— **Кому́** позвони́ла Та́ня?
— Та́ня позвони́ла **Оле**. А Оля пото́м позвони́ла **подру́ге**.

— **Кому́** позвони́т Та́ня?
— Та́ня позвони́т **Оле**.
А Оля пото́м позвони́т **подру́ге**.

1. Та́ня, Ната́ша, Оле́г
2. Ми́ша, Арка́дий, Юра
3. Оля, роди́тели, сосе́д
4. Роди́тели, Та́ня, Оля
5. Арка́дий, Ми́ша, Серге́й
6. Серге́й, Ми́ша, Та́ня
7. Ната́ша, Оле́г, друзья́

б. рассказа́ть

— **Кому́** Та́ня рассказа́ла (расска́жет) но́вость?
— Та́ня рассказа́ла (расска́жет) но́вость **Оле**.
Оля пото́м рассказа́ла (расска́жет) но́вость **подру́ге**.

в.   помога́ть

> — **Кому́** помогла́ (помо́жет) Та́ня?
> — Та́ня помогла́ (помо́жет) **Оле**.
>   Оля пото́м помогла́ (помо́жет) **подру́ге**.

4.   Опиши́те ситуа́цию:

> Ми́ша, Та́ня, Оля (сде́лать предложе́ние)
> Ми́ша сде́лал **Та́не** предложе́ние.
> Та́ня сказа́ла об э́том **Оле**.

1. Дэ́нис, Оля, Та́ня (написа́ть письмо́)
2. Дэ́нис, Оля, Та́ня (позвони́ть)
3. Оля, Дэ́нис, сестра́ (рассказа́ть о сва́дьбе)
4. Та́ня, подру́га Ната́ша, Оле́г (рассказа́ть о сва́дьбе)
5. Поли́на, Арка́дий, Серге́й (позвони́ть)
6. роди́тели, Та́ня, Ми́ша (подари́ть соба́ку)
7. па́па, Оля, Дэ́нис (купи́ть но́вый компью́тер)

5.   Спроси́те друг дру́га:

Вы ча́сто звони́те по телефо́ну? Кому́?
А вы посыла́ете пи́сьма по электро́нной по́чте?
    Кому́?
Вы лю́бите писа́ть пи́сьма? Кому́?

6.   Make up your guest list!

> У меня́ ско́ро бу́дет день рожде́ния.
>
> Пе́рвый говори́т: Я позвоню́ Дэ́виду.
>
> Второ́й говори́т:
>   Я позвоню́ Дэ́виду и Мари́и.
>
> Тре́тий говори́т:
>   Я позвоню́ Дэ́виду, Мари́и и Ива́ну.
>
> и т. д.

7.   Скажи́те, ско́лько лет мо́жет быть
э́тим живо́тным? ▶

> **Са́мой ста́рой дома́шней ко́шке**
> мо́жет быть 31 год.

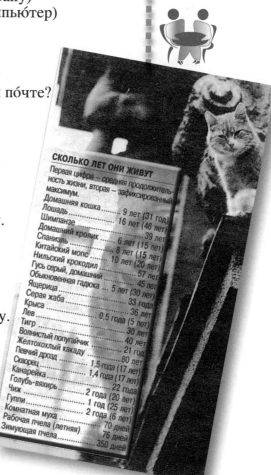

СКОЛЬКО ЛЕТ ОНИ ЖИВУТ

Первая цифра – средняя продолжитель-
ность жизни, вторая – зафиксированный
максимум.

Домашняя кошка	9 лет (31 год)
Лошадь	16 лет (46 лет)
Шимпанзе	39 лет
Домашний кролик	6 лет (15 лет)
Спаниэль	8 лет (15 лет)
Китайский мопс	10 лет (20 лет)
Нильский крокодил	57 лет
Гусь серый, домашний	45 лет
Обыкновенная гадюка	5 лет (30 лет)
Ящерица	33 года
Серая жаба	36 лет
Крыса	0.5 года (5 лет)
Лев	30 лет
Тигр	40 лет
Волнистый попугайчик	21 год
Желтохохлый какаду	80 лет
Певчий дрозд	1,5 года (17 лет)
Скворец	1,4 года (17 лет)
Канарейка	22 года
Голубь-вяхирь	2 года (20 лет)
Чиж	1 год (25 лет)
Гуппи	2 года (6 лет)
Комнатная муха	70 дней
Рабочая пчела (летняя)	76 дней
Зимующая пчела	350 дней

фоне́тика

Слу́шайте и повторя́йте:

а.
Извини́! Подожди́!
Подожди́! — Говори́!
Не пиши́! – Не звони́!
Извини́! – Подожди́!

б.
Расска́зывай! Пока́зывай!
Чита́й — чита́й — чита́й!
Расска́зывай! Пока́зывай!
Гуля́й — гуля́й! — гуля́й!
Расска́зывай! Пока́зывай!
Рабо́тай! Отдыха́й!
Расска́зывай! Пока́зывай!
Обе́дай! И гуля́й!

1. Скажи́те, заче́м Та́ня пришла́ к сестре́?

— Говори́ скоре́е, заче́м пришла́?

2. Слу́шайте, повторя́йте и чита́йте:
    (Скажи́те, что зна́чат э́ти глаго́лы по-англи́йски?)

прочита́ть	—	прочита́й/прочита́йте
слу́шать	—	слу́шай/слу́шайте
теря́ть	—	не теря́й/не теря́йте
сказа́ть	—	скажи́/скажи́те
рассказа́ть	—	расскажи́/расскажи́те
подожда́ть	—	подожди́/подожди́те
купи́ть	—	купи́/купи́те
посмотре́ть	—	посмотри́/посмотри́те
позвони́ть	—	позвони́/позвони́те
извини́ть	—	извини́/извини́те
пригласи́ть	—	пригласи́/пригласи́те
учи́ться	—	учи́сь/учи́тесь
помо́чь	—	помоги́/помоги́те
волнова́ться	—	не волну́йся/не волну́йтесь

3. Попроси́те (make a request):

> дать слова́рь
> —**Да́й(те)**, пожа́луйста, **слова́рь**.
> —Пожа́луйста. (Here it is.)

    помо́чь
    подожда́ть де́сять мину́т
    позвони́ть ве́чером
    купи́ть проду́кты на обе́д
    рассказа́ть о **пое́здке в** . . .

поездка куда́ = trip to

4. Скажи́те по образцу́:

> чита́ть/прочита́ть Анну Каре́нину
> **Прочита́й** Анну Каре́нину.
> **Не чита́й** Анну Каре́нину.

1. звони́ть/позвони́ть ему́ ра́но у́тром
2. писа́ть/написа́ть письмо́ ба́бушке
3. расска́зывать/рассказа́ть об э́том подру́ге
4. слу́шать/послу́шать э́тот диск (CD)
5. покупа́ть/купи́ть компью́тер
6. де́лать/сде́лать дома́шнее зада́ние
7. помога́ть/помо́чь ему́
8. говори́ть/сказа́ть, где ты живёшь

5. a. Что́ вы ска́жете, е́сли. . . (What would you say if...):

> Olya really wanted to know why Tanya came to visit her at work. She uses the imperfective imperative to elicit an immediate response.
>
> Оля говори́т: —Ну, **говори́ скоре́е,**
>   заче́м пришла́?

1. Your friend has some really important news. (расска́зывать/рассказа́ть)

2. Your plane for Moscow departs in five minutes and you want your friend to write down his phone and address. (писа́ть/написа́ть)

3. You call home, and your roommate tells you about a letter for you from Russia. You want your roommate to read it to you. (чита́ть/прочита́ть)

4. You and your friend are in a store. He really wants to buy a bike, but he is taking a long time to decide. Urge him to buy it! (покупа́ть/купи́ть)

5. You want to go with your friend to vacation at the seashore, but s/he has to turn in a paper first. You want to leave in three days. Urge him/her to finish the paper quickly! (сдава́ть/сдать рабо́ту)

6. Your friend needs to call the bank, but it closes in three minutes. Urge him/her to call immediately! (звони́ть/позвони́ть)

б. Now imagine that you do not want the above-mentioned actions to be performed. What would you say?

6. Как Оля реаги́рует (react) на но́вость сестры́?

— Та́нька! Я так ра́да!
Это так здо́рово!

7. Слу́шайте и повторя́йте.
   (Pay attention to intonation (IC-5), see Appendix XII).

Я так ра́д(а)!   Как я ра́д(а)!

Я так уста́л(а)!   Как я уста́л(а)!

Это так ужа́сно!   Как э́то ужа́сно!

Это так здо́рово!   Как э́то здо́рово!

Это так интере́сно!   Как э́то интере́сно!

8. Кака́я бу́дет ва́ша реа́кция?

> **жа́рко**
>
> **Ох**, здесь **так** жа́рко.! / **Ох**, **как** здесь жа́рко!

ox = negative
ax = positive
yx = surprise

    хо́лодно (ох,. . .)
    краси́во (ах,. . .)
    хорошо́ (ах, . . .)
    пло́хо (ох,. .)
    ду́шно (stuffy) (ох, . . .)
    темно́ (dark) (ох, . .)
    здо́рово (ух, . . .)
    чи́сто (clean) (ах,. . .)
    интере́сно (ух, . . .)

9. Кака́я мо́жет быть реа́кция?

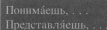

Понима́ешь, . . .
Представля́ешь, . . .

> a. It is going to rain tomorrow, and you will not be able to go to the beach for a birthday picnic.
>
> —**Ох**, э́то **так** пло́хо./ **Как** э́то ужа́сно!

    Your friend tells you he spent five days at the beach.
    Nikolai called at 3 am!
    The teacher is sick, class is cancelled.
    Your grandmother is arriving today to stay for a few weeks.
    Your friend tells you s/he lost his/her wallet.
    Misha proposed to Tanya.
    Nikolai also proposed to Tanya.
    Tanya turned Nikolai down.

  б. А тепе́рь соста́вьте диало́ги в па́рах.

Уро́к 1
День 5

Лу́чше ме́ньше, да лу́чше

Эпизо́д 2

1. а. Кому́ Та́ня хо́чет рассказа́ть но́вость?

—Ну, что́ но́вого, де́вочки?
—Ма́ма! Па́па! У меня́ ва́жная но́вость!

б. Каку́ю ва́жную но́вость расска́зывает Та́ня?

2. Как вы ду́маете, что́ бу́дет да́льше?

Наве́рное, . . .
Скоре́е всего́, . . .
По-мо́ему, . . .

Та́ня с Олей сейча́с пойду́т	Роди́тели	Сва́дьба бу́дет
❑ в институ́т.	❑ бу́дут ра́ды.	❑ че́рез два часа́.
❑ в магази́н.	❑ бу́дут про́тив.	❑ че́рез неде́лю
❑ домо́й (к роди́телям).	❑ бу́дут пить чай.	❑ че́рез ме́сяц.

3. Посмотри́те эпизо́д 2 и скажи́те:

Что говори́т ма́ма? | А па́па?

- ❏ Я так ра́да, Та́ня!
- ❏ Го́споди, как я уста́ла!
- ❏ А как же институ́т, экза́мены?

- ❏ Óчень хорошо́! Молоде́ц, Татья́на!
- ❏ Я о́чень хочу́ есть.
- ❏ Ми́ша хоро́ший па́рень. Он мне нра́вится.

4. Кто что́ де́лает?

Оля   немно́го волну́ется.
Та́ня   хо́чет сде́лать спи́сок госте́й.
Ми́ша   хо́чет позвони́ть Дэ́нису.
Ма́ма   у́чится на после́днем ку́рсе в институ́те.
Па́па   хо́чет игра́ть сва́дьбу в рестора́не.

игра́ть сва́дьбу = hold the wedding

5. Скажи́те, како́й вариа́нт пра́вильный? ☑

Ма́ма немно́го волну́ется, потому́ что

- ❏ ей не нра́вится Ми́ша.
- ❏ Та́ня ещё у́чится в институ́те.
- ❏ Та́ня сли́шком молода́я.

сли́шком = too

У Ми́ши
- ❏ плоха́я рабо́та.
- ❏ ма́ло де́нег.
- ❏ хоро́шая рабо́та.

Па́па спра́шивает,

- ❏ где Та́ня с Ми́шей бу́дут жить.
- ❏ когда́ Та́ня с Ми́шей собира́ются подава́ть докуме́нты.
- ❏ кака́я рабо́та у Ми́ши.

подава́ть докуме́нты = to apply for marriage license

За́втра бу́дет
- ❏ 20-ое ма́я.
- ❏ 12-ое ма́я.
- ❏ 19-ое ма́я.

Сва́дьба бу́дет
- ❏ че́рез год.
- ❏ че́рез неде́лю.
- ❏ че́рез ме́сяц.

Та́ня с Ми́шей хотя́т
- ❏ пригласи́ть то́лько ма́му и па́пу.
- ❏ пригласи́ть челове́к 15.*
- ❏ пригласи́ть челове́к 50.

пригласи́ть кого́ = to invite

*When the number follows the noun, it indicates approximation:
15 челове́к = 15 people vs. челове́к 15 = about 15 people.

вку́сный = delicious
дешёвый = inexpensive

Ма́ма ду́мает, что до́ма бу́дет

❑ вкусне́е и деше́вле, чем в рестора́не.
❑ ху́же, чем в рестора́не.
❑ доро́же, чем в рестора́не.

Оля ❑ бу́дет на сва́дьбе одна́.
❑ позвони́т Дэ́нису.
❑ не придёт на сва́дьбу.

6. **Кто э́то сказа́л?**

T = Та́ня
O = Оля
M = Ма́ма
П = Па́па

____ —Ну, что но́вого, де́вочки?

____ —У меня́ о́чень ва́жная но́вость!

____ —Сего́дня Ми́ша сде́лал мне предложе́ние!

____ —А как же институ́т, экза́мены?

____ —За́втра бу́дет 20-ое ма́я. Зна́чит, сва́дьба бу́дет
че́рез ме́сяц — 20-ого ию́ня.

____ —Коне́чно, я с удово́льствием помогу́.

____ —Лу́чше ме́ньше, да лу́чше!

____ —Оля, а ты бу́дешь одна́?

____ —Ла́дно, посмо́трим.

7. Узна́йте мне́ние ва́шего дру́га (ва́шей подру́ги).
(Pay attention to the placement of IC-3 in the question.)

Наве́рное, . . .
Скоре́е всего́, . . .
Мо́жет быть, . . .

Дэ́нис **прие́дет** из Аме́рики?
—Слу́шай, как ты ду́маешь, Дэ́нис **прие́дет** из Аме́рики?
—По-мо́ему, прие́дет. Он хо́чет ви́деть Олю. / Скоре́е
всего́, не прие́дет. Он о́чень за́нят.

1. Сва́дьба бу́дет 20-ого **ию́ня**?

2. Сва́дьба бу́дет **в рестора́не**?

3. Та́ня **зако́нчит** институ́т в э́том году́?

4. Ма́ма **ра́да,** что бу́дет сва́дьба?

5. Оля **позвони́т** Дэ́нису?

фоне́тика

Слу́шайте и повторя́йте:

а.
Он учи́лся в институ́те
На четвёртом ку́рсе.
И она́ учи́лась то́же
На четвёртом ку́рсе.

Он учи́лся хорошо́
На четвёртом ку́рсе.
А она́ учи́лась пло́хо
На четвёртом ку́рсе.

б.
Я изуча́ю ру́сский язы́к,
Ру́сскую литерату́ру,
Я изуча́ю ру́сский язы́к,
Ру́сскую архитекту́ру.

исто́рия

архитекту́ра

ру́сский язы́к

литерату́ра

1. а. О чём волну́ется ма́ма?

—Таню́ша, а как же институ́т, экза́мены?
—Ма́мочка, я уже́ на после́днем ку́рсе.
  А по́сле дипло́ма я то́же начну́ рабо́тать.

б. Где у́чится Та́ня? На како́м ку́рсе она́ у́чится?

А как же институ́т? =
What about the institute?

Интере́сно, а . . . ?
А ты не зна́ешь, . . . ?

2. а. Соста́вьте диало́ги:

> Та́ня, институ́т кинематогра́фии, пя́тый курс
>
> —Интере́сно, а где у́чится **Та́ня?**
> —Она́ у́чится **в институ́те кинематогра́фии**.
> —А на како́м ку́рсе?
> —**На пя́том ку́рсе**.

1.	Поли́на	педагоги́ческий институ́т	пе́рвый
2.	Серге́й	шко́ла би́знеса	четвёртый
3.	Арка́дий	театра́льный институ́т	пя́тый
4.	Ми́ша	ветерина́рная акаде́мия	второ́й
5.	Юра	медици́нский институ́т	четвёртый
6.	Васи́лий	юриди́ческий факульте́т	тре́тий
7.	Ната́ша	лингвисти́ческий университе́т	пе́рвый
8.	Ка́тя	Моско́вский университе́т	второ́й

б. А тепе́рь скажи́те, где они́ у́чатся (упражне́ние 2.а.)
и что́ они́ изуча́ют:

> Та́ня у́чится в институ́те кинематогра́фии.
> Она́ **изуча́ет исто́рию** кино́.

1.	Поли́на	мето́дика
2.	Серге́й	ма́ркетинг и ме́неджмент
3.	Арка́дий	му́зыка и литерату́ра
4.	Ми́ша	биоло́гия
5.	Юра	анато́мия
6.	Васи́лий	междунаро́дное пра́во
7.	Ната́ша	иностра́нные языки́
8.	Ка́тя	политоло́гия

3. Соста́вьте диало́ги:

> —Слу́шай, ты не зна́ешь, кака́я специа́льность у То́ма?
> —Коне́чно, зна́ю: ру́сский язы́к. / То́чно не зна́ю.
>   По-мо́ему, ру́сский язы́к. (А ещё он изуча́ет эконо́мику.)

То́чно не зна́ю. = I am not sure.

а ещё = and also

англи́йский язы́к	междунаро́дное пра́во	журнали́стика
ру́сский язы́к	фи́зика	политоло́гия
марке́тинг	программи́рование	би́знес
биоло́гия	исто́рия	эконо́мика

---

*Most undergraduate programs in Russia last 5 years. Each year is
referred to as а курс, so пе́рвый курс = first (freshman) year; второ́й ку́рс = second
(sophomore) year; and пя́тый курс = last (senior) year.

4. а. Спроси́те своего́ дру́га (свою́ подру́гу): Где он(а́) у́чится?
    Что́ (каки́е предме́ты) он(а́) изуча́ет? Кака́я у него́ (у неё)
    специа́льность?

    б. Пото́м расскажи́те всем, что́ вы узна́ли о нём (о ней).

5. **А зна́ете ли вы. . . ?**
    There are many opportunities for Russians to study,
    not only in universities and institutes, but also
    they can attend various kinds of courses,
    such as those advertised here:

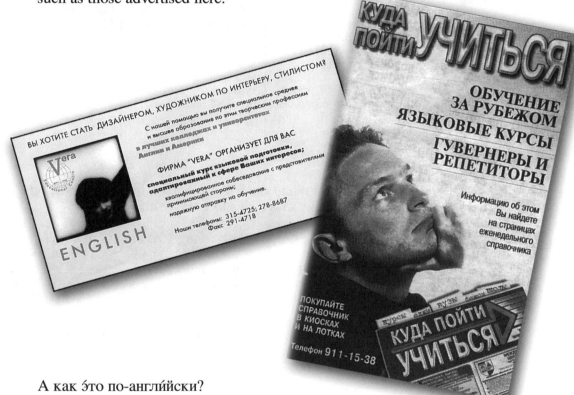

А как э́то по-англи́йски?

обуче́ние за рубежо́м	au pair and tutors
языковы́е ку́рсы	study abroad
гуверне́ры и репети́торы	language courses

6. Посмотри́те рекла́му и скажи́те: Как вы ду́маете?

    а. В каки́х стра́нах мо́жно учи́ться?
        Ну, наприме́р, мо́жно учи́ться в . . .
    б. Каки́е языки́ мо́жно изуча́ть?
        Ну, наприме́р, мо́жно изуча́ть. . .
    в. Каки́е предме́ты мо́жно преподава́ть?
        Ну, наприме́р, мо́жно преподава́ть. . .

рекла́ма = advertisement

страна́ = country

предме́ты = subjects

7. a. **А зна́ете ли вы. . . ?**

The process of applying to a Russian university or institute includes passing exams in certain core subjects, such as Russian language, math, or history. Applicants often hire tutors to help them prepare for the exams. Here are some sample classified ads placed by tutors in a Moscow paper.

ВУЗ (вы́сшее уче́бное заведе́ние) = institute of higher education

кандида́т нау́к = Ph.D.

делово́й англ. = business English

абитурие́нт = university applicant

исто́рия: преподава́тель ВУЗа, кандида́т нау́к. Звони́ть по т. 254-29-46. с 20 до 22 часов.

компью́тер, фи́зика, матема́тика, хи́мия, биоло́гия. т. 272-36-47, Ма́ша, Воло́дя.

уро́ки му́зыки: форте-пиа́но, аккордео́н, орга́н. т. 394-47-20, Алла Влади́мировна.

ру́сский язы́к, литера-ту́ра, сочине́ние. Опыт-ный репети́тор, препо-дава́тель МГУ, кандида́т нау́к. т. 444-84-94. Панко́в Фёдор Ива́нович.

англ., нем., фр. языки́ для шко́льников, дело-во́й англ. яз. для аби-турие́нтов. т. 136-14-35. Поли́на Степа́новна.

матема́тика для шко́ль-ников, о́пытный препо-дава́тель, це́ны ни́зкие. Звони́ть до 21 часа. Спроси́ть Алексе́я Миха́йловича. т. 350-29-18.

б. **Игра́:** One student describes a person in one of these ads. The rest of the class tries to guess who it is.

> Этот челове́к преподава́тель. Его́ специа́льность...
>
> Его́ студе́нты изуча́ют...
> Его́ телефо́н...

8. Now compose your own ad, offering tutoring services in your area of specialization.

Пра́ктика

Слу́шайте и повторя́йте:

Когда́ твой день рожде́ния?
Второ́го сентября́.
    Когда́ твой день рожде́ния?
    Шесто́го октября́.
        Когда́ твой день рожде́ния?
        Седьмо́го ноября́.
            Когда́ твой день рожде́ния?
            Восьмо́го декабря́.

Когда́? Когда́?
Второ́го сентября́.
    Когда́? Когда́?
    Шесто́го октября́.
        Когда́? Когда́?
        Седьмо́го ноября́.
            Когда́? Когда́?
            Восьмо́го декабря́.

1. а. Когда́ бу́дет сва́дьба?

—Сва́дьба бу́дет че́рез ме́сяц, 20-ого ию́ня.

б. А вы по́мните, чья сва́дьба бу́дет че́рез ме́сяц?

2. Слу́шайте и повторя́йте:

янва́рь	—	января́	ию́ль	—	ию́ля
февра́ль	—	февраля́	а́вгуст	—	а́вгуста
ма́рт	—	ма́рта	сентя́брь	—	сентября́
апре́ль	—	апре́ля	октя́брь	—	октября́
ма́й	—	ма́я	ноя́брь	—	ноября́
ию́нь	—	ию́ня	дека́брь	—	декабря́

3. а. Скажи́те, когда́ э́то бу́дет?

Ты не зна́ешь, . . . ?
Интере́сно, а . . . ?

> сва́дьба у Ми́ши и Та́ни, 20/VI
> —Ты не зна́ешь, когда́ бу́дет сва́дьба
>   у Ми́ши и Та́ни?
> —Коне́чно, зна́ю.
>   Сва́дьба у них бу́дет **двадца́того ию́ня**.

1. Дэ́нис прие́дет, 19/VI
2. Оля пое́дет в Петербу́рг, 12/IX
3. Та́ня пое́дет на мо́ре, 24/XII
4. Ната́ша пойдёт в поликли́нику, 17/V
5. Роди́тели пое́дут в Аме́рику, 23/II

б. Игра́ (Put a list of students' names and birthdays on the board.)

> Диало́ги в гру́ппах по три челове́ка:
> Том 25/V

А. —Ты не зна́ешь, когда́ день рожде́ния у То́ма?
Б. —То́чно не зна́ю. По-мо́ему, 25-ого ма́рта.
В. —Да ну что́ ты! У него́ день рожде́ния 25-ого **ма́я,
    а не ма́рта.**

Да ну что́ ты! = What are you talking about?

4. Когда́ э́ти пра́здники?

а. В Аме́рике . .

> Америка́нцы отмеча́ют **Но́вый год 1-ого января́.**

отмеча́ть = to celebrate

День Свято́го Валенти́на
День Ма́ртина Лю́тера Ки́нга
День Христофо́ра Колу́мба
День Незави́симости (Independence Day)
Халлови́н
День Ветера́нов
День Благодаре́ния (Thanksgiving)
Рождество́ (Christmas)

б. А в Росси́и?

> Россия́не отмеча́ют **Но́вый год пе́рвого января́.**

День сме́ха	1/IV
День Побе́ды	9/V
Рождество́ правосла́вное	7/I
Пра́здник весны́ и труда́	1/V
День Вели́кого Октября́	7/XI
День Незави́симости	12/VI
Нача́ло уче́бного го́да	1/IX
Междунаро́дный же́нский день	8/III
Ста́рый но́вый год	14/I
Но́вый год	1/I
День рожде́ния Ива́на Ива́новича Ивано́ва	31/XII

правосла́вное = Orthodox

россия́нин
россия́нка
россия́не

5. а. Оля рабо́тает в телесту́дии. Найди́те её переда́чу *«До шестна́дцати и ста́рше»* и скажи́те, когда мо́жно посмотре́ть э́ту переда́чу? (Look at the schedule on the next page.)

Документальный сериал «Мир вина» (Франция) (НТВ, 17.40).

б. Каку́ю переда́чу вы хоти́те посмотре́ть? Когда́ (Во ско́лько) она́ бу́дет?

Dates are usually written using the Roman numerals for the month. Also note the following order: day, month, year. г = год. For example: 28/IV 1973 г.

ОРТ

21.45. "Слуга". Художественный фильм

06.00. Телеканал "Доброе утро".
09.00. Новости.
09.15. "Девушка по имени Судьба". Телевизионный сериал.
10.00. "Поле чудес". Телевизионная игра. Ведущий - Леонид Якубович.
11.00. Человек и закон.
11.30. "Угадай мелодию". Телевизионная игра. Ведущий - Валдис Пельш.
12.00. Новости.
12.15. "Тайна королевы Анны, или Мушкетеры тридцать лет спустя". Художественный фильм, 1 серия (Россия).
13.55. Футбольное обозрение.
14.15. "Парижские тайны" Эльдара Рязанова. Шарль Азнавур.
14.55. Программа телевизионных передач.
15.00. Новости.
15.20. "Легенды острова сокровищ". Мультипликационный сериал.
15.45. Марафон-15.
16.05. "Звездный час". Ведущий - Сергей Супонев.
16.40. "Нико и его друзья". Молодежный телевизионный сериал.
17.10. "...До шестнадцати и старше.
17.35. Вокруг света.
18.00. Новости.
18.20. "Девушка по имени Судьба". Телевизионный сериал.
19.05. Погода.
19.10. "Час Пик". Ведущий - Андрей Разбаш.
19.35. "Угадай мелодию". Телевизионная игра. Ведущий - Валдис Пельш.
20.05. "Мы". Ведущий - Владимир Познер.
20.45. Спокойной ночи, малыши!
21.00. "Время". Информационно-аналитическая программа.
21.40. Программа передач.
21.45. "Слуга". Художественный фильм (СССР).
00.20. Новости.
00.30. "Пресс-экспресс". Обзор российской печати.
00.40. Программа передач.

РОССИЯ

19.05. "Санта-Барбара". Телефильм

07.00. Вести.
07.15. С добрым утром.
08.00. Вести.
08.15. С добрым утром.
09.00. Программа передач.
09.05. "Клубничка". Телевизионный сериал.
09.35. "Сам себе режиссер". Ведущий - Алексей Лысенков.
10.10. "Санта-Барбара". Многосерийный телевизионный фильм.
11.00. Вести.
11.15. Парламентский вестник.
11.40. Графоман.
12.00. "Берега". Телевизионный художественный фильм, 5 серия.
13.10. "Пилигрим". Российское бюро путешествий.
13.40. Ретро-шлягер.
13.55. Магазин недвижимости.
14.00. Вести.
14.20. ТИ-Маркет.
14.25. Автограф.
14.30. "Тихий дом". Программа Сергея Шолохова.
15.10. Иванов, Петров, Сидоров и другие.
15.50. Аниматека.
16.20. Палиха - 14.
16.25. Товары - почтой.
16.30. "Клубничка". Телесериал.
17.00. Вести.
17.15. "Там-там новости". Информационная программа для школьников.
17.25. Лукоморье.
17.50. "Посмотри на себя".
18.00. "Красная книга". Экологическая экспедиция РТР.
18.15. "Пульс". Правительственные будни.
18.45. Россияне.
19.05. "Санта-Барбара". Телефильм.
20.00. Вести.
20.35. "Добрый вечер". Ведущий - Игорь Угольников.
21.10. "Три сестры". Х/ф (Россия - Германия).
23.00. Вести.
23.30. Программа передач.
23.35. "На коне". Телелотерея.
23.50. Дежурная часть.
00.15. Адамово яблоко.
01.00. Товары - почтой.
01.20. Телемагазин.

НТВ

18.30. "Футбольный клуб". Спортивная программа.

06.00. "Сегодня утром". Информационная программа.
10.10. Утречко.
10.30. "Свободный камень". Художественный фильм (Испания) в рубрике "Женские истории".
12.00. "Сегодня днем". Информационная программа.
14.00. Открытый мир.
14.00. "Сегодня днем". Информационная программа.
14.20. Большое "Времечко". Обзор неполитических новостей.
16.00. "Сегодня днем". Информационная программа.
16.35. "Дистанция 60". Спортивная программа.
17.35. "Голубое дерево". Художественный фильм, 103 серия (Аргентина - Италия) в рубрике "Кинотеатр юного зрителя".
18.30. "Футбольный клуб". Спортивная программа.
19.00. "Сегодня вечером". Информационная программа.
19.40. Герой дня.
20.05. "Охрана". Художественный фильм (Италия) в рубрике "Мир кино".
22.00. "Сегодня вечером". Информационная программа.
22.45. "Крутой Уокер. Правосудие по-техасски". Художественный фильм, 10 серия (США) в рубрике "Час сериала".
23.40. "Времечко". Обзор неполитических новостей.
00.00. "Сегодня в полночь". Информационная программа.
00.20. "Ночное "Времечко". Обзор неполитических новостей.

5 КАНАЛ

17.50. Детское ТВ: "Каша-малаша"

12.20. Телемагазин.
12.55. "Информ-ТВ". Последние новости и сообщения.
13.10. "История любви". Телевизионный сериал, 104 серия (Испания - Аргентина).
14.00. Срок Ответа Сегодня.
14.35. Советы садоводам.
14.55. "Информ-ТВ". Последние новости и сообщения.
15.10. "Международное обозрение". Информационная программа. Ведущий - Иннокентий Иванов.
15.40. "Открытие Китая". Телевизионный фильм.
15.40. "Овертайм". Спортивная программа.
16.35. Телевизионная служба безопасности.
16.55. "Информ-ТВ". Новости России.
17.10. "У Игоря Д.". Театральная гостиная.
17.50. Детское ТВ: "Там, где живет Паутиныч", "Кот-Котофеич". Мультипликационный фильм. "Каша-малаша".
18.30. Показывает Ленинградская областная телекомпания: "Регион"; "Постскриптум"; "Садовод-97".
19.40. Детский сеанс. "Большой фестиваль".
19.55. "Информ-ТВ". Последние новости и сообщения.
20.15. Спорт.
20.20. "История любви". Телевизионный сериал, 104 серия (Испания - Аргентина).
21.10. Ритмы города.
21.45. Телевизионная служба безопасности. "Вне закона".
22.00. Кубок Англии по футболу.
22.55. "Информ-ТВ". Последние новости и сообщения.
23.05. "Событие". Информационная программа.
23.20. Кубок Англии по футболу. Продолжение.
00.25. Телемагазин.

6 КАНАЛ

22.00. "Отступник". Многосерийный фильм

06.40. Программа телевизионных передач.
06.45. Телемагазин.
07.00. Детское время.
07.30. "Каспер и его друзья". Мультипликационный фильм.
08.00. "Сказочник". Детский телевизионный сериал, 8 серия.
08.30. "Напряги извилины". Телевизионный сериал.
09.00. "Красавица и чудовище". Телевизионный сериал.
10.00. "Сумеречная зона". Фантастический телевизионный сериал.
11.00. Рынок.
11.30. Телемагазин.
13.30. Программа телевизионных передач.
16.55. Программа телевизионных передач.
17.00. "Час Диснея". Мультипликационные фильмы.
18.00. "Исторические сражения" "Роркс-Дрифт".
19.00. "Я покупаю эту женщину". Многосерийный художественный фильм, 31 серия.
19.30. Зенит-97.
19.55. Прогноз погоды.
20.00. "Даллас". Премьера художественного сериала, 96 серия (США).
21.00. "Альф". Комедийный телевизионный сериал (США).
21.30. Телефон спасения.
22.00. "Отступник". Многосерийный художественный фильм.
23.00. "Мегаполис". Городские новости.
23.15. "Горсправка".
23.20. Астрологический прогноз.
23.30. "Час совы". Ночное ток-шоу.
00.30. "Экстраординарное". Ведущая - Ирина Гончарова.
00.55. Программа телевизионных передач.

11 КАНАЛ

20.05. Ток-шоу "Музыка и пресса" "Акулы пера" - Аркадий Укупник

08.25. Погода.
08.30. "90х60х90".
08.50. "Аптека". Ведущая - Татьяна Агафонова.
09.00. Шесть новостей.
09.10. Киноподробно.
09.30. "ОСП-студия". Юмористическая программа.
10.20. Париж, Париж.
10.50. Спорт недели.
11.20. "Аптека". Ведущая - Татьяна Агафонова.
11.30. Телемагазин.
11.40. Музыка кино. Песни о Москве.
12.00. "Обозреватель". Аналитическая программа.
12.45. "Рабыня Изаура". Сериал.
13.25. Знак качества.
13.30. "Ветер в ивах". Мультсериал.
14.05. "90х60х90".
14.20. "Ветер в ивах". Мультсериал.
14.50. Телемагазин.
15.00. "Сентиментальный роман". Художественный фильм (СССР).
16.45. "Дорожный патруль". Сводка за неделю.
17.05. "Новый Геркулес". Сериал.
17.35. ДИСК-канал.
17.55. Телемагазин.
18.05. "Жизнь в слове". Религиозная программа.
18.40. Путь к сердцу.
19.00. "Обозреватель". Аналитическая программа.
19.40. Телемагазин.
19.55. "Шесть новостей". Информационный выпуск.
20.05. Ток-шоу "Музыка и пресса" "Акулы пера" - Аркадий Укупник.
21.00. Шесть новостей.
21.10. Телемагазин.
21.20. Домашний доктор.
21.35. "Вавилон" Дмитрия Запольского.
22.05. Погода.
22.10. "Русская формула". Развлекательная программа.
22.40. Смотри и строй.
22.55. Театральный понедельник.
23.40. Катастрофы недели.
00.10. Шесть новостей.
00.20. Дорожный патруль.

6. a. Скажи́те, где и кем рабо́тает Оля?

—Слу́шай, ты не зна́ешь, где рабо́тает Оля?
—Коне́чно, зна́ю. На телеви́дении.
—А кем?
—Она́ рабо́тает тележурнали́стом.

б. Вспо́мните профе́ссии на́ших геро́ев:

Саве́льев	учи́тельница
па́па	ветерина́р
Ми́ша	инжене́р
ма́ма	врач

рабо́тать кем, где	
кем? (instrumental)	
-ом/-ем	**-ой/ей**
врачо́м	официа́нткой
учи́телем	учи́тельницей

в. Скажи́те, кто кем и где рабо́тает?

Оле́г рабо́тает **ме́неджером**.
Он рабо́тает **на фи́рме**.

кто	кем	где
Ната́ша	дире́ктор	поликли́ника
Анто́н	инжене́р	заво́д
Ива́н Петро́вич	ме́неджер	зоопа́рк
Рома́н	официа́нт	шко́ла
Серге́й	учи́тельница	фи́рма
Поли́на	врач	рестора́н

7. Спроси́те друг дру́га:

    Ты рабо́таешь? А где?
    Тебе́ нра́вится э́та рабо́та? А почему́?
    Кака́я твоя́ рабо́та — интере́сная, ску́чная...?

8. а. Почита́йте ми́ни-резюме́ и скажи́те, кем э́тот челове́к хо́чет рабо́тать?

    б. Что́ вы узна́ли о квалифика́ции э́того специали́ста?

Я.	мне
ты	тебе́
он.	ему́
она́.	ей
вы	вам
мы	нам
они́.	им

Специалист со знанием итальянского языка:
женщина 30 лет, в/о экономическое, ПК (Word, Excel), свободный перевод любых текстов, ведение переговоров, техническая лексика (мебельная промышл., электрика, механика), опыт работы переводчиком, помощником руководителя, менеджером по ВЭД в крупной западной компании. Хороший английский. Отличные рекомендации. З/п от $ 800. Тел. 212-3934, Елена Николаевна

МЕЖДУНАРОДНЫЙ БИЗНЕС ЦЕНТР
производит набор на следующие вакансии:

1. Специалист - организатор, руководитель структурного подразделения;
2. Специалисты - консультанты в области сервисного обслуживания

ОПЛАТА ПО МЕЖДУНАРОДНЫМ СТАНДАРТАМ
возможна частичная занятость

Собеседование состоится:
22 и 26 мая в 12-45
АДРЕС: наб. р. Фонтанки 21,
Дом Дружбы народов мира.

Менеджер по персоналу: Рябчук

9. Посмотри́те рекла́му и скажи́те:

    Каки́е специали́сты нужны́?
    Где нахо́дится междунаро́дный би́знес-центр?
    Кто ме́неджер по персона́лу?

Слу́шайте и повторя́йте:

> Тепле́е, чем в Москве́,
> Вкусне́е, чем в Москве́,
> Доро́же, чем в Москве́,
> Деше́вле, чем в Москве́.
>
> Интере́снее, чем в Петербу́рге,
> Совреме́ннее, чем в Петербу́рге,
> И прия́тнее, чем в Петербу́рге,
> И споко́йнее, чем в Петербу́рге.

—Мы всё пригото́вим
— бу́дет вкусне́е,
чем в са́мом
лу́чшем рестора́не!

—Да. До́ма прия́тнее,
ую́тнее… и деше́вле.

1. а. Слу́шайте и повторя́йте:

интере́сный	—	интере́снее
тёплый	—	теплее́
прия́тный	—	прия́тнее
ску́чный	—	скучне́е
ую́тный	—	ую́тнее
дорого́й	—	доро́же
дешёвый	—	деше́вле
совреме́нный	—	совреме́ннее
вку́сный	—	вкусне́е
пра́вильный	—	пра́вильнее
споко́йный	—	споко́йнее
бли́зкий	—	бли́же
далёкий	—	да́льше

   б. Как вы ду́маете, почему́ Та́ня хо́чет игра́ть сва́дьбу до́ма? (Use comparatives from exercise 1. a.)

2. Спроси́те друг дру́га о то́м, что́ вам бо́льше нра́вится.

> у́жинать до́ма или в рестора́не
>
> —Слу́шай, Боб, что́ тебе́ бо́льше нра́вится: **у́жинать до́ма или в рестора́не?**
> —**Мне бо́льше нра́вится до́ма.**
> —Почему́?
> —Потому́ что до́ма деше́вле. А тебе́?
> —А мне бо́льше нра́вится...

> смотре́ть телеви́зор и́ли ходи́ть в кино́
> жить в общежи́тии и́ли снима́ть кварти́ру
> рабо́тать и́ли учи́ться
> рабо́тать в ба́нке и́ли в магази́не
> смотре́ть телеви́зор и́ли де́лать дома́шнее зада́ние
> игра́ть в футбо́л и́ли игра́ть на компью́тере
> чита́ть кни́ги и́ли рабо́тать в Интерне́те
> слу́шать му́зыку и́ли танцева́ть

3. Как вы ду́маете? Почему́?

Мне ка́жется, . . .
По-мо́ему, . . .
Я ду́маю, что . . .

> —Как ты ду́маешь, Боб, что́ лу́чше: **бе́гать и́ли е́здить на велосипе́де?**
> —Я ду́маю, **что лу́чше**. . ., потому́ что. . .
> —А по-мо́ему, лу́чше. . . (И я ду́маю, что. . .)

Что́ лу́чше
   бе́гать или е́здить на велосипе́де (bicycle)?
   занима́ться спо́ртом и́ли спать?
   вы́йти за́муж (жени́ться) и́ли пое́хать в Москву́?

А что́ трудне́е
  изуча́ть ру́сский язы́к и́ли япо́нский язы́к?
  говори́ть и́ли понима́ть по-ру́сски?
  учи́ться и́ли рабо́тать?

А что́ интере́снее
  игра́ть в футбо́л и́ли смотре́ть футбо́л?
  чита́ть кни́ги и́ли рабо́тать в Интерне́те?
  тусова́ться (*slang*, hang out) с друзья́ми и́ли
    разгова́ривать с преподава́телем?
  изуча́ть стати́стику и́ли исто́рию?

А что́ важне́е
  быть бога́тым и́ли быть счастли́вым?
  мно́го занима́ться спо́ртом и́ли мно́го спать?
  име́ть сто рубле́й и́ли сто друзе́й?

бога́тый = rich
счастли́вый = happy

4. Plan a party with your classmates. Decide where to hold it
    and why, whom to invite, what kinds of food to have and
    why, etc. You must decide:

    Где, когда́ и во ско́лько бу́дет ве́чер?
    Кого́ вы пригласи́те?
    Каки́е проду́кты вы ку́пите?
    Что́ вы бу́дете там де́лать?
    Каку́ю му́зыку вы бу́дете слу́шать?
    Что́ вы бу́дете пить и есть?

ви́део обзо́р

Уро́к 1
День 9

сказа́л(а)	кому́ (dat.)
	Та́не
	Оле
	Ви́ктору
	Серге́ю

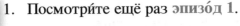 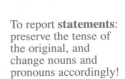

1. Посмотри́те ещё раз **эпизо́д** 1.

   Чита́йте и анализи́руйте:

   Та́ня: «Всё бу́дет хорошо́».
   Та́ня сказа́ла, что всё бу́дет хорошо́.

   Та́ня: «Сейча́с я тебе́ всё расскажу́».
   Та́ня сказа́ла Оле, что она́ сейча́с ей всё расска́жет.

   Оля: «У меня́ ку́ча рабо́ты!»
   Оля сказа́ла Та́не, что у неё ку́ча рабо́ты.

   To report **statements**: preserve the tense of the original, and change nouns and pronouns accordingly!

2. Попро́буйте са́ми (try it yourself):

   а. Та́ня: «Сего́дня у́тром Ми́ша сде́лал мне предложе́ние».
   Та́ня сказа́ла, _____

   б. Та́ня: «Я согласи́лась».
   Та́ня сказа́ла, _____

   в. Та́ня: «Хоте́ла посмотре́ть, как ты здесь рабо́таешь».
   Таня сказа́ла, _____

3. а. Your classmate missed class and did not see эпизо́д 1. Recount for him/her the basic content of this episode. Begin by completing these sentences:

   > Оля рабо́тает на …
   > Та́ня пришла́ к … , потому́ что …
   > Они́ пошли́ в …
   > Та́ня сказа́ла, что …

   б. Now reenact the conversation between Olya and Tanya. Try to make your dialogue as brief as possible (4-6 sentences), while preserving the content. Hold a class competition for the shortest, most informative reenactment!

4. а. Чита́йте и анализи́руйте:

   Па́па: «Где бу́дет сва́дьба?»
   Па́па спроси́л Та́ню, где бу́дет сва́дьба.

   Ма́ма: «Кака́я у тебя́ но́вость, Таню́ша?»
   Ма́ма спроси́ла Та́ню, кака́я у неё но́вость.

б. Посмотри́те ещё раз **эпизо́д 2** и скажи́те: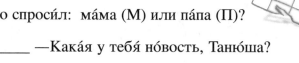

Кто спроси́л: ма́ма (М) или па́па (П)?

_____ —Кака́я у тебя́ но́вость, Таню́ша?

_____ —... Таню́ша, а как же институ́т, экза́мены?

_____ —Когда́ вы собира́етесь подава́ть докуме́нты?

_____ —Где бу́дет сва́дьба: до́ма и́ли в рестора́не?

_____ —Ну, де́вочки, кого́ мы пригласи́м на сва́дьбу?

спроси́л(а)	кого́ (асс.)
	ма́му
	Олю
	Ви́ктора
	Серге́я

в. Тепе́рь скажи́те, кто что́ спроси́л (из упражне́ния 4.б.).

5. а. Get together and describe, in as much detail as possible, episodes 1 and 2. Start by jotting down sentences that answer the five basic "journalistic questions" — who, what, when, where, why. Then go back and connect your sentences to form a coherent story, using as many of the following as possible:

Снача́ла ..., а пото́м ... (At first ..., then...),
поэ́тому (therefore) ...,
потому́ что
Та́ня (Оля, и т.д.) сказа́ла/спроси́ла/отве́тила, что ...

б. Now retell episodes 1 and 2 as a class.

Давáйте почитáем

It seems that Tanya and Misha have known each other all of their lives. Where and how do you think they first met? How old were they at the time?

> ANATOLY IGNATIEVICH PRISTAVKIN (1931—) is a Russian author and literary critic who was the driving force behind the *April* literary movement that began in 1985. Pristavkin published his first work in 1952, he went on to graduate from the Gorky Literary Institute seven years later and soon began his writing career in earnest. He published numerous short stories and critical essays, as well as several longer works of fiction; it is for his *glasnost*-era novel «Ночевáла тýчка золотáя» (literally, "A Golden Cloud Spent the Night"; translated as *The Inseparable Twins*), published in 1987, that he is most famous. Set in 1944, *The Inseparable Twins* tells the story of twin boys evacuated to a colony for orphans in the Caucasus Mountains, where the Red Army and Chechen rebels are engaged in fighting. The short story that follows is about first love. ■

I Pre-Reading Exercises

1. a. Find the root in each of the words.

   друг — friend

друг (друзья́)	другóй (не э́тот, не такóй)
подрýга (подрýги)	вдруг
дружи́ть	друг дрýга
дрýжба	
дрýжный	

   б. How do you understand the phrase: люби́ть друг дрýга?
   What about ненави́деть (to hate) друг дрýга? Does this indicate friendship?

   в. Do you understand the meanings of the following popular Russian expressions? Do you agree?

   > «Скажи́ мне, кто твой *друг*, и я скажý, кто ты».
   > «*Дрýжбу* за дéньги не кýпишь».
   > «Не имéй сто рублéй, а имéй сто *друзéй*».

2. What do the following words have in common? Give definitions (in English or in Russian; you may use the words in parentheses).

иногда́ — иностра́нец (страна́)
кра́сный – краси́вый

3. Provide antonyms for the following words: лёгкий –
приятно –
запла́кать -
хо́лодно –
мо́жно –

II Reading

Read the text and answer the questions that follow. (It may be helpful to read through the questions *before* reading the text!) As you read, think about the following question: Почему́ Мари́на ката́лась то́лько на велосипе́де Са́ши?

Пе́рвые цветы́

1

Са́ше купи́ли велосипе́д, мне то́же. На мое́й у́лице жила́ де́вочка. У неё была́ тру́дная фами́лия: Белоша́пкова. А зва́ли её Мари́на. Она́ брала́ велосипе́д иногда́ у меня́, иногда́ у Са́ши. Мне бы́ло о́чень неприя́тно, когда́ она́ ката́лась на Са́шином велосипе́де. И вот, одна́жды, я реши́л написа́ть ей письмо́. Это бы́ло моё пе́рвое письмо́ к де́вочке, и я писа́л его́ о́чень до́лго. Пе́рвое сло́во я написа́л голубы́м карандашо́м, второе — зелёным, тре́тье — чёрным карандашо́м, а четвёртое - кра́сным. Я ду́мал, что тако́е письмо́ ей бу́дет прия́тно чита́ть.

Ве́чером я отда́л письмо́ Мари́не и ста́л ждать отве́т. Два дня я стоя́л с велосипе́дом о́коло её до́ма, но не ви́дел её. Я боя́лся, что она́ не отве́тит на моё письмо́. На тре́тий день ко мне подошла́ Мари́на, засмея́лась и спроси́ла:

—Почему́ ты не ката́ешься?

—Да так. . . Нога́ боли́т, — отве́тил я.

Мари́на взяла́ у меня́ велосипе́д и начала́ ката́ться по доро́ге. Пото́м она́ сказа́ла:

—Ну, вот что. Я тебе́ отве́чу на письмо́, е́сли ты принесёшь мне цветы́.

2

Я пошёл в лес. Бы́ло ещё не о́чень тепло́, но в лесу́ уже́ бы́ли пе́рвые цветы́. Я на́чал собира́ть их. И вдруг я предста́вил себе́, что Мари́на сейча́с гуля́ет с подру́гами , и все уви́дят, как я бу́ду дари́ть ей цветы́ … Я положи́л цветы́ под куст и пошёл домо́й.

На друго́й день, в воскресе́нье, я опя́ть уви́дел Мари́ну, она́ игра́ла с де́вочками. Когда́ я подошёл, она́ спроси́ла:

—А где цветы́?

И я реши́л подари́ть ей цветы́. Я пошёл в лес. Цветы́ бы́ли там, куда́ я положи́л их вчера́. Но они́ уже́ ста́ли некраси́вые, уже́ нельзя́ бы́ло дари́ть их.

Я не пошёл к Мари́не в э́тот день, не пошёл и на друго́й, и на тре́тий … Я ви́дел, как она́ ката́лась на велосипе́де, но велосипе́д она́ брала́ то́лько у Са́ши.

Слова́ к те́ксту «Пе́рвые цветы́»

боя́ться (impf.)   to be afraid
брать/взять (here)   to borrow
велосипе́д   bicycle
голубо́й   blue
дари́ть/подари́ть кому́   to give a present to someone
засмея́ться (pf.)   to start laughing
иногда́   sometimes
каранда́ш   pencil
ката́ться на велосипе́де (impf.)   to ride a bicycle
куст   bush
лес   woods
неприя́тно   unpleasant
одна́жды   once, one time

подойти́ (pf.) to come up to (она́ подошла́ ко мне = she walked up to me)
положи́ть (pf.)   to place
предста́вить себе́ (pf.) to imagine
принести́ (pf.) to bring
прия́тно   pleasant
сло́во   word
собира́ть (impf.) to gather
стать (here) (pf.) began, become (стал жда́ть отве́т = began to wait for an answer; ста́ли уже́ некраси́вые = they had already become ugly)
тру́дный   difficult
у́лица   street
цветы́   flowers (sing. цвето́к)

ВОПРОСЫ

1. Как зову́т геро́ев расска́за? Ско́лько им лет, по-ва́шему?
2. Был ли у Мари́ны велосипе́д?
3. У кого́ она́ брала́ велосипе́д?
4. Почему́ а́втору бы́ло неприя́тно, когда́ Мари́на брала́ велосипе́д у Са́ши?
5. Почему́ он реши́л написа́ть письмо́ Мари́не?
6. Како́е письмо́ он написа́л ей? Как вы ду́маете, что он писа́л в письме́?
7. Почему́ Мари́на не сра́зу (immediately) отве́тила на письмо́?
8. Почему́ ма́льчик сказа́л, что у него́ боли́т нога́?
9. Како́й был отве́т Мари́ны (на письмо́)?
10. Куда́ пошёл ма́льчик за цвета́ми?
11. Почему́ он не подари́л ей цветы́ в пе́рвый день?
12. Почему́ он не подари́л их на сле́дующий (next) день?

III Post-Reading Exercises

1. Расскажи́те: **1 часть**
    о де́вочке.
    о том, как ма́льчик писа́л письмо́ Мари́не.
    о том, как Мари́на реаги́ровала (reacted) на письмо́.

    2 часть
    о том, как ма́льчик пе́рвый раз не подари́л цветы́.
    о том, как ма́льчик не подари́л цветы́ на сле́дующий день.
    о том, как зако́нчилась (ended) исто́рия.

2. Опиши́те геро́ев расска́за: (Here are some adjectives you might use.)

    > Я ду́маю, что ма́льчик (немно́го, сли́шком) нереши́тельный.

капри́зный	ма́ленький
глу́пый	нереши́тельный
до́брый	стра́нный
смешно́й	краси́вый
весёлый	гру́стный

3. Отве́тьте на вопро́сы, испо́льзуя слова́: «Снача́ла,. . . пото́м. . .»

    У кого́ Мари́на брала́ велосипе́д?
    Почему́ ма́льчик не подари́л Мари́не цветы́?

4. Как вы ду́маете:

    1. Что ду́мал ма́льчик, когда́ Мари́на ката́лась на Са́шином велосипе́де?

    2. Каки́е четы́ре сло́ва ма́льчик написа́л в своём письме́? Како́е сло́во он
        писа́л каки́м карандашо́м?

    3. Что бы вы сде́лали на ме́сте ма́льчика/Мари́ны? (What would you have done?)

    4. Пра́вильно ли сде́лал ма́льчик, что не подари́л цветы́ Мари́не? Почему́?

ПОВТОРЕНИЕ

ПОВТОРЕНИЕ

ПОВТОРЕНИЕ

ПОВТОРЕ́НИЕ

ПОВТОРЕНИЕ

ПОВТОРЕНИЕ

ПОВТОРЕНИЕ

ПОВТОРЕНИЕ

ПОВТОРЕНИЕ

1. Что́ вы ду́маете о назва́ниях эпизо́дов в э́том уро́ке? Они́ вам нра́вятся? Почему́ вы так ду́маете? Каки́е други́е назва́ния возмо́жны?

эпизо́д 1: «Это так здо́рово!»

_____

_____

эпизо́д 2: «Ме́ньше лу́чше, да лу́чше.»

_____

_____

2. Разыгра́йте диало́ги:

   а. Tanya introduces Misha to her parents for the first time.

   б. Tanya introduces Misha's friends to Olya and her parents.

3. Look at the ads on the next page and decide where to have a big party/wedding/etc. Discuss the guest list and the menu.

4. Разыгра́йте ситуа́ции:

   а. You are having a party and need some help. One of you asks/requests that the other buys food, calls people, invites guests, helps out on the day of the party, etc. (Use the imperative form in your requests!) Perhaps you will need some of the following:

        молоко́, ма́сло, мя́со
        смета́на, колбаса́, ры́ба
        ке́тчуп, майоне́з, хлеб, сыр
        о́вощи, фру́кты, напи́тки

РЕСТОРАНЫ
САНКТ-ПЕТЕРБУРГА

«АДМИРАЛТЕЙСКИЙ»
Международная и русская кухня;
дружественная атмосфера,
идеальное место для деловых
переговоров.
Адрес: Невский пр., 57,
отель «Невский Палас».
Тел.: (812) 275 2001.
Открыт: ежедневно, с 12 до 23.

«ЛАНДСКРОНА»
Лучшая международная кухня,
элегантная атмосфера.
Адрес: Невский пр., 57,
отель «Невский Палас».
Тел.: (812) 275 2001.
Открыт: ежедневно, с 19 до 1
ночи.

КАФЕ «ВЕНА»
Меню в лучших венских
традициях. Отличный сервис.
Адрес: Невский пр., 57,
отель «Невский Палас».
Тел.: (812) 275 2001.
Открыто: с 10 до 24.

«ТРОЙКА»
Великолепная русская кухня,
прекрасное обслуживание,
интерьер в русском стиле.
Варьете.
Адрес: Загородный пр., 27.
Тел.: (812) 113 5376, 315 4630.
Открыт: с 19 до 24.

ОТЕЛЬ «ПЕТЕРГОФ»
Ресторан «Свирь», бары «Скай» и
«Панорама». Прекрасная
международная и русская кухня,
в меню — блюда из морских
деликатесов. Бизнес-ланчи.

КАЗИНО «КОНТИ»
К вашим услугам — мир игр и
развлечений. Континентальная
кухня, хороший сервис.
Адрес: Кондратьевский пр., 44.
Тел.: (812) 540 8130.
Открыто: круглосуточно.

«ЧАЙКА»
Пиво и другие напитки,
всевозможные закуски к ним.
Умеренные цены.
Адрес: канал Грибоедова, 14.
Тел.: (812) 312 4631.
Открыт: с 11 до 3 утра.

«ХАЛИ-ГАЛИ»
Клуб грязных эстетов.
Постмодернистская эстетика
«Гибели богов» и «Кабаре»
на современный лад.
Психоделический интерьер.
Добровольный стриптиз.
Открыт ежедневно с 12 до 6 утра.
Ланское шоссе, 15. Тел. 246 3827.

**КАЗИНО-КЛУБ
«ПРЕМЬЕР»**
Традиционная русская кухня, в
меню — разнообразные вареники.
Французская и американская
рулетка, покер, кабинет для
карточных игр и Блэк-Джек.
Адрес: Невский пр., 47.
Тел.: (812) 315 7893.
Открыт: с 12 до 9 утра.

КЛУБ «АСТОРИЯ»
Континентальная кухня,
превосходный сервис.
Адрес: М. Морская ул., 20,
гостиница «Астория».

интерьер XVIII века, превосходный
сервис. Парковка.
Адрес: Стрелка В. О., Биржевой
проезд, 2.
Тел.: (812) 327 8949.
Открыт: с12 до 5 утра.

СУШИ БАР-РЕСТОРАН
«ФУДЖИЯМА»
Самые лучшие суши, самые
низкие цены.
Адрес: Каменноостровский пр.,
54.
Тел.: (812) 234 4922.
Открыт: ежедневно, с 12 до 23.

«ЗВЕЗДОЧЕТ»
Европейская и русская кухня.
Атмосфера тайны и ожидания
будущего.
Адрес: ул. Марата, 35.
Тел.: (812) 164 7478.
Открыт: с 12 до 1 ночи.

«АСТОРИЯ»
Европейская кухня. Завтраки,
ланчи, деловые встречи.
Адрес: Б. Морская ул., 39,
отель «Астория».
Тел.: (812) 210 5906.
Открыт: с 12.30 до 5.30.

«АНГЛЕТЕР»
Прекрасная европейская кухня.
Отдельные кабинеты, играет
оркестр.
Адрес: Б. Морская ул., 39,
отель «Астория».
Тел.: (812) 210 5906.
Открыт: с 12 до 23.

«ЗИМНИЙ САД»

«САКУРА»
Маленький островок Японии в
центре Санкт-Петербурга. Суши,
сашими, набэ, теппан-яки и другие
японские блюда.
Адрес: канал Грибоедова, 12.
Тел.: (812) 315 9474.
Открыт: с 12 до 23.

«ТАНДУР»
Индийские национальные мясные,
овощные и другие блюда.
Адрес: Вознесенский пр., 2.
Тел.: (812) 312 3886.
Открыт: с 12 до 23.

РЕСТОРАН «ЕВРОПА»
Прекрасная интернациональная
кухня, отличный сервис.
Адрес: Михайловская ул., 1/7,
Гранд-отель «Европа».
Тел.: (812) 329 6000.
Открыт: с 18 до 23,
в воскресенье — с 12 до 3 утра.

«ЧОПСТИК»
Китайская кухня (a la carte).
Адрес: Михайловская ул., 1/7,
Гранд-отель «Европа».
Тел.: (812) 329 6000.
Открыт: с 13 до 23.

«САДКО»
Интернациональная кухня. Окна с
видом на Невский проспект.
Адрес: Михайловская ул., 1/7,
Гранд-отель «Европа».
Тел.: (812) 329 6000.
Открыт: с 12 до 1 ночи.

6. You are going to study in Russia this summer and have been given the phone number of the host family. Call them, introduce yourself, and find out what you can about them. (How many people are in the family? What do they do?)

в. Imagine that you recently attended a wedding. Tell your roommate about the event, including where it was held, when, and how many people attended. Also tell him/her a little about these people, what you ate and drank.

5. In large groups/whole class:

a. You are all participants at an international student conference. During the break, you get acquainted with one another. (You will have to move around the room to meet as many people as possible.)

6. A group of Russian students has arrived to study at your university. Half the class plays the role of the Russians, and the other half plays the American students. Get acquainted with one another, asking and providing information abour both yourself and your university.

в. You are all at a big party at the dorm for international students. Take a few minutes to compose an "identity" for yourself (pick a country, native-language, and family background) and then move around the room, meeting as many people as possible.

Грамма́тика

1. The absence of the verb "to be" in the present tense (review)

Unlike English, Russian does not use a present tense of the verb "to be" (**быть**) to link the subject and the predicate in equational sentences.

> Это Та́ня. Она́ студе́нтка.
> This is Tanya. She is a student.

> Ми́ша ветерина́р.
> Misha is a veterinarian.

> Дэ́нис америка́нец.
> Dennis is an American.

Sentences of this type are common in Unit 1, which focuses on providing and soliciting information about new people and places.

2. Expressing location: review

Expressions of location are used frequently throughout Unit 1. Many verbs used to describe people, such as роди́ться, жи́ть, рабо́тать, and учи́ться, are followed by locations. (See Appendix I for declensional patterns for all cases.)

The Prepositional Case

	Adjectives	Nouns
Masc./ Neuter	-ом/-ем	-е (-и)
Feminine	-ой/-ей	-е -и (for soft sign nouns)
Plural	-ых/-их	-ах/-ях

To express location, nouns denoting persons are used with the preposition **у + genitive** (он живёт у ба́бушки), while all others require **в** or **на + prepositional**. The group of nouns that require **на**, commonly referred to as "на-nouns," must be memorized (see Appendix IV for a list of "на-nouns").

Где́? (nominative is indicated in parentheses)

в + prepositional

в го́роде (го́род)   в шко́ле (шко́ла)   в магази́нах (магази́ны)
in the city   at school   in stores

в кафете́рии (кафете́рий)	в зда́нии (зда́ние)	в лаборато́рии (лаборато́рия)
in the cafeteria	in the building	in the laboratory

на + prepositional

на стадио́не (стадио́н)	на пло́щади (пло́щадь)	на ле́кциях (ле́кции)
at the stadium	in the square	in classes

у + genitive

у бра́та (брат)	у сестры́ (сестра́)	у роди́телей (роди́тели)
at someone's brother's	at someone's sister's	at someone's parents'

Remember: When **на** is used with nouns that normally take **в** to indicate location, it means "on top of," "on the surface of."

3. Expressing possession (review)

A. Expressing possession: есть

The verb **есть** is used to indicate possession and tends to carry the sentence stress. In the present tense, the form **есть** does not change to agree with the subject.

The preposition **у + genitive** is used to indicate the possessor.

— У вас есть компью́тер?	"Do you have a computer?"
— Да, у меня́ есть компью́тер. Он но́вый.	"Yes, I have a computer. It's new."

— У вас есть ко́шка и́ли соба́ка?	"Do you have a cat or a dog?"
— Да, у нас е́сть ко́шка и соба́ка.	"Yes, we have a cat and a dog."

Есть is omitted when the emphasis is on anything other than the fact of possession; e.g., on the quality or quantity of the item.

У меня́ есть маши́на. I have a car.	Statement of possession of a car.
У меня́ но́вая, хоро́шая маши́на. I have a nice, new car.	Statement of possession, with emphasis on the quality of the car—it is nice and new—rather than on the mere possession of it.
У меня́ две маши́ны. I have two cars.	Statement of possession, with emphasis on the quantity of the item.

Recall that the past and future tenses of **есть** are the same as they are for the verb **быть** and agree in number and gender with the object possessed (which is in the nominative case in Russian):

У меня была машина.   I used to have a car.

У меня был компьютер, но я его продал.   I had a computer, but I sold it.

У меня будет машина.   I will have a car.

У нас будут документы.   We will have the documents.

B. Denying possession: нет

Нет + genitive is used to deny possession or express the absence of an item.

У меня нет сестры.	I don't have a sister.
У нас нет кошки.	We don't have a cat.
У меня нет компьютера.	I don't have a computer.
У меня нет денег.	I don't have any money.

In the past and future, absence is expressed using the third-person neuter singular form of **есть (было** or **будет) + genitive**, regardless of the gender and number of the item in question.

У меня не было компьютера.   У меня не будет компьютера.
I didn't have a computer.   I won't have a computer.

У них не было машины.   У них не будет машины.
They didn't have a car.   They won't have a car.

У нас не было денег.   У нас не будет денег.
We didn't have any money.   We won't have any money.

4. The dative case (review)

A. Forms of the dative case

Recall the forms of the dative case of nouns and adjectives (see Appendix I):

The Dative Case

	Adjectives	Nouns
Masc./ Neuter	-ому/-ему	-у/-ю
Feminine	-ой/-ей	-е (-и)
Plural	-ым/им	-ам/-ям

B. Usage of the dative case

The main function of the dative case is to indicate the indirect object of a verb.

Оля написа́ла письмо́ Дэ́нису.	Olya wrote a letter (direct object) to Dennis (indirect object).
Ми́ша сде́лал предложе́ние Та́не.	Misha proposed (made a proposal) to Tanya (indirect object).
Ребя́та купи́ли ко́шку Мише.	The guys bought Misha (indirect object) a kitty (direct object).

Certain common verbs require the dative case:

звони́ть/позвони́ть кому́

Оля позвони́ла Дэ́нису.	Olya called Dennis.
Дэ́нис позвони́л Оле.	Dennis called Olya.

помога́ть/помо́чь кому́

Оля помога́ет Та́не.	Olya helps Tanya.
Де́вушки помогли́ роди́телям.	The girls helped their parents.

5. Verbs of studying and learning

Because of their diversity and high frequency, verbs pertaining to teaching, studying, and learning deserve special attention. The verbs listed below appear in this unit.

A. учи́ться (учи́- + -ся) где́: "to study" (in the sense of "to be a student"); intransitive (i.e., it doesn't take a direct object); imperfective only.

The verb **учи́ться** indicates matriculation in a school, college, university, or other program of study.

Та́ня у́чится в институ́те на пя́том ку́рсе.	Tanya is a fifth-year student at the institute.
Мы у́чимся в Мэриле́ндском университе́те.	We go to the University of Maryland.
Они́ у́чатся в Шко́ле би́знеса.	They are going to the Business School.
Оля у́чится на компью́терных ку́рсах.	Olya is taking computer classes.

B. изуча́ть (изуча́й--) что́, transitive (takes a direct object in the accusative case), to study a subject. Also, this verb can be used to indicate a major field of study.

Та́ня изуча́ет исто́рию кино́.
She is studying the history of cinema.

В университе́те студе́нты изуча́ют ру́сский язы́к и литерату́ру, исто́рию и геогра́фию.
Students at the university study Russian language and literature, history and geography.

C. "Student"

The English word "student" is very versatile and can refer to a variety of learners. In contrast, the equivalent Russian terms are much more specific.

студе́нт/студе́нтка refer only to college-age students.
аспира́нт/аспира́нтка refer to graduate students.
шко́льник/шко́льница and учени́к/учени́ца refer to pupils in elementary through high school.

6. Second-person imperative: review

Formation of the second-person imperative

Add **-и(те)** to the basic stem of the verb. If the **-и́-** of the imperative form is stressed, it will stay. If it isn't, it is dropped. The stress of the imperative form is always the same as the stress in the first-person singular form of the verb. Hence, if the **-у́/ю́** of the first-person is stressed, the imperative is formed with **-и́(те).**

Stems	1st. per. sg.	End-stressed imperative
говори́-	говорю́	говори́(те)
писӑ-	пишу́	пиши́(те)
сказӑ-	скажу́	скажи́(те)
заказӑ-	закажу́	закажи́(те)
дарй-	дарю́	дари́(те)
платй-	плачу́	плати́(те)
любй-	люблю́	люби́(те)

Before the imperative ending, consonant alternation occurs if there is a consonant alternation before all vocalic endings (which means throughout the non-past forms of the verb), as in **-а-, -ова-,** and **-о-** -stem verbs (пиши́те, скажи́те). If there is a consonant alternation in the first person singular only, then there is no alternation in the imperative form (плати́те, люби́те).

If the **-и-** of the imperative is not stressed[1], it is dropped, and the preceding consonants, except for **й**, take on a soft sign.

---

[1] Three important Russian verbs with post-root stress nevertheless drop the **-и-** and thus constitute exceptions. They are the **-жа-** verbs **боя́-ся** (imperative **бо́йся! бо́йтесь!**) and **стоя́-** (imperative **сто́й! сто́йте!**), and the **-а-**verb **смея́--ся** (imperative **сме́йся!, сме́йтесь!**)

Stem-stressed stem	Stem-stressed imperative
ве́ри-	ве́рь(те)
оста́ви-	оста́вь(те)
вста́н-	вста́нь(те)
оде́н-	оде́нь(те)
знако́ми-(ся)	знако́мься(тесь)
отве́ти-	отве́ть(те)

Nothing is added to form stem-stressed imperatives with stem-final **й**.

чита́й(те)	успе́й(те)	организу́й(те)
занима́йся (--тесь)	дава́й(те)	про́буй(те)
выбира́й(те)	да́й(те)	сове́туй(те)
зака́зывай(те)	откро́й(те)	волну́й(ся) (волну́йтесь)
		умо́й(ся) (умо́йтесь)

The –**и**- is never dropped after a double consonant, regardless of stress.

вспо́мни(те)

7. Expressing dates in Russian

Ordinal numbers (those that indicate order, i.e., first, second, third) are used to express dates in Russian (just like in English). The word for "date" in Russian is число́ (usually omitted), hence all verb forms are neuter singular. (For a review of the forms and spelling of numbers, see Appendix VI.)

A. To state the date, use the following construction:
neuter ordinal number in the nominative case + genitive case of the month

Како́е сего́дня число́?
What date is it today?

Сего́дня двадца́тое (20-ое) ма́я.*
Today is the 20th of May

Како́е число́ бы́ло вчера́?
What date was yesterday?

Вчера́ бы́ло девя́тое (9-ое) сентября́.
Yesterday was September ninth.

Како́е число́ бу́дет за́втра?
What date will be tomorrow?

За́втра бу́дет деся́тое (10-ое).
Tomorrow will be the tenth.

---

* Note that the word число́ is often omitted when stating the date.

B. To state that an event occurs on a certain date, use the following:

neuter ordinal number in the genitive case + genitive of the month and year. (Remember: In a compound number, only the last number is in the ordinal form; all others remain in the cardinal form.)

Она́ родила́сь два́дцать седьмо́го (27-ого) апре́ля ты́сяча девятьсо́т во́семьдесят второ́го го́да (1982 г.).
She was born on April 27th, 1982.

Сва́дьба бу́дет двадца́того (20-ого) ию́ня две ты́сячи пе́рвого го́да (2001 г.).
The wedding will be on June 20th, 2001.

Дэ́нис прие́дет девятна́дцатого (19-ого) ию́ня.
Dennis will arrive on June 19th.

C. Review the Russian way of stating the following common time expressions.

Когда́?

Сего́дня у́тром...	This morning...
Сего́дня днём...	This afternoon...
Сего́дня ве́чером...	This evening...
Вчера́ у́тром...	Yesterday morning...
Вчера́ днём...	Yesterday afternoon...
Вчера́ ве́чером...	Yesterday evening...
За́втра у́тром...	Tomorrow morning...
За́втра днём...	Tomorrow afternoon...
За́втра ве́чером...	Tomorrow evening...

8. Simple comparative of adjectives and adverbs

The following is a review of the formation of the simple comparative of adjectives and adverbs. Remember that the simple comparative of adjectives is indeclinable and functions ONLY predicatively, i.e. to describe an object as having more or less of a certain quality ("This book is more interesting," as opposed to, "I've never read a more interesting book"). Only this simple or "synthetic" comparative is covered in this unit.

A. Formation of the simple comparative

The comparative degree of both long- and short-form adjectives and adverbs is formed by adding the suffix **-ee** or **-e** to the stem.

	Positive Degree	Adverb	Comparative
interesting	интере́сный	интере́сно	интере́снее
beautiful	краси́вый	краси́во	краси́вее
fresh	све́жий	свежо́	свеже́е
tasty	вку́сный	вку́сно	вусне́е
cheery	весёлый	ве́село	веселе́е
quick	бы́стрый	бы́стро	быстре́е
slow	ме́дленный	ме́дленно	ме́дленнее
bright	све́тлый	светло́	светле́е
dark	тёмный	темно́	темне́е
difficult	тру́дный	тру́дно	трудне́е
important	ва́жный	ва́жно	важне́е

The suffix **-e** is added to stems ending in **к, г, х**, and monosyllabic stems ending in **ст**. These consonants undergo the expected mutation before the **–e** .

К ⟶ Ч   Х ⟶ Ш

Г ⟶ Ж   СТ ⟶ Щ

The stress invariably falls on the syllable immediately preceding the ending.

	Positive Degree	Adverb	Comparative
expensive	дорого́й	до́рого	доро́же
loud	гро́мкий	гро́мко	гро́мче
quiet	ти́хий	ти́хо	ти́ше
soft	мя́гкий	мя́гко	мя́гче
stern	стро́гий	стро́го	стро́же
simple	просто́й	про́сто	про́ще
clean	чи́стый	чи́сто	чи́ще

Sometimes the suffix **–e** causes unpredictable changes in the stem. These comparative forms must be memorized.

	Positive Degree	Adverb	Comparative
light, easy	лёгкий	легко́	ле́гче
long	до́лгий	до́лго	до́льше
thin	то́нкий	то́нко	то́ньше
deep	глубо́кий	глубоко́	глу́бже
far	далёкий	далеко́	да́льше
high, tall	высо́кий	высоко́	вы́ше
wide	широ́кий	широко́	ши́ре
low	ни́зкий	ни́зко	ни́же
rare	ре́дкий	ре́дко	ре́же
narrow	у́зкий	у́зко	у́же
close, nearby	бли́зкий	бли́зко	бли́же
short	коро́ткий	ко́ротко	коро́че
sweet	сла́дкий	сла́дко	сла́ще
late	по́здний	по́здно	по́зже

The suffix **-e** is added to a few stems that do not end in **к, г, х,** or **ст**. Here are some of the most common ones.

	Positive Degree	Adverb	Comparative
young	молодо́й	мо́лодо	моло́же
rich	бога́тый	бога́то	бога́че
cheap	дешёвый	дёшево	деше́вле

The following common adjectives have unpredictable, irregular comparatives that must be memorized.

	Positive Degree	Adverb	Comparative
big	большо́й	мно́го	бо́льше
little	ма́ленький	ма́ло	ме́ньше
good	хоро́ший	хорошо́	лу́чше
bad	плохо́й	пло́хо	ху́же

B. Usage of comparative constructions

There are two possible comparative constructions: 1) the comparative can be followed by **чём** preceded by a comma plus a noun; and 2) the comparative can be followed by the genitive case of the noun without **чём**.

1. Comparative, чём + nominative
2. Comparative   + genitive

Анна ста́рше, чём бра́т. Анна ста́рше бра́та.	Anna is older than her brother.
Этот хле́б свеже́е, чём то́т. Этот хле́б свеже́е того́ (хле́ба).	This bread is fresher than that bread.
Францу́зские духи́ доро́же, чём америка́нские. Францу́зские духи́ доро́же америка́нских.	French perfume is more expensive than American (perfume).
Голла́ндский сы́р вкусне́е, чём че́ддер. Голла́ндский сы́р вкусне́е че́ддера.	Dutch cheese is better than cheddar.

C. Usage of adverbial comparative constructions

When **чем** follows the comparative of an adverb, the noun after it must be in the appropriate case, with any necessary prepositions repeated.

Дóма бýдет вкуснée, чем в рестора́не.
It will be better (more tasty) at home than in a restaurant.

Óля éздит в Петербýрг ча́ще, чем в Сиби́рь.
Olya goes to Petersburg more often than (she goes) to Siberia.

D. Expressions with comparatives

Listed here for your reference are some common expressions containing comparatives.

1. как мóжно + comparative   as... as possible
   как мóжно лýчше   as well as possible
   как мóжно скорée   as quickly as possible

2. чем..., тем...   the... the...
   чем быстрée, тем лýчше   the sooner the better

3. тем . . .   all/so much the . . .
   тем лýчше   all the better
   тем хýже   so much the worse

4. гора́здо/намнóго...   much/ a lot (intensifier)
   гора́здо/намнóго лýчше   much/ a lot better
   гора́здо/намнóго хýже   much/ a lot worse
   гора́здо/намнóго бóльше   much/ a lot more
   гора́здо/намнóго дешéвле   much/ a lot cheaper

5. по- (prefix added to comparatives)   a little bit....
   (See Unit 2)
   побóльше   a little bit more/bigger
   помéньше   a little bit less/smaller
   подешéвле   a little bit cheaper
   пора́ньше   a little bit earlier

9. Reported speech

A. Reported statements

Preserve the tense of the verb in the original utterance, regardless of what the English equivalent requires, and change the pronouns accordingly.

Он сказа́л: «Я живý с роди́телями».   He said, "I live with my parents."

Он сказа́л, что о́н живёт с роди́телями.	He said that he lived (lives) with his parents.
Ната́ша сказа́ла: «Я бу́ду учи́ться в университе́те.»	Natasha said, "I'm going to go to college."
Ната́ша сказа́ла, что она́ бу́дет учи́ться в университе́те.	Natasha said that she was going (is going) to go to college.

B. Reported questions with interrogative words

For a question with an interrogative ("question") word (кто, что́, где, како́й, ско́лько, почему́, когда́, отку́да, etc.), preserve the tense of the original utterance and change pronouns accordingly. Note that in a direct question of this type, IC-2 is normally used.

Ми́ша спроси́л Серге́я: «Че́м ты занима́ешься?»	Misha asked Sergei: "What are you busy doing?"
Ми́ша спроси́л Серге́я, че́м о́н занима́ется.	Misha asked Sergei what he was busy doing.
Он спроси́л меня́: «Где́ ты́ рабо́таешь?»	He asked me, "Where do you work?"
Он спроси́л меня́, где́ я́ рабо́таю.	He asked me where I work.

Существи́тельные (Nouns)

акаде́мия academy
анато́мия anatomy
аспира́нт graduate student
аспиранту́ра graduate school
ба́бушка grandmother
би́знес business
биоло́гия biology
брат brother
бу́дущее future (neuter adjective functioning as a noun)
гость (pl. го́сти) guest
де́душка grandfather
де́ньги (pl.) money
дипло́м diploma, academic degree
докуме́нт document
дочь (f.), до́чка daughter
дя́дя uncle
жена́ wife
журнали́стика journalism
институ́т institute
исто́рик historian
исто́рия history
кот (male) cat
ко́шка (female) cat
ку́ча heap, a whole lot
лингви́ст linguist
лингви́стика linguistics
ма́ркетинг marketing
матема́тик mathematician
ме́неджмент management
мето́дика (teaching) methodology
муж husband
но́вость (f.) news
поли́тик politician
поли́тика politics
политоло́гия political science

пра́во law (междунаро́дное пра́во = international law)
пра́здник holiday
предложе́ние proposal (of marriage); suggestion; sentence
предме́т (academic) subject
преподава́тельница college teacher
приглаше́ние invitation
программи́рование computer programming
программи́ст computer programmer
роди́тели (pl.) parents
сва́дьба wedding
сестра́ sister
соба́ка dog
сосе́д (pl. сосе́ди) neighbor
специа́льность (f.) speciality, major
сту́дия studio (телесту́дия = television studio)
сын son
телеви́дение television industry
тётя aunt
факульте́т department, college (in a university)
фи́зик physicist
фи́зика physics
фило́лог philologist
филоло́гия philology
фило́соф philosopher
филосо́фия philosophy
хи́мик chemist
хи́мия chemistry
эконо́мика economics
экономи́ст economist

Прилага́тельные (Adjectives)

ва́жный important
ветерина́рный veterinary
вку́сный delicious, tasty
дешёвый inexpensive, cheap
дорого́й expensive
замеча́тельный wonderful, marvelous
истори́ческий historical
лингвисти́ческий linguistic
математи́ческий mathematical
медици́нский medical
междунаро́дный international
отли́чный excellent, superb

педагоги́ческий pedagogical
после́дний last
ую́тный cozy
физи́ческий physical
филологи́ческий philological
филосо́фский philosophical
хими́ческий chemical
юриди́ческий judicial, legal

Кра́ткие прилага́тельные (Short-form adjectives)
жи́вы-здоро́вы (pl.) alive and well
рад, ра́да, ра́до, ра́ды glad, happy

**Глаго́лы
(Verbs)**

волнова́ться (волнова́—ся) (impf.)
  to be worried about
выходи́ть (выходи́—) /вы́йти
  (irreg.) за́муж за кого́ to get
  married (referring to women)
гото́вить (гото́ви—) /пригото́вить
  (пригото́ви—) to prepare, to cook
дари́ть (дари́—) /подари́ть
  (подари́—) to give (as a gift)
де́лать (де́лай—) /сде́лать
  (сде́лай—) предложе́ние to
  make a proposal, to propose
ждать (жда́—) /подожда́ть
  (подожда́—) to wait
запреща́ть (запреща́й—)
  /запрети́ть (запрети́—) кому́
  что-то де́лать to forbid (someone
  from doing something)
звони́ть (звони́—) /позвони́ть
  (позвони́—) кому́ to call someone
ока́нчивать (ока́нчивай—)
  /око́нчить (око́нчи—) to graduate
  (шко́лу, университе́т, колле́дж,
  институ́т, ку́рсы, аспиранту́ру,
  etc.)
подава́ть (подава́й—) /пода́ть
  (irreg.) докуме́нты to file
  documents, to apply
покупа́ть (покупа́й-) /купи́ть
  (купи́—) что кому́ to buy
  something for someone

помога́ть (помога́й—) /помо́чь
  (irreg. like **мочь**) кому́ to help
  someone
приглаша́ть (приглаша́й—)
  /пригласи́ть (пригласи́—) кого́ на
  что to invite someone to
  something
расска́зывать (расска́зывай—)
  /рассказа́ть (рассказа́—) кому́ что
  to tell someone something
роди́ться (роди́—ся) (pf.) to be
  born
собира́ться (собира́й—ся)
  /собра́ться (соб/ра́—ся) что́-то
  де́лать   1. to intend, to get ready
  to do something   2. to get together
соглаша́ться (соглаша́й—ся)
  /согласи́ться (согласи́—ся) to
  agree
случа́ться (случа́й—ся)
  /случи́ться (случи́—ся) to
  happen (often used in past tense
  sing. Что́ случи́лось? = What
  happened?)
теря́ть (теря́й—) /потеря́ть
  (потеря́й—) что to lose
  something
учи́ться (учи́—ся) где, на како́м
  ку́рсе to study

**Наре́чия
(Adverbs)**

Здо́рово! Great!
сли́шком too, excessive(ly)

ужа́сно horrible

**Предло́ги
(Prepositions)**

по́сле чего́, кого́ after

че́рез что́ in, after (in expressions
  of time), across

**Поле́зные
выраже́ния
(Useful Expressions)**

А как же "x"? But what about "x"?
Вообще́ (в о́бщем) in general
Де́ло в том, что... The thing is...
Зна́чит That means
Интере́сно. That's interesting.
Ла́дно. Fine. OK.
Мне ка́жется, ... It seems to me...
Не волну́йся. Всё норма́льно.
  Don't worry. Everything's fine.
Ничего́. It's OK. It's no big deal.
Ну и пра́вильно. Well, and that's
  the right thing to do.
Отли́чно Excellent.
По-мо́ему, ... I think (in my
  opinion)...
Сла́ва Бо́гу. Thank God.
Спаси́бо огро́мное. Thanks a lot.

С удово́льствием. With pleasure.
Что́ произошло́? What occurred?
Что́ случи́лось? What happened?
Что́ с тобо́й? What's with you?
Это так здо́рово! = Как э́то
  здо́рово! That's so fantastic!
Это так интере́сно! = Как э́то
  интере́сно! That's so interesting!
Это так ужа́сно! = Как э́то
  ужа́сно! That's so awful!
Я ду́маю, что... I think that...
Я так ра́д(а)! = Как я ра́д(а)! I'm
  so glad!/How glad I am!
Я так уста́л(а)! = Как я уста́л(а)!
  I'm so tired!/How tired I am!

Урок

2

*I*n this lesson you will learn how to:

- make and take telephone calls;

- extend invitations;

- discuss health;

- take and give advice;

- fill out forms.

Все хотят побыстрее.

1. В како́м во́зрасте молоды́е лю́ди в Аме́рике мо́гут жени́ться?

во́зраст = age
жени́ться = to get married

2. В како́м во́зрасте америка́нцы обы́чно же́нятся? ☑

обы́чно = usually

- ❏ в 18-20 лет
- ❏ в 20-25 лет
- ❏ в 25-30 лет
- ❏ в 30-35 лет

3. Как вы ду́маете, почему́ америка́нцы обы́чно не же́нятся в 18-20 лет? ☑

- ❏ потому́ что роди́тели запреща́ют (forbid).
- ❏ потому́ что у них нет де́нег.
- ❏ потому́ что они́ ещё у́чатся.
- ❏ потому́ что они́ хотя́т жить для своего́ удово́льствия. (for one's own pleasure)
- ❏ потому́ что они́ боя́тся (are afraid) начина́ть серьёзную жизнь.

По-мо́ему, . . .
Мне ка́жется, . . .
Я ду́маю, что . . .

4. Look at the application that Tanya and Misha had to fill out at the ZAGS.* Can you fill in numbers 1–7 for them?

Заявлéние = application

To get married, Russians file an application at the ЗАГС similar to the one we fill out here in the United States, and then are assigned a date for the civil ceremony. Religous ceremonies are arranged independently.

Форма № 7

Заявление принято

«_____»_____ _____ г.

регистрационный № _____

_____/_____/
подпись должностного лица,
принявшего заявление

Государственная регистрация заключения брака по согласованию с лицами, вступающими в брак, назначена на «_____»_____ _____ г.

в _____ часов

Запись акта о заключении брака

№ _____

от «_____»_____ _____ г.

В отдел ЗАГС _____

_____

от _____
фамилия, имя, отчество

и _____
фамилия, имя, отчество

ЗАЯВЛЕНИЕ О ЗАКЛЮЧЕНИИ БРАКА

Подтверждаем взаимное добровольное согласие на заключение брака и отсутствие обстоятельств, препятствующих заключению брака, указанных в статье 14 Семейного кодекса Российской Федерации. Сообщаем о себе следующие сведения.

		он	она
1.	Фамилия, имя, отчество		
2.	Дата рождения Возраст *(указывается на момент государственной регистрации заключения брака)*	«____»_____ г. ИСПОЛНИЛОСЬ____ лет	«____»_____ г. ИСПОЛНИЛОСЬ____ лет
3.	Место рождения		
4.	Гражданство		
5.	Национальность *(графа заполняется по желанию лиц, вступающих в брак)*		
6.	Место жительства		
7.	Документ, удостоверяющий личность	*наименование документа* серия ____ № _____ *наименование органа, выдавшего документ* «____»_____ г.	*наименование документа* серия ____ № _____ *наименование органа, выдавшего документ* «____»_____ г.
8.	Документ, подтверждающий прекращение предыдущего брака (если лицо (лица) состояло (состояли) в браке ранее)		

Просим произвести государственную регистрацию заключения брака; присвоить фамилии:

мужу: _____

жене: _____

_____ _____
он — она
подписи лиц, вступающих в брак (добрачные фамилии)

«_____»_____ _____ г.

*ЗАГС = Зáпись áктов граждáнского состоя́ния
This is the Russian organization that is roughly equivalent to an American city/town hall registry. Records of marriages, divorces, births, deaths, etc. are kept here.

5. Посмотри́те эпизо́д 3 и скажи́те: ☑

Та́ня с Ми́шей ходи́ли

❏ в библиоте́ку.
❏ в институ́т.
❏ в ЗАГС.

Же́нщину в ЗАГСе зову́т

❏ Светла́на Ива́новна.
❏ Светла́на Ви́кторовна.
❏ Светла́на Влади́мировна.

Отчество Татья́ны

❏ Влади́мировна.
❏ Валенти́новна.
❏ Ви́кторовна.

Что́бы жени́ться, нужны́

❏ паспорта́.
❏ води́тельские права́ (driver's license).
❏ де́ньги.

нужны́ = required

Ми́ша с Та́ней должны́ написа́ть

❏ письмо́.
❏ автобиогра́фию.
❏ заявле́ние.

автобиогра́фия = resumé
заявле́ние = application

Ми́ша хо́чет зарегистри́ровать брак

❏ сего́дня.
❏ ско́ро.
❏ побыстре́е.

брак = marriage

Ми́ша с Та́ней должны́ прийти́ в ЗАГС ещё раз

❏ через неде́лю.
❏ через ме́сяц.
❏ через год.

6.

> **Кто э́то сказа́л?**

T = Та́ня
M = Ми́ша
С.В. = Светла́на Ви́кторовна

_____ —До́брый день, молоды́е лю́ди. Приса́живайтесь.

_____ —Что́ вы хоте́ли?

_____ —Понима́ете, . . . де́ло в том, что мы с Татья́ной Ви́кторовной реши́ли пожени́ться.

_____ —У вас паспорта́ с собо́й?*

_____ — Вам 18 лет есть?

_____ —Вот ру́чка, вот бума́га. Пиши́те заявле́ние.

_____ —Ну. . . Побыстре́е зарегистри́ровать наш брак.

_____ —Пото́м побыстре́е прихо́дят и разво́дятся (divorce).

_____ —Что вы! Мы не придём!

_____ —Минима́льно — ме́сяц.

_____ —Как я тебя́ люблю́!

_____ —И я тебя́ то́же.

7.   Как вы ду́маете:

Куда́ Ми́ша с Та́ней пойду́т по́сле ЗАГСа?
У них бу́дет сва́дьба 20-ого ию́ня?
Ру́сская сва́дьба похо́жа (resemble) на америка́нскую?
А вы бы́ли на ру́сской сва́дьбе?

_____

*The passport is the main form of identification in Russia.

Слу́шайте и повторя́йте:

1

бы́стро — быстре́е — побыстре́е
ме́дленно — ме́дленнее — поме́дленнее
мно́го — бо́льше — побо́льше
ма́ло — ме́ньше — поме́ньше
пло́хо — ху́же — поху́же
до́рого — доро́же — подоро́же
дёшево — деше́вле — подеше́вле
до́лго — до́льше — подо́льше

2

Я хочу́ поме́ньше есть.
Я хочу́ поме́ньше пить.
Я хочу́ побо́льше спать.
Я хочу́ подо́льше жить.

Быстре́е! Быстре́е! Быстре́е — побыстре́е!!
Скоре́е! Скоре́е! Скоре́е — поскоре́е!!

Я хочу́ побо́льше, побо́льше, побо́льше
Я хочу́ побо́льше, побо́льше говори́ть.
Я хочу́ полу́чше, полу́чше, полу́чше
Я хочу́ полу́чше фотоальбо́м купи́ть!

Вкусне́е! Вкусне́е! Вкусне́е — повкусне́е!!
Тепле́е! Тепле́е! Тепле́е — потепле́е!

бы́стро
быстре́е
побыстре́е

1. а. О чём спроси́л Ми́ша?

—А мо́жно **побыстре́е** зарегистри́ровать наш брак?

б. Как вы ду́маете, почему́ они́ хотя́т побыстре́е зарегистри́ровать свой брак?

2. а. Скажи́те не́сколько слов о на́ших геро́ях.

> Та́ня и Ми́ша не хотя́т ждать ме́сяц. Они́ хотя́т зарегистри́ровать брак (бы́стро) ...**побыстре́е**.

1. Ми́ша о́чень мно́го рабо́тает, потому́ что он бизнесме́н. Та́ня ду́мает, что Ми́ша до́лжен рабо́тать (ма́ло).
2. Ми́ше 26 лет, а Та́ня (молода́я).
3. Ми́ша хо́чет игра́ть сва́дьбу в дорого́м рестора́не. Та́ня хо́чет игра́ть сва́дьбу до́ма, потому́ что до́ма (ую́тно, споко́йно).
4. Та́ня молода́я и весёлая де́вушка. А Оля (ста́рая и серьёзная).

б. А тепе́рь скажи́те о себе́ и о своём дру́ге:

1. Я чита́ю по-ру́сски ме́дленно (хоте́ть, бы́стро)
2. Он говори́т по-ру́сски пло́хо (хоте́ть, хорошо́)
3. Я ма́ло путеше́ствую. (хоте́ть, мно́го)
4. Вчера́ бы́ло хо́лодно. Сего́дня (тепло́)
5. Вы о́чень бы́стро говори́те. Пожа́луйста, говори́те (ме́дленно)
6. Обы́чно я встаю́ по́здно. Сего́дня (ра́но)

3. Скажи́те, что́ вы хоти́те купи́ть:

> пальто́, тёплое
> —Почему́ ты не покупа́ешь **э́то** пальто́?
> —Потому́ что я хочу́ купи́ть пальто́ **потепле́е**.

мороженое, вкусное   фотоальбо́м, краси́вый
кни́га, интере́сная   зо́нтик, большо́й
хлеб, свежий   кроссо́вки, лёгкие
компью́тер, совреме́нный

4. Скажи́те, ско́лько им лет?

—Вам восемна́дцать лет есть?

Михаи́л
Ива́нович Ко́тов

Кому́ ско́лько лет?
1 . . . . год
2, 3, 4 . . . го́да
5–20 . . . . . лет

Татья́на
Ви́кторовна
Воло́дина

Ольга
Ви́кторовна
Воло́дина

5. А как вы ду́маете, ско́лько им лет?

Испо́льзуйте (Use) слова́:
    ма́льчик
    де́вушка
    мужчи́на
    стари́к (= пожило́й мужчи́на)
    ба́бушка (= пожила́я же́нщина)

6. а. Скажи́те, что́ на́ши геро́и люби́ли и не люби́ли, когда́ они́ бы́ли ма́ленькие.

> Ми́ша, 6, цветна́я капу́ста, моро́женое
>
> Когда́ **Ми́ше бы́ло*** **6 лет**, он люби́л цветну́ю капу́сту и ужа́сно не люби́л моро́женое!

Кому́ ?
_____
Дэ́нису
Та́не

Та́ня, 4, конфе́ты, молоко́
Оля, 10, мя́со, о́вощи
Бра́ун, 1, са́хар, огурцы́
Дэ́нис, 6, макаро́ны с сы́ром, ры́ба

б. Что́ **вы** о́чень люби́ли и ужа́сно не люби́ли, когда́ **вы** бы́ли ма́ленький (-ая)? (Когда́ вам бы́ло 2 го́да, 5 лет, 10 лет, 15 лет?)

Когда́ я был(а́) ма́ленький (-ая), я . . .
Когда́ мне бы́ло . . . лет, я . . .

7. а. Прочита́йте диало́ги и скажи́те: What is so shocking in the dialogues here?

—А я за́муж выхожу́!
—Да ты что́! Ты с ума́ сошла́! Тебе́ ско́лько лет?
—19. А что́?
—Ты не ра́но за́муж выхо́дишь?

—Я женю́сь!
—Да ты что́! Ты с ума сошёл! Тебе́ ско́лько лет?
—19. А что́?
—Ты не ра́но же́нишься?

—Ма́мочка, я хочу́ рабо́тать!
—Да ты что́, Аня! Ты с ума́ сошла́! Ско́лько тебе́ лет?
—24. А что́?
—Ты не ра́но начина́ешь рабо́тать?

—Мо́жно я бу́ду води́ть (drive) маши́ну?
—Ты что́, Ми́ша! Ты с ума́ сошёл! Тебе ско́лько лет?
—15. А что́?
—Ты не ра́но хо́чешь води́ть маши́ну?

б. Now try shocking each other with your own age-inappropriate news.

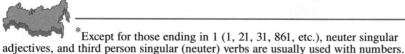

*Except for those ending in 1 (1, 21, 31, 861, etc.), neuter singular adjectives, and third person singular (neuter) verbs are usually used with numbers.

фоне́тика

Слу́шайте и повторя́йте:

а. Тра-ля́, ля-ля́, ля-ля́.
    В двухты́сячном году́!
    Тра-ля́, ля-ля́, ля-ля́.
    В двухты́сячном году́!
    Тра-ля́, ля-ля́, ля-ля́.
    В двухты́сячном году́!
    Тра-ля́, ля-ля́, ля-ля́.
    В двухты́сячном году́!

б. В две ты́сячи пе́рвом году́ (2001 г.)
    Ната́ша пое́дет в Москву́!
    В две ты́сячи тре́тьем году́ (2003 г.)
    Я то́же пое́ду в Москву́!
    В две ты́сячи пя́том году́ (2005 г.)
    Мы вме́сте пое́дем в Москву́!

1. Вот па́спорт Ми́ши. Скажи́те:

    Ско́лько ему́ лет на э́той фотогра́фии?
    В како́м году́ он роди́лся?
    В како́м году́ он получи́л па́спорт?

2. Скажи́те, в како́м году́ вы́шли э́ти журна́лы?

3. Спроси́те друг у дру́га:

В како́м году́. . .   вы роди́ли́сь?
вы зако́нчили шко́лу?
вы поступи́ли (entered) в университе́т?
вы око́нчите университе́т?
вы получи́ли па́спорт?
вы получи́ли води́тельские права́?

4. а. Скажи́те, **в како́м году́** они́ роди́ли́сь?

> Ми́ша, 24
>
> —Слу́шай, ты не зна́ешь, когда́ роди́лся Ми́ша?
> —Сейча́с **Ми́ше 24 го́да**. Так?
> —*Ага́*, . . . зна́чит, он роди́лся в **1976-ом году́**.
> —Да, то́чно, в 1976-ом году́.

Pronounced as aha, used when confirming a guess, such as our "uh-huh"

Та́ня, 24	Дэ́нис, 28
Оля, 27	Серге́й, 33
Ви́ктор Степа́нович (па́па), 56	Арка́дий, 26
Анна Бори́совна (ма́ма), 51	Саве́льев, 29
Бра́ун (соба́ка), 11	

б. Ско́лько им бу́дет лет в 2007 году́?

> **Ми́ше** сейча́с **24 го́да**. Так? Зна́чит, в 2010-ом
> году́ **ему́ бу́дет 34 го́да**.

снóва = again

5. Когда́ Ми́ша и Та́ня должны́ сно́ва прийти́ в ЗАГС?

> **Когда́?**
>
> в двухты́сячном году́
> (в 2000 г.)
>
> в две ты́сячи пе́рвом
> году́ (в 2001 г.)

ита́к = and so

—Ита́к, вы
прихо́дите
че́рез ме́сяц,
20-ого ию́ня.

6. а. Когда́ у них день рожде́ния, ско́ро или не о́чень ско́ро?

> Та́ня, 2 неде́ли
> —Интере́сно, а когда́ **у Та́ни** день рожде́ния?
> —Ско́ро, **че́рез две неде́ли**.

1. Ми́ша, 10 ме́сяцев
2. Бра́ун, 4 дня
3. Ма́ма Та́ни, 3 ме́сяца
4. Оля, неде́ля
5. Серге́й, полго́да
6. Арка́дий, 5 ме́сяцев
7. Саве́льев, 14 дней

б. А у вас? Когда́ у вас бу́дет день рожде́ния?

в. Когда́ у вас бу́дет экза́мен, ско́ро? А контро́льная рабо́та?

7. Спроси́те друг дру́га:

> начина́ться: фильм, 20 мину́т
> — Ты не зна́ешь, **когда́ начина́ется** фильм?
> — Фильм начина́ется **че́рез 20 мину́т**.

1. начина́ться: собра́ние, 2 часа́
2. конча́ться: уро́к, 5 мину́т
3. открыва́ться: но́вый компью́терный центр, 2 неде́ли
4. открыва́ться: вы́ставка ру́сских фото́графов, неде́ля
5. закрыва́ться: кни́жный магази́н, полчаса́

8. Разыгра́йте ситуа́цию:

You suddenly remember that you need to stop by the library, computer center, grocery store, box or ticket office (ка́ссы), post office, souvenir store, etc. Find out from your friend when these places open or close, etc. and tell them why you need to go there.

> —Слу́шай, ты не зна́ешь, когда́ закрыва́ется компью́терный центр?
> —Че́рез 10 мину́т. А что?
> —Понима́ешь, мне ну́жно посмотре́ть оди́н сайт.

фонéтика

Слýшайте и повторя́йте:

> Дéло в тóм, что он рабóтал,
> Дéло в тóм, что он устáл,
> Дéло в тóм, что в воскресéнье
> Он совсéм не отдыхáл.

> Дéло в тóм, что он роди́лся,
> Он роди́лся в сентябрé.
> Дéло в тóм, что он жени́лся,
> Он жени́лся в декабрé.

1. Почемý Тáня пришлá к Оле?

какáя рáзница = what's
the difference

2. а. Прочитáйте диалóги. Как вы дýмаете, какáя рáзница
в отвéтах на вопрóс «Почемý Тáня пришлá к Оле?»

—Как ты дýмаешь, почемý Тáня пришлá к Оле?
—**Потомý что** онá хотéла рассказáть нóвость сестрé.

—Интерéсно, а почемý Тáня пришлá к Оле?
—**Понимáешь, дéло в том, что** Ми́ша сдéлал Тáне
предложéние. Тáня былá óчень рáда, и онá хотéла
рассказáть нóвость сестрé.

б.   Почему́ Ми́ша с Та́ней пришли́ в ЗАГС?

—Что вы хоте́ли?
—**Понима́ете,** . . .
де́ло в том, что мы
реши́ли пожени́ться.

3.   Скажи́те, почему́. . .

   а.   **потому́ что**

   1.   Почему́ Ми́ша сде́лал предложе́ние Та́не?
        (люби́ть)
   2.   Почему́ Та́ня така́я загоре́лая (tan)? (отдыха́ть на
        мо́ре)
   3.   Почему́ Ми́ша стал ветерина́ром? (люби́ть
        живо́тных)

   б.   **де́ло в то́м, что**. . .

   1.   Почему́ Оля рабо́тает на телеви́дении? (всегда́
        мечта́ть о карье́ре журнали́ста, зако́нчить ВГИК,
        люби́ть путеше́ствовать)
   2.   Почему́ Оля и Дэ́нис не вме́сте? (жить в Москве́,
        в Аме́рике; хоро́шая рабо́та в Вашингто́не)

4.   Соста́вьте диало́ги:

   а.   понима́ете, де́ло в то́м, что. . .
       1.   Discuss why you decided to study Russian.
       2.   Discuss why you chose your major.
       3.   Discuss why you chose to enter your university.

   б.   потому́ что
       1.   Say why you cannot go to the movies tonight.
       2.   Say why you visited the doctor's office.
       3.   Say why you need to go to the bookstore.

to choose =
выбира́ть/вы́брать

5. Скажи́те, кто по́дал заявле́ние в ЗАГС?

—**Мы с Татья́ной Ви́кторовной** реши́ли пожени́ться.

6. а. Как по-англи́йски:

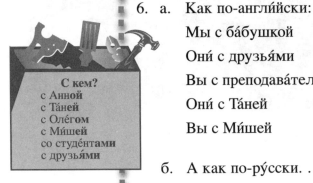

С кем?
с А́нной
с Та́ней
с Оле́гом
с Ми́шей
со студе́нтами
с друзья́ми

Мы с ба́бушкой _____

Они́ с друзья́ми _____

Вы с преподава́телем _____

Они́ с Та́ней _____

Вы с Ми́шей _____

б. А как по-ру́сски. . .

My friend and I _____

You and your boyfriend _____

Olya and her sister _____

Misha and Tanya _____

Natasha, Larisa, and I _____

Brendon, Richard, and you _____

7. Как они́ сказа́ли э́то?

Ми́ша: Та́ня и я (хоте́ть пожени́ться)
—**Мы с Та́ней хоти́м пожени́ться.**

1. Ма́ма: Ви́ктор и я (познако́миться в библиоте́ке).

2. Та́ня: Оля! Ты и Дэ́нис (перепи́сываться)? (correspond)
   Оля: Нет, я и Дэ́нис (перезва́ниваться). (call one another)

3. Та́ня: Ма́ма и па́па (помо́чь организова́ть сва́дьбу).

4. Па́па: Я и ма́ма (быть ра́ды).

8. Спроси́те друг дру́га.

С кем вы ча́сто перепи́сываетесь по электро́нной по́чте?
С кем вы обы́чно разгова́риваете? О чём?
С кем вы обы́чно хо́дите в кино́? Когда́?

Ты боле́ешь, а я за́муж выхожу́!

—Приве́тик. Как дела́?

1. Вы уже́ зна́ете, что Ми́ша с Та́ней бы́ли в ЗАГСе.
    Как вы ду́маете: ☑

    Они́ сейча́с позвоня́т

    ❏ свои́м роди́телям.
    ❏ свои́м друзья́м.
    ❏ Дэ́нису в Аме́рику.

2. Посмотри́те пе́рвый разгово́р по телефо́ну и скажи́те: ☑

    Та́ня разгова́ривает с подру́гой, кото́рую зову́т

    ❏ Мари́на.
    ❏ Све́та.
    ❏ Ната́ша.

    Ма́му подру́ги зову́т

    ❏ Мари́я Никола́евна.
    ❏ Мари́я Ива́новна.
    ❏ Мари́я Андре́евна.

Мама подруги спрашивает Таню

❏ о Мише.
❏ о дипломной работе.
❏ о поездке в Смоленск.

Таня спрашивает подругу «Как дела?» Подруга отвечает:

❏ «Так себе».
❏ «Ничего».
❏ «Неважно».

Таня позвонила, чтобы

❏ сказать подруге, что она выходит замуж.
❏ пригласить подругу в ресторан.
❏ узнать, как подруга себя чувствует.

Подруга сказала, что утром она ходила

❏ в институт.
❏ на работу.
❏ в поликлинику.

Подруга плохо себя чувствует, потому что она

❏ отравилась.
❏ простудилась.
❏ устала.

Её друга зовут

❏ Борис.
❏ Олег.
❏ Алексей.

Таня посоветовала подруге

❏ пить кофе с сахаром.
❏ пить лекарство.
❏ пить горячий чай с мёдом (honey).

Смоленск = старый русский город

отравиться = to get food poisoning
простудиться = to catch a cold
устать = to be tired

посоветовать кому = to advise

лекарство = medicine

3. **Кто это сказал?**

T = Таня
МН = мама Наташи
Н = Наташа

_____ —А-а! Здравствуй, Танечка!

_____ —Как твоя дипломная работа?

_____ —Завтра я поеду в Смоленск, буду снимать там фильм.

_____ —Вот Наташа идёт.

_____ —Алё. Приве́т, Тань!

_____ —Так себе́. Простуди́лась. Сего́дня у́тром ходи́ла
в поликли́нику.

_____ —Ты боле́ешь. . . а я за́муж выхожу́!

_____ —Мы с Ми́шей ходи́ли в ЗАГС, по́дали заявле́ние.

_____ —Спра́шиваешь! Коне́чно, придём!

_____ —Пей горя́чий чай с мёдом.

4. Посмотри́те второ́й разгово́р по телефо́ну. Ми́ша
разгова́ривает с дру́гом (его́ фами́лия Саве́льев).

a. Как Ми́ша про́сит позва́ть к телефо́ну Саве́льева?

б. Что говори́т Ми́ша, когда́ представля́ет себя́
(introduce himself) по телефо́ну?

5. Скажи́те: ☑

Ми́ша позвони́л в поликли́нику, потому́ что
- ❏ он боле́ет.
- ❏ его́ друг там рабо́тает.
- ❏ он хоте́л поговори́ть с Та́ней.

Когда́ Ми́ша расска́зывает дру́гу но́вость, Саве́льев
- ❏ рад, что Ми́ша же́нится.
- ❏ говори́т, что Та́ня несерьёзная де́вушка.
- ❏ ду́мает, что Ми́ша хо́чет жени́ться сли́шком ра́но.

Саве́льев говори́т, что 20-ого ию́ня,
- ❏ он бу́дет рабо́тать
- ❏ он бу́дет смотре́ть телеви́зор.
- ❏ он пое́дет в Смоле́нск.

Ми́ше
- ❏ 21 год.
- ❏ 24 го́да.
- ❏ 26 лет.

Саве́льев придёт на сва́дьбу потому́, что
- ❏ он не хо́чет смотре́ть телеви́зор.
- ❏ 20-ого ию́ня он не рабо́тает.
- ❏ Ми́ша его́ друг.

Миша хо́чет встре́титься

❏ то́лько с Саве́льевым.
❏ с друзья́ми.
❏ с роди́телями.

Ми́ша говори́т: «Я сейча́с бе́гаю, как соба́ка!»
Что́ э́то зна́чит?

❏ Ка́ждое у́тро он бе́гает в па́рке: бы́стро, как соба́ка.
❏ У него́ о́чень мно́го свобо́дного вре́мени.
❏ У него́ о́чень мно́го рабо́ты.

6.

> **Кто э́то сказа́л?**

T = Та́ня
M = Ми́ша
C = Саве́льев

_____ —Алё! Здоро́во, стари́к! Узнаёшь?

_____ — А-а! Здоро́во, здоро́во, до́брый до́ктор Айболи́т.

_____ —Хо́чешь погуля́ть на сва́дьбе?

_____ —Бу́ду смотре́ть телеви́зор.

_____ —А на чьей сва́дьбе? На твое́й, что ли?

_____ —24. А что?

_____ —Я приду́. Мне тебя́ про́сто жа́лко.

_____ —У меня́ есть иде́я. Дава́йте соберёмся мужско́й компа́нией (with just the guys).

_____ —Ла́дно, мне пора́. Я сейча́с бе́гаю, как соба́ка. Совсе́м нет вре́мени.

7. Как вы ду́маете:

Когда́ друзья́ соберу́тся мужско́й компа́нией?
Куда́ они́ пойду́т?
О чём они́ бу́дут разгова́ривать?

что ли = …or what?!
(used to express surprise, or what?

А что? = So what?

Возмо́жно . . .
Мо́жет быть . . .
Наве́рное . . .

Пра́ктика

Слу́шайте и повторя́йте:

а.
—Здра́вствуйте, мо́жно Бори́са?
—Прости́те, а кто говори́т?
—Это колле́га. . . Лари́са.
—Зна́ете, он ещё спит.
Перезвони́те попо́зже.
В во́семь, я ду́маю, мо́жно.

б.
—До́брый ве́чер! Попроси́те
до́ктора Саве́льева.
—Его́ нет. Вы переда́ть
что́-нибудь хоте́ли бы?
—Переда́йте, что звони́л
Ми́ша . . . Ко́тов Михаи́л.

1. Прочита́йте телефо́нные разгово́ры и скажи́те:

> **Кто** звони́т?
> **Кому́** звони́т?
> **Когда́** (у́тром, днём, ве́чером) они́ разгова́ривают?

а.

Мари́я Андре́евна:	Алё.
Та́ня:	Здра́вствуйте, Мари́я Андре́евна. Это Та́ня Воло́дина.
М.А.:	А-а, здра́вствуй, Та́нечка.
Та́ня:	Мо́жно Ната́шу?
М.А.:	Коне́чно! Вот она́ идёт.
Та́ня:	Спаси́бо.

б.

Го́лос: Да. Слу́шаю Вас.
Ми́ша: До́брый день. Попроси́те, пожа́луйста,
         до́ктора Саве́льева.
Го́лос: Подожди́те секу́нду.
Ми́ша: Спаси́бо.

в.

—Алло́.
—До́брое у́тро. Мо́жно Ми́шу?
—Кто его́ спра́шивает?
—Это его́ колле́га Серге́й.
—А-а, Серге́й. Подожди́ секу́нду.

г.

—Слу́шаю Вас.
—До́брый день. Мо́жно Олю?
—Прости́те, а кто говори́т?
—Это её сестра́, Та́ня.
—Одну́ секу́нду.

2.   Как они́ говоря́т в диало́гах (в упр. 1)?

Hello —   а._____   в._____

                б._____   г._____

This is. . . .calling.

                а._____   в._____

                б._____   г._____

May I speak with. . .

a._____ в._____

б._____ г._____

Who is asking?

a._____ в._____

б._____ г._____

Wait a minute (please). . .

a._____ в._____

б._____ г._____

3. Разыгра́йте похо́жие диало́ги:

Call your friend at home.
Call the Russian Department office, and ask for your teacher.
Call your mother's/father's place of work.

4. Прочита́йте телефо́нные разгово́ры и скажи́те:

> **Кто** звони́т?
> **Кому́** звони́т?
> **Когда́** (у́тром, днём, ве́чером) они́ разгова́ривают?

а.
—Алё.
—До́брый ве́чер. Это Оле́г.
—А-а, здра́вствуй, Оле́г.
—Мо́жно Ната́шу?
—Её сейча́с нет. Что́-нибу́дь ей переда́ть?
—Да. Переда́йте ей, что я звони́л.
—Хорошо́, Оле́г. Я обяза́тельно переда́м.

б.
—Я Вас слу́шаю.
—Здра́вствуйте. Попроси́те, пожа́луйста, Ви́ктора
  Степа́новича.
—Его́ сейча́с нет. А кто его́ спра́шивает?
—Это его́ жена́.
—Ви́ктор Степа́нович бу́дет че́рез два часа́.
  Что́-нибу́дь ему́ переда́ть?
—Нет, спаси́бо. Я перезвоню́ попо́зже.

5. Как они́ э́то сказа́ли? (в диало́гах упр. 4)

The person is not there.

    a._____

    в._____

The caller would like to leave a message.

    a._____

    в._____

The caller asks to tell the person s/he called.

    a._____

    в._____

The caller says s/he will call again.

    a._____

    в._____

6. Разыгра́йте похо́жие диало́ги.

You call your Russian friend, but s/he is not home.
Leave a message that you called.
Call your host mother/father at work.
Call the clinic, and ask for Dr. Saveliev.

7. Suppose you have arrived in Moscow, have settled in, and now need to call someone for your friend back home. Such a conversation might look like this:

—Алё.
—Здра́вствуйте. Мо́жно Анну Бори́совну?
—Я Вас слу́шаю. А кто говори́т?
—Меня́ зову́т Джон. Я из Бо́стона, у меня́ для Вас пода́рок от Би́лла Дже́ксона.
—Пра́вда? Вот спаси́бо!
—Как я могу́ вам переда́ть пода́рок?
—Дава́йте встре́тимся. . .

Compose similar dialogues, making use of different forms of telephone etiquette.

Слушайте и повторяйте:

а.
—Давáйте познакóмимся!
Меня́ зову́т Татья́на.
—Давáйте познакóмимся!
Меня́ зову́т Сергéй.
Давáйте, давáйте,
давáйте познакóмимся!
—Меня́ зову́т Татья́на.
—Меня́ зову́т Сергéй.

Давáйте

Давáйте

Давáйте

Давáйте

б.
—Давáйте пообéдаем
в китáйском ресторáне.
Давáйте пообéдаем
в 11 часóв.
—Давáйте, давáйте,
давáйте пообéдаем
в китáйском ресторáне
в 11 часóв.

Давáйте

Давáйте

1. а. Какáя у Ми́ши идéя?

—Слу́шай, у меня́ есть идéя. . .
—Какáя?
—Давáйте соберёмся мужскóй компáнией.

б. С кем он хóчет встрéтиться?

собирáться/собрáться
= to get together где?
когдá? с кем?

предлага́ть кому́ = to propose

2. Соста́вьте диало́ги: Что вы ска́жете? Кака́я э́то иде́я?

> Ми́ша предлага́ет друзья́м **собра́ться** в суббо́ту ве́чером.
>
> —**Дава́йте соберёмся** в суббо́ту ве́чером.
> —Дава́йте. Э́то отли́чная иде́я.

1. Оля предлага́ет **пригласи́ть** Дэ́ниса на сва́дьбу.
2. Ма́ма предлага́ет **сыгра́ть** сва́дьбу до́ма.
3. Та́ня предлага́ет **пойти́** в кафе́.
4. Серге́й предлага́ет **пое́хать** в ба́ню в суббо́ту.

ба́ня = bathhouse (sauna)

3. a. Take turns proposing different ideas to one another. Be sure to evaluate your partner's ideas!

> Бре́ндон: —Слу́шай, у меня́ отли́чная иде́я.
> Лари́са: —Кака́я?
> Бре́ндон: —Дава́й прогуля́ем (skip) уро́к.
> Лари́са: —Ой, что ты! Э́то ужа́сная иде́я!

> Дави́д: —Слу́шай, у меня́ интере́сная иде́я.
> Мэ́ри: —Кака́я?
> Да́вид: —Дава́й пойдём в музе́й.
> Мэ́ри: —Дава́й. Э́то неплоха́я иде́я.

Here are some suggestions. You can also make up your own!

> пообе́дать в МакДо́налдсе
> написа́ть письмо́ Росси́йскому Президе́нту
> отдохну́ть во Флори́де
> пожени́ться за́втра у́тром
> собра́ться вме́сте
> посиде́ть, поговори́ть в кафе́
> покури́ть

Hint: here are some adjectives to describe an иде́я:

отли́чная	плоха́я
интере́сная	глу́пая (ridiculous)
неплоха́я	ужа́сная
неожи́данная (unexpected)	стра́нная
прекра́сная	дура́цкая (foolish)
гениа́льная (brilliant, genius)	
кла́ссная (great, first-rate, cool)	

б. Now report to the rest of the class on the proposals your heard. Who had the best? worst? most interesting?

> Брéндон предложи́л мне прогуля́ть уро́к. Но мне ка́жется, э́то ужа́сная иде́я.
>
> Дави́д хо́чет пойти́ в музéй. По-мо́ему, э́то отли́чная иде́я!

По-мо́ему, . . .
Мне ка́жется, . . .
Я ду́маю, что . . .

4. а. Скажи́те: э́то иде́я? пробле́ма? про́сьба (request)? но́вость?

А я за́муж выхожу́! _____
Попроси́те, пожа́луйста, до́ктора Саве́льева. _____
Я потеря́л па́спорт. _____
Дава́йте соберёмся мужско́й компа́нией! _____

б. Как вы ду́маете:

Кака́я э́то пробле́ма (серьёзная, больша́я, огро́мная)? (в упр. 4а.)

Кака́я э́то но́вость: замеча́тельная? отли́чная? плоха́я? неприя́тная?
Кака́я э́то про́сьба: небольша́я? огро́мная? делика́тная?
Кака́я э́то иде́я: отли́чная? дура́цкая? неплоха́я?

5. Чита́йте в па́рах. Обрати́те внима́ние на реа́кцию на но́вость, иде́ю и т.д.

а. Оля: У меня́ плоха́я но́вость.
Та́ня: Кака́я?
Оля: Дэ́нис не прие́дет.
Та́ня: **Не мо́жет быть!**

б. Серге́й: У меня́ серьёзная пробле́ма.
Ми́ша: Кака́я?
Серге́й: Маши́на не рабо́тает.
Ми́ша: **Что́ же де́лать?!**

в. Та́ня: Слу́шай, у меня́ огро́мная про́сьба.
Оля: Кака́я?
Та́ня: Ты не помо́жешь мне написа́ть дипло́мную рабо́ту?
Оля: **Коне́чно, нет пробле́м!**

6. Discuss your ideas, problems, and news with each other over the phone. Use reactions like those in exercise 5.

7. Look over the following ads, and discuss a place to go. Agree on a time and place to meet.

СТОЛИЧНЫЙ ГИД

Олимпик Пента Ренессанс
Олимпийский проспект, 18/1
971-6101/6303,
факс: 230-2597

Шератон Палас Отель
1-я Тверская-Ямская, 19
931-9700, факс: 931-9708

Парк Плэйс
Ленинский пр., 113/1
956-5050

Президент Отель
ул. Бол. Якиманка, 24
238-7303, факс: 230-2216

Рэдиссон
Бережковская наб., 2
941-8020, факс: 941-8000,
инт. факс: 7 502 224-1225

Софитель Ирис
Коровинское шоссе, 10
488-8000,
факс: 906-0105

Савой
ул. Рождественка, 3
929-8500, факс: 230-2186

Тверская
1-я Тверская-Ямская ул.,34
290-9900, 258-3000,
факс: 290-9999

Узкое
Литовский бульв., 3а
427-3611

КЛУБЫ

Manhattan Express
Со среды по воскресенье
— приват-салон
"Казанова".
Ежедневно:
с 19.00 до 5.00
Варварка ул., 6
(Гост-ца "Россия")

Max-club
Европейская кухня. Рок,
эстрада, дискотека,
демонстрация мод,
презентации. Зал на 100
мест. Ежедневно —
танцевальная программа
(Djs Ганс, Майкл Вождь).
Каждый четверг —
коктейльный день. По
средам — вечеринки в
стиле "Диско 70-х".
Ежедневно, кроме
понедельника, с 23.00 до
5.30
Удальцова ул., 75а
431-4690

Бильярд-клуб
Клуб создан английской
бильярдной
мануфактурой
"RILEY".
Стиль клуба — это
продуманный интерьер,
хорошая кухня, большой
бар. Но главное в стиле
клуба — это столы от
"RILEY", авторитет которых
в бильярдном мире
непререкаем. В клубе 8
столов, из них: 4 — пул, 3
— русская пирамида, 1 —
снукер. Деловую встречу
можно провести в V.I.P.-
зале, приятно совместив ее
со всеми услугами клуба.
Клуб ждет вас каждый
вечер.
Шереметьевская ул., 2
(Сущевский вал, к/т
"Гавана")
281-6312
сотовый тел.:
000-1400
НАВСЕГДА

"Серебряный шторм"
Жалюзи, карнизы,
шторы, покрывала любой
степени сложности.
Москва, 3-й Люсиновский
проезд, д. 3,
м. "Добрынинская".
Тел: 236-33-00,
761-80-49.

Hippopotam
Каждую среду 22.00: House
Party (DJ Djungl, Bell).
Каждый четверг 22.00:
вечеринки "Ночь
латиноамериканской музыки.
Каждую пятницу и субботу
22.00: Soul & Funk Party.
Каждое воскресенье 22.00:
Inter (Extra)
Party (DJ Rex).
Со среды по субботу с 22.00
до 5.00; воскресенье с 20.00
до 5.00
Мантулинская ул., 5/1, стр. 6
256-2327/46

Меркурий Экспресс

Доставка любых
видов корреспонденции
из рук в руки

✔ Высокое качество
✔ Надежность
✔ Доброжелательность

ул. Матросская Тишина, 23,
стр. 1, офис 75
Тел. 269-98-22
Тел./факс 268-76-07

Слу́шайте и повторя́йте:

У меня́ боли́т голова́!
Ах, как у меня́ боли́т голова́!
У меня́ ужа́сно боли́т голова́!
Я простуди́лся (простуди́лась) вчера́. . .

Температу́ра есть у тебя́?
А ка́шель есть у тебя́?
А на́сморк есть у тебя́?
Или то́лько боли́т голова́?

Температу́ры нет у меня́.
И ка́шля нет у меня́.
И на́сморка нет у меня́.
Но ужа́сно, ужа́сно боли́т голова́!

1. а. Прочита́йте телефо́нный разгово́р Та́ни с Ната́шей и
скажи́те, как чу́вствует себя́ Ната́ша?

Та́ня: —Приве́тик, как дела́?
Ната́ша: —Так себе́. Простуди́лась.

б. Как вы ду́маете, что у неё боли́т?

У кого́ боли́т + nom.

голова́
нога́

2. a. Почему́ у вас боли́т. . . ?

Что́ боли́т?   Почему́?

У меня́ боли́т зуб.   Я вчера́ упа́л(а). (fell)
   го́рло   Я бе́гал(а) в па́рке три часа́.
   коле́нка   Я простуди́лся (-лась).
   нога́   Я никогда́ не ходи́л(а)
   живо́т   к зубно́му врачу́.
   голова́   Я не спа́л(-ла́) сего́дня но́чью.
   глаза́   Я съе́л(а) три биг-ма́ка.
                      Я чита́л(а) «Войну́ и Мир»
                        всю ночь.

б. Как э́то мо́жно сказа́ть?

У меня́ боли́т зуб, **потому́ что** я никогда́ не ходи́л(а) к зубно́му врачу́.

или:

Я никогда́ не ходи́л(а) к зубно́му врачу́, **поэ́тому** у меня́ боли́т зуб.

3. Discuss how you feel. Be sure to ask about/describe any symptoms of illness (use ex.2 and your imagination!).

—Как ты себя́ чу́вствуешь?
—Мне пло́хо. По-мо́ему, я заболе́л(а) (простуди́лся/-лась, отрави́лся/-лась)
—Что́ с тобо́й?
—. . . (list of your symptoms)
—По-мо́ему, ты заболе́л(а), потому́ что . . .

Use the following:	
У меня́	температу́ра. на́сморк. ка́шель.
Мне	хо́лодно. жа́рко. ду́шно. пло́хо.
Меня́	тошни́т. знобит.

4. Что́ Та́ня посове́товала Ната́ше?

—Пей горя́чий чай с мёдом!

5. Now repeat the conversations in ex.3 but this time give your friend some advice as well. You can use the following suggestions, or make up your own.

> рабо́тать ма́ло —Вам ну́жно рабо́тать поме́ньше.

> отдыха́ть ча́сто
> ложи́ться спать ра́но
> кури́ть ма́ло
> полоска́ть го́рло (gargle) ча́сто
> спать до́лго
> говори́ть по телефо́ну ре́дко
> одева́ться тепло́
> занима́ться спо́ртом регуля́рно
> волнова́ться ре́дко
> бе́гать по утра́м ча́сто

6. Now describe your friend's symptoms to the group, say why you think your friend got sick, and explain what advice you offered.

> Дави́д простуди́лся (Мэ́ри простуди́лась).
>
> По-мо́ему, он(а́) заболе́л(а), потому́ что он(а́) мно́го рабо́тал(а) и ма́ло отдыха́л(а). Я посове́товал(а) ему́ (ей) поме́ньше рабо́тать и побо́льше отдыха́ть.

a. Pretend you are Saveliev, and give patients advice. Make up the last names of the Russian patients! (ex. Во́дкин, Зу́бов, Перестро́йкин, Самова́рова, Матрёшкина, etc.)

Саве́льев:	Ну, Ивано́в, на что́ вы жа́луетесь? (What are your complaints?)
Пацие́нт:	Ох, до́ктор, у меня́ си́льный ка́шель и боли́т голова́.
Саве́льев:	Кака́я у вас температу́ра? Высо́кая?
Пацие́нт:	Не зна́ю, но меня́ си́льно зноби́т.
Саве́льев:	Вам ну́жно **принима́ть** аспири́н 3 ра́за в день.

принима́ть/приня́ть что́ = to take
табле́тки от ка́шля = cough pills
микстýра от ка́шля = cough syrup
аспири́н = aspirin

б. Your Russian friend, who is visiting the United States, is sick and needs your help explaining his/her problem to the doctor. Go along to translate. (Work in groups of three.)

1. Посмотри́те ещё раз **эпизо́д 3**: 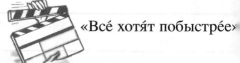 «Всё хотя́т побыстре́е» и запо́лните про́пуски.

ВСЕ ХОТЯТ ПОБЫСТРЕЕ!

Ми́ша: Здра́вствуйте. _____?

С.В.   До́брый день, молоды́е лю́ди. Приса́живайтесь.

Как вас зову́т?

Ми́ша: Михаи́л Ива́нович.

Та́ня: Татья́на. . . Татья́на Ви́кторовна.

С.В.   _____ _____ Светла́на Ви́кторовна.
Что́ вы хоте́ли?

Ми́ша: Понима́ете, . . . _____ ___ _____, _____ мы
Татья́ной Ви́кторовной реши́ли пожени́ться.

С.В.   Очень хорошо́. *У вас _____ с собо́й?*

Та́ня: *Да, коне́чно.*

Ми́ша: Вот, пожа́луйста.

С.В.   Оба _____?

Т. и М.   Да.

С.В.   Ра́нее в бра́ке состоя́ли?

Т. и М   Нет.

С.В.   Вам _____ лет есть?

Т. и М.   Да.

С.В.   Вот вам заявле́ние, заполня́йте.

Та́ня: Извини́те, Светла́на Ви́кторовна, а нельзя́
_____?

С.В.   Побыстре́е? Что́ побыстре́е?

Ми́ша: *Ну, _____ зарегистри́ровать наш брак?*

С.В.   Ой, ребя́та, все хотя́т побыстре́е. . . побыстре́е.
         Пото́м побыстре́е прихо́дят и разво́дятся.

Та́ня: Что вы, мы не _____!

С.В.   Зна́чит, минима́льно — ме́сяц. Ита́к, вы
         прихо́дите 20-ого ию́ня.

Т. и М.   Спаси́бо, спаси́бо.

С.В.   Пожа́луйста.

Та́ня: Ми́шка! Как я тебя́ _____!

Ми́ша: *Я то́же.*

Та́ня: Что то́же?

Ми́ша: То́же тебя́ _____.

2. А тепе́рь прочита́йте их разгово́р. (Work in groups of three.
    If you have an extra person in the class, have him/her serve as
    judge, deciding which small group gives the best reading, the
    best use of intonation, emotion, gesture, etc.)

3. А тепе́рь скажи́те, кто что́ сказа́л/спроси́л. (Render the
    phrases in italics in reported speech.)

> С.В.   Очень хорошо́. У вас паспорта́ с собо́й?
> Та́ня: *Да, коне́чно.*
>
> Та́ня сказа́ла, что паспорта́ у них с собо́й.

NOTE
1) In reported speech, words
   like коне́чно and those
   indicating attitude toward
   the events are omitted.
2) Also remember that you
   need to reconstruct the
   full sentence using
   context, or, if necessary,
   using information from
   the previous statement.

4. Посмотри́те разгово́р Та́ни по телефо́ну в эпизо́де 4
    «Ты боле́ешь, а я за́муж выхожу́» и скажи́те:

    а. О чём Мари́я Андре́евна спра́шивает Та́ню?
    б. Что́ Та́ня сказа́ла о свои́х пла́нах (о своём фи́льме)?
    в. Что́ Ната́ша сказа́ла Та́не — где она́ была́ у́тром?
    г. Что́ Та́ня сказа́ла Ната́ше — кака́я у неё но́вость?
    д. Что́ Та́ня сказа́ла Ната́ше — что́ Та́ня с Ми́шей
        де́лали у́тром?
    е. Что́ Та́ня сказа́ла Ната́ше — когда́ бу́дет сва́дьба?

5. Now try to act out Tanya and Natasha's conversation, being as
    faithful as possible to the original.

6. Посмотри́те разгово́р Ми́ши с Саве́льевым в эпизо́де 4.

a.

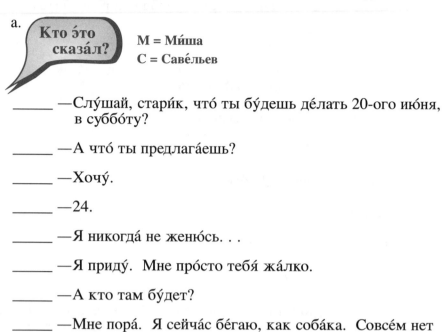

Кто э́то сказа́л?

M = Ми́ша
C = Саве́льев

_____ —Слу́шай, стари́к, что́ ты бу́дешь де́лать 20-ого ию́ня, в суббо́ту?

_____ —А что́ ты предлага́ешь?

_____ —Хочу́.

_____ —24.

_____ —Я никогда́ не женю́сь. . .

_____ —Я приду́. Мне про́сто тебя́ жа́лко.

_____ —А кто там бу́дет?

_____ —Мне пора́. Я сейча́с бе́гаю, как соба́ка. Совсе́м нет вре́мени.

б. Что они сказа́ли/спроси́ли? (Render their conversation in reported speech.)

7. Your classmate missed class and did not see Episode 4. Tell him/her the basic content. Completing these sentences will get you started. (Work in small groups):

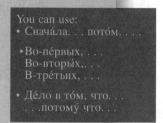

You can use:
• Снача́ла. . . пото́м. . . .

•Во-пе́рвых, . . .
 Во-вторы́х,. . .
 В-тре́тьих, . . .

• Де́ло в то́м, что. . .
 . . .потому́ что. . .

После ЗАГСа, Та́ня и Ми́ша . . .
Та́ня позвони́ла . . .
Ната́ша сиде́ла до́ма, потому́ что она́ . . .
Та́ня сказа́ла Ната́ше . . .
Ми́ша позвони́л . . .
Саве́льев сказа́л . . .

Давайте почитаем

Саве́льев refers to Ми́ша as «до́брый До́ктор Айболи́т». До́ктор Айболи́т is a well-loved children's character, a doctor who talks to and treats animals. He was created by Kornei Ivanovich Chukovsky (1882-1969), who began his literary career as a critic, writing essays on contemporary authors. He was also an accomplished translator, and many American and English writers, including Walt Whitman, Mark Twain, Oscar Wilde, Fielding, Sir Arthur Conan-Doyle, O. Henry and Rudyard Kipling, became famous in Russia as a result of his work. Chukovsky is also known for his research on the psychology, linguistic development, and creativity of children. His most famous work in this area is the book «От двух до пяти» (*From Two to Five*) which has been translated into twenty languages. Chukovsky's children's literature is mostly in the form of verses and short stories. Many of these works actually address urgent social and political issues and often encourage a non-conformist attitude. Very often, the heroes of his tales are beasts or invented personages (much like those of Dr. Seuss), and his word-plays are unmatched. The character «До́ктор Айболи́т» appears in prose and verse. As you read the prose version here, you will encounter some of his "patients." ■

I Pre-Reading Exercises

1. Скажи́те: Они́ приходи́ли или прилета́ли к до́ктору Айболи́ту?

ло́шадь	коро́ва	воро́на	ко́шка	соба́ка
орёл	черепа́ха	жура́вль	сова́	коза́

2. Find the word that does not belong to the "family." Underline the root in each word.

   а. больно́й, больни́ца, боля́т (глаза́), бо́льше, Айболи́т
   б. вы́лечил, лека́рство, лечи́ться, (я) прилечу́
   в. среда́, серди́тый, се́рдце, рассерди́ться

3. Find the words that do not belong to each semantic group. What semantic factors unite the rest of the words into a group?

   а. прилета́ли, ходи́ли, пришла́, побежа́ла, вы́лечили, вылета́ли
   б. до́ктор, больни́ца, вы́лечил, де́ньги, скарлати́на, очки́, больно́й
   в. до́брый, рад, серди́лась, зла́я, люби́л, гру́стная, бе́лые, ве́село
   г. сестра́, до́ктор, дере́вья, де́ти, зве́ри, пти́цы, воро́на, ло́шадь

4. Each of the following words has a prefix. Do you know (or can you guess) the meaning of each prefix?

вылета́ли   замаха́ли   пришла́
расклеены   побежа́ла   поскоре́е

▐▌ Reading

Read the text and answer the questions that follow. (It may be helpful to read through the questions *before* reading the text!)

Доктор Айболи́т

1

Жил-был до́ктор. Он был до́брый. Зва́ли его́ Айболи́т. И была́ у него́ сестра́, кото́рую зва́ли Варва́ра.

Бо́льше всего́ на све́те до́ктор люби́л звере́й. В ко́мнате у него́ жи́ли за́йцы. В шкафу́ у него́ жила́ бе́лка. На дива́не жил колю́чий ёж. В сундуке́ жи́ли бе́лые мы́ши.

Но из всех свои́х звере́й до́ктор Айболи́т люби́л бо́льше всего́ у́тку Ки́ку, соба́ку А́вву, ма́ленькую сви́нку Хрю-хрю, попуга́я Кару́до и сову́ Бу́мбу.

О́чень серди́лась на до́ктора его́ зла́я сестра́ Варва́ра за то, что у него́ в ко́мнате сто́лько звере́й.

—Прогони́ их сию́ же мину́ту! - крича́ла она́. —Не хочу́ жить с ни́ми.

—Нет, Варва́ра, - говори́л до́брый до́ктор. —Я о́чень рад, что они́ живу́т у меня́.

2

Одна́жды к до́ктору пришла́ о́чень гру́стная ло́шадь и ти́хо сказа́ла ему́:

—Лама́-вонво́й-фифи́-куку́!

До́ктор сра́зу по́нял, что на звери́ном языке́ э́то зна́чит:

«У меня́ боля́т глаза́. Да́йте мне, пожа́луйста, очки́».

До́ктор давно́ уже́ научи́лся говори́ть по-звери́ному.

Он сказа́л ло́шади:

—Капу́ки-кану́ки!

По-звери́ному э́то зна́чит:

«Сади́тесь, пожа́луйста».

Ло́шадь се́ла. До́ктор дал ей очки́, и глаза́ у неё бо́льше не боле́ли.

—Чака́! - сказа́ла ло́шадь, ве́село замаха́ла хвосто́м и побежа́ла на у́лицу.

«Чака́» по-звери́ному зна́чит «спаси́бо».

3

Ско́ро все зве́ри, у кото́рых бы́ли плохи́е глаза́, получи́ли от до́ктора Айболи́та очки́. Ло́шади ста́ли ходи́ть в очка́х, коро́вы — в очка́х, ко́шки и соба́ки — в очка́х. Да́же ста́рые воро́ны не вылета́ли из гнезда́ без очко́в.

С ка́ждым днём к до́ктору приходи́ло всё бо́льше звере́й и птиц.

Приходи́ли черепа́хи, лиси́цы и ко́зы, прилета́ли журавли́ и орлы́. Всех лечи́л до́брый до́ктор Айболи́т, но де́нег не брал ни у кого́, потому́ что каки́е же де́ньги мо́гут быть у черепа́х и орло́в!

Ско́ро в лесу́ на дере́вьях бы́ли раскле́ены таки́е объявле́ния:

Откры́та больни́ца
Для птиц и звере́й,
Иди́те лечи́ться
Туда́ поскоре́й!

Раскле́ивали э́ти объявле́ния Ва́ня и Та́ня — сосе́дские де́ти, кото́рых до́ктор вы́лечил когда́-то от скарлати́ны и ко́ри. Они́ о́чень люби́ли до́ктора, и он их. А сестра́ Варва́ра давно́ уже́ не живёт в э́том до́ме с до́брым до́ктором Айболи́том.

Слова́ к те́ксту «До́ктор Айболи́т»

гру́стный sad
дере́вья trees (sing. де́рево)
жура́вль crane
замаха́ть хвосто́м swish her tail
зверь (m.) beast (adj. звери́ный)
злой evil, nasty
коза́ goat
колю́чий prickly
корь (f.) measles
лечи́ть/вы́лечить (impf.) to treat (for an illness),
  (pf.) to cure
лечи́ться (impf.) to be treated (for an illness)
лиси́ца (лиса́) fox
орёл eagle (pl. орлы́)
очки́ (pl.) eyeglasses
объявле́ние flyer
попуга́й parrot
прогони́ from прогна́ть (pf.) to chase away

пти́ца bird
раскле́ивать (impf.) to glue
сади́ться/сесть to sit down
свет world
серди́ться на кого́ (impf.) to get angry at
скарлати́на scarlet fever
сосе́дские де́ти neighbor kids
сторона́ side
сунду́к trunk
черепа́ха turtle
шкаф cupboard

бо́льше всего́ на све́те = more than anything in
  the world
плохи́е глаза́ = poor eyesight
сию́ же мину́ту = this very moment
со всех сторо́н = from all sides, ie. from
  everywhere

В О П Р О С Ы

1. Как зва́ли до́ктора?
2. Како́й он был челове́к?
3. Как зва́ли его́ сестру́?
4. Кака́я она́ была́?
5. Кто жил в до́ме у до́ктора?
6. Кого́ люби́л до́ктор?
7. Люби́ла ли Варва́ра звере́й, кото́рые жи́ли у до́ктора?
8. Кто приходи́л к до́ктору?
9. Как помога́л больны́м до́ктор?
10. Почему́ одна́жды к до́ктору пришла́ ло́шадь?
11. Как до́ктор помо́г ей?
12. На како́м языке́ до́ктор говори́л с ло́шадью?
13. Что получи́ли от до́ктора Айболи́та зве́ри и пти́цы, у кото́рых бы́ли плохи́е глаза́?
14. Брал ли до́ктор Айболи́т де́ньги от свои́х больны́х?
15. Како́е объявле́ние раскле́или Ва́ня и Та́ня в лесу́?
16. Кто таки́е Ва́ня и Та́ня? Почему́ они́ лю́бят до́ктора и охо́тно (willingly) помога́ют ему́?

2. Скажи́те, как вы ду́маете:

Лю́бят ли де́ти до́ктора Айболи́та? Почему́?
Похо́жи (similar) ли стихи́ и ска́зки Чуко́вского на стихи́ До́ктора Се́усса?
Кто са́мые популя́рные геро́и де́тских стихо́в и ска́зок сего́дня в Аме́рике?
Кого́ из них вы бо́льше всего́ лю́бите?

III Post-Reading Exercises

1. Read through the following statements. Does their order correspond to the order of events in the story?   Renumber them to indicate the correct order.

1 Зла́я Варва́ра серди́лась за то, что у до́ктора живёт сто́лько звере́й.
2. Гру́стная ло́шадь пришла́ к Айболи́ту.
3. До́ктор беспла́тно лечи́л звере́й, у кото́рых бы́ли плохи́е глаза́.
4. Ва́ня и Та́ня раскле́или объявле́ния в лесу́.
5. Айболи́т вы́лечил Ва́ню и Та́ню от скарлати́ны и ко́ри.
6. Варва́ра уе́хала от Айболи́та.

2. Describe or tell about the following:

Каки́е зве́ри жи́ли у Айболи́та до́ма;
Разгово́р зло́й Варва́ры с до́брым до́ктором Айболи́том;
Визи́т гру́стной ло́шади;
Как Айболи́т лечи́л звере́й и птиц, у кото́рых бы́ли плохи́е глаза;
О том, как Айболи́т рабо́тал беспла́тно;
О сосе́дских де́тях и о том, как они́ помога́ли до́ктору.

3. Take a guess!

In animal language, «Ла́ма-вонво́й-фифи-куку́» means «У меня́ боля́т глаза́. Да́йте, пожа́луйста, очки́». What do you think the following "words" mean?

Лама́   Вонво́й   Фифи́   Куку́

4. Play out the following situations:

1. Скажи́те по-звери́ному, что у вас боли́т (го́рло, голова́, нога́ и так да́лее) и что́ вы про́сите у до́ктора Айболи́та (табле́тки, миксту́ру, ка́пли, витами́ны, аспири́н и так да́лее). Пусть ва́ши друзья́ попро́буют перевести́ ва́шу звери́ную фра́зу на ру́сский язы́к.
2. В конце́ расска́за мы узнаём, что зла́я сестра́ Айболи́та – Варва́ра – бо́льше не живёт с ним. Разыгра́йте их после́дний диало́г, по́сле кото́рого Варва́ра уе́хала.
3. Предста́вьте себе́, что вы – больно́й зверь, и пришли́ к Айболи́ту. Расскажи́те, что у вас боли́т. Получи́те сове́т.

4. Ло́шадь получи́ла от Айболи́та очки́. А как други́е зве́ри узна́ли об э́том? Соста́вьте диало́ги звере́й.

5. Расспроси́те до́ктора Айболи́та о том, ско́лько и каки́е зве́ри у него́ живу́т. Где? Кого́ он лю́бит бо́льше всего́?

IV Grammatical Exercises

A. «кото́рый» Combine the two sentences into one using «кото́рый».

> У до́ктора была́ **сестра́. Эту сестру́** зва́ли Варва́ра.
> У до́ктора была́ сестра́, **кото́рую** зва́ли Варва́ра.

1. Бо́льше всего́ до́ктор люби́л звере́й. Э́ти зве́ри жи́ли у него́ в ко́мнате.
2. В ко́мнате у Айболи́та был сунду́к. В э́том сундуке́ жи́ли бе́лые мы́ши.
3. Айболи́т о́чень люби́л попуга́я. Э́того попуга́я зва́ли Кару́до.
4. Одна́жды к до́ктору пришла́ ло́шадь. У э́той ло́шади бы́ли плохи́е глаза́.
5. До́ктор понима́л звери́ный язы́к. На э́том языке́ говори́ли зве́ри.
6. До́ктор люби́л всех звере́й и птиц. У звере́й и птиц он не бра́л де́нег.
7. Ва́ня и Та́ня – сосе́дские де́ти. Айболи́т вы́лечил э́тих дете́й от скарлати́ны и ко́ри.

Б. «то́, что. . .»

Answer the questions using the proper form of «то, что. . .»

> **За что́** серди́лась Варва́ра на до́ктора? (у него́ в ко́мнате живёт сто́лько звере́й)
> Варва́ра серди́лась на до́ктора **за то, что** у него́ в ко́мнате живёт сто́лько звере́й.

1. **О чём** рассказа́ла ло́шадь всем зверя́м? (до́ктор вы́лечил её)
2. **За что́** ло́шадь поблагодари́ла до́ктора? (до́ктор дал ей очки́)
3. **О чём** бы́ли объявле́ния в лесу́? (откры́та но́вая больни́ца для птиц и звере́й)
4. **За что́** де́ти люби́ли до́ктора? (Айболи́т вы́лечил их от скарлати́ны и ко́ри.)

ПОВТОРЕНИЕ
ПОВТОРЕНИЕ
ПОВТОРЕНИЕ
ПОВТОРÉНИЕ
ПОВТОРЕНИЕ
ПОВТОРЕНИЕ
ПОВТОРЕНИЕ
ПОВТОРЕНИЕ
ПОВТОРЕНИЕ

1. Что́ вы ду́маете о назва́ниях эпизо́дов в э́том уро́ке? Они́ вам нра́вятся? Почему́? Каки́е други́е …

эпизо́д 3:
«Все хотя́т побыстре́е»

эпизо́д 4
«Ты боле́ешь, а я за́муж выхожу́»

_____   _____

_____   _____

_____   _____

_____   _____

2. a. Read and act out the following phone conversation in pairs. What does the patient think is wrong?

—Алё? Это «ско́рая»?

—Ско́рая* слу́шает.
   Говори́те.

ско́рая (по́мощь) = ambulance

—**По-мо́ему**, я _____

—А что́ **вас беспоко́ит** сейча́с?

—У меня́ боли́т **живо́т**.

—А кака́я у вас температу́ра?

—Очень высо́кая — **39**. (note on Celcius)

—А что́ вы е́ли вчера́?

—Я ел **соси́ски** (hotdogs) **в столо́вой**.
   По-мо́ему, они́ бы́ли несве́жие.

—Жди́те. Мы прие́дем че́рез **два́дцать
   мину́т**. Скажи́те ваш а́дрес. . . .

—Ле́нская у́лица, дом **19**.

Temperatures

Fahrenheit		Celsius	Comparisons
212	—	100°	Boiling
176	—	80°	
140	—	60°	
122	—	50°	
104	—	40°	Very high fever
102	—	38.9°	High fever
100	—	37.8°	Mild fever
98.6	—	36.6°	Normal temperature
90	—	32.2°	Roasting hot day
86	—	30°	Very hot day
80	—	26.6°	Warm day
70	—	21.1°	Pleasant
68	—	20°	Pleasant
60	—	15.5°	Cool & Refreshing
50	—	10°	Warm winter day
40	—	4.4°	
32	—	0°	Water Freeze
30	—	-1.1°	
20	—	-6.7	Vermont winter day
14	—	-10°	
10	—	-12.2	
0	—	-17.8°	Really cold
-4	—	-20°	
-10	—	-23.3°	
-31	—	-35°	Winter in Siberia
-459.67	—	-273.15°	Absolute zero

Celsius = (Fahrenheit - 32) / 1.80
Fahrenheit = (Celsius × 1.8) + 32

*Russians do not normally visit the emergency room, rather they call an emergency medical service that will give advice over the phone and send a doctor or ambulance, as required.

б. Now retell this conversation using reported speech!

в. Now act out similar dialogues, using different symptoms and changing the parts of the dialogue that appear in bold.

3. a. First, read the questionnaire on the next page. In pairs, work to fill in the questionnaire. One of you acts as the doctor and asks the questions, and the other answers the questions. Be prepared to relay the information in your questionnaire to the rest of the class.

б. Act out a conversation based on the information in the questionnaire. Ask the patient what s/he thinks about the causes of his/her complaints (use понима́ете; де́ло в то́м, что. . .) and give advice (вам ну́жно + infinitive).

> рабо́тать ма́ло
> По-мо́ему, вам ну́жно поме́ньше рабо́тать.

отдыха́ть ча́сто	спать до́лго
ложи́ться спать ра́но	одева́ться тепло́
кури́ть ма́ло	занима́ться спо́ртом регуля́рно
гуля́ть мно́го	пить мно́го воды́
полоска́ть го́рло ча́сто	волнова́ться ре́дко

4. a. Your friend asks how you feel, and tells you that you don't look so well. Tell him/her that you do not feel well, and describe your symptoms. Your friend asks questions such as, "Do you have a temperature?" and "What hurts?" and s/he advises you to go to the doctor.

б. Call the clinic and find out what to do for a friend who does not feel well. Describe his/her symptoms and ask for advice.

в. Call your friend's house and ask to speak to him/her. S/he is not home. Leave a message.

5. a. Прочита́йте (прослу́шайте) расска́з и пото́м скажи́те, как чу́вствует себя́ стари́к.

До́лгожи́тель

Все зна́ют, что лю́ди на Кавка́зе живу́т до́лго. 80-ле́тний челове́к счита́ется ещё неста́рым. Он рабо́тает, интересу́ется новостя́ми, лю́бит петь. И е́сли тако́й «стари́к» пьёт вино́ на сва́дьбе своего́ правну́ка, то у́тром у него́ то́лько чуть-чуть боли́т голова́.

Оди́н журнали́ст из моско́вской газе́ты реши́л пое́хать на Кавка́з, что́бы поговори́ть с долгожи́телями и узна́ть секре́ты их долголе́тия. Он прие́хал в одну́ ма́ленькую го́рную дере́вню в Гру́зии, потому́ что слы́шал, что в э́той дере́вне

Министерство здравоохранения СССР

Наименование учреждения _____

Код формы по ОКУД . . . .
Код учреждения по ОКПО . . . .
Медицинская документация
Форма № 025/у
Утв. Минздравом СССР 04.10.80 № 1030

МЕДИЦИНСКАЯ КАРТА АМБУЛАТОРНОГО БОЛЬНОГО № _____ или код

Фамилия, имя, отчество _____

Пол   М _____   Дата рождения _____ число, месяц, год

Ж _____

Адрес больного: область _____   населенный пункт _____

район _____   улица (переулок) _____   Телефон домашний _____

дом № _____   корпус _____   кв. № _____   служебный _____

Место службы, работы _____   наименование и характер производства _____   отделение, цех _____

Профессия, должность _____   иждивенец _____

Взят на диспансерное наблюдение

Дата взятия на учет	По поводу	Дата снятия с учета	Причина снятия

Перемена адреса и работы

Дата	Новый адрес (новое место работы)

живёт мно́го долгожи́телей. Журнали́ст реши́л поговори́ть с прохо́жими на у́лице. И вот, он ви́дит: по у́лице идёт о́чень ста́рый мужчи́на.

—Здра́вствуйте, уважа́емый, – сказа́л журнали́ст. —Я прие́хал из Москвы́. Мо́жно, я зада́м вам не́сколько вопро́сов?

—Коне́чно, дорого́й.

—Скажи́те, де́душка, вы ку́рите?

—Нет, не курю́.

—А вы пьёте?

—Пью. Ка́ждый день 2 стака́на кра́сного вина́.

—А ско́лько Вам лет, де́душка?

—Девяно́сто пять.

Журнали́ст записа́л э́то и пото́м ви́дит: по у́лице идёт ещё бо́лее ста́рый мужчи́на. Журнали́ст спра́шивает его́:

—Скажи́те, уважа́емый, вы ку́рите?

—Нет. И никогда́ не кури́л.

—А вы пьёте?

—Нет. И никогда́ не пробова́л да́же вино́.

—А ско́лько вам лет, де́душка?

—Сто во́семь лет.

Журнали́ст удиви́лся и записа́л всё. И вот, ви́дит: по у́лице о́чень ме́дленно идёт ста́рый-преста́рый мужчи́на. Журнали́ст спра́шивает старика́:

—Скажи́те, де́душка, вы ку́рите?

—Курю́. 3 па́чки в день!

—А вы пьёте?

—Пью. Ка́ждый день 2 буты́лки во́дки!

—А ско́лько вам лет, де́душка?

—Три́дцать пять.

б. Отве́тьте на вопро́сы:

Почему́ журнали́ст пое́хал в Гру́зию? (Де́ло в том, что. .)
Ско́лько челове́к он опроси́л (did he survey)?
Скажи́те, в како́м году́ роди́лся пе́рвый челове́к, второ́й, . . .?
Како́й сове́т вы дади́те тре́тьему челове́ку? (Вам ну́жно. .)

в. Role play the conversation between the journalist and the old person you like the best!

Слова́ к те́ксту «Долгожи́тель»

го́рный mountainous
дере́вня village
долгожи́тель one who lives a long time
долголе́тие longevity
записа́ть to write down, record
интересова́ться чем to be interested in
мо́жно, я… may I please…
па́чка pack (па́чка сигаре́т = pack of cigarettes)
пра́внук great-grandson

про́бовать to try
прохо́жий passerby
стака́н glass
ста́рый-преста́рый old, very old
счита́ться кем/чем to be considered to be
уважа́емый respected
удиви́ться чему to be surprised
чуть-чуть a little bit

Грамма́тика

NOTE Numbers are used extensively in this unit. See Appendix VI for a review of their formation. Also, it would be helpful to review the information on verb classifiers and conjugational patterns contained in Appendices IX and X.

1. Comparatives with the prefix по = a little bit

In this unit you will encounter the very commonly used comparative formed by adding **по-** to the simple (synthetic) comparative. This prefix adds the meaning of "a little bit....". The resulting comparative can be used as an adjective (in which case it is used ONLY predicatively), or as the adverbial comparative form.

For example:

побо́льше	a little bit more/bigger
поме́ньше	a little bit less/smaller
подеше́вле	a little bit cheaper
пора́ньше	a little bit earlier
побыстре́е	a little bit faster/sooner
подоро́же	a little bit more expensive
попо́зже	a little bit later

2. Expressing age (review)

Recall that age is expressed in Russian by using the dative case of the person + nominative of the cardinal number. Recall also the case required after numbers:

1	+	nominative singular	оди́н	год
2, 3, 4	+	genitive singular	два, три, четы́ре	го́да
5–20	+	genitive plural	пять	лет

Ми́ше 24 го́да.
Та́не 22 го́да.
Дэ́нису 27 лет.
Оле 26 лет.
Ната́ше 21 год.

To express a past or future age, the neuter singular form of the verb **быть** is used.

Ми́ше бы́ло 18 лет, когда́ он на́чал рабо́тать.
Misha was 18 when he started to work.

Та́не бу́дет 23 го́да, когда́ она́ око́нчит институ́т.
Tanya will be 23 when she finishes the institute.

3. Expressing "in/after (a certain amount of time)"

Через + accusative denotes the *time after which* an action occurs. Most often this is expressed by "in" in English.

Remeber: **Через** is never stressed and is pronounced together with the word it refers to as one phonetic unit without a pause.

— Ко́гда бу́дет сва́дьба? "When will the wedding be?"
— Сва́дьба бу́дет через ме́сяц. "The wedding will be in (after) a month."

Дэ́нис прие́дет через неде́лю.
Dennis will arrive in a week.

У на́с бу́дет экза́мен через три́ дня́. ("three" is in the accusative case, and "day" is genitive singular, as required by the number 3)
We will have an exam in three days.

4. Expressing time for days, weeks, years (review)

A. "Time when" for days of the week
"Time when" for days of the week requires the preposition **в + the accusative case**.

Та́ня уезжа́ет в Смоле́нск в пя́тницу. Она́ прие́дет домо́й во вто́рник.
Tanya is leaving for Smolensk on Friday. She will come home on Tuesday.

Ми́ша с друзья́ми пойду́т в клуб в суббо́ту.
Misha and his friends will go to the club on Saturday.

To express that an action takes place regularly on a certain day, use the preposition **по + the dative case.**

У на́с всегда́ собра́ния по понеде́льникам.
We always have meetings on Mondays.

У меня́ семина́р по эконо́мике по сре́дам.
I have an economics seminar on Wednesdays.

У на́с контро́льные рабо́ты по пя́тницам.
We have quizzes on Fridays.

Note that this is the equivalent of using **ка́ждый + accusative**: ка́ждый понеде́льник, ка́ждую сре́ду, etc.

B. "Time when" for weeks
The preposition **на + the prepositional case** is used with weeks.

— Они́ бу́дут в Нью-Йо́рке на э́той неде́ле?	Will they be in New York this week?
— Не́т, они́ бы́ли в Нью-Йо́рке на про́шлой неде́ле..	No, they were in New York last week.
— Не́т, они́ бу́дут в Нью-Йо́рке на сле́дующей (бу́дущей) неде́ле.	No, they'll be in New York next week.

C. **Units of time larger than a week**

The Russian preposition **в** + **the prepositional case** is used for periods of time longer than a week, such as months, semesters, years, decades, centuries, and millennia. This construction is also used when there are no specified time limits; e.g. "in the future," "in the past."

Та́ня родила́сь в сентябре́.	Tanya was born in September.
Макси́м роди́лся в январе́.	Maxim was born in January.
Мы пое́дем в Москву́ в а́вгусте.	We will go to Moscow in August.

These follow the same pattern:

в э́том ме́сяце	this month
в э́том (про́шлом) семе́стре	during/in this (last) semester
в про́шлом ве́ке	during/in the last century
в бу́дущем	in the future
в про́шлом	in the past
в настоя́щем	in the present

Recall that expressing "year when" requires **в + ordinal number for the year + году́.** Remember that only the last component of the year number is ordinal.

Она́ родила́сь в ты́сяча девятьсо́т се́мьдесят пя́том году́.
(written as в 1975 г.)
She was born in 1975.

Он око́нчил университе́т в ты́сяча девятьсо́т девяно́сто шесто́м году́.
(written as в 1996 г.)
He finished the university (graduated) in 1996.

D. **Seasons of the year and parts of the day**

As you already know, the seasons of the year and parts of the day constitute a special category among Russian expressions of "time when." These are considered to be special adverbs and must be memorized.

зимо́й in the winter	у́тром in the morning
весно́й in the spring	днём in the afternoon
ле́том in the summer	ве́чером in the evening
о́сенью in the fall	но́чью at night

5. Expressing a plural subject

Review this very common way of expressing a plural subject.

Ми́ша с Та́ней ходи́ли в ЗАГС.
Misha and Tanya went to the ZAGS.

Та́ня с Олей ходи́ли в кафе́.
Tanya and Olya went to the cafe.

With pronouns, **the plural pronoun is used + с + person in the instrumental case**

> мы́ с Ми́шей = Misha and I
> вы́ с Олей = you and Olya
> они́ с Ната́шей = he (or she) and Natasha

Вчера́ мы с Ми́шей ходи́ли в кино́.
Yesterday Misha and I went to the movies.

Мы с Та́ней купи́ли Ире цветы́.
Tanya and I bought Ira flowers.

Вы с Андре́ем уже́ ходи́ли в магази́н?
Have you and Andrei already been to the store?

NOTE: If the logical subject is in a case other than the nominative, this is reflected in the plural pronoun part of the construction; the noun or pronoun following the preposition **с** does not change, but remains in the instrumental.

Вам с Ми́шей на́до купи́ть пода́рок Дэ́нису.
You and Misha have to buy a present for Dennis.

Нам с тобо́й на́до занима́ться. У на́с за́втра экза́мен.
You and I have to study. We have an exam tomorrow.

Вам с Олей понра́вился Петербу́рг?
Did you and Olya like Petersburg?

6. Phone etiquette

Unit 2 includes words and expressions used over the telephone. Here is an inventory of the most common ones.

Answer phone	Ask for someone	Say goodbye
алло́! алё! слу́шаю вас!	мо́жно (+ accusative of person's name)? (informal) попроси́те, пожа́луйста, + accus. (formal).	пока́ (informal)! до свида́ния!

To leave a message: Переда́йте (ему́, ей), пожа́луйста, что я звони́л(а). . .
To say you will call back: Я перезвоню́ попо́зже.
To say the person is not there: the genitive case of the person + нет. Та́ни нет (до́ма). Бори́са нет (до́ма). Её (его́) нет.

7. First-person imperative: "Let's...!"

Recall that the first-person imperative is used to express "Let's...," whereby the speaker includes him/herself in a suggestion, invitation, or exhortation. Review the following rules for the formation of the first-person imperative.

For imperfective verbs: **Дава́йте + infinitive**

Дава́йте обе́дать.	Let's eat lunch.
Дава́йте смотре́ть кино́.	Let's watch a movie.
Дава́йте слу́шать му́зыку.	Let's listen to music.

Note that the use of the imperfective here most often indicates that the speaker wishes for the action to commence immediately.

For perfective verbs: **Дава́йте + first-person plural** (future perfective)

Дава́йте пообе́даем.	Let's eat lunch.
Дава́йте посмо́трим кино́.	Let's watch a movie.
Дава́йте послу́шаем му́зыку.	Let's listen to music.

Note that the use of the perfective indicates an invitation to undertake a specific action, although not necessarily immediately.

8. Discussing health

Unit 2 includes words and expressions used to discuss health in Russian. Here is an inventory of the most common ones.

A. боле́ть/заболе́ть (боле́й-): "to be sick/to get sick" (stem **-ей**, is a first-conjugation classifier. It is similar to **-ай** in that it is regular, there are no consonant mutations or stress shifts in **-ей** stems.)

я боле́ю	мы боле́ем
ты боле́ешь	вы боле́ете
он, она́ боле́ет	они́ боле́ют

imperative: (не) боле́й(те)!   infinitive: боле́ть
past tense: он боле́л, она́ боле́ла, они́ боле́ли

This verb is intransitive (i.e. it cannot take a direct object). The perfective заболе́ть indicates the onset of illness.

Уже́ два дня я боле́ю.
I have been sick for two days already.

Ната́ша заболе́ла вчера́ ве́чером.
Natasha got sick last night.

This verb can also take an instrumental complement to specify the illness:

Чем вы боле́ете?	What (illness) do you have?
Она́ боле́ет **гри́ппом**.	She has the flu.
Он боле́ет **анги́ной**.	He has a sore throat.

B. Using a construction of possession to specify an ailment
In Russian, just as in English ("one has..."), you can use a construction of possession to specify someone's ailment.

y + the person who is sick (genitive) + the ailment (nominative)

Note that **есть** is omitted in the present tense.

Серге́я сего́дня не бу́дет. Он боле́ет. У него́ грипп.
Sergei won't be here today. He is sick. He has the flu.

У меня́ был како́й-то ви́рус.
I had some sort of virus.

Мне пло́хо (хо́лодно).
I feel bad (cold).

Меня́ знобит (тошни́т).
I feel feverish (nauseous).

C. Он бо́лен, она́ больна́, они́ больны́
Another way to say that someone is sick is to use this short-form adjective. These forms are used only predicatively (they do not decline and are used only to modify subjects) and agree in gender and number with the subject. Past and future are formed by adding the appropriate form of **быть** to agree with the subject. Remember that the long-form adjective **больно́й** means "to be sickly" in general.

Та́ня сего́дня не пойдёт в институ́т. Она́ больна́.
Tanya won't be going to the institute today. She is sick.

— Па́вел был с ва́ми на экску́рсии?	"Was Pavel with you on the excursion?"
— Нет, он тогда́ был бо́лен.	"No, he was sick then."

D. чу́вствовать себя́ (чу́вствова-) (imperfective only): "to feel..."
The verb **чу́вствовать (себя́)** is used to state or ask how someone feels. The word себя́ cannot be omitted when expressing this meaning.

— Ка́к вы себя́ чу́вствуете?	"How do you feel?"
— Спаси́бо, я чу́вствую себя́ лу́чше (хорошо́).	"Thanks, I feel better (fine)."

E. боле́ть (боле́-) (imperfective only): **"to hurt," "to ache"**
This imperfective verb is used to express that something aches. It is only used in the third person forms: **боли́т, боля́т** (past tense зуб боле́л, голова́ боле́ла, го́рло боле́ло, но́ги боле́ли).

У меня́ боли́т голова́.	I have a headache (my head aches).
У меня́ вчера́ боле́ла голова́.	I had a headache yesterday.
У отца́ постоя́нно боля́т но́ги.	Father's legs ache/hurt constantly.
Го́рло бо́льше не боли́т.	My throat does not hurt anymore.
Я сиде́л(а) за компью́тером це́лый день, и у меня́ сейча́с боли́т спина́.	I sat at the computer all day, and now my back aches.

Note again the use of the **y + genitive** construction of possession in the examples above. Note, also, that the infinitive form of **боле́-** is identical to the infinitive form for the verb meaning "to be sick" : **боле́ть** (боле́й-); however, note that these two verbs have different basic stems (боле́й- is a first-conjugation verb, and боле́ is a second-conjugation verb).

9. Reported speech: commands, requests, wishes
To report commands, requests, wishes: Use **что́бы + past tense of the verb.**

Та́ня сказа́ла Ната́ше: «Пей горя́чий чай с мёдом».	Tanya told Natasha: "Drink hot tea with honey."
Та́ня сказа́ла Ната́ше, что́бы она́ пила́ горя́чий чай с мёдом».	Tanya told Natasha to drink hot tea with honey.
Светла́на Ви́кторовна сказа́ла Ми́ше и Та́не: «Приходи́те через ме́сяц».	Svetlana Viktorovna told Misha and Tanya: "Come back in a month."
Светла́на Ви́кторовна сказа́ла Ми́ше и Та́не, что́бы они́ приходи́ли через ме́сяц.	Svetlana Viktorovna told Misha and Tanya to come back in a month.

10. Review of relative clauses: кото́рый
Here is a review of the form and usage of relative clauses introduced by **кото́рый.** You will be asked to practice these in each unit.

Clauses that qualify nouns are called relative clauses. Here is an example of a relative clause in English:

The book that I read was interesting.

In Russian, the relative pronoun **кото́рый** (equivalent to "which," "who," and "that")
is used to introduce a relative clause. **Кото́рый** agrees in gender and number with its
antecedent, but its case depends upon its function in the relative clause. Also
remember that a comma *always precedes* **кото́рый**.

> Я ходи́л(а) в теа́тр с дру́гом, **кото́рый** неда́вно прие́хал в Москву́.
> I went to the theatre with my friend who arrived in Moscow recently.

> Я говорю́ об актёрах, **кото́рые** игра́ют в э́том спекта́кле.
> I am talking about the actors who are in that show.

Note the placement and use of prepositions governing **кото́рый**.

> Я бы́л(а́) на вы́ставке, **о кото́рой** вы мне расска́зывали.
> I have been to the exhibit that (which) you told me about.

> Это дом-музе́й, **в кото́ром** жил и рабо́тал Достое́вский.
> This is the residence museum in which (where) Dostoevsky lived and worked.

> Вчера́ мы ходи́ли в галере́ю, **в кото́рой** сейча́с идёт вы́ставка молоды́х
> абстракциони́стов.
> Yesterday we went to the gallery where currently there is an exhibit of young
> abstractionists.

> Это на́ши бли́зкие друзья́, **с кото́рыми** мы отдыха́ли в про́шлом году́.
> These are our close friends with whom we vacationed last year.

Существи́тельные (Nouns)

анке́та questionnaire, application
аспири́н aspirin
бума́га paper, piece of paper
води́тельские права́ driver's license
во́зраст age
все (pl.) everyone
глаз (pl. глаза́) eye
голова́ head
го́рло throat
грипп flu
де́вушка young woman
день рожде́ния birthday
дипло́мная рабо́та senior thesis
жени́х fiancé
же́нщина woman
живо́т stomach
ЗАГС (За́пись Актов Гражда́нского Состоя́ния) civil registrar's office
заявле́ние application (пода́ть заявле́ние = to file an application)
зуб tooth
ка́пли (pl.) drops
ка́шель cough
коле́нка (коле́но) knee

колле́га colleague
компа́ния company, group of friends
ма́льчик small boy
миксту́ра (liquid) medicine, syrup
мужчи́на man
на́сморк headcold
неве́ста fiancée
нога́ leg
па́спорт (pl. паспорта́) passport
пацие́нт patient
пое́здка trip
поликли́ника clinic
по́чта mail
ру́чка pen
секре́т secret
секу́нда second
стари́к old man (used as slang by a man to refer to a close male friend)
табле́тка pill
температу́ра temperature
чай (с мёдом) tea (with honey)
электро́нная по́чта e-mail

Прилага́тельные (Adjectives)

весёлый cheery, happy
гениа́льный brilliant, genius
глу́пый ridiculous, silly
горя́чий hot
гру́стный sad
до́брый kind
дура́цкий foolish, ridiculous
кла́ссный great, first-rate, cool
краси́вый beautiful, pretty
лёгкий light(weight)
мужско́й male
неожи́данный unexpected
неприя́тный unpleasant

несерьёзный not serious, unimportant
огро́мный enormous, huge
прия́тный pleasant
све́жий fresh
серьёзный serious
совреме́нный modern, contemporary
стра́нный strange
тёплый warm
ужа́сный awful, horrible
у́мный smart, intelligent
электро́нный electronic

Глаго́лы (Verbs)

бе́гать (бе́гай—) (impf., multi-directional) run
беспоко́ить (беспоко́и—) (impf.) to bother, worry someone (Что вас беспоко́ит? = What is bothering you?) (said by a doctor to a patient)
боле́ть (боле́й—) /заболе́ть (заболе́й—) to be (get) sick
боле́ть (боле́—) (impf.) to ache

жени́ться (жени́х—ся) (pf. and impf.) to marry, get married (of a man)
жени́ться (жени́х—ся) /пожени́ться (пожени́х—ся) to get married (pl. used only; of couples)
забыва́ть (забыва́й—) /забы́ть (irreg. like быть) to forget
зави́довать (зави́дова—) кому́ (impf.) to envy someone

Глаго́лы
(Verbs — cont'd.)

закрыва́ться (закрыва́й—ся)
/закры́ться (закро́й—ся) to
close

конча́ться (конча́й—ся)
/ко́нчиться (ко́нчи—ся) to end,
finish

начина́ться (начина́й—ся)
/нача́ться (нӑ-чн̆—ся̆) to start,
begin

открыва́ться (открыва́й—ся)
/откры́ться (откро́й—ся) to
open

передава́ть (передава́й—)
/переда́ть (irreg. like **дать**) кому́
to pass on to, to give a message to

перезвони́ть (перезвони́—) (pf.)
to call back later

перепи́сываться (перепи́сывай—
ся) (impf.) to correspond with
one another

пить (пь̆й̆—) (impf.)̆ to drink

подожда́ть (see ждӑ—) (pf.) to
wait a little while (Подожди́
секу́нду = Wait a second)

посиде́ть (посиде́—) (pf.) to sit for
a little while

прогуля́ть (прогуля̆й—) (pf.) уро́к
to skip class

проси́ть (просй—) /попроси́ть
(попросй—) to make a request
(кого́ = of someone)

простуди́ться (простудй—ся) (pf.)
to catch a cold

разводи́ться (разводй—ся)
/развести́сь (развёд-̆-ся) to
divorce

регистри́ровать (регистри́рова—)
/зарегистри́ровать
(зарегистри́рова—) (брак) to
register (marriage)

реша́ть (реша́й—) /реши́ть (решй—)
1) to decide; 2) to solve

сади́ться (садй—ся) /сесть (irreg.)
куда́ to sit down, to have a seat

сиде́ть (сиде́—) /посиде́ть
(посиде́—) to sit

снима́ть (снима́й—) /снять (снйм̆—)
(фильм) to shoot (a film)

узнава́ть (узнава́й—) /узна́ть
(узна́й—) to recognize (here)
Узна́ешь? = Do you recognize
me? (said on the phone)

Наре́чия
(Adverbs)

абсолю́тно absolutely
бы́стро quickly, fast
ве́село happy, cheery
замеча́тельно wonderful, terrific
ме́дленно slowly

по́здно late
ра́но early
серьёзно seriously
сно́ва again

Поле́зные
выраже́ния
(Useful Expressions)

А что? So? Why do you ask?
Бе́гать, как соба́ка to run around
like a dog (to be really busy)
Всё норма́льно. Everything's fine.
Здоро́во. Hi.
Жа́лко (кому́ кого́) it's a pity, to
feel sorry for (Мне жа́лко тебя́ =
I feel sorry for you)
Кста́ти,.. By the way,..
Меня́ тошни́т. I feel nauseous (sick
to my stomach).
Меня́ знови́т. I am having chills.
Мы с + кем we (to express a plural
subject), мы с бра́том my
brother and I

Не плачь. Don't cry.
Пора́. It's time to ...
Та́к себе́. So-so, not so great.
Узна́ешь Do you recognize me?
(said on the telephone)
Что́ ли? Or what?
Это твоё де́ло. That's your
business.
Я вас слу́шаю. (I am listening =
What can I do for you?)

Уро́к

3

*I*n this lesson you will learn how to:

- make travel plans and arrangements;

- tell time and use a variety of time expressions;

- discuss your free time and leisure activities; and

- arrange for a taxi or private car.

«Один билет до Смоленска, туда и обратно»

Эпизод 5

1. Посмотрите на билет Тани и скажите:

   Куда поедет Таня?
   Когда (во сколько и какого числа) она уезжает?
   Когда (во сколько и какого числа) она приезжает?
   Сколько стоит билет?
   Какой у неё номер вагона и какое место?

вагон = train car

20 РЖД	АСУ «ЭКСПРЕСС»	ПРОЕЗДНОЙ ДОКУМЕНТ			СФ 863947	
ПОЕЗД	**ОТПРАВЛЕНИЕ**	**ВАГОН**	**ЦЕНА** руб.	**колич. человек**	**ВИД ДОКУМЕНТА**	
№ шифр	число месяц часы мин.	№ тип	Билет Плацкарта			

```
277 ЦИ 24.06 23.00   25 К   000108.0 000072.8 02 ПОЛНЫЙ
СМОЛЕНСК Ц-МОСКВА БЕЛ (2000170-2000006)
МЕСТА 030;031 ЖК МСК
СФ 863947 ТС5 А3 0370863 210699 1851 ММ04М08/20-540Н/Н (46)
3П431941710/ВОЛОДИНА/ПСХХIIIММ573144/МАЗУРО
Н-213.4 РУБ ПРИБЫТИЕ 25.05 В 05.07
```

2. Посмотрите эпизод 5 и скажите: ☑

   В очереди Таня спросила:
   ❑ Извините, вы москвичка?
   ❑ Ивините, который час?
   ❑ Извините, вы последняя?

   Таня покупает билет
   ❑ в кассе на вокзале.
   ❑ в киоске «Газеты».
   ❑ в турагентстве «Академсервис».

очередь = line

последний, последняя = last

Когда́ Та́ня покупа́ла биле́т, она́ сказа́ла:

- ❏ оди́н биле́т до Смоле́нска, пожа́луйста.
- ❏ оди́н биле́т на метро́, пожа́луйста.
- ❏ оди́н биле́т до Смоле́нска туда́ и обра́тно, купе́.

Та́ня купи́ла биле́т

- ❏ её ме́сто на ве́рхней по́лке (upper berth).
- ❏ её ме́сто на ни́жней по́лке (lower berth).
- ❏ она́ не зна́ет, где бу́дет спать.

Челове́к в купе́ сказа́л Та́не:

- ❏ До́брый ве́чер, как вас зову́т?
- ❏ Здра́вствуйте, меня́ зову́т Васи́лий.
- ❏ Ну, дава́йте знако́миться. Меня́ зову́т Васи́лий.

Та́ня не хо́чет говори́ть Васи́лию,

- ❏ куда́ она́ е́дет.
- ❏ что она́ бу́дет де́лать в Смоле́нске.
- ❏ о чём бу́дет её фильм.

Васи́лий е́дет в Смоле́нск

- ❏ домо́й.
- ❏ в командиро́вку.
- ❏ на о́тдых.

визи́тка (or: визи́тная ка́рточка) = business card

Васи́лий дал Та́не свою́ визи́тку, потому́ что

- ❏ она́ ему́ нра́вится.
- ❏ он хо́чет снима́ть фильм вме́сте с Та́ней.
- ❏ он хо́чет помо́чь Та́не, е́сли у неё бу́дут пробле́мы.

Та́ня не хо́чет спать на ве́рхней по́лке, потому́ что

- ❏ она́ бои́тся спать наверху́ и она́ суеве́рная.
- ❏ наверху́ о́чень ду́шно и жа́рко.
- ❏ наверху́ ма́ло ме́ста.

наверху́ = on top
ду́шно = stuffy

3.

Кто э́то сказа́л?

Т = Та́ня

В = Васи́лий

_____ —У меня́ 13-ое ме́сто. Это здесь?

_____ —Дава́йте помогу́ вам.

_____ —А куда́ вы е́дете, ...е́сли не секре́т?

_____ —К ро́дственникам.

_____ —Интере́сно, ну и о чём же бу́дет ваш фильм?

_____ —На́до же! Вот здо́рово!

_____ —По телеви́зору …

_____ —Если бу́дут пробле́мы, позвони́те.

_____ —У меня́ сейча́с к вам про́сьба. Вы не могли́ бы поменя́ться (trade places) со мно́й?

_____ —Во-пе́рвых, я бою́сь спать наверху́.
   А во-вторы́х, э́то трина́дцатое ме́сто, а я суеве́рная…

_____ —Я сам из Смоле́нска, е́ду домо́й.

4. Как вы ду́маете?

   Где рабо́тает Васи́лий?
   Заче́м он был в Москве́?
   Та́ня была́ ра́ньше в Смоле́нске?
   Где она́ бу́дет жить в Смоле́нске?
   О чём бу́дет её фильм?
   Ско́лько вре́мени на́до е́хать из Москвы́ в Смоле́нск?

Слу́шайте и повторя́йте:

а. Мы е́дем на авто́бусе,
Мы е́дем на маши́не,
Мы е́дем, е́дем, е́дем,
Мы е́дем в магази́ны.

Мы е́дем на тролле́йбусе,
Мы е́дем на метро́,
Мы е́дем, е́дем, е́дем,
В теа́тры и в кино́.

б. Ты идёшь в библиоте́ку?
Я иду́, иду́, иду́!
Ты идёшь на дискоте́ку?
Я иду́, иду́, иду́!
Мы идём в библиоте́ку,
Мы идём на дискоте́ку!

1. Скажи́те, куда́ е́дет Та́ня? А Ва́силий?

Ва́силий: —Та́ня, а куда́ вы **е́дете**?
Та́ня: —Я **е́ду** в Смоле́нск.

2. Поста́вьте глаго́лы **идти́** или **е́хать** в ну́жной фо́рме:

—Здра́вствуй, Ва́ся. Куда́ ты

_____?

—Я _____ в
магази́н.

—Приве́т, куда́ ты _____?

—Я _____ на вокза́л. У меня́
о́тпуск.

	е́хать	идти́
я	е́ду	иду́
ты	е́дешь	идёшь
он(а)	е́дет	идёт
мы	е́дем	идём
вы	е́дете	идёте
они	е́дут	иду́т

о́тпуск =vacation

—Слу́шай, отку́да
он _____?

—Ка́жется, он _____
из поликли́ники.

3. а. Посмотри́те на фотогра́фию
и скажи́те:

Куда́ **е́дет** Та́ня? Что́ она́ **везёт с собо́й**?

	везти́	нести́
я	везу́	несу́
ты	везёшь	несёшь
он(а)	везёт	несёт
мы	везём	несём
вы	везёте	несёте
они	везу́т	несу́т

Та́ня **е́дет** в Смоле́нск
и везёт с собо́й
видеока́меру.
Почему́ Та́ня **везёт**
видеока́меру в
Смоле́нск?

б. Посмотри́те на фотогра́фию и скажи́те:

Куда́ идёт Та́ня?
Что́ она́ несёт?

4. а. Куда́ **е́дут** э́ти маши́ны?
Что́/кого́ они́ **везу́т**?

ходи́ть/идти́ is
generally used
with тролле́йбус,
авто́бус and
по́езд; but
вози́ть/везти́
is used as
expected to
indicate
"conveyance"

б. Как вы ду́маете,
куда́ идёт э́тот
тролле́йбус? Кого́
он везёт?

5. You have run into each other on the street or in the subway.
Compose a dialogue like the one here between Larisa and Emilia.

*Ой is used to indicate
surprise.

—Приве́т, Лари́са! Ско́лько лет, ско́лько зим!
—Ой, Эми́лия!* Здра́вствуй. Как я ра́да тебя́ ви́деть!
—Ты куда́ **е́дешь**?
—В университе́т. (спортза́л, магази́н, домо́й, в го́сти)
—А что́ ты **везёшь** в су́мке (в рюкзаке́, в чемода́не,
 в коро́бке), е́сли не секре́т?
—Кни́ги, тетра́ди. . .А ты куда́ **е́дешь**?
—Я е́ду домо́й. Была́ в магази́не — везу́ проду́кты.

Пра́ктика

Слу́шайте и повторя́йте:

Пять мину́т деся́того,
Пять мину́т второ́го.
Како́го? Како́го?
Пять мину́т второ́го.

Пять мину́т девя́того,
Пять мину́т седьмо́го.
Како́го? Како́го?
Пять мину́т седьмо́го.

Пять мину́т четвёртого,
Пять мину́т восьмо́го.
Како́го? Како́го?
Пять мину́т восьмо́го.

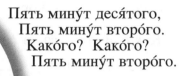

фоне́тика

1. а. Кто после́дний?

За кем? (Instrumental)	
за мной	за на́ми
за тобо́й	за ва́ми
за ним	за ни́ми
за ней	

Та́ня: —Извини́те, **вы после́дняя**?
Де́вушка: —Да.
Та́ня: —Я **за ва́ми**.

б. В како́й ситуа́ции мо́жно спроси́ть: «Вы после́дний(яя)?»
   В магази́не? На дискоте́ке? На по́чте? В метро́?

Addressing a stranger in Russian is problematic. One will hear Дéвушка!/ Молодóй человéк! when addressing a young person. Otherwise, a neutral, safe way to get someone's attention is simply to say: Извинѝте (or Прости́те), пожа́луйста,... and then ask your question.

2. а.   Прочита́йте диало́ги:

(в поликли́нике)

Ната́ша: —Прости́те, кто здесь после́дний?
Мужчи́на: —Я после́дний.
Ната́ша: —Хорошо́. Тогда́ я за ва́ми.

Оля: —Извини́те, вы после́дняя?
Же́нщина: —Нет. За мной ещё одна́ же́нщина.
               Она́ отошла́.
Оля: —Хорошо́. Тогда́ я за ней.

б.   Как они́ э́то сказа́ли?

Are you last in line? _____

_____

Who is last in line? _____

_____

I am last _____

_____

Then I will be behind you. _____

_____

Then I will be behind her. _____

_____

3. One person leaves the room, and those remaining will determine a line order. Then, the person who were outside returns and will ask the group questions to determine the order of the line. He/she must find out who is the last in line.

4. а.   Вы не ска́жете, кото́рый час?

8.15   2.10
пятна́дцать мину́т девя́того   де́сять мину́т тре́тьего

б.   А ско́лько сейча́с вре́мени?

5. Скажи́те, кото́рый час?

a. AM

> 5:15
> Сейча́с 15 мину́т шесто́го

> 6.25
> 7.15
> 8.10
> 9.20
> 10.05
> 11.30

б. PM

> 18.10 (= 6.10 PM)
> Сейча́с де́сять мину́т седьмо́го

> 20.05
> 18.20
> 17.15
> 21.10
> 23.30
> 19.00

NOTE

There is no Russian equivalent for "am/pm", instead, Russians use утра́, дня, ве́чера and но́чью. Note also that Russian uses a period, rather than a colon, between the hour and minutes.

Parts of the Day
midnight – 5:00 am = ночь
5:00 am – noon = у́тро
12:00 – 6:00 pm = день
6:00 – midnight = ве́чер

Official time is told according to the 24-hour clock, so:
13:00 = 1:00 pm
14:00 = 2:00 pm
15:00 = 3:00 pm
16:00 = 4:00 pm
etc.

ро́вно = exactly

Когда?
у́тром, в 6 часо́в = в 6 часо́в утра́
днём, в 3 часа = в 3 часа́ дня
ве́чером, в 9 часо́в = в 9 часо́в ве́чера
но́чью, в 2 часа = в 2 часа́ но́чи

6. Скажи́те:

Когда́ Та́ня пришла́ к Оле? (10.30)
Во ско́лько начина́ется переда́ча «До 16-и и ста́рше»? (17.05)
Когда́ Та́ня позвони́ла свое́й подру́ге Ната́ше? (14.20)
Во ско́лько Ми́ша позвони́л до́ктору Саве́льеву? (12.15)
Во ско́лько Та́ня прие́дет в Смоле́нск? (6.00)

7. Посмотри́те ещё раз на биле́т Та́ни (день 1, упр. 1) и скажи́те, во ско́лько её по́езд?

8. Посмотри́те програ́мму телепереда́ч и скажи́те, каку́ю переда́чу вы хоти́те посмотре́ть. Во ско́лько она́ начина́ется? По како́му кана́лу она́ идёт?

> Я хочу́ посмотре́ть переда́чу **«Ток-шоу «Профе́ссия»: «Космона́вт»**, кото́рая начина́ется **в 20.05** по **11-ому кана́лу.**

лекарство от «Вируса»

Появившись 4 сентября 1993 года на площадке группа «ТаМтАм»а, впервые заявила о себе как о целостном коллективе. Ранее музыканты участвовали в других, довольно успешных, в определенном смысле, проектах («Объект насмешек», «Пупсы», «Ноль»). Но что-то их заставило собраться вместе.

Сначала рядовые концерты в клубах, потом гастроли по стране и за ее пределами, альбомы, контракт с московской фирмой грамзаписи «Фили», клипы, телеэфиры, фестивали - и в то же время независимая группа. Жесткая гитарная музыка, рваный ритм и привычный нарочито безинтонационный вокал **Жени «Ай-Ай-Ая»** вот уже больше года, после присуждения группе Гран-при на «Поколении-96», никого не вводят в заблуждение. «Текила» узнаваема, но, парадокс, благодаря самой мягкой и спокойной песне «Бай-Бай», клип на которую привлек внимание очень многих людей со стороны, не приученных к тяжелому звучанию настоящей «Текилы».

Презентация нового альбома «Вирус» состоялась 22 марта в ФСМ «Гора-/ПОЛИГОН при огромном стечении публики. Похоже, что этот альбом выводит группу на следующий виток популярности, когда поклонники рвутся к музыкантам с целью получить автограф, а если повезет, и рукопожатие.

Возвращаясь к «Вирусу», следует сказать, что выход его - действительно, событие. Цельная, за-

конченная пластинка, содержащая, как минимум, четыре хита. «Самолет», «Пуля» («Ага», «Пистолет» и «Звери» вот ядро этого альбома. Не случайно на последние две песни сняты видеоролики, великолепные, со вкусом сделанные черно-белые минифильмы, основанные на сумасшедшей мультипликации и являющиеся подсказкой к разгадке стилистики новой «Текилы». Совершенно неожиданно на фоне минимализма звука гитары, баса и барабанов появляется фортепиано, и тут уже можно говорить о лирике, ранее не имевшей никакого отношения к творчеству группы. А старая знакомая «Бай-Бай» заключает альбом. «Текила» становится мягче и довольно уютно чувствует себя в этом состоянии с учетом выхода альбома. Единственное, что несколько выбило группу из колеи, так это вынужденный отказ от гастролей по Европе по ряду причин, основная из которых - принятие нового парламентского закона во Франции, касающегося въезжающих в страну артистов. В связи с нововведением большая

Фото Дмитрия ЛАНСКОГО

ФИЛЬМЫ

23.00 Ужас
ТВ-3
США. 1963 год. Постановка: Роджер Корман.

Мистический триллер, действие которого разворачивается на побережье Балтийского моря в начале XIX века. Молодой офицер (Николсон) оказывается в старом таинственном замке, хозяин которого (Карлофф) кажет-ся ему весьма странным. Храбрый наполеоновский вояка решает разгадать тайну замка.
В ролях: Борис Карлофф, Джек Николсон, Сандра Найт, Дик Миллер и другие.

ПЕРЕДАЧИ

12.30 Магазин путешествий
6 КАНАЛ
Познавательная программа.

Программа рассказывает о самых фешенебельных уголках мира. Цены в отелях и ресторанах, стоимость билетов и оформление виз - обо всем этом рассказ в нашей программе.

ПЕРЕДАЧИ

17.35 Вокруг света
ОРТ
Научно-популярная программа.

В очередном выпуске программы «Вокруг света» Юрий Сенкевич вновь приглашает вас в гости к северному соседу - в Финляндию. Вы побываете на горнолыжных курортах, в самой южной точке Лапландии - городе Сааресселька. В завершение программы - знакомство с индийскими праздниками, а также посещение священной ярмарки Мола в городке Пушкаре.

18.00 Битва у леса Белло
6 КАНАЛ
Из цикла «Исторические сражения».

К весне 1918 года первая мировая война продолжалась уже четвер-тый год, и силы союзников были на исходе. В своей борьбе с Германией Англия и Франция возлагали большие надежды на помощь Соединенных Штатов Америки. И вот, 6 июня 1918 года американцы получили возможность проявить свою решимость и отвагу в трехдельной битве, которая произошла у леса Белло.

18.05 Ток-шоу «Начистоту»
51 КАНАЛ

Питерская молодежь уже хорошо знает эту программу, посвященную всем тем проблемам, которые испытывает современный молодой человек. На этот раз в студии продолжится разговор о наркомании - одном из самых больных вопросов современной молодежи. Вы можете принять участие в разговоре, позвонив в студию во время эфира или записавшись на программу предварительно по телефону 394-45-74.

20.05 Ток-шоу «Профессия»: «Космонавт»
11 КАНАЛ

В гостях - Муса Манаров, Сергей Крикалев и Александр Волков. Кого принимают в космонав-ты? Почему людей тянет полететь в космос? На эти вопросы отвечают участники передачи.

21.20 В королевстве дельфинов
ТВ-3

Дельфины - миролюбивые и дружелюбные обитатели морей. Привлечь внимание к дельфи-нам, рассказать о способе и среде их существования - задача создателей фильма.

ОРТ

21.45. "Начальник Чукотки". Художественный фильм

06.00. Телеканал "Доброе утро".
09.00. Новости.
09.15. Девушка по имени Судьба". Телевизионный сериал.
10.00. "Тема". Ведущий - Юлий Гусман.
10.40. "В мире животных". Ведущий - Николай Дроздов.
11.30. "Угадай мелодию". Телевизионная игра. Ведущий - Валдис Пельш.
12.00. Новости.
12.15. "Небесные ласточки". Художественный фильм, 1 серия (СССР).
13.35. "Колесо истории". Телевизионная игра. Ведущий - Леонид Якубо-

РОССИЯ

00.30. "Кафе Обломов". Ведущий - Артемий Троицкий

07.00. "Вести". Информационный выпуск.
07.15. С добрым утром.
08.00. "Вести". Информационный выпуск.
08.15. С добрым утром.
09.00. Программа передач.
09.05. "Клубничка". Телесериал.
09.35. "L-клуб". Развлекательная программа. Ведущий - Леонид Ярмольник.
10.10. "Санта-Барбара". Многосерийный телефильм.
11.00. "Вести". Информационный выпуск.
11.15. Новое пятое колесо.
11.40. Графоман.
12.00. "Берега". Телевизионный художественный фильм, 6 серия.

НТВ

10.30. "Дикая природа": "Дельфины с Робином Вильямсом". Д/ф

06.00. "Сегодня утром". Информационная программа.
10.15. Утречко.
10.30. "Дикая природа": "Дельфины с Робином Вильямсом". Документальный фильм (Великобритания).
11.30. "Улица Сезам". Программа для детей.
12.00. "Сегодня днем". Информационная программа.
13.00. Открытый мир.
14.00. "Сегодня днем". Информационная программа.
14.20. Большое "Времечко". Обзор неполитических новостей.
16.00. "Сегодня днем".

5 КАНАЛ

23.30. "Телекомпакт". Ведущая - Татьяна Осенина

12.20. Телемагазин.
12.55. "Информ-ТВ". Последние новости и сообщения.
13.10. "История любви". Телевизионный сериал, 106 серия (Испания - Аргентина).
14.00. Срок ответа Сегодня.
14.35. Советы садоводам.
14.55. "Информ-ТВ". Последние новости и сообщения.
15.10. "Раймонды многоликий образ". Телефильм-балет.
15.45. "Странный мир института Уимсона Эмери". Художественный телевизионный фильм, 2 серия (США).

6 КАНАЛ

19.00. "Я покупаю эту женщину". Многосерийный фильм, 33 серия

06.40. Программа передач.
06.45. Телемагазин.
07.00. "Час Диснея". Мультипликационные фильмы.
08.00. "Мегаполис". Городские новости.
08.15. Горсправка.
08.20. Астрологический прогноз.
08.30. Новости Эн-Би-Си.
09.00. Телефон спасения.
09.30. "Миссия "Эврика". Многосерийный художественный фильм, 8 серия.
10.30. "экстраординарное". Ведущая - Ирина Гончарова.
11.00. "Даллас". Премьера художественного сериала, 97 серия (США).

11 КАНАЛ

15.05. "Сердца четырех". Художественный фильм

Профилактика.

14.50. Погода.
14.55. Телемагазин.
15.05. "Сердца четырех". Художественный фильм

фоне́тика

Слу́шайте и повторя́йте:

Хоти́те я вам помогу́?
Хоти́те я вам напишу́?
Хоти́те я вам позвоню́?
Хоти́те я вам расскажу́?

Хо́чешь я куплю́ тебе́ обе́д?
Хо́чешь я куплю́ тебе́ биле́т?
Хо́чешь я пое́ду в Петербу́рг?
Хо́чешь я возьму́ с собо́й подру́г?

1. а. Скажи́те, куда́ е́дет э́тот челове́к?

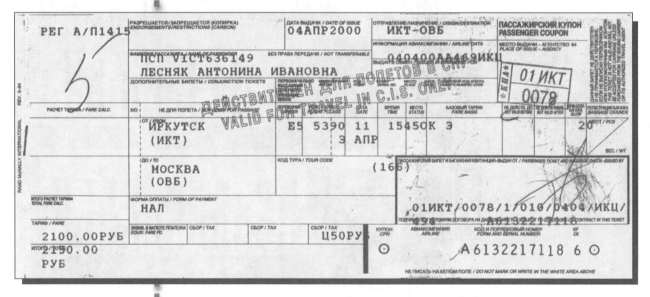

б. Когда́ и во ско́лько бу́дет рейс?

2. а. Куда́ е́дут э́ти лю́ди, како́й биле́т они́ купи́ли?

> Дэ́нис, Вашингто́н-Москва́, Оля
> Дэ́нис е́дет **в Москву́ к Оле**. У него́ биле́т
> **от Вашингто́на до Москвы́,** туда́ и обра́тно.

Ла́ра, Лос-Анджелес-Орла́ндо, ба́бушка
Ната́ша, Нью-Йо́рк-Ки́ев, дя́дя
Чад, Филаде́льфия-Пра́га, подру́га
Аня, Балтимо́р-Вашингто́н, брат
Алексе́й, Петербу́рг-Но́вгород, друг
Ми́ша, Москва́-Хаба́ровск, сестра́
Дави́д, Чика́го-Ло́ндон, роди́тели

б. Тепе́рь соста́вьте диало́ги по образцу́:

> —Слу́шай, ты не зна́ешь, **куда́** е́дет Дэ́нис?
> —Дэ́нис е́дет **в Москву́ к Оле**.
> —А когда́ он уезжа́ет **из Вашингто́на**?
> —Че́рез неде́лю.
> —А он уже́ купи́л биле́т?
> —Купи́л.

Ты не зна́ешь,. . . .
Интере́сно, а. . .
А как ты ду́маешь,

3. Прочита́йте диало́ги в па́рах и отве́тьте на вопро́сы:

Куда́ е́дет Андре́й/Вади́м/Ива́н?
Когда́ он е́дет?
На чём он е́дет?

а. —Приве́т, Андре́й.
 —Приве́т, Са́ша.
 —Каки́е у тебя́ пла́ны на выходны́е?
 —Вчера́ купи́л биле́т до Росто́ва.
 —А когда́ твой авто́бус?
 —В пя́тницу, в 13.15.

выходны́е = weekend

б. —Алё, мо́жно Ни́ну?
 —Да. Слу́шаю вас.
 —Э́то я, Вади́м.
 —Ой, Вади́м, я тебя́ не узна́ла.
 —Слу́шай, я уже́ купи́л биле́т на самолёт.
 —Ой, молоде́ц, а когда́ твой самолёт?
 —В 14.20. Я бу́ду в Ки́еве в 17.10.
 —Отли́чно, я тебя́ встре́чу.

в. *(Ива́н покупа́ет биле́т)*
 —Оди́н биле́т до Петербу́рга, туда́ и обра́тно.
 —На сего́дня?
 —Нет, на за́втра. На 6.10 утра́.
 —Биле́тов на 6.10 нет.
 —Тогда́, пожа́луйста, на 8.40.
 —Вот, пожа́луйста, ваш биле́т.
 —Отли́чно.

4. You and your friend are planning a trip. Look at the ads below, and discuss where you want to go, how much a round trip ticket costs, when you want to leave, etc. If you are discussing it over the phone, remember to use your "phone etiquette." Try to use as many of the following words and expressions as possible:

Алё (алло́, слу́шаю вас)
Мо́жно … ? (Попроси́те, пожа́луйста, …)

У меня́ есть отли́чная (кла́ссная) иде́я!
Кака́я?

Дава́й…!

Ну, э́то, наве́рное, до́рого.
Да нет! Биле́т до … туда́ и обра́тно сто́ит …
Во ско́лько? Како́го числа́?

5. У Тáни тяжёлая видеокáмера. Васи́лий предложи́л ей помóчь:

Васи́лий: —Хоти́те, я вам помогу́?
(If you would like, I'll help you?)

Как сказáть по-рýсски:

If you would like, I'll tell you about Misha?

If you would like, I'll call you tomorrow?

If you would like, I'll go with you?

If you would like, I'll take the camera?

If you would like, I'll meet you at the metro/subway?

6. a. Почитáйте разговóр Ми́ши и Тáни и скажи́те, чтó Тáня **возьмёт с собóй** в Смолéнск?

Ми́ша: — Когдá ты поéдешь в Смолéнск?

Тáня: —В суббóту.

Ми́ша: —У тебя́ бýдет мнóго вещéй?

Тáня: —Нет, немнóго. **Я возьмý с собóй** видеокáмеру и мáленькую сýмку.

6. Соста́вьте похо́жие диало́ги са́ми:

Куда́ вы е́дете?	Когда́?	Что́ вы возьмёте с собо́й?
Арха́нгельск	суббо́та	большо́й чемода́н
Новосиби́рск	вто́рник	самова́р
Владивосто́к	среда́	цветы́
Росто́в	воскресе́нье	пода́рки
Но́вгород	четве́рг	тёплая оде́жда
Волгогра́д	понеде́льник	зо́нтик и плащ
Со́чи	пя́тница	шампа́нское

7. Скажи́те, что вы возьмёте с собо́й, е́сли вы:

пойдёте к дру́гу на день рожде́ния.
пое́дете на пикни́к с друзья́ми.
пое́дете в Москву́ на Но́вый год.
пойдёте в го́ры (to go hiking)
пойдёте в суперма́ркет.
пое́дете на да́чу.

> Если я пое́ду на мо́ре,
> то я возьму́ с собо́й тёмные очки́.

тёмные очки́ =
sunglasses

8. Decide, as a group, where and when to go on a trip. Then, decide what you will need to take with you. Each person adds his/her item to the list after repeating the entire list of items already mentioned. Use your imagination, and be sure to add adjectives to your items!

Пе́рвый студе́нт:	Мы пое́дем в Москву́ и возьмём с собо́й **большо́й чемода́н**.
Второ́й студе́нт:	Мы пое́дем в Москву́ и возьмём с собо́й большо́й чемода́н **и зонт**.
Тре́тий студе́нт:	Мы пое́дем в Москву́ и возьмём с собо́й большо́й чемода́н, зонт **и джи́нсы**.

Эпизо́д 6

Это культу́рное ме́сто!

1. Та́ня е́дет в Смоле́нск
   Почему́ ребя́та собра⌐

2. а. Как вы ду́маете, ч

   ❏ пи́во
   ❏ молоко́
   ❏ во́дку с апельси́новым
     со́ком (orange juice)
   ❏ ви́ски
   ❏ чай
   ❏ джин с то́ником
   ❏ лека́рство
   ❏ маргари́ту
   ❏ квас
   ❏ кефи́р
   ❏ вино́

   б. В кафе́ игра́ет му́зыка.
      Как вы ду́маете, кака́я
      э́то му́зыка? ☑

      ❏ класси́ческая му́зыка
      ❏ ру́сские наро́дные пе́сни
      ❏ по́п-му́зыка
      ❏ тяжёлый рок (hard rock)
      ❏ мета́лл
      ❏ ди́ско
      ❏ джаз
      ❏ ро́к-н-ро́лл

3. а. По́мните, кто есть кто?

   Ми́ша · · · · · · · · · · · · · директор магази́на.
   Серге́й   врач.
   Арка́дий · · · · · · · · · · · ветерина́р.
   Саве́льев   арти́ст.

   б. Как вы ду́маете, кто из них познако́мится с де́вушкой

4. Посмотри́те и скажи́те: ☑

Ми́ша с друзья́ми пошли́
   ❑ на конце́рт.
   ❑ на стадио́н.
   ❑ в кафе́ «480 лет до на́шей э́ры»

Серге́й
   ❑ кла́ссный шофёр.
   ❑ тала́нтливый инжене́р.
   ❑ круто́й бизнесме́н.

Арка́дий
   ❑ молодо́й журнали́ст.
   ❑ молодо́й пиани́ст.
   ❑ молодо́й арти́ст.

заказывать/заказа́ть = to order

соле́ный огуре́ц = pickle

Врач Саве́льев хо́чет заказа́ть
   ❑ марти́ни с оли́вками.
   ❑ во́ду с чёрным хле́бом.
   ❑ во́дку с солёным огурцо́м.

Ми́ша зака́зывает для всех
   ❑ пи́во с ры́бой.
   ❑ во́дку с солёным огурцо́м.
   ❑ джин с то́ником.

Симпати́чная де́вуша Поли́на преподаёт ру́сский язы́к
   ❑ в шко́ле для дете́й.
   ❑ на фи́рме для бизнесме́нов.
   ❑ в университе́те для иностра́нных студе́нтов.

договори́ться = to come to an agreement

Друзья́ договори́лись за́втра пое́хать
   ❑ в Смоле́нск.
   ❑ на мо́ре.
   ❑ в ба́ню.

Ребя́та пое́хали домо́й
   ❑ на метро́.
   ❑ на такси́.
   ❑ на ча́стнике (private car).

5. Кто что де́лает?

Арка́дий	ку́рит.
Серге́й	разгова́ривает с подру́гой.
Саве́льев	говори́т о своём би́знесе.
Поли́на	знако́мится с Поли́ной.

5. **Кто это сказал?**

C = Серге́й
А = Арка́дий
М = Ми́ша
П = Поли́на
ДС = до́ктор Саве́льев

____ — У вас здесь ку́рят?

____ — Юра! Кака́я во́дка! Это клуб! Культу́рное ме́сто!

____ — Здесь культу́рные лю́ди пьют экзоти́ческие коктéйли!

____ — Ка́ждому!

____ — Де́вушка, я не помеша́л вам?

____ — Нет. Я преподава́тельница.

____ — Я встре́тил де́вушку … Поли́ну …

____ — Любо́вь — это всегда́ в пе́рвый раз.

____ — Дава́й его́ мне. Я положу́ его́ в па́спорт, а за́втра тебе́ скажу́.

____ — За́втра е́дем ко мне на да́чу.

____ — Дава́йте договори́мся, где и когда́ мы встре́тимся.

____ — В 9 о́коло по́езда.

6. Как вы ду́маете:

Аркади́й позвони́т Поли́не?

Друзья́ за́втра пое́дут на да́чу?

помеша́ть кому́ = to bother, to interrupt someone

фонéтика

Слýшайте и повторя́йте:

—Прости́те, вы не подскáжете,
Котóрый сейчáс час?
—Котóрый сейчáс час?
Без двадцати́ пяти́ час.

Ух! Ужé без пятнáдцати пять!
Хвáтит рабóтать! Порá отдыхáть!
Ой! Ужé без пятнáдцати шесть!
Давнó порá телеви́зор смотрéть!

Ох! Ужé без пятнáдцати семь!
Я, как собáка, учýсь цéлый день!
Кошмáр! Ужé без пятнáдцати час!
Где моё пи́во? Где мой квас?!

1. Как вы дýмаете, во скóлько друзья́ встрéтились?

2. Вы не скáжете, котóрый час?

> 7.55 Сейчáс без пяти́ вóсемь.
> 3.45 Сейчáс без пятнáдцати четы́ре.

8.40   12.45   16.35   23.50   14.45

3. Состáвьте диалóги:

> без скольких (минýт) + скóлько (часóв)
> (cardinal number of hour)
>
> 9.45 = без пятнáдцати (минýт) дéсять

> в кинó, пáмятник Пýшкину, 18.40
>
> —Давáй пойдём зáвтра в кинó.
> —Давáй. А где мы встрéтимся?
> —Давáй встрéтимся óколо пáмятника Пýшкину.
> —А во скóлько?
> —Давáй встрéтимся **без двадцати́ семь**.
> —Договори́лись!

> пáмятник + комý (Dative)

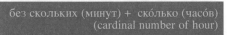

на балéт, óколо стáнции метрó «Театрáльная», 16.45
на лéкцию, на вторóм этажé, 15.40
на футбóл, на стадиóне «Динáмо», 14.30
на концéрт в консерватóрию, у вхóда (at the entrance), 20.15

4. Расскажи́те дру́г дру́гу, каки́е у вас сего́дня заня́тия? Во ско́лько они́ начина́ются и зака́нчиваются?

5. Куда́ друзья́ ходи́ли вчера́? А куда́ они́ пое́дут за́втра?

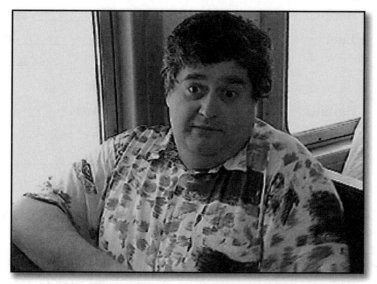

Серге́й: —Вчера́ мы с друзья́ми **ходи́ли в кафе́**.
А сего́дня мы **пое́дем в ба́ню.**

6. Прочита́йте диало́ги, поста́вьте глаго́л в ну́жной фо́рме: идти́/е́хать, ходи́ть/е́здить, пойти́/пое́хать

   a. **ходи́ть идти́ пойти́**

   Ми́ша: —Приве́т, Серге́й. Ты куда́ _____?

   Серге́й: —В магази́н. Хочу́ купи́ть пи́во. Ты то́же

   _____ туда́?

   Ми́ша: —Нет, мы с Та́ней уже́ _____

   в магази́н в воскресе́нье Я _____

   на ста́нцию метро́. Там мы встреча́емся

   с Та́ней, а пото́м мы вме́сте _____

   в Большо́й теа́тр.

   Серге́й: —Здо́рово! Ну, ла́дно, я _____

   в магази́н.

   Ми́ша: —Пока́.

загоре́ть = to get a tan

б. **е́здить е́хать пое́хать**

Ната́ша: — Ой, Та́ня, как ты загоре́ла!

Та́ня: —Я _____на мо́ре.

Ната́ша: — Вы с Ми́шей _____ вме́сте?

Та́ня: — Нет, я _____ одна́.

Ми́ша _____

в командиро́вку в Тамбо́в.

Ната́ша: — А мы с Оле́гом послеза́втра _____

_____ на да́чу.

Та́ня: — Вы на ма́шине _____?

Ната́ша: — Нет, на по́езде.

7. Скажи́те друг дру́гу: Куда́ вы е́здили/ходи́ли? А куда́ вы
пое́дете/пойдёте?

—Что́ ты де́лал вчера́?	—Что́ ты бу́дешь де́лать за́втра ве́чером?
—Вчера́ **я ходи́л(а) в кино́**.	—За́втра ве́чером мы с друзья́ми **пойдём на дискоте́ку**.

когда́?	куда́?	с кем?
сего́дня ве́чером (у́тром, днём)	стадио́н	друзья́
вчера́ ве́чером (у́тром, днём)	конце́рт	подру́га
за́втра ве́чером (у́тром, днём)	дискоте́ка	друг
. . . .	рестора́н	ба́бушка
	кино́	бра́тья
	ба́ня	роди́тели
	теа́тр	преподава́тель

8. а. You run into a friend on the metro. Greet him/her, find out
where s/he is going, and respond to his/her questions.

б. You run into a friend in the airport. Greet him/her and discuss
why each of you is there. Are you going somewhere, or did
you just return from a trip?

Пра́ктика

фоне́тика

Слу́шайте и повторя́йте:

Ка́ждую суббо́ту
Он е́здит на рабо́ту,
Он е́здит на рабо́ту,
Он е́здит ка́ждый день.
Он е́здит на трамва́е,
Он е́здит на метро́,
Он е́здит на маши́не
И ку́рит Ма́льборо!

Я не скажу́, куда́ хожу́.
Куда́ хожу́, не расскажу́!

1. Как вы ду́маете, что они́ де́лают в свобо́дное вре́мя?

Ми́ша: Обы́чно я слу́шаю му́зыку,
игра́ю в билья́рд.

Кто	Как ча́сто?	Что де́лает?
Ми́ша	иногда́	чита́ет детекти́вы.
Та́ня	ре́дко	хо́дит в теа́тр.
Оля	обы́чно	занима́ется спо́ртом.
Арка́дий	ка́ждую суббо́ту	встреча́ется с друзья́ми.
Саве́льев	всегда́	танцу́ет на дискоте́ке.
Серге́й	регуля́рно	слу́шает му́зыку.
Поли́на	ча́сто	отдыха́ет в кафе́.

2. а. Прочитáйте диалóги и скажи́те, чтó они́ дéлают (дéлали, бýдут дéлать) в свобóдное врéмя?

I.

ézдить/ходи́ть + в/на + acc.

Арка́дий: —Поли́на, чтó вы дéлаете в свобóдное врéмя, éсли не секрéт?

Поли́на: —Обы́чно, **я хожý в музéй** или в теáтр.

Арка́дий: —А я иногдá **éзжу зá город**. Я óчень люблю́ прирóду.

II.

Ми́ша: —Слýшай, стари́к, у тебя́ так мнóго рабóты. А когдá ты отдыхáешь?

Сергéй: —На выходны́е **я éзжу на дáчу**. А ты?

Ми́ша —А мы с Тáней обы́чно **хóдим в кинó или в италья́нский ресторáн**. Тáня так лю́бит спагéтти и пи́ццу!

III.

Мáма: —Когдá мы с пáпой бы́ли помолóже, мы **чáсто ходи́ли в похóды** (camping).

Оля: —А кудá вы éздили?

Мáма: —И в Сиби́рь, и на сéвер. Мы с пáпой óчень люби́ли путешéствовать.

б. Скажи́те: Кудá вы ходи́ли/éздили на выходны́е? на кани́кулы? лéтом?

в. Спроси́те друг дрýга, кудá вы хóдите или éздите в свобóдное врéмя. Как чáсто? Почемý?

3. а. Прочитáйте диалóг Арка́дия и Поли́ны в кафé и скажи́те, какýю мýзыку они́ лю́бят?

—Поли́на, а какáя мýзыка вам бóльше нрáвится?
—Я óчень люблю́ стари́нные рýсские ромáнсы. А вы?
—А мне бóльше нрáвится джаз.

б. Спроси́те друг дрýга: Чтó вам нрáвится (чтó вы лю́бите)?

—Чтó тебé бóльше нрáвится: рок и́ли класси́ческая мýзыка?
—Мне бóльше нрáвится рок. А тебé?
—А мне ...

какáя мýзыка — рок и́ли класси́ческая?
какáя литератýра — америкáнская и́ли инострáнная?
какóе кинó – совремéнное и́ли стáрое?
каки́е ресторáны — италья́нские и́ли китáйские?

4. Как вы ду́маете, что́ им бо́льше нра́вится? Почему́?

> Ми́ша | футбо́л и́ли хокке́й?
>
> —Как ты ду́маешь, что́ **Ми́ше бо́льше нра́вится:**
> футбо́л и́ли хокке́й?
> —По-мо́ему, ему́ бо́льше нра́вится футбо́л.
> —А почему́ ты так ду́маешь?
> —…

Та́ня	борщ и́ли пи́цца
Оля	кино́ и́ли теа́тр
Серге́й	америка́нские и́ли росси́йские маши́ны
Поли́на	ру́сский язы́к и́ли фи́зика
Саве́льев	во́дка и́ли ви́ски
Дэ́нис	Москва́ и́ли Петербу́рг

5. Спроси́те друг дру́га: Что́ вам бо́льше нра́вится?

> —Слу́шай, что́ **тебе́ бо́льше нра́вится:**
> «Ко́ка-ко́ла» или «До́ктор Пе́ппер»?
> —**Мне бо́льше нра́вится** «До́ктор Пе́ппер». А тебе́?
> —А **я бо́льше люблю́** «Ко́ка-ко́лу».

Discuss the following: еда́,
напи́тки,
тип автомоби́ля,
телепереда́чи,
фи́льмы,
актёры,
ви́ды спо́рта,
дома́шние живо́тные (pets),
стра́ны и города́,
времена́ го́да (seasons),
цвета́,
му́зыка

фоне́тика

Слу́шайте и повторя́йте:

Ка́ждый, ка́ждый понеде́льник	Что́бы в по́езде писа́ть,
Я ношу́ с собо́й уче́бник.	Я вожу́ с собо́й тетра́дь.
Я пешко́м хожу́ домо́й	Езжу в по́езде домо́й
И ношу́ его́ с собо́й.	И вожу́ её с собо́й.

1. а. Как вы ду́маете, почему́:

Серге́й всегда́ **но́сит** с собо́й телефо́н.

Оля всегда́ **во́зит** с собо́й видеока́меру.

б. Прочита́йте и проанализи́руйте:

Серге́й – серьёзный бизнесме́н.   Он ча́сто **хо́дит** в ба́нк. Он всегда́ **но́сит** с собо́й моби́льный телефо́н.

Оля журнали́ст. Она́ ча́сто **е́здит** в командиро́вки. Она́ всегда́ **во́зит** с собо́й видеока́меру.

ве́щи = things

2. Как вы ду́маете, каки́е ве́щи на́ши геро́и всегда́ но́сят с собо́й и почему́?

> Я ду́маю, что Дэ́нис всегда́ **но́сит (с собо́й) фотоаппара́т,** потому́ что он лю́бит фотографи́ровать (*или* потому́ что он фото́граф).

1. Серге́й   креди́тная ка́рточка
2. Ми́ша   записна́я кни́жка (address book)
3. Ната́ша   аспири́н
4. Дэ́нис   фотогра́фия Оли
6. Ми́ша   па́спорт
7. Арка́дий   стихи́ Пу́шкина
8. Оля   видеока́мера

3. Скажи́те, а что́ **вы** но́сите с собо́й? Почему́?

4. Ми́ша договори́лся с води́телем?

5. а. Reconstruct the dialogue between Misha and the driver:

Води́тель: — _____?

Ми́ша: — На Юго-За́пад.

Води́тель: — _____?

Ми́ша: — 50.

Води́тель: — _____.

Ми́ша: — _____.

Води́тель: — Сади́тесь.

б. Скажи́те:

Куда́ хотя́т пое́хать Ми́ша с друзья́ми?
Ско́лько они́ хотя́т заплати́ть?
Ско́лько де́нег хо́чет води́тель?
Почему́ Ми́ша согласи́лся заплати́ть побо́льше?

6. а. Прочита́йте назва́ния моско́вских окра́ин. Како́е назва́ние вам бо́льше нра́вится?

Перо́во	Ту́шино	Кузьми́нки
Ми́тино	Оре́хово-Бори́сово	Со́лнцево
Косино́	Медве́дково	Нага́тино
Ку́нцево	Юго-За́пад	Изма́йлово
Хи́мки-Хо́врино		Люблино́

In addition to taxicabs, Russians often flag down private cars, called **ча́стник**. A price for the ride is agreed upon ahead of time.

окра́ина = outskirts

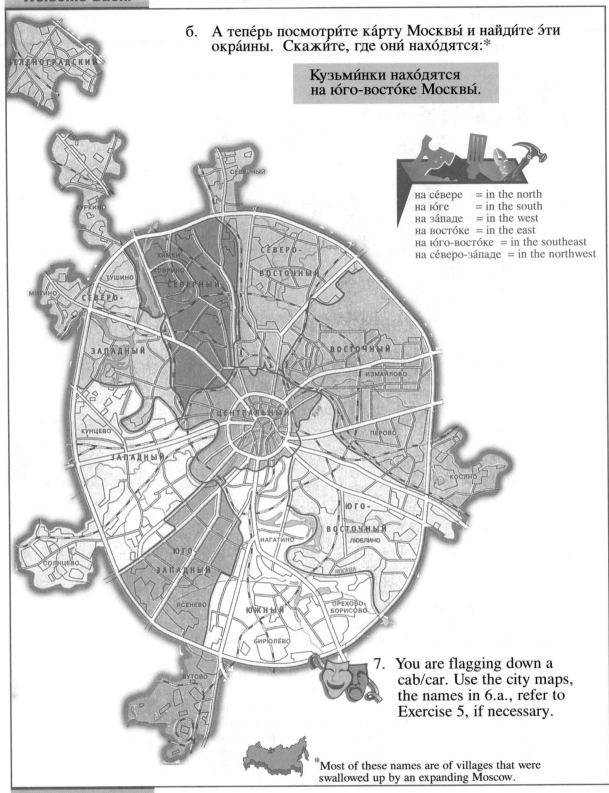

б. А тепе́рь посмотри́те ка́рту Москвы́ и найди́те э́ти
    окра́ины. Скажи́те, где они́ нахо́дятся:*

Кузьми́нки нахо́дятся
на ю́го-восто́ке Москвы́.

на се́вере   = in the north
на ю́ге   = in the south
на за́паде   = in the west
на восто́ке   = in the east
на ю́го-восто́ке = in the southeast
на се́веро-за́паде = in the northwest

7. You are flagging down a
    cab/car. Use the city maps,
    the names in 6.a., refer to
    Exercise 5, if necessary.

*Most of these names are of villages that were
swallowed up by an expanding Moscow.

1. Посмотри́те часть **эпизо́да 5** в по́езде и скажи́те (use direct speech):

2. а. How did Vasily ask her where she was going?

   Снача́ла Васи́лий спроси́л:
   «_____?»

   б. How did Vasily ask what Tanya's film was about?
   Пото́м он спроси́л:
   «_____?»

   в. How does Tanya explain why she doesn't want to sleep in the upper berth?
   Та́ня сказа́ла:
   «_____?»

3. Посмотри́те эпизо́д 6 и скажи́те (use direct speech):

   а. How did the server ask for their order?
   Официа́нтка спроси́ла:
   «_____?»

   б. How did Misha order his drinks?
   Ми́ша сказа́л:
   «_____?»

   в. How did Arkady say "спаси́бо"?
   Арка́дий сказа́л:
   «_____?»

4. **Кто э́то сказа́л?**

   А = Арка́дий
   М = Ми́ша
   С = Серге́й
   Сав. = Саве́льев

   > Remember: to report a question without a question word, use **ли** (See Грамма́тика #5.)

   _____ —Она́ - моя́ судьба́, она́ чуде́сна.
   И без неё, как без вина́, жизнь пре́сна!

   _____ —Ско́лько раз я ви́дел влюблённого Арка́дия!

   _____ —Любо́вь - э́то всегда́ в пе́рвый раз!

   _____ —Ты взял её телефо́н?

5. а. Прочита́йте и проанализи́руйте:

   Васи́лий: Вам **нра́вится** ве́рхняя по́лка?
   Васи́лий спроси́л, **нра́вится ли** Та́не ве́рхняя по́лка.

   Арка́дий: —Вы преподаёте **в шко́ле**?
   Арка́дий спроси́л, **в шко́ле ли** преподаёт Поли́на.

б. Что́ они́ спроси́ли? (use reported speech)

Саве́льев: —У вас здесь **ку́рят**?
Саве́льев спроси́л, _____ .

Саве́льев: —У вас во́дка **есть**?
Саве́льев спроси́л, _____ .

Арка́дий: —Де́вушка, я **не помеша́л** вам?
Арка́дий спроси́л, _____ .

Ми́ша:—Ты **взял** её телефо́н?
Ми́ша спроси́л, _____ .

6. а. Get together in small groups and describe in as much detail as possible episodes 5 and 6. Start by jotting down sentences that answer the basic journalistic questions: who, what, when, where, and why. Then, go back and try to connect your sentences into a coherent story, using as many of the following as possible:

> Снача́ла,
> Пото́м …
> По́сле э́того …
> ····································
> Мне ка́жется, что …
> По-мо́ему, …
> Я ду́маю, что …
> ····································
> Одна́ко (however)
> Де́ло в то́м, что …
> Поэ́тому,
> Потому́ что. . .
> Та́ня (Ми́ша, Арка́дий, и т.д.) сказа́л(а)/
>   отве́тил(а), что …

б. As a class, retell the events of episodes 5 and 6. Each person/team adds a sentence until the story is complete.

Дава́йте почита́ем

In the next episode, Tanya arrives in Smolensk and manages to get directions to her hotel. In the following story, our main character, Masha, is not so lucky with directions, and she gets lost in the woods. Though this story is attributed here to Leo Tolstoy (1821-1910), you may recognize this story as a universal tale. In addition to his major works that have become classics of Russian literature, Tolstoy wrote many short stories, fables, and recorded fairy tales for children, like this one.

Before reading the story, brainstorm a bit:

> What fairy tales do you know?
> Is there a structure typical of most fairy tales?
> What usually happens in them?
> Animals often figure prominently in fairy tales, and in Russian culture, the bear is a
>   popular character. What stories do you know with bears?

I Pre-Reading Exercises

1. Identify the roots in the following words:

   медве́дь   медве́дица   медвежо́нок   мёд (чай с мёдом)

2. Familiarize yourself with these common diminutive suffixes:

Diminutive suffixes	
Feminine	**Masculine**
— очка/ечка	—ик
— ка	—чик

   а. больша́я ча́шка   больша́я таре́лка
       ма́ленькая ча́шечка   ма́ленькая таре́лочка

       больша́я ло́жка   больша́я поду́шка
       ма́ленькая ло́жечка   ма́ленькая поду́шечка

   б. больша́я крова́ть   большо́й дом
       ма́ленькая крова́тка   ма́ленький до́мик

       большо́й стул   большо́й стол
       ма́ленький сту́льчик   ма́ленький сто́лик

3. Adjectives can also be made into diminutives:

синий – си**неньк**ий
красный – крас**неньк**ий

Try to make the following into diminutives:

бе́лый — _____   зелёный — _____

се́рый — _____   жёлтый — _____

чёрный — _____   голубо́й — _____

II Reading

Read the text, and answer the questions that follow. (It may be helpful to read through the questions *before* reading the text!)

Три медве́дя

1

Де́вочка Ма́ша пошла́ в лес за гриба́ми, да заблуди́лась. До́лго она́ иска́ла доро́гу домо́й, да не нашла́, а пришла́ в лесу́ к до́мику.

Дверь была́ откры́та. Ма́ша посмотре́ла в окно́ — в до́мике никого́ нет. И она́ вошла́. А в э́том до́мике жи́ли три медве́дя. Оди́н был оте́ц, и зва́ли его́ Михаи́л Ива́нович. Он был большо́й и лохма́тый. Друга́я была́ медве́дица, и зва́ли её Наста́сья Петро́вна. Тре́тий был ма́ленький медвежо́нок, и зва́ли его́ Мишу́тка. Медве́дей не́ было до́ма, они́ ушли́ гуля́ть по́ лесу.

В до́мике бы́ло две ко́мнаты: одна́ столо́вая, друга́я спа́льня. Ма́ша вошла́ в столо́вую и уви́дела на столе́ три ча́шки. Пе́рвая ча́шка, о́чень больша́я, была́ Михаи́ла Ива́новича. Втора́я ча́шка, поме́ньше, была́ Наста́сьи Петро́вны. Тре́тья, си́ненькая ча́шечка, была́ Мишу́ткина. Около ка́ждой ча́шки лежа́ла ло́жка: больша́я, сре́дняя и ма́ленькая.

Ма́ша взяла́ са́мую большу́ю ло́жку и пое́ла из са́мой большо́й ча́шки. Пото́м она́ взяла́ сре́днюю ло́жку и пое́ла из сре́дней ча́шки. Наконе́ц, она́ взяла́ ма́ленькую ло́жечку и пое́ла из си́ненькой ча́шки, и Мишу́ткин суп ей понра́вился бо́льше всего́ – он был са́мый вку́сный.

Ма́ша захоте́ла сесть и ви́дит: о́коло стола́ стоя́т три сту́ла: оди́н большо́й – Михаи́ла Ива́новича, друго́й поме́ньше – Наста́сьи Петро́вны, а тре́тий — ма́ленький, с си́ненькой поду́шечкой – Мишу́ткин. Она́ хотела сесть на большо́й стул, да упа́ла. Пото́м она́ се́ла на сре́дний стул - ей бы́ло неудо́бно. Наконе́ц, Ма́ша се́ла на ма́ленький сту́льчик и улыбну́лась — так бы́ло хорошо́!

Съе́ла Ма́ша весь суп и ста́ла кача́ться на сту́льчике. А сту́льчик слома́лся, и она́ упа́ла на пол. Она́ вста́ла, и пошла́ в другу́ю ко́мнату. Там стоя́ли три крова́ти: одна́ больша́я – Михаи́ла Ива́новича, друга́я сре́дняя – Наста́сьи Петро́вны, а тре́тья ма́ленькая – Мишу́ткина. Ма́ша легла́ на большу́ю крова́ть - ей бы́ло сли́шком просто́рно, легла́ на сре́днюю - ей бы́ло сли́шком высоко́. А ма́ленькая крова́тка ей понра́вилась бо́льше всех, она́ легла́ на неё и засну́ла.

2

А медве́ди пришли́ домо́й голо́дные и захоте́ли обе́дать. Большо́й медве́дь взял свою́ ча́шку и зареве́л стра́шным го́лосом:

—Кто ел из мое́й ча́шки?!

Медве́дица посмотре́ла на свою́ ча́шку и зареве́ла не так гро́мко:

—Кто ел из мое́й ча́шки?!

А медвежо́нок уви́дел свою́ си́ненькую ча́шку и запища́л то́нким голосо́м:

—Кто ел из мое́й ча́шки и всё съел?!

Михаи́л Ива́нович посмотре́л на свой стул и зарыча́л стра́шным го́лосом:

—Кто сиде́л на моём сту́ле?

Наста́сья Петро́вна посмотре́ла на свой стул и зарыча́ла не так гро́мко:

—Кто сиде́л на моём сту́ле?

А Мишу́тка запища́л то́нким го́лосом:

—Кто сиде́л на моём сту́льчике и слома́л его́?

Медве́ди пошли́ в другу́ю ко́мнату.

—Кто лежа́л на мое́й крова́ти? - стра́шным го́лосом зареве́л Михаи́л Ива́нович.

—Кто лежа́л на мое́й крова́ти? - зарыча́ла Наста́сья Петро́вна не так гро́мко.

—Кто лежа́л на мое́й крова́ти? - то́нким го́лосом запища́л Мишу́тка. Вдруг он уви́дел де́вочку и завизжа́л гро́мко-прегро́мко:

—Вот она́! Вот она́! Ай-я́й-я́й! Он хоте́л её укуси́ть. Ма́ша откры́ла глаза́, уви́дела медве́дя и бро́силась к окну́. Хорошо́, что окно́ бы́ло откры́то: Ма́ша вы́скочила из до́мика и убежа́ла. И медве́ди не нашли́ её. Ско́ро она́ вы́шла из ле́са и уви́дела свой дом.

Слóва к тéксту

брóситься to throw oneself	медвéдь (m.) bear
вы́скочить (pf.) to jump out	медвéдица female bear
голóдный hungry	медвежóнок little bear cub
гóлос voice	подýшечка small pillow (подýшка)
грибы́ mushrooms	сломáть (pf.) to break
заблуди́ться (pf.) to get lost	сломáться to break/be broken
завизжáть (pf.) to begin to squeal	спáльня bedroom
запищáть (pf.) to squeak	срéдний medium-sized
заревéть (pf.) to begin to yell, to howl out	столóвая dining room
зарычáть (pf.) to begin to growl	стрáшный horrible
заснýть (pf.) to fall asleep	тóнкий fine, small
искáть (impf.) to search for	укуси́ть (pf.) to bite
качáться (impf.) to rock back and forth	упáсть (pf.) to fall (упáла на пол = she fell on the floor)
кровáть (f.) bed	
лóжка spoon	чáшка bowl, dish
лохмáтый furry, hairy	

III Post-Reading Exercises

1 часть

В О П Р О С Ы

1. Почемý Мáша пошлá в лес?
2. Чтó онá уви́дела в лесý?
3. Почемý Мáша посмотрéла в окнó?
4. Почемý онá вошлá?
5. Кто жил в э́том дóмике? Как их звáли?
6. Где бы́ли медвéди?
7. Зачéм они́ пошли́ в лес? Почемý?
8. Скóлько кóмнат бы́ло в дóмике?
9. Чтó Мáша уви́дела в столóвой?
10. Почемý Мишýткин суп ей понрáвился бóльше всех?
11. На какóм стýле онá сидéла? Почемý?
12. Почемý Мáша упáла на пол?
13. Почемý стýльчик сломáлся?
14. Чтó Мáша уви́дела в другóй кóмнате?
15. Почемý Мáше не понрáвились бóльшие кровáти?
16. Почемý онá заснýла на мáленькой кровáтке?

2 часть

1. Почемý медвéди пришли́ домóй голóдные?
2. Почемý они́ бы́ли серди́ты?
3. Кто нашёл Мáшу?
4. Почемý Мишýтка хотéл укуси́ть Мáшу?
5. Почемý Мáша брóсилась к окнý?
6. Почемý Мáша смоглá убежáть (run away) из дóмика?
7. Мáша нашлá свой дом?

1. Retell the following scenes from the story:

    1 часть: —как де́вочка нашла́ до́мик в лесу́

    —кто бы́ли хозя́ева до́мика

    —что́ де́вочка уви́дела, когда́ вошла́ в столо́вую

    —как де́вочка попро́бовала суп из ра́зных ча́шек

    —как де́вочка выбира́ла сту́лья

    —что́ де́вочка уви́дела, когда́ вошла́ в спа́льню

    —как де́вочка выбира́ла крова́ть

    2 часть: —каки́е голоса́ бы́ли у медве́дей

    —как зако́нчилась э́та ска́зка

2. Imagine that you are the family of hungry bears and have just returned home to find that someone has been at your house. Try to do the following:

    —реве́ть стра́шным го́лосом, как Михаи́л Ива́нович

    —рыча́ть не так гро́мко, как Наста́сья Петро́вна

    —пища́ть то́нким го́лосом, как Мишу́тка

As you imitate the three bears, have one member of the class narrate the action!

ПОВТОРЕНИЕ

ПОВТОРЕНИЕ

ПОВТОРЕНИЕ

ПОВТОРЕ́НИЕ

ПОВТОРЕНИЕ

ПОВТОРЕНИЕ

ПОВТОРЕНИЕ

ПОВТОРЕНИЕ

1. Что́ вы ду́маете о назва́ниях эпизо́дов в э́том уро́ке? Они́ вам нра́вятся? Почему́? Каки́е други́е назва́ния возмо́жны?

   эпизо́д 5: «Оди́н биле́т до Смоле́нска, туда́ и обра́тно.»

   эпизо́д 6: «Это культу́рное ме́сто!»

   _____

   _____

   _____

   _____

2. Скажи́те, отку́да и куда́ они́ пое́дут? Ско́лько сто́ит биле́т?

   > Та́ня (Москва́ -Смоле́нск, 300 рубле́й)
   >
   > **Та́ня** пое́дет **из Москвы́ в Смоле́нск**. Она́ должна́ купи́ть биле́т **от Москвы́ до Смоле́нска. Биле́т** на по́езд туда́ и обра́тно **сто́ит 300 рубле́й.**

   Оля (Москва́ - Петербу́рг, 552 рубля́) | Серге́й (Москва́ - Росто́в, 155 рубле́й)
   Ми́ша (Москва́ - Яросла́вль, 264 рубля́) | Дэ́нис (Вашингто́н – Москва́, 971 до́ллар)
   Брэ́ндон (Нью-Йо́рк – Петербу́рг 1050 до́лларов)

3. a. Plan your trips, using information in the ads on the next page. Discuss your respective plans.

   Куда́ вы хоти́те пое́хать? К кому́? Что́ вы бу́дете там де́лать?
   А како́й биле́т вы должны́ купи́ть? Ско́лько он сто́ит?

   б. Now act out buying a round-trip ticket for a train or plane.

4. Разыгра́йте ситуа́ции.

   a. You run into your friend on campus. Discuss where you are going, what your plans are, etc.
   б. You run into a friend at the airport/train station. Discuss your destinations, plans, etc.
   в. Invite your friend to go to the club where Misha and his friends spent Saturday night— «480 лет до на́шей э́ры». Agree to meet, set a time and place.
   г. You are in Moscow. Stop a cab or private car, tell the driver where you want to go, and agree on a price. (You may wish to use the map in день 8.)

5. Как вы ду́маете, они́ встре́тятся? Почему́?

   —Слу́шай, дава́й встре́тимся за́втра!
   —Дава́й. А где?
   —Да где хо́чешь!
   —А во ско́лько?
   —Мне всё равно́.
   —Отли́чно. Договори́лись. До за́втра.
   —Пока́.

Грамма́тика

1. Unprefixed verbs of motion (overview and review)

In Russian there are many verbs that indicate movement (e.g. **путеше́ствовать** "to travel," **спеши́ть** "to hurry," **дви́гаться** "to move," etc.). However, there is a special group of fourteen pairs, the verbs of motion, that have two imperfective forms. Each of these two forms characterizes the direction of a movement in different ways. A **unidirectional** verb form signals that the movement proceeds in one direction, usually toward a stated or implied goal. A **multidirectional** verb is used when a movement has no definite direction, is repeated, or proceeds in several or many directions (i.e., is multidirectional).

A. Forms

The most important and widely-used pairs of unprefixed verbs of motion are covered in *Russian: Stage Two*: **идти́/ходи́ть, е́хать/е́здить.** The other common forms are listed here for your reference and passive awareness at this stage in your study.*

	Unidirectional Verb	Multidirectional	Verb Definition
Intransitive: cannot take a direct object	идти́ (irreg.)	**ходи́ть** (ходи̌-)	to walk, to go (on foot)
	е́хать (irreg.)	**е́здить** (е́зди-)	to go (by vehicle)
	плыть (плыв̌-)	**пла́вать** (пла́вай-)	to swim, to sail
	лете́ть (лете́)	**лета́ть** (лета́й-)	to fly
	бежа́ть (irreg.)	**бе́гать** (бе́гай-)	to run

Remember that all unprefixed uni- and multidirectional verbs are imperfective and conform to the general rules of aspect usage in Russian.

B. Main contexts for using unidirectional verbs

Unidirectional verbs are most often used to express an action as it advances along a given route, usually toward a specific destination.

1. Motion in one direction in progress.

Куда́ ты идёшь?	Where are you going?
Я иду́ в магази́н за хле́бом.	I am going to the store to get bread.

The clearest context requiring unidirectional verbs is that in which the action is seen in progress and in one direction. Thus, the question "Where are you going?" is rendered in Russian with a unidirectional verb: «Куда́ вы идёте?» (on foot) or «Куда́ вы е́дете?» (by vehicle). The answer, likewise, is rendered with a unidirectional verb: «Мы идём (or е́дем) в теа́тр». Even if a

---

* See *Appendix XI* for full conjugations.

destination is not mentioned, the unidirectional verb is still required if one is concentrating on an action taking place in one direction at the moment of speech.

Someone on the bus asks a fellow passenger:
—Извини́те, я пра́вильно е́ду на Моско́вский вокза́л?
—Да, вы пра́вильно е́дете. Моско́вский вокза́л бу́дет через одну́ остано́вку.
—Am I going the right way to Moscow Station?
—Yes, you are going the right way. Moscow Station will be the stop after next.

Two students who run into one another on campus:
—Куда́ ты спеши́шь?
—Я иду́ в компью́терный центр. Мне на́до зако́нчить свою́ рабо́ту.

—Where are you hurrying to?
—I'm going to the computer center. I have to finish my paper/project.

2. To describe the circumstances surrounding the action of the main verb in complex sentences. Analyze the following examples containing unidirectional verbs of motion:

Я встре́тил своего́ дру́га, когда́ я шёл на стадио́н.
I ran into my friend when I was on my way to the stadium.

Я вспо́мнила об экза́мене, когда́ я е́хала домо́й.
I remembered about the meeting on my way home.

Начался́ дождь, когда́ мы шли домо́й по́сле конце́рта.
It started raining when we were on our way home after the concert.

Когда́ я шла в библиоте́ку, я потеря́ла де́ньги.
On my way to the library, I lost my money.

Note that, in complex sentences, a unidirectional verb of motion is used to indicate the circumstances surrounding the action described in the main clause. In all of the examples above, the English "while on one's way" is implied and can be inserted.

3. To describe some aspect or quality of a unidirectional, one-time motion.

Analyze the following examples of unidirectional verbs when the speaker wishes to describe some aspect of the motion, such as the means of transportation, the speed, or the course of the motion - in other words, to answer the question **Как е́хать? Как идти́?**

Мы éхали в центр на метрó, а они éхали на маши́не.
We rode downtown on the metro, and they rode in a car. *(means of transportation)*

Обы́чно я хожý пешкóм в университéт, но сегóдня я поéхал(а) на авто́бусе.
Usually I walk to the university, but today I took the bus. *(means of transportation)*

Мы приéхали óчень рáно, Ивáн хорошó знáет дорóги гóрода и мы éхали óчень бы́стро.
We arrived very early. Ivan knows the roads of the city well, and we drove really fast. *(speed of one-time, unidirectional motion)*

Скажи́те, кни́жный магази́н нахóдится далекó отсю́да?
Нет, éсли идти́ бы́стро, мóжно дойти́ за дéсять мину́т.
Tell me, is the bookstore far from here?
No, if you walk quickly, you can get there in ten minutes. *(speed of one-time, unidirectional motion)*

4. Idiomatic expressions

    Unidirectional forms are also used in certain set expressions, when various inanimate objects are imagined to be in unidirectional motion.

Идёт дождь.	It is raining.
Нóвый америкáнский фи́льм идёт в кинотеáтре «Росси́я».	A new American movie is playing at the movie theater "Russia."
Вчерá весь день шёл снег.	It snowed all day yesterday.
Врéмя лети́т.	Time flies.

C. Main contexts for using multidirectional verbs

In the previous examples, the unidirectional verb denotes a one-way motion. Contexts calling for an action that has no direction or takes place in several directions (including repeated motion along the same route) require the use of **multidirectional** verbs.

1. Motion proceeding in several directions

    The multidirectional form is used to express random motion, i.e. motion proceeding in several or many directions. In this case, the verb is followed by the preposition **по + the dative case** to indicate "around" or "about" a given place.

Вчерá мы ходи́ли по цéнтру Вашингтóна.	Yesterday we walked around downtown Washington.

Вчера́ мы е́здили по го́роду
це́лый день.

We rode (drove) around the city
all day yesterday.

2. Repeated or habitual motion

Ми́ша и Та́ня ча́сто хо́дят в рестора́н и теа́тр.
Misha and Tanya often go out to a restaurant and the theater.

По́сле заня́тий я всегда́ хожу́ в компью́терный центр.
I always go to the computer center after classes.

A repeated movement is not conceived of as proceeding in one direction, even though the goal of every individual repetition is stated. The overriding factor for Russian speakers is the necessity to return to the starting point in order to repeat the movement. This meaning of two directions rules out the unidirectional verb. Study the following examples.

Ка́ждый день он е́здит на рабо́ту на авто́бусе.
He rides to work every day by bus. (He does this repeatedly and returns to the starting point each time before he can do it again.)

Авто́бусы е́здят в аэропо́рт и во́зят пассажи́ров.
The buses go to the airport and carry passengers.

Я ча́сто хожу́ к свои́м друзья́м.
I often go visit my friends.

Бори́с о́чень лю́бит кино́. Он ча́сто хо́дит в кинотеа́тр.
Boris really loves the movies. He goes to the movies a lot.

3. Generic description of motion

There are contexts that present motion as a characteristic feature of a person or object, as occurring habitually, or to indicate a person's ability or inability to perform an action. These meanings naturally exclude unidirectionality. As you can see in the following examples, multidirectional verbs indicating this kind of motion are often used with verbs such as **люби́ть, уме́ть,** and **боя́ться**.

Дэ́нис лю́бит ходи́ть пешко́м.	Dennis loves to walk.
Моя́ ба́бушка бои́тся лета́ть на самоле́те.	My grandmother is afraid to fly.
Ребёнку то́лько год, но он уже́ хо́дит.	The baby is only a year old, but he is already walking.

Я бою́сь е́здить с Серге́ем, он сли́шком бы́стро е́здит.	I am afraid to ride with Sergei. He drives too fast.
Я не люблю́ бе́гать.	I do not like running.
Оле́г не уме́ет пла́вать.	Oleg does not know how to swim.

4. Round trips in the past tense

Вчера́ Та́ня с Олей ходи́ли в рестора́н.	Yesterday, Tanya and Olya went to a restaurant.
Вчера́ Ната́ша ходи́ла в поликли́нику.	Yesterday, Natasha went to the clinic.
В про́шлом году́ Оля с Дэ́нисом е́здили в Петербу́рг.	Last year, Olya and Dennis went to Petersburg.

When the subject makes a round trip in the past, this movement is viewed as multidirectional. The verbs **ходи́ть** and **е́здить** are used to convey a round trip in *the past tense only.*

In the examples below, note how the first sentence of each pair is synonymous with a similar sentence with the past tense of **бы́ть.**

Где ты была́ вчера́? Я ходи́ла к врачу́.	Where were you yesterday? I went to the doctor's.
Что вы де́лали в суббо́ту? Я е́здил к роди́телям.	What were you doing on Saturday? I went over to my parents'.

2. Carrying and transporting: transitive verbs of motion

There are three main pairs of transitive verbs of motion in Russian (recall that a transitive verb is one that can take a direct object):

Unidirectional	Multidirectional	Definition
нести́ (нёс-´)	носи́ть (носи́-)	to carry (while walking)
везти́ (вёз-´)	вози́ть (вози́-)	to carry (by vehicle)
вести́ (вёд-´)	води́ть (води́-)	to lead

All of these verbs can take a direct object and are used in the same contexts as their intransitive counterparts, as reflected in the following examples:
Unidirectional verbs:

Та́ня **е́дет** в Смоле́нск и **везёт** с собо́й видеока́меру.
Tanya is on her way to Smolensk, and she is carrying a videocamera.

Сейча́с Оля **идёт** домо́й и **несёт** проду́кты для сва́дьбы.
Olya is on her way home, and she is carrying groceries for the wedding.

Multidirectional verbs:

Дэ́нис **хо́дит** по го́роду и **но́сит** с собо́й план го́рода.
Dennis walks around the city and carries a map of the city with him.

Серге́й - круто́й бизнесме́н. Он ча́сто **хо́дит** к колле́гам. Он всегда́ **но́сит**
с собо́й моби́льный телефо́н.
Sergei is a cool businessman. He often goes to his colleagues. He always carries a
mobile phone with him.

Оля журнали́стка. Она́ ча́сто **е́здит** в командиро́вки. Она́ всегда́ **во́зит**
с собо́й видеока́меру.
Olya is a journalist. She often goes on business trips. She always carries a
videocamera with her.

3. The prefix по- (review)

When the prefix по- is added to a unidirectional stem, the result is a perfective verb.*

Imperfective, Unidirectional Verb	Perfective Verb
идти́ (irreg.)	**пойти́** (irreg.)
е́хать (irreg.)	**пое́хать** (irreg.)
лете́ть (лете́-)	**полете́ть** (по-лете́-)
бежа́ть (irreg.)	**побежа́ть** (irreg.)
плыть (плыв̆-)	**поплы́ть** (по-плыв̆-)
нёсти́ (нёс-́)	**понести́** (по-нёс-́)
везти́ (вёз-́)	**повезти́** (по-вёз-́)
вести́ (вёд-́)	**повести́** (по-вёд-́)

---

* The prefix **по-** may also be added to multidirectional verbs of motion rendering a perfective that indicates that the
action is limited *in time*. This temporal prefixation is analyzed later. For now, only the addition of the prefix **по-** to
unidirectional verbs is analyzed and practiced.

A perfective form with the prefix **по-** focuses specifically on the beginning of or change in the action, without specifying what happens next: "to set out walking (riding, flying, etc.)." The typical contexts for this perfective follow.

1. Embarking on a single action in the future

   The **по-** forms can indicate that someone is going, or intends to go, somewhere in the future.

Ми́ша с друзья́ми за́втра пойду́т в кафе́.	Misha and his friends are going to the cafe tomorrow.
В воскресе́нье я хочу́ пойти́ в теа́тр.	On Sunday I am going to the theater.
За́втра мы пое́дем к ба́бушке.	Tomorrow we are going over to grandma's.
Ле́том они́ пое́дут в Москву́, а мы пое́дем в Ло́ндон.	This summer they are going to Moscow, and we are going to London.

   The present tense of the unprefixed unidirectional verb can also be used to indicate an intended trip in the future, just as the present tense is used in English to signal a future action. The use of the present tense forms to express future is restricted to those statements about which the speaker is *more or less certain* and also to statements which include modifiers of time showing that the action will be taking place *in the near future* (e.g., **за́втра**, **послеза́втра, через ча́с,** etc.).

   Compare:

За́втра я пойду́ на экску́рсию.	Tomorrow I will go on an excursion.
За́втра я е́ду на экску́рсию.	Tomorrow I am going on an excursion.

   If the action will not take place in the *near* future, the best choice is a perfective verb.

Этим ле́том мы пое́дем в Калифо́рнию.	This summer we are going to California.
В сле́дующем году́, я пое́ду в Росси́ю учи́ться.	Next year I am going to Russia to study.

2. Embarking on a single action in the past

   Past tense **по-** forms indicate that the subject has already set out, but gives no indication of whether or not s/he arrived at the destination or returned to the starting point.

— Где Оля?	Where is Olya?
— Её здесь нет. Она пошла в магазин.	She is not here. She went to the store.
— Олег дома?	Is Oleg home?
— Нет, он пошёл в университет.	No, he went to the university.
— Скажите, пожалуйста, Сергей Иванович дома?	Could you tell me, please, is Sergei Ivanovich home?
— Нет, он уже поехал на работу.	No, he already went to work.
— Где все студенты?	Where are all of your students?
— Они поехали в кино.	They went to the movies.

Questions with past tense **по-** forms are used when the speaker is interested in whether or not someone has left already. Compare the following examples.

Оля пошла в магазин?	Did Olya go to (leave for) for the store yet?
Оля ходила в магазин?	Has Olya been to the store?

3. Shift or change in motion

The prefix **по-** can also signal a change in motion. It emphasizes the beginning of a new direction or mode of action, such as speed.

Машина ехала быстро, а перед школой поехала медленнее.	The car drove quickly, but began slowing down in front of the school.
Дети увидели маму и побежали к ней.	The children saw their mother and took off running towards her.

4. Invitation

The **по-** forms are used in the first person future plural to express an invitation or exhortation to do something.

Пойдём в кино!	Let's go to the movies!
Поедем завтра на выставку!	Let's go to the exhibit tomorrow!

A stronger degree of persuasion is expressed by unprefixed unidirectional verbs in the same construction.

Идём в кино!	Let's go to the movies! (Let's be off already. Let's definitely go!)
Едем на выставку!	Let's go to the exhibit! (Let's be off already. Let's definitely go!)

4. Expressing clock time in Russian

A. Equational sentences

The answer to the question, "What time is it?" («**Ско́лько сейча́с вре́мени?**» or «**Кото́рый час?**») can be expressed either by using the official 24-hour clock or colloquially.

24-hour system of expressing time

The 24-hour clock is used in public contexts such as radio and television broadcasts, transportation schedules, concerts, and sporting events.

8.20	во́семь часо́в два́дцать мину́т	8.20 AM
10.30	де́сять часо́в три́дцать мину́т	10.30 AM
14.15	четы́рнадцать часо́в пятна́дцать мину́т	2.15 PM
17.45	семна́дцать часо́в со́рок пять мину́т	5.45 PM

Colloquial expression of time

The colloquial way of telling time is more common in conversation and more complex than the 24-hour system. One construction is required if the time falls *in the first half* of the hour, and another if the time falls *in the second half* of the hour.

1. Use the following formula for the first half of the hour (minutes :01—:29): **nominative of minutes (cardinal) + genitive of the hour in progress (ordinal)**

   Thus, 1:05 is understood as, "five minutes (elapsed) of two" (literally, the second hour): «**Пя́ть мину́т второ́го**». (The first hour is from twelve to one, the second is from one to two, the third is from two to three, etc.) Remember that ordinal numbers are adjectives and decline accordingly. The use of the word "minute(s)" is optional.

   Ско́лько сейча́с вре́мени?
   Сейча́с де́сять мину́т пе́рвого. (12.10)
   Сейча́с пять мину́т тре́тьего. (2.05)
   Сейча́с два́дцать мину́т четвёртого. (3.20)
   Сейча́с два́дцать пять мину́т деся́того. (9.25)

2. Use the following formula for the second half of the hour (.31-.59):
   без + genitive of minutes (cardinal*+ nominative of hour in progress (cardinal)

   Thus, 1:55 is understood as, "minus five minutes two": «Без пяти́ мину́т два». The use of the word "minute(s)" is optional.

   Note that numerals ending in **-ь** are third-declension feminine nouns. In compound numbers, all the elements are declined.

   > *Ско́лько сейча́с вре́мени?*
   > Сейча́с без двадцати́ час. (12.40)
   > Сейча́с без пяти́ (мину́т) два. (1.55)
   > Сейча́с без двадцати́ пяти́ шесть. (5.35)
   > Сейча́с без десяти́ (мину́т) во́семь. (7.50)
   > Сейча́с без (одно́й) мину́ты оди́ннадцать. (10.59)

3. The third-declension feminine noun **че́тверть** can be used to denote "a quarter."

   > Сейча́с че́тверть (пятна́дцать мину́т) шесто́го. (5.15)
   > Сейча́с без че́тверти (пятна́дцати мину́т) четы́ре. (3.45)

4. To express, "half-past," use the noun **полови́на + genitive (ordinal) of the hour in progress**. The word **"полови́на"** is often shortened to **пол-** and attached to the number for the hour in progress.

   > *Ско́лько сейча́с вре́мени?*
   > Сейча́с полови́на пе́рвого (полпе́рвого). (12.30)
   > Сейча́с полови́на второ́го (полвторо́го). (1.30)
   >
   > Сейча́с полови́на четвёртого (полчетвёртого). (3.30)
   > Сейча́с полови́на восьмо́го (полвосьмо́го). (7.30)

B. **"Time when," according to the clock**

1. To express the time an action occurred in hours and minutes, the preposition **в + accusative** is used.

   > Сего́дня у́тром Та́ня вста́ла в во́семь часо́в.
   > Tanya got up this morning at eight o'clock.
   >
   > Дава́йте встре́тимся в три часа́.
   > Let's meet at three o'clock.
   >
   > Ле́кция начина́ется в два́дцать мину́т тре́тьего.
   > The lecture starts at 2:20.

---

* See *Appendix VI* for declensions of cardinal numerals.

2. Before **без**, the preposition **в** is omitted.

> Я прие́ду к вам без двадцати́ шесть.
> I will come to your place at twenty to six.

> Дава́йте встре́тимся без че́тверти семь.
> Let's meet at a quarter to seven.

3. The expression, "at half past..." constitutes an exception to the accusative, "time when," rule. This expression requires the prepositional case.

> Ле́кция начина́ется в полови́не пе́рвого.
> The lecture starts at twelve thirty.

> Компью́терный центр закрыва́ется в полови́не деся́того.
> The computer center closes at nine thirty.

4. Just like nouns, numbers denoting time must be put into the appropriate case after prepositions.* The prepositions **по́сле**, **о́коло**, and **с ... до ...** + the genitive case* are commonly used with time expressions. (This is intended for your reference and passive recognition at this stage of study.)

> Оля обы́чно ложи́тся спать о́коло оди́ннадцати (часо́в) ве́чера.
> Olya usually goes to bed around eleven o'clock in the evening.

> Ми́ша свобо́ден по́сле шести́ (часо́в) ве́чера.
> Misha is free after six o'clock p.m.

> Они́ занима́ются с девяти́ до ча́са и с трёх до шести́ (часо́в).
> They have classes (they study) from nine until one and from three until six.

> У нас заня́тия ка́ждый день с девяти́ (часо́в).
> We have classes every day from nine o'clock on (beginning at nine o'clock).

> Я рабо́таю ка́ждый день до восьми́ (часо́в) ве́чера.
> I work every day until eight o'clock in the evening.

Note the way in which the notion of a.m. and p.m. is conveyed in Russian: the time expression is followed by the genitive singular of the words for morning, day, evening, and night: **утра́**, **дня**, **ве́чера́**, and **но́чи**.

---

* See *Appendix VI* for declensions of cardinal numerals.

5. Reported speech: yes/no questions

In Units 1 and 2 you have seen the rules for reporting statements, questions with interrogative words, and requests or commands. One more rule is added in Unit 3.

For a yes/no question, preserve the tense of the original utterance and use the following construction:

predicate + **ли** + *subject*

Та́ня спроси́ла: «Вы **не мо́жете** со мно́й поменя́ться?»
Tanya: "Could you please switch with me?"

Та́ня спроси́ла, **не мо́жет ли** Васи́лий с ней поменя́ться.
Tanya asked Vasily whether he would switch with her.

Васи́лий спроси́л: «Вам не **нра́вится** ве́рхняя по́лка?»
Vasily: "Don't you like the upper berth?"

Васи́лий спроси́л, не **нра́вится ли** Та́не ве́рхняя по́лка.
Vasily asked whether Tanya liked the upper berth.

Ми́ша спроси́л: «Ты **взял** её телефо́н?»
Misha: "Did you get her phone number?"

Ми́ша спроси́л, **взял ли** он её телефо́н.
Misha asked whether he got her phone number.

Она́ спроси́ла: «Вы́ **говори́те** по-англи́йски?»
She: "Do you speak English?"

Она́ спроси́ла меня́, **говорю́ ли** я по-англи́йски.
She asked me whether I speak English.

Note that these are questions that, when reported in English, can contain (stated or implied) the word "whether" (or colloquially, "if", only when it means, "whether").

*Note how questions that include a choice are reported:

Она́ спроси́ла: «Ты́ у́чишься и́ли рабо́таешь?»
She asked, "Do you go to school or work?"

Она́ спроси́ла, учу́сь я и́ли рабо́таю.
She asked whether I go to school or work.

Существи́тельные (Nouns)

арти́ст/арти́стка actor/actress
ба́ня bathhouse
биле́т туда́ и обра́тно round trip ticket
билья́рд billiards, игра́ть в билья́рд to play billiards (pool)
ваго́н traincar
видеока́мера videocamera
визи́тная ка́рточка (визи́тка) business card
во́дка vodka
вокза́л train station
гру́ппа group (here, rock group)
да́ча dacha, summer house
зонт umbrella
и́мя (n.) name
кокте́йль (m.) cocktail
купе́ compartment (in train car)
любо́вь (f.) love
маргари́та margarita
марти́ни martini
ме́бель (f.) furniture

ме́сто seat/place (here, in a train car)
нало́ги (pl.) taxes
огуре́ц cucumber
партнёр partner
пе́пельница ashtray
пинакола́да pina colada
план plan
пла́ны на за́втра plans for tomorrow
по́лка berth (in train car), *also means* shelf
при́быль (f.) profit
про́сьба request
рейс flight
ро́дственник relative
рок (рок-н-ролл) (here, rock-n-roll)
самолёт airplane
солёный огуре́ц pickle
судьба́ fate
чемода́н suitcase

Прилага́тельные (Adjectives)

бе́дный poor (literally and figuratively)
ве́рхний top
ве́рхняя по́лка upper berth
влюблённый in love
высо́кий tall (person), high
высо́кие нало́ги high taxes
иностра́нный foreign
круто́й (slang) mega, cool, hugely successful/important
культу́рный cultured
ни́жний lower

ни́жняя по́лка lower berth
норма́льный normal
ре́дкий rare
суеве́рный superstitious
экзоти́ческий exotic

Кра́ткие прилага́тельные (Short-form adjectives)
напра́сен, напра́сна, напра́сно, напра́сны in vain
прекра́сен, прекра́сна, прекра́сно, прекра́сны wonderful

Глаго́лы (Verbs)

боя́ться (боя́-ся: –жа– stem) чего́-кого́ (impf.) to be afraid (of something/someone)
брать (б/ра̌–) /взять (irreg.) to take (с собо́й = to take along/to take with oneself)
встреча́ться (встреча́й–ся) /встре́титься (встре́ти–ся) to meet
выздора́вливать (выздора́вливай–) /вы́здороветь (вы́здоровей–) to get well, recover from an illness
выступа́ть (выступа́й–) /вы́ступить

(вы́ступи–) to perform
догова́риваться (догова́ривай–ся) /договори́ться (договори́–ся) to come to an agreement
класть (клад–̌–) /положи́ть (положи́–) to place, to put down
кури́ть (кури̌–) (impf.) to smoke
лечи́ть (лечи̌–) (impf.) to treat medically (for an illness)
меша́ть (меша́й–) /помеша́ть (помеша́й–) кому́ to bother someone
поменя́ться (поменя́й–ся) с кем

(pf.) to switch with someone
преподава́ть (препода**ва́й**–) (impf.) to teach
слу́шать (слу́ш**ай**–) (impf.) to listen to
слы́шать (слы́**ша**– /–**жа**– stem)

(impf.) to hear
спать (irreg.) (impf.) to sleep
сто́ить (сто́**и**–) (impf.) to cost
шути́ть (шути́–) (impf.) to joke

Intransitive verbs:

Глаго́лы
(Verbs — cont'd.)

е́здить (е́зди--) /е́хать (irreg.) (multidirectional – unidirectional) to go by vehicle
пое́хать (irreg. like е́хать) (pf.) to go by foot
приезжа́ть (приезж**а́й**--) /прие́хать (irreg. like е́хать) to arrive (by vehicle)
уезжа́ть (уезж**а́й**--) /уе́хать (irreg. like е́хать) to leave (by vehicle)
ходи́ть (ход**и́**--) /идти́ (irreg.) to go by foot
Transitive verbs:

вози́ть (воз**и́**--) /везти́ (вёз--) to carry by vehicle
носи́ть (нос**и́**--) /нести́ (нё**с**--) to carry by foot

наверху́ above, up top

Глаго́лы движе́ния
Verbs of Motion

обы́чно usually, as a rule

Благодарю́ Вас! Thank you (more

Наре́чия
(Adverbs)

---

formal than спаси́бо)
Во-пе́рвых,.. во-вторы́х in the first place,.. in the second place
Всё про́сто. Everything is simple.
Вы после́дний? Вы после́дняя? Are you last (in line)?
Здесь ку́рят? Is smoking allowed here?
Здо́рово! Fantastic! Great!
Как интере́сно,.. How interesting,..
Как обы́чно. As usual.
Ме́жду про́чим By the way
На́до же! Wow! Imagine that!
Непра́вда! Not true!
Нет, серьёзно! No, seriously!

Осторо́жно! Careful! (Be careful!)
Пое́хали! Let's go!
По телеви́зору On television
Сади́тесь! Get in (the car)!
Тру́дно. It is hard, difficult.
У меня́ к вам про́сьба. I have a request for you
Что́ с тобо́й? What's wrong (with you)?
Это то́чно! That's exactly right!
Это в пе́рвый раз! This is for the first time!
Я за ва́ми. I'm after you (in line).

Поле́зные выраже́ния
(Useful Expressions)

Уро́к

*I*n this lesson you will learn how to:

- ask for and understand directions;

- find out where things are located in a new city;

- use public transportation; and

- describe a person.

Как добра́ться до гости́ницы «Росси́я»?

1. Скажи́те: ☑

Вы по́мните, куда́ пое́хала Та́ня?
- ❏ В Сиби́рь.
- ❏ На да́чу.
- ❏ В Смоле́нск.

По́езд прие́хал в го́род. Как вы ду́маете?
- ❏ Та́ня пое́дет в го́сти к Васи́лию.
- ❏ Та́ня пое́дет в гости́ницу одна́.
- ❏ Васи́лий помо́жет Та́не найти́ гости́ницу.

Почему́ вы так ду́маете?

До гости́ницы Та́ня
- ❏ пойдёт пешко́м.
- ❏ пое́дет на ча́стнике.
- ❏ пое́дет на трамва́е.

Почему́ вы так ду́маете?

Наве́рное, . . .
Мо́жет быть, . . .
Я ду́маю, что. . .

гости́ница = hotel
найти́ = to find

недалеко́ от + genitive
о́коло/у + genitive
ря́дом с + instrumental

В гости́нице Та́ня
❑ при́мет горя́чий душ (take a shower) и поза́втракает.
❑ посмо́трит телеви́зор и позвони́т Ми́ше в Москву́.
❑ бу́дет спать.

что́ зна́чит = what does x mean

2. Как вы ду́маете, что́ зна́чит сло́во «зде́шний/зде́шняя»?

   а. Как вы ска́жете по-англи́йски:

      —Извини́те, вы зде́шняя?   _____

      —Нет, я незде́шняя.   _____

прохо́жий = passer-by

   б. А как вы ска́жете э́то по-ру́сски, е́сли прохо́жий — мужчи́на?

      _____

      А е́сли э́то два челове́ка?   _____

3. Посмотри́те эпизо́д 7 и скажи́те: ☑

Пе́рвая же́нщина

сра́зу = immediately

❑ сра́зу отве́тила Та́не.
❑ не хоте́ла отве́тить Та́не.
❑ не зна́ла, где нахо́дится гости́ница «Росси́я».

Ма́льчики
❑ сказа́ли, что они́ незде́шние.
❑ живу́т в Смоле́нске, но не зна́ют, где нахо́дится гости́ница «Росси́я».
❑ сказа́ли Та́не, где нахо́дится гости́ница «Росси́я».

узна́ть = to find out
дое́хать = to reach

Та́ня узна́ла, что до гости́ницы мо́жно дое́хать
❑ на авто́бусе.
❑ на метро́.
❑ на трамва́е.

В гости́нице же́нщина-администра́тор
❑ не могла́ найти́ фами́лию Та́ни в спи́ске.
❑ сра́зу нашла́ фами́лию Та́ни в спи́ске.
❑ сказа́ла, что свобо́дных номеро́в нет.

Та́ня приезжа́ет в Смоле́нск
❑ в воскресе́нье.
❑ в суббо́ту.
❑ во вто́рник.

Та́ня уезжа́ет из Смоле́нска
❑ в воскресе́нье.
❑ в суббо́ту.
❑ во вто́рник.

Но́мер в гости́нице «Росси́я» сто́ит
- ❏ 100 рубле́й в су́тки.
- ❏ 150 рубле́й в су́тки.
- ❏ 300 рубле́й в су́тки.

су́тки = 24 hours

В гости́нице
- ❏ есть душ в ка́ждом но́мере и кафе́ внизу́.
- ❏ нет кафе́.
- ❏ нет ду́ша в ка́ждом номере.

внизу́ = downstairs

4.

Кто э́то сказа́л?

Т = Та́ня

А = Администра́тор

_____ —Моя́ фами́лия Воло́дина. Я заказа́ла но́мер.

_____ —Сейча́с посмо́трим… . Вы зна́ете, вас нет в спи́ске на брони́рование (reservation).

_____ —Я сде́лала зака́з по телефо́ну три дня наза́д.

_____ —Хорошо́. Вы зна́ете… да, я нашла́ вас в спи́ске!

_____ —Сего́дня воскресе́нье, а во вто́рник ве́чером мой по́езд обра́тно в Москву́.

_____ —Хорошо́. Ваш но́мер сто́ит 150 рубле́й в су́тки. Зна́чит, с вас всего́ 300 рубле́й.

с вас всего́ 300 рубле́й = you owe 300 rubles total

_____ —Спаси́бо. А где у вас лифт?

_____ —Лифт пря́мо и напра́во.

_____ —А где я могу́ поза́втракать?

_____ —Поза́втракать мо́жно с семи́ часо́в утра́ внизу́ в кафе́.

5. Как вы ду́маете?

Была́ ли Та́ня ра́ньше в Смоле́нске?
Где Та́ня бу́дет обе́дать?
Когда́ Та́ня начнёт снима́ть свой фильм?
Что Та́ня бу́дет де́лать по́сле рабо́ты?

*Hotel etiquette: It is customary to leave the key at the front desk (у портье́) whenever you leave the hotel.

Слу́шайте и повторя́йте:

Извини́те, вы не ска́жете,
Где нахо́дится апте́ка?
Извини́те, вы не ска́жете,
Где кафе́ и дискоте́ка?

Извини́те, я нездешний
Я не зна́ю, где апте́ка.
Извини́те, я не зна́ю,
Где кафе́ и дискоте́ка.

1. Прочита́йте диало́ги. По́сле ка́ждого диало́га, отве́тьте на вопро́сы:

> Как на́ши геро́и обраща́ются к прохо́жим?
> Как они́ спра́шивают о доро́ге?
> Кака́я пе́рвая реа́кция на вопро́с?
> Как они́ отвеча́ют на вопро́с?

обраща́ться к кому́ = to ask, to turn to

а. Та́ня: —Де́вушка, вы не ска́жете, как дое́хать до гости́ницы «Росси́я»?

Де́вушка: —До гости́ницы? На трамва́е. Вон остано́вка. Иди́те пря́мо до большо́го зда́ния, а пото́м поверни́те нале́во.

Та́ня: —Спаси́бо большо́е.

б. Ми́ша: —Де́вушка, вы не ска́жете, как добра́ться до ци́рка?

Де́вушка: —До ци́рка? Поезжа́йте пря́мо по э́той у́лице до перекрёстка, а пото́м поверни́те нале́во. Там вы уви́дите цирк.

Ми́ша: —А где он бу́дет: сле́ва и́ли спра́ва?

Де́вушка: —Спра́ва.

Ми́ша: —Спаси́бо.

добра́ться до чего́ = to get to

в. Анна Бори́совна: —Извини́те, вы не зна́ете, как дойти́ до магази́на «Домино́»?

Мужчи́на: —«Домино́?» Зна́ю. Иди́те пря́мо по э́той у́лице до шко́лы. А пото́м поверни́те нале́во. Магази́н бу́дет спра́ва.

Анна Бори́совна: —Большо́е спаси́бо.

г. Оля: —Молодо́й челове́к, вы не ска́жете, как дое́хать до метро́?

М.ч.: —До метро́? На со́рок шесто́м авто́бусе.*

Оля: —А где остано́вка?

М.ч.: —А вон, иди́те пря́мо до перекрёстка, а пото́м поверни́те нале́во. Там вы уви́дите остано́вку.

Оля: —Спаси́бо.

2. Прочита́йте диало́ги в упр. 1 ещё раз и отве́тьте на вопро́сы (imagine that the conversation took place today, yesterday, tomorrow):

Куда́ они́ сейча́с иду́т (е́дут)?
Куда́ они́ ходи́ли (е́здили)?
Куда́ они́ пойду́т (пое́дут)?

диало́г а.

Сейча́с Та́ня **е́дет** в гости́ницу.
Вчера́ Та́ня **е́здила** в гости́ницу.
За́втра Та́ня **пое́дет** в гости́ницу.

*Note that Russians use ordinal numbers for buses, trolleys and trams in Russia. So тре́тий авто́бус = bus No. 3, not the *third bus*.

3. Посмотри́те на схе́му. Спроси́те и скажи́те, где нахо́дятся э́ти объе́кты: магази́н «Кни́ги», теа́тр, цирк, ры́нок, цветы́, университе́т, парк, метро́

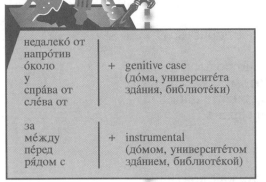

недалеко́ от		
напро́тив		
о́коло	+	genitive case
у		(до́ма, университе́та
спра́ва от		зда́ния, библиоте́ки)
сле́ва от		
за		
ме́жду	+	instrumental
пе́ред		(до́мом, университе́том
ря́дом с		зда́нием, библиоте́кой)

—Вы не ска́жете, где нахо́дится цирк?
—Цирк нахо́дится напро́тив университе́та ме́жду магази́ном «Цветы́» и стоя́нкой, сле́ва от метро́.

4. Посмотри́те ещё раз на схе́му в упр. 3 и спроси́те дру́г дру́га, как добра́ться до э́тих объе́ктов.

Use the following words:

добра́ться	
дое́хать/дойти́ до + Gen.	
	теа́тра
	магази́на

Вы не ска́жете, . . . добра́ться до. . .
Вы не подска́жете,. . . дое́хать/дойти́ до. . .
Вы не зна́ете,. . .

5. А тепе́рь расскажи́те друг дру́гу о своём го́роде:

Где нахо́дится музе́й, по́чта, кни́жный магази́н, компью́терный це́нтр, стадио́н, банк, библиоте́ка, магази́н «Fresh Fields», рестора́н, кафе́, и т. д.

—Извини́те, вы не ска́жете, **где нахо́дится метро́**?
—Метро́ нахо́дится **недалеко́ от университе́та.**

Пра́ктика

Слу́шайте и повторя́йте:

Я хожу́, хожу́ пешко́м	Но я е́зжу на метро́
В магази́н за молоко́м.	На рабо́ту и в кино́.
Я хожу́ туда́ пешко́м	Езжу, е́зжу на метро́,
Утром, ве́чером и днём.	Потому́ что далеко́.

фоне́тика

1.   Скажи́те, где э́то нахо́дится и как мо́жно туда́ дое́хать:

гости́ница «Росси́я», вокза́л, трамва́й

Гости́ница «Росси́я» нахо́дится **далеко́ от вокза́ла.** Туда́ мо́жно дое́хать **на трамва́е.**

музе́й совреме́нного иску́сства, центр, метро́
магази́н ГУМ, вокза́л, авто́бус
посо́льство (embassy), гости́ница, тролле́йбус
рестора́н «Пра́га», наш дом, метро́

музе́й совреме́нного
иску́сства = museum
of modern art

2. а. Прочитáйте диалóги в пáрах.

I. —Извини́те, вы не подскáжете, где здесь
   нахóдится магази́н «Кни́ги»?
   —Магази́н «Кни́ги»? Недалекó от (óколо)
   стáнции метрó. Мóжно дойти́ пешкóм.

II. —Скажи́те, пожáлуйста, где здесь ры́нок?
   —Ры́нок? Это далекó. Но мóжно доéхать на
   автóбусе.

б. Где здесь нахóдится. . .? Состáвьте диалóги, как
   в упр. 2а.:

библиотéка	вокзáл
пóчта	«Вáллмарт»
компью́терный центр	кни́жный магази́н
останóвка автóбуса	ры́нок
италья́нский ресторáн	пляж
бензоколóнка (gas station)	банкомáт (ATM)
«Пи́цца Хат»	

> Скажи́те, пожáлуйста,. . .
> Вы не скáжете,. . .
> Вы не знáете,. . .

3. You are new to Moscow and do not know where anything is.
   Ask a member of your Russian host family where major
   points of interest are located. One of you plays the host. Give
   the location and explain how to get there.

   —Вы не знáете, где нахóдится Музéй Изобрази́тельных
   искýсств и́мени Пýшкина?
   —Музéй? Он нахóдится в цéнтре Москвы́.
   —А мóжно доéхать на метрó?
   —Да. Вам нáдо доéхать до стáнции «Кропóткинская».

4. Скажи́те по образцý:

   а. магази́н, Оля

   Магази́н нахóдится недалекó от дóма,
   и поэ́тому Оля обы́чно **хóдит** тудá пешкóм.

   Натáша, университéт
   Оля, телестýдия
   Поли́на, университéт

б.

> Ми́ша, ветерина́рная кли́ника, авто́бус
>
> Ветерина́рная кли́ника нахо́дится **далеко́ от до́ма**, и поэ́тому Ми́ша ча́сто **е́здит** туда́ на авто́бусе.

Серге́й, ме́бельный магази́н, маши́на
Саве́льев, кли́ника, метро́
Арка́дий, теа́тр, тролле́йбус

5. А вот ру́сские анекдо́ты!
Прочита́йте и скажи́те: они́ вам понра́вились?

а. Где живёт Смирно́в?

—Мари́на, ты зна́ешь Смирно́ва, кото́рый жил напро́тив тюрьмы́? (prison).
—Зна́ю? А что́?
—Тепе́рь он живёт напро́тив своего́ бы́вшего до́ма.

б.

Чего́ мы бои́мся?

> На́ши де́ды е́здили на лошадя́х и боя́лись автомоби́лей.
> На́ши отцы́ е́здили на автомоби́лях, но боя́лись самолётов.
> Мы лета́ем на самолётах, но бои́мся лошаде́й!

боя́ться + кого́/чего́ = to be afraid of x

в. Не бою́сь лета́ть!

—Вы бои́тесь лета́ть на самолёте?
—Когда́ я лете́л в пе́рвый раз, я боя́лся.
—А пото́м?
—А пото́м я уже́ никогда́ не лета́л!

фоне́тика

Слу́шайте и повторя́йте:

Вы не выхо́дите на ста́нции Лубя́нка?
Вы не выхо́дите на ста́нции Поля́нка?
Вы не выхо́дите на ста́нции Перо́во?
Вы не выхо́дите на ста́нции Конько́во?

Я не выхожу́ на ста́нции Лубя́нка.
Я не выхожу́ на ста́нции Поля́нка.
Я не выхожу́ на ста́нции Перо́во.
Я не выхожу́ на ста́нции Конько́во.

1. Посмотри́те на схе́му (on the next page) и скажи́те:

ли́ния = metro line

   а. Ско́лько ли́ний в моско́вском метро́?
   б. Кака́я ли́ния не похо́жа на други́е? Она́ называ́ется «Кольцева́я ли́ния».
   в. Ско́лько ста́нций на кольцево́й ли́нии? Каки́е?

2. а. Прочита́йте диало́ги:

   I. —Вы не выхо́дите?
       —Да, выхожу́.

   II. —Вы не выхо́дите на ста́нции «Парк культу́ры»?
       —Нет, не выхожу́.

   III. —Вы не ска́жете, когда́ бу́дет ста́нция «Октя́брьская»?
        —Че́рез одну́. (че́рез две, три, пять)

через одну́ = the stop
after the next one

   б. Тепе́рь скажи́те, как бу́дет по-ру́сски:

   Are you getting off here?   _____

   Yes, I am.   _____

   No, I am not.   _____

Are you getting off at Park of Culture?

_____.

The stop after next (not this stop, but the next)

_____.

B. Тепе́рь разыгра́йте похо́жие ситуа́ции, испо́льзуя схе́му
Моско́вского метрополите́на.

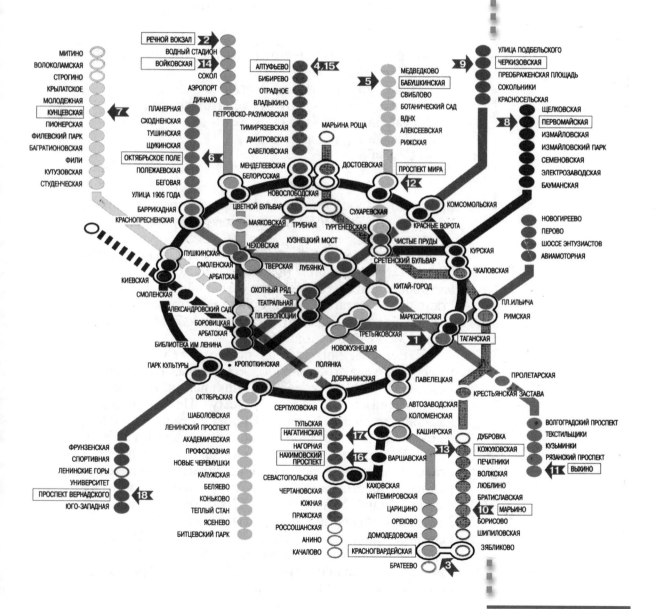

3. In pairs, role play asking for directions on the metro. You are at the station in the left-hand column, and want to go to the station on the right. Spend a few minutes finding the stations on the map on the preceding page!

Вы на ста́нции:	Вы хоти́те дое́хать до ста́нции:
Профсою́зная	Пу́шкинская
Кузьми́нки	Университе́т
Октя́брьская	Театра́льная
Крыла́тское	Отра́дное

—Скажи́те, пожа́луйста, как дое́хать до ста́нции «Изма́йловская»?
—Вам ну́жно дое́хать до ста́нции «Библиоте́ка и́мени Ле́нина», пото́м сде́лать перехо́д на ста́нцию «Арба́тская» и е́хать до ста́нции «Изма́йловская».
—Спаси́бо.

4. Прочита́йте (послу́шайте) текст о моско́вском метро́ и скажи́те: Что́ интере́сного и но́вого вы узна́ли?

Совсе́м неда́вно моско́вскому метро́ *испо́лнилось* 60 лет. Э́то серьёзный *во́зраст*. Моско́вский метрополите́н сего́дня — э́то 11 ли́ний и бо́лее 160 ста́нций. Москвичи́ счита́ют, что моско́вское метро́ — не то́лько са́мое краси́вое, но и са́мое *удо́бное* и бы́строе в ми́ре. Мо́жет быть, они́ пра́вы. . .

Е́сли вы внима́тельно посмо́трите на схе́му метрополите́на, то, коне́чно, *заме́тите*, что мно́гие назва́ния —*же́нского ро́да:* Пу́шкинск**ая**, Изма́йловск**ая**, Молодёжн**ая** и так да́лее. Почему́? Потому́ что э́то назва́ния ста́нций. Кака́я ста́нция? – ста́нция «Тага́нская»; кака́я ста́нция? – ста́нция «Ба́бушкинская» и так да́лее.

Интере́сно *происхожде́ние назва́ний* ста́нций. *Одни́* ста́нции получи́ли своё назва́ние, потому́ что нахо́дятся ря́дом с изве́стными места́ми (наприме́р, Библиоте́ка и́мени Ле́нина, Университе́т, *ВДНХ*, Театра́льная, Третьяко́вская) или па́рками (Парк Культу́ры, Изма́йловский парк, Алекса́ндровский *сад*, Филёвский парк). Иногда́ э́то мо́жет быть ва́жная у́лица или пло́щадь (наприме́р, *Лубя́нка*, Проспе́кт Ми́ра, Ряза́нский проспе́кт, у́лица 1905 го́да, пло́щадь Револю́ции, *шоссе́*

Энтузиа́стов). Други́е ста́нции *но́сят имена́* изве́стных люде́й, осо́бенно писа́телей: Че́ховская, Пу́шкинская, Маяко́вская, Го́рьковская и други́е.

Очень ча́сто ста́нции метро́ *сохраня́ют* назва́ния *подмоско́вных* дереве́нь. Де́ло в том, что в после́дние 40 лет Москва́ *росла́* о́чень бы́стро, и мно́гие *бы́вшие* дере́вни ста́ли но́выми моско́вскими *микрорайо́нами*. Москвичи́ называ́ют э́ти райо́ны «*спа́льными*». Обы́чно назва́ния бы́вших дереве́нь мо́жно встре́тить *в конце́* ка́ждой ли́нии метро́: Кузьми́нки и Вы́хино, Фили́ и Крыла́тское, Медве́дково и Сви́блово, Беля́ево и Ясенево, Люблино́ и Аннино.

Ста́нция Пра́жская, Варша́вская, Братисла́вская, Ри́мская и други́е – но́сят назва́ния городо́в. Ста́нции Маркси́стская, Пролета́рская, Комсомо́льская, Пионе́рская, Пло́щадь Револю́ции и мно́гие други́е *напомина́ют* о сове́тском пери́оде в исто́рии. Ста́нции Электрозаво́дская, Автозаво́дская, Тексти́льщики и Авиамото́рная говоря́т о том, что там нахо́дятся *промы́шленные* зо́ны столи́цы.

Иностра́нные тури́сты путеше́ствуют по моско́вскому метро́ с удово́льствием и интере́сом. Мо́жет быть, сле́дующим бу́дете вы?

бы́вший former
во́зраст age
же́нский род feminine gender
заме́тить to notice
испо́лниться 60 лет to turn 60
    years old
коне́ц end в конце́ at the end
микрорайо́н mini-region
    спа́льные микрорайо́ны =
    bedroom community, literally
    "sleeping regions," ie. suburban
    commuter regions
назва́ние name
напомина́ть to remind
носи́ть имена́ to carry the names
подмоско́вный suburban
    Moscow, near Moscow
происхожде́ние origin
промы́шленный industrial
расти́ to grow
    past tense: рос, росла́, росли́
сад garden
сохраня́ть to preserve
удо́бный convenient
шоссе́ highway

Урок 4
День 5

Где ваш билёт?

Эпизод 8

1. Помните ли вы: ☑

    Миша с друзьями договорились поехать
    ❏ в Петербург. ❏ на дачу. ❏ на стадион.

    Ребята договорились встретиться
    ❏ у Сергея на даче.
    ❏ в поликлинике, где работает Савельев.
    ❏ на вокзале.

2. Как вы думаете, «ехать зайцем» значит
    ❏ ехать без билета.
    ❏ ехать без паспорта.
    ❏ ехать без (водительских) прав.

3. Посмотрите эпизод 8 «Где ваш билёт?» и скажите: ☑

    Аркадий опоздал, потому что он
    ❏ был на работе.
    ❏ ходил к врачу.
    ❏ проспал и долго ждал автобуса.

водительские права =
driver's license

опоздать = to be late

проспать = to oversleep

A popular means of transportation in Moscow is the электричка, an electric commuter train that services the surrounding regions. It is also a common way to travel to the country to one's даче.

Контролёр хо́чет прове́рить
- ❏ паспорта́.
- ❏ де́ньги.
- ❏ биле́ты и проездны́е докуме́нты.

Контролёр говори́т, что Арка́дию придётся заплати́ть штраф, потому́ что
- ❏ он е́дет без па́спорта.
- ❏ он е́дет без биле́та.
- ❏ он е́дет без прав.

Серге́й знал, что Арка́дий опозда́ет, поэ́тому он
- ❏ позвони́л ему́ у́тром.
- ❏ зае́хал за ним.
- ❏ купи́л ему́ биле́т.

Друзья́ ду́мают, что Арка́дий
- ❏ организо́ванный челове́к.
- ❏ неорганизо́ванный челове́к.
- ❏ суеве́рный челове́к.

STAGE 2

прове́рить = to check

проездно́й докуме́нт = transit pass

придётся = will have to (be required to)
штраф = fine

зае́хать за кем = to pick someone up

4. **Кто э́то сказа́л?**

М = Ми́ша   **Св = Саве́льев**

А = Арка́дий   **К = Контролёр**

С = Серге́й

____ —Арка́дий, что́ случи́лось? Ты чуть не (almost) опозда́л!

____ —Ну ты даёшь, арти́ст! Ещё немно́го, и мы бы уе́хали без тебя́!

____ —Ну и у́тро сего́дня. . .

____ —Гра́ждане (citizens)! Пригото́вьте биле́ты и проездны́е докуме́нты.

____ —Эй, Арка́дий, что́ с тобо́й? Тебе́ пло́хо?

____ —Ваш биле́т, пожа́луйста.

____ —Всё равно́ нет.

____ — У вас нет биле́та? Зна́чит, вы е́дете за́йцем. Придётся заплати́ть штраф.

____ —Спаси́бо, что ты купи́л мне биле́т. Ты настоя́щий друг.

____ —Я организо́ванный. Про́сто я проспа́л. . .

____ —Всё ребя́та, прие́хали.

5. Как вы ду́маете?

Ско́лько вре́мени друзья́ е́хали на да́чу?
Что́ они́ бу́дут де́лать там?
Как добра́ться от ста́нции до да́чи?

Слу́шайте и повторя́йте:

Ты до́лжен быть добре́е!	И ты должна́ быть подобре́й!
Ты до́лжен быть умне́е!	И ты должна́ быть поумне́й!
Ты до́лжен, до́лжен, до́лжен быть,	И ты должна́, должна́, должна́
Ты до́лжен быть умне́е!	Должна́ быть поумне́е!

1. а. Как вы ду́маете, како́й челове́к Арка́дий?
Почему́ вы так ду́маете?

—Вы — неорганизо́ванный молодо́й челове́к.
—Я организо́ванный, про́сто я проспа́л!

б. Что́ контролёр ду́мает об Арка́дии?
Что́ Арка́дий ду́мает о себе́?

2. Поговори́те о хара́ктере на́ших геро́ев: Та́ни, Ми́ши, Оли, Дэ́ниса, Серге́я, Саве́льева, Арка́дия, Поли́ны. (Work in groups of 3-4.)

Студе́нт 1 —По-мо́ему, Та́ня ро́бкая де́вушка.
Студе́нт 2 —Да, она́ дово́льно ро́бкая.
Студе́нт 3 —Да что́ ты! Наоборо́т, она́ о́чень реши́тельная де́вушка.

наоборо́т = on the contrary, just the opposite

3. Here are some stereotypical views held by many Russians about the "ideal" male and female characteristics.

   a. Почита́йте:

   Ру́сский мужчи́на до́лжен быть у́мным, сме́лым, реши́тельным, трудолюби́вым и ще́дрым.

   Ру́сская же́нщина должна́ быть скро́мной, до́брой, работя́щей, покла́дистой и бережли́вой.

у́мный = intelligent
сме́лый = brave
реши́тельный = decisive
трудолюби́вый = hard-working
ще́дрый = generous

скро́мный = modest
покла́дистий = obliging
бережли́вый = thrifty

   б. А каки́е стереоти́пы существу́ют (exist) в ва́шей культу́ре?

   Же́нщина должна́ быть . . .
   Мужчи́на до́лжен быть . . .

   в. А каки́е ка́чества **вы** счита́ете са́мыми гла́вными?

4. Как вы ду́маете, каки́ми они́ должны́/не должны́/ быть:

до́лжен быть + instru.	до́брым хоро́шим
должна́ быть + instru.	до́брой хоро́шей

ка́чество = quality

> По-мо́ему, врач **до́лжен быть** о́чень **у́мным** и **до́брым**.

поли́тик	идеа́льный студе́нт
врач	идеа́льный сосе́д
космона́вт	идеа́льная соба́ка
арти́ст	идеа́льный преподава́тель
бизнесме́н	
журнали́ст	
президе́нт	

5. Расскажи́те друг дру́гу о хара́ктере ва́ших роди́телей, сестёр, бра́тьев, . . .

6. Расскажи́те всем:

   Кто ваш люби́мый актёр (актри́са)?
   Како́й у него́ (у неё) хара́ктер?

   Кто ваш люби́мый музыка́нт?
   Како́й у него́ (у неё) хара́ктер?

   Кто ваш люби́мый писа́тель?
   Како́й у него́ (у неё) хара́ктер?

7. Ру́сский поэ́т Бори́с Пастерна́к сказа́л в одно́м своём стихотворе́нии: «Быть знамени́тым – некраси́во!»

   Как вы ду́маете, что он хоте́л э́тим (by this) сказа́ть?

знамени́тый = famous

Пра́ктика

Слу́шайте и повторя́йте:

Если бы маши́на была́ у нас,
То мы бы в Петербу́рг пое́хали сейча́с!
То мы бы в Москву́ пое́хали сейча́с,
Если бы маши́на была́ у нас!

Если бы компью́тер был у нас,
То мы бы в Интерне́те рабо́тали сейча́с!
То мы бы на компью́тере игра́ли це́лый час,
Если бы компью́тер был у нас!

1. а. Скажи́те: Арка́дий опозда́л? Друзья́ уе́хали без него́?

бы + past tense

— Ну ты даёшь,
арти́ст! Ещё
немно́го, и мы **бы
уе́хали** без тебя́!

б. Как вы ду́маете: Если **бы** Арка́дий **опозда́л**, то друзья́
уе́хали бы без него́?

2. Вста́вьте глаго́лы в пра́вильной фо́рме:

> Если бы у друзе́й (быть) маши́на, то они́ не (встреча́ться)
> бы на вокза́ле.
>
> Если **бы** у друзе́й **была́** маши́на, то они́ **не встреча́лись
> бы** на вокза́ле.

1. Если бы Арка́дий (быть) организо́ванным, то он (купи́ть)
бы биле́т.

2. Éсли бы Серге́й не (знать) Арка́дия хорошо́, то он не (купи́ть) бы ему́ биле́т.

3. Éсли бы Арка́дий (опозда́ть), то друзья́ (уе́хать) бы без него́.

4. Éсли бы Серге́й не (купи́ть) Арка́дию биле́т, то Арка́дий (до́лжен быть) бы заплати́ть штраф.

5. Éсли бы Серге́й не (пригласи́ть) друзе́й на да́чу, они́ не (знать) бы, что де́лать в суббо́ту.

6. Éсли бы Ми́ша (быть) повнима́тельнее, то он не (потеря́ть) бы свой па́спорт.

7. Éсли бы Саве́льев (закури́ть) в по́езде, то у него́ (быть) бы пробле́мы с мили́цией.

8. Éсли бы друзья́ не (пойти́) в кафе́, то Арка́дий не (познако́миться) бы с Поли́ной.

3. Спроси́те друг дру́га, а пото́м расскажи́те всем:

а. Что́ бы вы посмотре́ли, е́сли бы вы пое́хали в Росси́ю?

    В Петербу́рг? В Москву́? В Пари́ж?
    В Смоле́нск? В други́е города́?

б. Что́ вы заказа́ли бы, е́сли бы вы пошли́ с друзья́ми в кафе́ «480 лет до н.э.»?

пирожки́ с гриба́ми	пельме́ни со смета́ной
блины́ с икро́й	борщ с чёрным хле́бом

в. Где вы хоте́ли бы учи́ться, е́сли бы вы могли́ пое́хать в Росси́ю?

    МГУ (Моско́вский госуда́рственный университе́т)
    Петербу́ргский госуда́рственный университе́т
    Моско́вская консервато́рия и́мени Чайко́вского
    Институ́т ру́сского языка́ и́мени Пу́шкина
    Междунаро́дный университе́т
    Гуманита́рный университе́т
    Вое́нная акаде́мия
    Ветерина́рная акаде́мия
    Смоле́нский инжене́рно-строи́тельный институ́т

г. Куда́ вы пое́хали бы отдыха́ть, е́сли бы у вас бы́ло вре́мя? Почему́?

д. С кем (из на́ших геро́ев) вы хоте́ли бы (не хоте́ли бы) познако́миться? Почему́?

4. a. Все лю́ди мечта́ют. На́ши геро́и то́же. Прочита́йте, о чём они́ мечта́ют, и переведи́те на англи́йский язы́к (translate into English).

> Оля: Эх! Если бы Дэ́нис прие́хал! Мы обяза́тельно пое́хали бы вме́сте на Чёрное мо́ре!
> Oh! If only Dennis were to come! We would definitely go to the Black Sea together!

Дэ́нис: Эх! Если бы у меня́ бы́ло вре́мя! Я обяза́тельно пое́хал бы к Оле!

Саве́льев: Эх! Если бы у меня́ была́ маши́на! Я не ждал бы авто́бус ка́ждое у́тро.

Поли́на: Эх! Если бы я рабо́тала в Ита́лии! Я посмотре́ла бы Флоре́нцию и попро́бовала бы настоя́щую пи́ццу.

Ми́ша: Эх! Если бы я нашёл па́спорт! Я был бы са́мым счастли́вым челове́ком в ми́ре!

Серге́й: Эх! Если бы банк дал мне побо́льше креди́т! Я откры́л бы второ́й магази́н!

б. Тепе́рь скажи́те, о чём **вы** мечта́ете: (provide continuations)

1. Эх! Если бы у меня́ бы́ло вре́мя! Я обяза́тельно. . .
2. Эх! Если бы я пое́хал(а) в . . .!
3. Эх! Если бы у меня́ бы́ли де́ньги! . . .
4. Эх! Если бы у меня́ была́ маши́на! . . .
5. Эх! Если бы я роди́лся (родила́сь) в Росси́и! . . .

5. А вы смогли́ бы. . .

> пробежа́ть марафо́н
> —Слу́шай, Са́ра, а ты **смогла́ бы** пробежа́ть марафо́н?
> —Что́ ты! Я никогда́ **не смогла́ бы** пробежа́ть марафо́н!
>
> *и́ли*
>
> —Коне́чно, я смогла́ бы пробежа́ть марафо́н! Нет пробле́м!

вы́учить ру́сский язы́к за два ме́сяца
стать космона́втом

он смог, она́ смогла́

пробежа́ть марафо́н = to run a marathon

жить в дере́вне
пройти́ от Петербу́рга до Москвы́ пешко́м
води́ть самолёт
всегда́ говори́ть пра́вду и то́лько пра́вду
прочита́ть «Анну Каре́нину» по-ру́сски

6. Да́йте им сове́т. Work in groups of three, offering both positive (perfective verbs) and negative advice (imperfective verbs):

Note the use of the conditional бы to give advice: (If I were you) I would/wouldn't do x

> дава́ть-дать кому́ что
> Поли́на: —Я хочу́ дать свой телефо́н Арка́дию. Что́ вы мне посове́туете?
> Студе́нт 1 —Я **бы не дава́ла** ему́ свой телефо́н.
> Студе́нт 2 —А я **бы дала́** ему́ свой телефо́н.

а. знако́миться-познако́миться с кем
Арка́дий: —Я хочу́ познако́миться во-о-он с той де́вушкой!
Саве́льев   —
Серге́й   —

вон = over there

б. приглаша́ть-пригласи́ть кого́ куда́
Серге́й: —Я хочу́ пригласи́ть друзе́й на да́чу.
   —
   —

в. покупа́ть-купи́ть что (кому́)
Ми́ша: —Я хочу́ купи́ть но́вую кварти́ру.
   —
   —

г. звони́ть-позвони́ть кому́
Оля: —Я хочу́ позвони́ть Дэни́су.
   —
   —

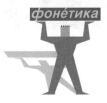

фоне́тика

Слу́шайте и повторя́йте:

Как бы* ты не заболе́ла!
Как бы ты не похуде́ла!
Как бы он не опозда́л!
Как бы ключ не потеря́л!

Как бы ты не простуди́лась!
Как бы ты не отрави́лась
Как бы он не опозда́л!
Как бы ключ не потеря́л!

Как бы ты не проспала́!
Как бы ра́ньше не ушла́!
Как бы он не опозда́л!
Как бы ключ не потеря́л!

*Как бы + past tense is used in this kind of expression to indicate one's fervent hope that the action described NOT occur:

Как бы ты не заболе́ла!
I just hope you don't get sick!

Как бы он не опозда́л!
I just hope he won't be late!

1. а. О чём Саве́льев волнова́лся, когда́ друзья́ жда́ли Арка́дия на вокза́ле?

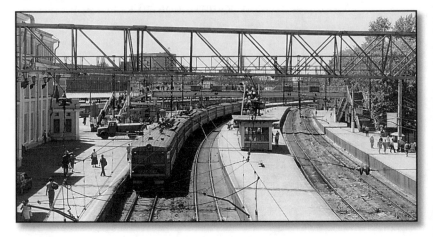

Саве́льев —**Как бы** Арка́дий **не опозда́л!**
Серге́й —Не волну́йся, не опозда́ет!
  Он всегда́ прихо́дит в после́днюю мину́ту.

б. Почему́ Серге́й не волну́ется?

после́дний = last

2. Expressing apprehension or fear that an undesirable action might occur

> **Analyze the following construction:**
>
> Как бы он не опозда́л!
>
> Как бы + не + perfective verb, past tense.
> (I hope he wasn't/won't be late!)

NOTE
1. This usage of бы indicates that the speaker does not want the given action to occur, but is afraid that it might.
2. Past or future? We can only know this from the context.

3. Прочита́йте диало́ги и скажи́те, о чём они́ волну́ются?

Ми́ша:　—Ребя́та, а где Арка́дий?
Саве́льев:　—Не зна́ю. **Как бы** он **не заболе́л!**
Серге́й:　—Не волну́йтесь, не заболе́л! Мы с ним у́тром по телефо́ну разгова́ривали.

Саве́льев волну́ется, что Арка́дий **мо́жет заболе́ть.**

а.

Серге́й:　—Ми́ша! Возьми́ у Арка́дия телефо́н Поли́ны. **Как бы** он **не потеря́л** его́!
Арка́дий:　—Не волну́йтесь, не потеря́ю!. . .
Ми́ша:　—Дава́й, Арка́дий! Я положу́ телефо́н в свой па́спорт.

б.

Оля:　—А ты роди́телям сказа́ла?
Та́ня:　—Нет ещё. . . **Как бы** они́ **не рассерди́лись!**
Оля:　—Не волну́йся, не рассе́рдятся! Они́ лю́бят тебя́.

рассерди́лись на кого́ за что = get angry

в.

Та́ня:　—Ма́ма! Па́па! У меня́ ва́жная но́вость!
Ма́ма: (тихо) —**Как бы** Ми́ша **не сде́лал** Та́не предложе́ние! Она́ ещё студе́нтка!
Па́па:　—Не волну́йся, мать, не сде́лал. . .
Та́ня:　—Ма́ма! Па́па! Ми́ша сде́лал мне предложе́ние!

4. Express your apprehensions about what one of your classmates might or might not do.

> —Как бы Лари́са не простуди́лась! Она́ ча́сто пьёт
>   холо́дный ква́с.*
> —Не волну́йся, не просту́дится!

(по)теря́ть: (ключ, де́ньги, креди́тную ка́рточку,
сýмку, рюкза́к, биле́т на самолёт,
мой конспе́кт/notes/ и так да́лее

опозда́ть: на уро́к по . . ., на конце́рт гру́ппы . . .,
на по́езд в . . ., на собесе́дование/interview/
на свида́ние/date. . . и так да́лее)

заболе́ть: анги́ной, гри́ппом, бронхи́том

забы́ть: об экза́мене по. . ., о собра́нии с . . .,
о рабо́те в . . .;

проспа́ть: уро́к по. . ., экску́рсию в. . ., экза́мен по. . .,
сво́й самолёт, за́втрак, переда́чу «. . .»
и так да́лее

5. Прочита́йте и скажи́те, что хо́чет Саве́льев?

   Саве́льев: —Я бы покури́л!
   Ми́ша: —Подожди́ 15 мину́т. Мы ско́ро бу́дем
                  на да́че.

6. Expressing desire to do something

> The particle бы + past tense is used to indicate a desirable action, but is softer and less emphatic than the use of хоте́ть.

> Analyze the following use of бы:
>
> Я бы покури́л! = I would like to smoke.
> Я хочу́ покури́ть! = I want to smoke.

7. Слу́шайте и повторя́йте:

Я хочу́ пообе́дать.   Я бы пообе́дал(а).
Я хочу́ пое́хать на да́чу.   Я бы пое́хал(а) на да́чу.
Я хочу́ сня́ть фильм в Смоле́нске.   Я бы сняла́ фи́льм в Смоле́нске.
Я хочу́ поигра́ть в футбо́л.   Я бы поигра́л(а) в фу́тбол.

---

*A common belief is that you can catch a cold if you drink cold
beverages when it is hot outside!

8. Что́ вы ска́жете, е́сли вы хоти́те:

> погуля́ть в па́рке
> —Я бы погуля́л(а) в па́рке. . .
> —**Я бы то́же.** Дава́й погуля́ем вме́сте!
> —Дава́й.

пое́хать в Москву́
отдохну́ть на выходны́е
пойти́ в кино́
съесть что́-нибудь вку́сное
уе́хать в го́ры
посмотре́ть програ́мму «До 16-ти и ста́рше»

9. What would your choice be?

a. Куда́ бы вы пое́хали?

б. Что́ бы вы купи́ли?

в. В како́й институ́т вы поступи́ли бы?

г. Каку́ю переда́чу вы посмотре́ли бы?

д. Что́ вы на́чали бы изуча́ть?

> кита́йский язы́к
> тата́рская литерату́ра
> яку́тская исто́рия
> сиби́рская приро́да
> кавка́зские то́сты
> белору́сский фолькло́р

**Уро́к 4
День 9**

1. Посмотри́те пе́рвую часть **эпизо́да 7**:
   «Как добра́ться до гости́ницы «Росси́я»?»
   и скажи́те в фо́рме ко́свенной ре́чи (Reported speech).

   Пожила́я же́нщина: «. . . а мы нездешним не отвеча́ем.»
   Пожила́я же́нщин сказа́ла, _____

   _____

   Та́ня: «А как дое́хать до гости́ницы «Росси́я»?
   Та́ня спроси́ла, _____

   Та́ня: «На како́м?»
   Та́ня спроси́ла, _____
   (You have to fill in the fuller context here!)

2. Посмотри́те втору́ю часть **эпизо́да 7** (Та́ня в гости́нице)
   ещё раз и скажи́те, что они́ сказа́ли, спроси́ли, отве́тили:

   Та́ня: —Моя́ фами́лия Воло́дина. Я заказа́ла но́мер.
   Та́ня сказа́ла, _____

   Администра́тор: —Вас нет в спи́ске.
   Администра́тор сказа́ла, _____

   Та́ня: —Я сде́лала зака́з по телефо́ну три дня наза́д.
   Та́ня сказа́ла, _____

   Та́ня: —В гости́нице есть душ?
   Та́ня спроси́ла, _____

3. а. Your classmate missed class and did not see Episode 7.
      Recount for him/her the basic content of this episode.
      Completing the sentences will get you started:

      Та́ня прие́хала в . . .
      Она́ спроси́ла, где . . .

   б. Now reenact the conversations between Tanya and a.) the
      people she asks for directions, and b.) the hotel manager.
      Hold a class competition for the best reenactment!

4. Посмотри́те **эпизод 8** «Где ваш биле́т?». Что́ они сказа́ли, спроси́ли, отве́тили?

> Контролёр: —Ваш друг – неорганизо́ванный молодо́й челове́к!
>
> **Контролёр сказа́л, что Арка́дий — неорганизо́ванный молодо́й челове́к!**

Саве́льев: Ещё мину́та, и мы уе́хали бы без тебя́!
Саве́льев сказа́л, _____

Арка́дий: Я проспа́л. Пото́м авто́буса не́ было.
Арка́дий сказа́л, _____

Контролёр: Придётся вам заплати́ть штраф.
Контролёр сказа́л, _____

Серге́й: Он купи́л и дал его́ мне. Он всегда́ всё забыва́ет.
Серге́й сказа́л, _____

5. In small groups reenact the scene from эпизод 8. First, try acting it out in a way that mirrors the original as closely as possible. Then, try it a second time, changing the names and details, pretending that you and your friends have wound up in a similar situaton.

Давайте почитáем

I Pre-Reading Exercises

1. Read the following names of young animals. Indicate the diminutive suffix used in the second word of each pair:

   лóшадь — жеребёнок   овцá — ягнёнок
   корóва — телёнок   собáка — щенóк
   свинья́ — поросёнок   кýрица — цыплёнок

   Do you remember how to say "baby" for человéк?

2. Try to form the diminuitives of the following animal names by using the suffix **–онок/-ёнок:**

   слон—   мышь —   тигр —   олéнь —
   кот —   совá —   лисá —

3. Provide definitions of the following words using котóрый clauses and the following verbs: хвáстаться = to brag, болтáть to talk a lot, врать to tell lies

   хвастýн — э́то мужчи́на, котóрый лю́бит хвáстаться (чáсто хвáстается)

   хвастýшка —

   болтýн —

   болтýшка —

   врун —

   врýшка —

4. а. Scan part I of the text and find words that have the same roots as the following:
   зáяц
   смея́ться

   б. Now scan part II of the text and find words that have the same root as the following:
   поближе
   волк

   в. Now scan part III of the text and find words that have the same root as the following:
   страх
   вопрóс

5. In each of the following groups, circle the word that does not belong. Explain your choice.

   а. испуга́лся, стра́шный, бои́тся, ужа́сно, дрожа́л, бесстра́шный, трус, голо́дный, хра́брый
   б. за́яц, волк, куст, лиса́, медве́дь
   в. глаза́, пенёк, у́ши, хвост, спина́
   г. спра́шивали, закрича́ли, сказа́л, кри́кнул, пры́гнул, говори́т, хва́стается

II Reading

Read the text and answer the questions that follow. (It may be helpful to read through the questions *before* reading the text!)

Хра́брый за́яц

Дми́трий Ма́мин-Сибиря́к

1

Роди́лся за́йчик в лесу́ и всего́ боя́лся. А зва́ли его́: Дли́нные Уши - Косы́е Глаза́ — Коро́ткий Хвост. Боя́лся за́йчик день, боя́лся два, боя́лся неде́лю, боя́лся год; а пото́м он вы́рос, и вдруг ему́ надое́ло боя́ться.

—Никого́ я не бою́сь! — гро́мко кри́кнул он. –Никого́ не бою́сь совсе́м! Собрали́сь ста́рые за́йцы, прибежа́ли ма́ленькие зайча́та, пришли́ ста́рые зайчи́хи — все слу́шают, как хва́стается За́яц, слу́шают и удивля́ются: никогда́ они́ не ви́дели за́йца, кото́рый никого́ не бои́тся!

—Эй ты, Косо́й глаз! А ты во́лка не бои́шься?

—Не бою́сь никого́: ни во́лка, ни лиси́цы, ни медве́дя! Это бы́ло о́чень смешно́. Хихи́кали молоды́е зайча́та, смея́лись до́брые ба́бушки-зайчи́хи, улыба́лись да́же ста́рые за́йцы: ах, како́й смешно́й за́яц!

А За́яц на́чал хва́статься ещё бо́льше:

—Если я встре́чу в лесу́ во́лка, то я сам его́ съем!..

—Ах, како́й смешно́й За́яц! - смея́лись все. –Ах, како́й он глу́пый!

2

За́йцы крича́т про Во́лка, а Волк - тут как тут. Он уже́ давно́ ходи́л по́ лесу, был о́чень голо́дный и ду́мал: «Хорошо́ бы за́йчика съесть». И вдруг он слы́шит - совсе́м бли́зко за́йцы крича́т. Волк обра́довался и реши́л подойти́ побли́же.

И вот, совсе́м бли́зко подошёл голо́дный Волк и слы́шит, что за́йцы смею́тся над ним, а бо́льше всех смеётся и хва́стается за́яц Дли́нные Уши - Косы́е Глаза́ — Коро́ткий Хвост. «Э, брат! – ду́мает Волк - сейча́с я тебя́ съем».

А За́яц-хвасту́н сел на пенёк и говори́т:

—Слу́шайте меня́, тру́сы! Слу́шайте и смотри́те на меня́. Сейча́с я скажу́ вам что́-то. Я...я...я...

И тут Заяц увидел Волка, который смотрел прямо на него. Другие зайцы Волка не видели, потому что смотрели на Зайца. А Заяц хвастун испугался ужасно! Он так испугался, что прыгнул прямо на Волка. На волчьей спине он прыгнул ещё раз и побежал в лес, подальше от страшного Волка. Долго бежал испуганный Заяц. Наконец, он устал, лёг под куст и закрыл глаза.

3

А в это время Волк бежал в другую сторону. Он тоже испугался: когда Заяц прыгнул на него, ему показалось, что кто-то в него выстрелил.

Зайцы стали искать храброго брата.

—Где наш бесстрашный заяц Косые Глаза? – спрашивали они.

Долго они искали его и наконец нашли: Заяц лежал под кустом и дрожал от страха.

—Молодец, Косой! – закричали все зайцы. – Как ты испугал страшного Волка! Извини нас, брат, — мы не верили тебе, думали что ты хвастун.

Храбрый Заяц сразу всё понял, вышел из-под куста, почесал ухо и сказал:

—Эх вы, трусы!

С этого дня храбрый Заяц начал верить сам, что он действительно никого не бойтся.

Слова к тексту «Храбрый заяц»

бесстрашный fearless
бояться (impf.) to fear
волк wolf
вырасти (pf.) to grow up
глупый stupid
голодный hungry
громко loudly
длинный long
дрожать (impf.) to shake дрожа shaking, д. от страха = shaking from fear
зайчик bunny
заяц rabbit, hare
испуганный frightened
испугаться (pf.) to be frightened
короткий short
косой crooked косые глаза crossed eyes
кричать/крикнуть to yell

куст bush лёг под куст he laid down under a bush
лисица fox
надоесть (pf.) to get sick of
смеяться (impf.) to laugh (над кем at someone)
пенёк stump
побежать (pf.) to take off running
почесать (pf.) to scratch
прыгнуть (pf.) to jump
трус coward
храбрый brave
убежать (pf.) to run away
уши ears
хвастаться (impf.) to boast
хвастун bragger, show off
хвост tale
хихикать (impf.) to giggle

В О П Р О С Ы

1 часть

1. Где родился храбрый Заяц?
2. Как его звали?
3. Чего он боялся?
4. Как долго он боялся всего?
5. Почему он вдруг решил не бояться?
6. Кто пришёл посмотреть на зайца, который никого не бойтся?
7. Чему удивлялись зайцы?
8. Как хвастался Заяц?
9. Почему все зайцы смеялись?

2 часть

В О П Р О С Ы

1. О чём ду́мал Волк?
2. Почему́ Волк ду́мал об э́том?
3. Почему́ Волк обра́довался?
4. Почему́ Волк реши́л съесть хра́брого За́йца?
5. Почему́ За́яц не зако́нчил говори́ть?
6. Что́ За́яц сде́лал, когда́ уви́дел Во́лка совсе́м бли́зко?
7. Почему́ он э́то сде́лал?
8. Почему́ други́е за́йцы не ви́дели Во́лка?
9. Что́ случи́лось с хра́брым За́йцем? Куда́ он убежа́л?

3 часть

1. А куда́ побежа́л Волк?
2. Почему́ Волк убежа́л?
3. Что́ де́лал хра́брый За́яц, когда́ за́йцы нашли́ его́?
4. Почему́ они́ сказа́ли ему́ «молоде́ц»?
5. Почему́ они сказа́ли ему́ «извини́»?
6. Как чу́вствовал себя́ хра́брый За́яц?
7. Как измени́лся (changed) хара́ктер хра́брого За́йца?

III Post-Reading Exercises

1. Расскажи́те:

1. о за́йчике и о том, как ему́ надое́ло боя́ться;
2. о том, как други́е за́йцы реаги́ровали (reacted) на э́то;
3. о голо́дном во́лке и о том, как он реши́л съесть за́йца;
4. о том, как за́яц и волк испуга́лись друг дру́га;
5. о том, как за́йцы нашли́ своего́ хра́брого дру́га под кусто́м.

2. а. Разыгра́йте: Imagine that one of you is the bragger rabbit. Take turns asking him who/what he is not afraid of:

> —Эй, ты, Косо́й! А ты и Во́лка не бои́шься?
> —И Во́лка не бою́сь! Я никого́ не бою́сь!

медве́дь	тигр (tiger)
лиса́	лев (lion) (gen. льва́)
челове́к	воро́на (crow)
соба́ка	сова́ (owl)
ко́шка	орёл (eagle) (gen. орла́)

б. What would you do if you ran into the animals above in the woods:

> Е́сли я встре́чу в лесу́ во́лка, то я его́ съем!

ПОВТОРЕНИЕ
ПОВТОРЕНИЕ
ПОВТОРЕНИЕ
ПОВТОРЕ́НИЕ
ПОВТОРЕНИЕ
ПОВТОРЕНИЕ
ПОВТОРЕНИЕ
ПОВТОРЕНИЕ

1. a. Что́ вы ду́маете о назва́ниях эпизо́дов в э́том уро́ке? Они́ вам нра́вятся? Почему́? Каки́е други́е назва́ния возмо́жны?

эпизо́д 7: «Как добра́ться до гости́ницы «Росси́я»?

_____

_____

эпизо́д 8: «Где ваш биле́т?»

_____

_____

2. Act out the following situations that are similar to those in episodes 7, 8:

a. Pretend one of you is a Russian student who has just arrived to campus and does not know where anything is located or how to get there. Some of you are helpful and provide information, while others are not very helpful. See how long it takes for the new Russian student to make friends and to find his or her way around campus. Perhaps s/he wants to know how to get to:

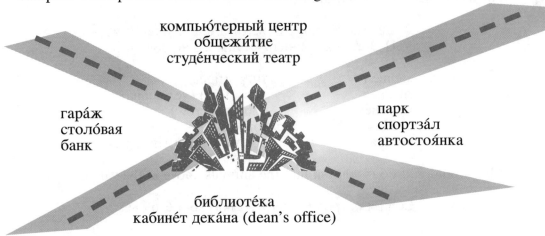

компью́терный центр
общежи́тие
студе́нческий театр

гара́ж
столо́вая
банк

парк
спортза́л
автостоя́нка

библиоте́ка
кабине́т дека́на (dean's office)

б. Pretend that one of you is new to Russia and took a local train (электри́чка) to the outskirts. The rest of you pick roles as in Episode 8 – a new Russian friend, other passengers, or as the контролёр. You did not know you had to buy a ticket at the station, and only realize it when the контролёр asks for it!

3. In pairs, one of you describes your town, while the other draws a small map according to your description. Then give it to the pair next to you and see if they can describe the area according to the map. You might include places like:

магази́н "Fresh Fields" (or "Trader Joe's")
банк
стадио́н
ста́нция метро́
остано́вка авто́буса
по́чта
кафе́/столо́вая
рестора́н
музе́й
библиоте́ка
изве́стный па́мятник
И ТАК ДАЛЕЕ

4. а. Quickly jot down a brief list of several characteristics of people you admire. Then list some traits that you do not admire.

б. Now, using your lists, discuss the following:

С каки́ми изве́стными людьми́ вы хоте́ли бы познако́миться? Почему́?
О чём вы спроси́ли бы их? Как вы ду́маете, что они́ отве́тили бы вам?

в. Role play such a meeting.

5. Play "20 Questions" with celebrity names. Someone writes down the name of a famous person (celebrity, artist, politician, historical personality, someone you all know at the university). The rest of the group asks yes/no questions until someone guesses the identity correctly.

Грамма́тика

1. Spatial prepositions and their complements

Memorize the following prepositions indicating location and their complements.

недалеко́ от	+ gen.	not far from
о́коло	+ gen.	near
у	+ gen.	nearby
сле́ва от	+ gen.	on the left of
спра́ва от	+ gen.	on the right of
напро́тив	+ gen.	across from, opposite
за	+ instr.	behind
пе́ред	+ instr.	in front of
ря́дом с	+ instr.	next to
ме́жду	+ instr.	between

2. Prefixed verbs of motion

A. Forms

As you remember, prefixes for verbs of motion often specify the direction of an action. When a prefix is added to the basic verb pair, a new aspectual pair is formed. When a multidirectional stem is prefixed, it remains imperfective; when a unidirectional stem is prefixed, it becomes perfective. Study the following examples of prefixed verbs of motion. Some of them may be familiar to you, while others are being introduced for the first time. Note that while all the verbs of motion — transitive and intransitive — can be prefixed, only the verbs formed by prefixing the basic intransitive pairs **е́хать/е́здить** and **идти́/ходи́ть** are practiced in Unit 4. (See Appendix XI of Verbs of Motion for details on prefixation of other verb pairs.)

Imperfective	Perfective	Definition
приходи́ть (приходи́–)	прийти́	to come, to arrive (on foot)
приезжа́ть (приезжа́й–)	прие́хать	to come, to arrive (by vehicle)
уходи́ть (уходи́–)	уйти́	to leave, to depart (on foot)
уезжа́ть (уезжа́й–)	уе́хать	to leave, to depart (by vehicle)
входи́ть (входи́–)	войти́	to go in, to enter (on foot)
въезжа́ть (въезжа́й–)	въе́хать	to go in, to enter (by vehicle)
выходи́ть (выходи́–)	вы́йти	to go out, to exit (on foot)
выезжа́ть (выезжа́й–)	вы́ехать	to go out, to exit (by vehicle)
заходи́ть (заходи́–)	зайти́	to drop by (on foot)
заезжа́ть (заезжа́й–)	зае́хать	to drop by (by vehicle)

Note the following changes that occur with prefixation:

when a prefix is added to the imperfective verbs **идти́, е́здить** their forms change to

| –йти | прийти́, |
| –езжа́ть | приезжа́ть; |

A hard sign, "**ъ**", is inserted when the prefix **в-** is added to **е́здить (въезжа́ть)** and **е́хать (въе́хать);** and an "**о**" is inserted after the prefix **в-** before **-йти (войти́)**.

B. Examples of usage

Remember that the new aspectual pairs no longer indicate multi- or unidirectional motion. They conform to the general rules governing the choice of the imperfective or perfective aspect.

1. **Arrival and departure: при- and у- .**

The prefix **при-** adds the meaning of "arrival" to the basic meaning of the verb. It answers the question **Куда?** and is used with the prepositions **в/на + accusative** and **к + dative** (for people).

Ната́ша **при**дёт **ко** мне сего́дня ве́чером. Она́ ча́сто **при**хо́дит **ко** мне.
Natasha will come over to my place tonight. She often comes over (visits me).

Ми́ша обы́чно **при**езжа́ет **на** рабо́ту в де́сять часо́в, но за́втра он **при**е́дет **в** час.
Misha usually arrives at work at ten o'clock, but tomorrow he will arrive at one.

The prefix **у-** is the opposite of **при-** and indicates "departure." It answers the question **Отку́да?** and is accordingly used with the prepositions **из/с + genitive** and **от + genitive** (for people).

Обы́чно я **у**хожу́ **с** рабо́ты в во́семь часо́в, но сего́дня я ушёл (ушла́) ра́ньше.
Usually, I leave work at eight o'clock, but today I left earlier.

Вчера́ у нас бы́ли го́сти, и они́ **у**шли́ (**от** нас) о́чень по́здно.
We had guests over last night, and they left (from our place) really late.

2. **Entrance and exit : в- and вы-**

The prefix **в-** is used to indicate entrance into an enclosed space. It is used with **в/на + accusative**.

Та́ня **во**шла́ **в** ко́мнату, когда́ Оля разгова́ривала с Дэ́нисом по телефо́ну.

Tanya entered the room when Olya was talking to Dennis on the phone.

Нельзя́ **входи́ть в** зал по́сле тре́тьего звонка́.
It is forbidden to enter the theater (hall) after the third bell.

Преподава́тель **вошёл в** аудито́рию и на́чал уро́к.
The professor entered the classroom and began the class.

The opposite of **в-** is **вы-**, indicating exit from an enclosed space. It is used with **из/с + genitive**.

Мы **вы́**шли **из** метро́ на ста́нции «Цветно́й бульва́р».
We exited the metro at the station "Tsvetnoy Boulevard."

Спекта́кль ко́нчился и все сейча́с **выхо́дят из** теа́тра.
The show is over and everyone is now leaving (exiting) the theater.

The verb **выходи́ть/вы́йти** is also used to mean "to step out briefly," in contrast with **уходи́ть/уйти́** meaning "to leave". For example (this is included here for your reference and passive recognition):

(по телефо́ну)
—Попроси́те, пожа́луйста, к телефо́ну Серге́я Ива́новича.
—Он то́лько что вы́шел. Перезвони́те через де́сять мину́т.

—May I please speak to Sergei Ivanovich?
—He just stepped out. Call back in ten minutes.

—Где Ната́ша?
—Она́ вы́шла попи́ть ко́фе. Она́ вернётся через пять мину́т.

—Where is Natasha?
—She stepped out for a cup of coffee. She will return in five minutes.

This use of **выходи́ть/вы́йти** always implies that the person is expected to return. If that is not the case and the person is not expected back, then **уходи́ть/уйти́** is used.

3. Common expressions for giving directions

Study the following questions and ways to get/give directions in Russian.

Вопро́с (Question)	Отве́т (Answer)
На у́лице	
Скажи́те, пожа́луйста, где нахо́дится гости́ница? Tell me, please, where the hotel is located?	Гости́ница нахо́дится недалеко́ от вокза́ла. The hotel is located not far from the station.
Вы не ска́жете, как дое́хать до гости́ницы «Росси́я»? Could you please tell me how to get to the hotel "Russia"?	До гости́ницы «Росси́я» мо́жно дое́хать на авто́бусе (на метро́, и т.д.), мо́жно дойти́ пешко́м. You can get to the hotel "Russia" by bus (metro, etc.), you can also get there by foot.
Вы не ска́жете, как дойти́ до Кра́сной пло́щади? Can you please tell me how to get to Red Square?	Иди́те пря́мо по э́той у́лице, пото́м поверни́те напра́во. Walk straight along this street, then turn right.
Вы не зна́ете, како́й авто́бус идёт до це́нтра го́рода? Do you perhaps know which bus goes to the center of town?	До це́нтра идёт со́рок пя́тый авто́бус. Bus number forty five goes to the center.
В тра́нспорте (в метро́, в авто́бусе, в трамва́е)	
Ка́кая сле́дующая ста́нция (остано́вка)? Which station (stop) is next?	Сле́дующая (ста́нция)— «Университе́т». Next (station) is "University."
Вы не выхо́дите на сле́дующей? Are you getting off at the next (stop)?	Да, выхожу́. (Нет, не выхожу́.) Yes, I am getting off. (No, I am not geting off.)
В такси́	
Такси́ свобо́дно? Is this taxi available?	Да, свобо́дно. (Нет, за́нято.) Куда́ е́хать? Yes, it is available. (No it is not available.) Where do you want to go?

4. The subjunctive mood

A. To indicate that an action or condition is hypothetical, contrary to fact, unrealistic or highly unlikely, Russian uses the unstressed particle **бы**, often (but not always) in conjunction with **е́сли**. The particle **бы** and the word immediately preceding it are pronounced as a single accentual unit. The particle **бы** is placed either after the first stressed element in the sentence or clause, or immediately after the verb. Grammatically, **бы** requires that the verb be in the past tense; thus, the actual tense of the utterance can be determined only by context.

Если бы Аркадий опоздал, ребята уехали бы без него.
If Arkady had been late (*but he was not*), the guys would have left without him.

Если бы он мне позвонил, я бы ему сказал(а) об этом.
If he had called me (*but he did not*), I would have told him about that (*but I did not*).

Он бы пошёл завтра на занятия, если бы не был болен.
He would go to classes tomorrow (*but he will not*) if he were not sick (*but he is*).

Мы бы пошли завтра вечером с вами в театр, если бы у нас были билеты.
We would go with you to the theatre tomorrow night (*but we will not*), if we had tickets (*but we do not*).

B. Note that when the particle бы is used in a sentence that does not contain a condition, it indicates that the action is desirable. This use of бы "softens" the utterance and makes it sound more polite.

Вы хотите пить?	Would you like something to drink?
Я бы выпил(а) стакан воды.	I would like (lit. I would drink) a glass of water.
Я бы очень хотела пойти с вами на этот спектакль. Можно ещё достать билеты?	I would love to go to that show with you. Are tickets still available?
Я бы с удовольствием поехала с вами.	I would love to go with you!

C. The following construction is used to indicate that the speaker does not want the given action to occur, but is afraid that it might:

Как бы + не + perfective verb, past tense.

Как бы он не опоздал!	I just hope he won't be late!
Как бы ты не заболела!	I just hope you don't get sick!

Note that since the past tense is used with бы, only the context tells us whether the speaker is referring to the past or to the future. So the following sentence could have two possible meanings, and only context will tell us the speaker's intention:

Как бы Миша не сделал Тане предложение!

"I hope Misha hasn't proposed to Tanya (already)."
or   "I hope Misha will not propose to Tanya (tomorrow, in the future)."

5. Reported thought or knowledge

So far in practicing reported speech, you have used the verbs **спроси́ть** and **сказа́ть** to introduce the reported utterance. The main rule is to preserve the tense of the original statement. For example:

Та́ня: —Ми́ша, во ско́лько ты сего́дня придёшь? (Misha, what time are you coming over today?)

Ми́ша: —Я приду́ в семь часо́в. (I'll come over at seven o'clock.)

Та́ня **спроси́ла**, когда́ Ми́ша сего́дня придёт.
Tanya asked when Misha would come over today.

Ми́ша **сказа́л**, что он придёт в семь часо́в.
Misha said that he would come over at 7 o'clock.

When retelling events or narrating an incident, thoughts (using such verbs as **ду́мать, понима́ть/поня́ть, реша́ть/реши́ть, знать, предполага́ть/предположи́ть, забыва́ть/забы́ть**) can be conveyed using the same rules as those that apply for reporting direct speech, i.e., preserve the tense of the original statement.

If Misha thought that Tanya was going to be late, he might say:
Я ду́мал, что ты опозда́ешь. (This preserves the tense of his original thought, i.e. at the moment he thought this, the verb was in the future: "Tanya will be late.")

If Sergei knew that Arkady would arrive after all, he might say:
Я знал, что ты придёшь! (This preserves the tense of his original thought, i.e., at the moment he thought this, the verb was in the future: "Arkady will come after all."

Существи́тельные (Nouns)

банкома́т automatic bank machine (ATM)
бензоколо́нка gas station
гости́ница hotel
граждани́н, гражда́нка, гра́ждане (m., f., pl.) citizen
душ shower
зака́з order
здоро́вье health
квита́нция receipt
ключ key
ле́стница stairs
лифт elevator
молодёжь (f.) youth (collective noun)
но́мер number, (*it also means* room in a hotel *as it is used in this unit*)
ночь (f.) night

остано́вка (авто́бусная) stop, bus stop
пи́во beer
пло́щадь (f.) (city or town) square
пляж beach
посо́льство embassy
по́чта post office
проездны́е докуме́нты transportation passes
прохо́жий passer-by
ры́нок farmers' market
спи́сок list
ста́нция (метро́) station (metro)
стоя́нка parking lot
су́тки (pl.) 24-hour period
ча́стник private car (that moonlights as a taxi)
штраф fine, penalty

Прилага́тельные (Adjectives)

бережли́вый thrifty
зде́шний/зде́шняя a local person (adj. used as a noun)
идеа́льный ideal
наха́льный brazen, impertinent
неорганизо́ванный disorganized
организо́ванный well-organized
покла́дистый obliging, complaisant

рабо́тящий hard-working (colloquial)
реши́тельный decisive, resolute
скро́мный modest, humble
сме́лый brave
трудолюби́вый hard-working, industrious
холо́дный cold
ще́дрый generous

Глаго́лы (Verbs)

выходи́ть (выходи́–) /вы́йти (irreg. like идти́) to get off (a bus, the metro, etc.)
добира́ться (добира́й–ся) /добра́ться (доб/ра́–ся) (до чего́) to reach, to get to
доезжа́ть (доезжа́й–) /дое́хать (irreg. like е́хать) (pf.) to get to
за́втракать (за́втракай–) /поза́втракать (поза́втракай–) to have breakfast
зака́зывать (зака́зывай–) /заказа́ть (заказа́–) to order, to reserve
наде́яться (наде́я–ся) (impf.) to hope
находи́ть (находи́–) /найти́ (irreg.) to find
опа́здывать (опа́здывай–) /опозда́ть (опозда́й–) (куда́) to be late
оставля́ть (оставля́й–) /оста́вить (оста́ви–) to leave (behind)

отвеча́ть (отвеча́й–) /отве́тить (отве́ти–) (кому́) to answer someone
повора́чивать (повора́чивай–) /поверну́ть (поверну́–) (напра́во, нале́во) to turn (right, left)
просыпа́ться (просыпа́й–ся) /просну́ться (просну́–ся) to wake up
проспа́ть (irreg. like спать) (pf.) to oversleep
серди́ться (серди́–ся) /рассерди́ться (рассерди́–ся) (на кого́) to get angry at (someone)
сове́товать (сове́това–) (кому́ что-то де́лать) to advise someone to do something
уви́деть (уви́де–) (pf.) to see, to spot
уходи́ть (уходи́–) /уйти́ (irreg.) to leave, to depart

Наре́чия (Adverbs)

нале́во to the left
напра́во to the right
обяза́тельно definitely, without fail

побо́льше a little bit more
пря́мо straight
ро́вно exactly, precisely

Предло́ги (Prepositions)

до чего́ up to, as far as
за че́м behind
ме́жду чем и чем between *x* and *x*
напро́тив чего́ opposite, across from
недалеко́ от чего́ not far from
о́коло чего́ nearby, around

перед че́м in front
ря́дом с чем next to
сле́ва от чего́ on the left
спра́ва от чего́ on the right
у чего́ next to, near

Поле́зные выраже́ния (Useful Expressions)

А что́ мне де́лать? So what should I do? (Что́ де́лать? What should be done?)
Ехать за́йцем to ride without a ticket; вы е́дете за́йцем you are riding without a ticket
Ещё раз One more time, once again
И не на́до. That's right, and you shouldn't.
Ка́к нет! What do you mean no?
Не́ за что. Don't mention it. (It's nothing.)
Не мо́жет быть! That can't be!
Ну ты даёшь! You're really too much!
Ну и у́тро сего́дня! What a morning!
Отку́да ты знал? How did you know?
Придётся вам заплати́ть штраф. You will have to pay a fine.

Тебе́ пло́хо? Do you feel sick?
Чуть не + (verb) almost (Ты чуть не опозда́л! =You were almost late!)
Это о́чень вре́дно. That's very harmful.
Это поле́зно для здоро́вья. That's good for one's health.

Expressions for directions:
Иди́те пря́мо, а пото́м нале́во. Go straight, then left.
Как дое́хать до (чего́) (гости́ницы)? How can I get to (the hotel)?
Поверни́те напра́во/нале́во Turn right/left.
Пря́мо до большо́го бе́лого зда́ния. Straight to the large white building.

Урок

In this lesson you will learn how to:

discuss your plans and free time;

discuss problems and difficulties;

take and give advice (in more detail than before!); and

express emotional reactions to things and situations.

Говорят, что бизнес– это мужское дело...

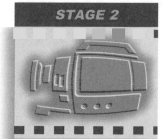

1. Скажите: ☑

   а. Таня снимает фильм в Смоленске
      ❏ о городе.
      ❏ об экологии.
      ❏ о женщинах-бизнесменах.

   б. О чём бы вы снимали фильм, если бы вы приехали в провинциальный российский город?

2. В этом эпизоде Таня берёт интервью у женщины — директора фирмы. Как вы думаете, какие вопросы она может задать?

   задать вопрос (кому) = спросить (кого)

3. Посмотрите эпизод 9:«Говорят, что бизнес — это мужское дело. . .» и скажите: ☑

   Таня снимает фильм
      ❏ в гостинице.
      ❏ на фабрике.
      ❏ на вокзале.

Людми́ла Пушкарёва
- ❏ дома́шняя хозя́йка.
- ❏ предпринима́тель (entrepreneur).
- ❏ журнали́ст.

Фи́рма Людми́лы
- ❏ молода́я.
- ❏ ста́рая.
- ❏ огро́мная.

Там произво́дятся (are produced)
- ❏ моло́чные проду́кты.
- ❏ же́нская о́бувь.
- ❏ изде́лия из льняны́х тка́ней (items made from linen.

Людми́ла расска́зывает
- ❏ о пробле́мах эколо́гии.
- ❏ о пробле́мах инфля́ции.
- ❏ о пробле́мах же́нского би́знеса.

В Росси́и у же́нщин-бизнесме́нов
- ❏ нет пробле́м.
- ❏ ма́ло пробле́м.
- ❏ мно́го пробле́м.

Людми́ла говори́т, что росси́йские же́нщины одновре́менно занима́ются
- ❏ и рабо́той, и учёбой.
- ❏ и рабо́той, и семьёй.
- ❏ и рабо́той, и деньга́ми.

По́сле обе́да Та́ня
- ❏ пое́дет в кино́.
- ❏ пое́дет к Людми́ле домо́й.
- ❏ пое́дет в гости́ницу.

4.

Кто э́то сказа́л?

Т = Та́ня
Л = Людми́ла

_____ —Да, э́то я. У вас вопро́с ко мне?

_____ —По́мните, я звони́ла Вам? Я прие́хала снима́ть фи́льм.

_____ —У меня́ сейча́с есть немно́го вре́мени.

_____ —А мо́жно, я пря́мо сейча́с (right now) начну́ снима́ть?

____ — Да, молода́я. А де́ло, кото́рым занима́емся, — э́то ста́рое ру́сское ремесло́ (craft, trade).

____ — А у нас мно́гие счита́ют, что би́знес — э́то чи́сто мужско́е де́ло. А есть ли пробле́мы у же́нщин, кото́рые занима́ются би́знесом?

____ — Же́нщина должна́ одновре́менно занима́ться и рабо́той, и семьёй.

____ — Тогда́ я вас приглаша́ю к себе́ на да́чу, познако́млю вас со свое́й семьёй.

____ — С удово́льствием.

удово́льствие = pleasure

5. Как вы ду́маете:

   а. Кака́я у Людми́лы семья́?
      Како́й у Людми́лы дом?
      Как зову́т му́жа Людми́лы?

   б. Каки́е други́е пробле́мы есть у росси́йских же́нщин-бизнесме́нов?
      А у америка́нских?

фоне́тика

Слу́шайте и повторя́йте:

Приходи́ли, приходи́ли, приходи́ли и пришли́.
Уходи́ли, уходи́ли, уходи́ли и ушли́.
Выходи́ли, выходи́ли, выходи́ли — вы́шли.
Мы входи́ли, мы входи́ли, мы входи́ли — мы вошли́.

Ты пришла́ и он пришёл.
Э́то о́чень хорошо́.
Ты вошла́ и он вошёл.
Э́то о́чень хорошо́.
Ты ушла́ и он ушёл.
Э́то то́же хорошо́.

Та́ня приходи́ла — в полчетвёртого.
Оля приходи́ла — в полдевя́того.
Ле́на приходи́ла — в полоди́ннадцатого.
Ка́тя приходи́ла — в полдвена́дцатого.

1. а. Вы по́мните, почему́ Та́ня сейча́с в Смоле́нске?
Что она́ там де́лает?

—Я **прие́хала снима́ть** фильм.

б. Скажи́те, что она́ здесь де́лает?

2. Как вы отве́тите на вопро́с «Что́ ты здесь де́лаешь?»

> Смоле́нск, снима́ть фи́льм
> —Слу́шай, Та́ня, **что́ ты де́лаешь** здесь, в Смоле́нске?
> —Я **прие́хала снима́ть** фильм.

Моско́вский университе́т, изуча́ть ру́сский язы́к
Санкт-Петербу́рг, посмотре́ть Эрмита́ж
Флори́да, немно́го отдохну́ть
Сиби́рь, путеше́ствовать по тайге́
Нью-Йорк, встреча́ть Но́вый год
го́ры, ката́ться на лы́жах (mountains, to go skiing)

тайга́ = taiga, northern evergreen forest

3. а. Сравни́те (compare) ситуа́ции:

Та́ня прие́хала в Смоле́нск.
(= Сейча́с она́ ещё в Смоле́нске.)

Та́ня приезжа́ла в Смоле́нск.
(= Сейча́с её уже́ нет в Смоле́нске.)

б. Скажи́те, где они́ сейча́с?

> Ми́ша с друзья́ми **прие́хали** на да́чу.
> Сейча́с **они́ ещё там,** на да́че.
>
> Дэ́нис **приезжа́л** в Москву́ ле́том.
> Сейча́с **его́ уже́ нет** в Москве́.

1. Оля приезжа́ла в Петербу́рг в командиро́вку.
2. Васи́лий прие́хал в Смоле́нск вме́сте с Та́ней.

3. Та́ня пришла́ к Людми́ле, что́бы снима́ть свой фильм.

4. Утром Та́ня приходи́ла в гости́ницу.

5. Ната́ша пришла́ в поликли́нику к врачу́.

6. Васи́лий приезжа́л в Москву́ на неде́лю.

7 Серге́й пришёл на рабо́ту в 11 часо́в.

4. а. Скажи́те, **ско́лько вре́мени** Та́ня бу́дет жить в Смоле́нске?

—Вы **надо́лго** прие́хали в Смоле́нск?
—**На два дня**.

б. Слу́шайте и повторя́йте. Обраща́йте внима́ние на интона́цию.

Вы **надо́лго** прие́хали в Смоле́нск?

На ско́лько вре́мени вы прие́хали в Смоле́нск?

Вы **до́лго** е́хали в Смоле́нск?

Ско́лько вре́мени вы е́хали в Смоле́нск?

Та́ня **надо́лго** зашла́ к Людми́ле?

На ско́лько вре́мени Та́ня зашла́ к Людми́ле?

Та́ня **до́лго** разгова́ривала с Людми́лой?

Ско́лько вре́мени Та́ня разгова́ривала с Людми́лой?

в. Отве́тьте на вопро́сы. (Не забыва́йте об интона́ции!)

На ско́лько вре́мени Та́ня заказа́ла гости́ницу?
(две но́чи)

Та́ня до́лго бу́дет жить в гости́нице? (три дня)

Ско́лько вре́мени друзья́ е́хали на да́чу?
(це́лый час)

Друзья́ **надо́лго** прие́хали на да́чу? (оди́н день)

На ско́лько вре́мени Дэ́нис приезжа́л в Москву́ в
про́шлом году́? (ме́сяц)

Ско́лько вре́мени Дэ́нис был в Петербу́рге?
(неде́ля)

Ско́лько вре́мени Оля не ви́дела Дэ́ниса?
(оди́н год)

5. Соста́вьте диало́ги:

Куда́ вы хоти́те (или ва́ши друзья́ хотя́т) пое́хать
(на выходны́е, на Но́вый год, на кани́кулы и т.д.)?
На ско́лько вре́мени? Ско́лько вре́мени вы там бу́дете?

—Слу́шай, куда́ ты пое́дешь **на кани́кулы**?
—К ба́бушке.
—**Надо́лго?**
  или (**На ско́лько вре́мени?**)
—**На неде́лю.**
—Класс!

—Интере́сно, а что Ната́ша бу́дет де́лать **на
кани́кулах**?
—Она́ пое́дет в дере́вню.
—И **ско́лько вре́мени** она́ там бу́дет*? or
  (И до́лго она́ там бу́дет?)
—**Неде́лю или две.**
—Поня́тно. . .

* here, бу́дет is used to mean *stay*,
i.e., *how long will she stay there?*

Слу́шайте и повторя́йте:

Я Я на́чал рабо́тать,
на́чал чита́ть,
на́чал обе́дать,
на́чал писа́ть.

Я Я до́лго рабо́тал,
до́лго чита́л,
до́лго обе́дал,
до́лго писа́л.

Я Я ко́нчил рабо́тать,
ко́нчил чита́ть,
ко́нчил обе́дать,
ко́нчил писа́ть.

1. Скажи́те, что́ Та́ня хо́чет де́лать?

—Мо́жно, я сейча́с **начну́ снима́ть**?

2. Какóй глагóл: СВ (perfective) or НСВ (imperfective)
(or perhaps even both are possible)? (Explain your choice!)

СВ = совершéнный
вид
НСВ = несовершéнный
вид

Мíша (начинáть-начáть) _____ изучáть
зоолóгию, когдá емý бы́ло 15 лет.

Обы́чно он (начинáть-начáть) _____ рабóтать
в 8 часóв, а (кончáть-кóнчить) в 5 часóв вéчера.

Óля ужé (начинáть-начáть) _____
рабóтать, а Тáня ещё (продолжáть) учи́ться.

Вéчером пóсле бáни друзья́ (начинáть-начáть)
_____ пить пи́во.

Навéрное, пóсле обéда Тáня (продолжáть)
_____ разговáривать с Людми́лой.

В институ́те Óля ужé (начинáть-начáть)
_____ дýмать о своéй карьéре.

Людми́ла нéсколько раз (начинáть-начáть)
_____ свой би́знес.

3. а. Скажи́те, чтó вы нáчали (хоти́те начáть, ещё не
начинáли) дéлать?

ужé нáчали,
хочý начáть (pf.)

не начинáли (impf.)

> начáть регуля́рно занимáться спóртом
> **Я хочý начáть** регуля́рно **занимáться** спóртом.
> и́ли
> **Я ужé началá** регуля́рно **занимáться** спóртом.
> и́ли
> **Я ещё не начинáла** регуля́рно **занимáться** спóртом.

дéлать домáшние задáния
изучáть кита́йский язы́к
подрабáтывать в магази́не, ресторáне и т. д.
писáть откры́тки друзья́м на Нóвый год
дýмать о бýдущем
плани́ровать свой отды́х
искáть рабóту
регуля́рно бéгать по утрáм
жить по-нóвому
есть помéньше
готóвиться к экзáменам
покупáть подáрки

подрабáтывать = earn
extra money

начина́ть/
нача́ть

конча́ть/
ко́нчить
or:
зака́нчивать/
зако́нчить

продолжа́ть/
продо́лжить

+ impf.

б. Соста́вьте диало́ги, испо́льзуя материа́л из упр. 2.

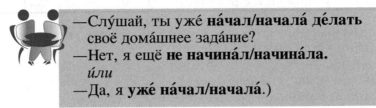

—Слу́шай, ты уже́ **на́чал/начала́ де́лать**
своё дома́шнее зада́ние?
—Нет, я ещё **не начина́л/начина́ла.**
и́ли
—Да, я **уже́ на́чал/начала́.**)

4. Скажи́те: «Пришёл и на́чал» или «Зако́нчил и ушёл»?

Сейча́с Та́ня уже́ в Смоле́нске. (снима́ть фильм)
Та́ня **прие́хала** в Смоле́нск и **начала́** снима́ть фильм.

Сейча́с Оли уже́ нет до́ма. (говори́ть с Дэ́нисом по
телефо́ну)
Оля **зако́нчила** говори́ть с Дэ́нисом и **ушла́.**

Сейча́с Ми́ша в о́фисе. (рабо́тать на компью́тере)
Друзья́ – на да́че. (па́риться в ба́не = to steam in the sauna)
Ми́ши уже́ нет в о́фисе. (смотре́ть Интерне́т)
Арка́дий был в ка́фе, а сейча́с он до́ма. (петь пе́сни о любви́)
Ната́ши уже́ нет в поликли́нике. (разгова́ривать с врачо́м)
Саве́льев – в больни́це. (де́лать опера́цию)
Саве́льева уже́ нет на рабо́те. (де́лать опера́цию).

5. Спроси́те друг дру́га, когда́ вы на́чали:

учи́ться в университе́те (в э́том институ́те)
занима́ться ру́сским языко́м
интересова́ться Росси́ей
подраба́тывать (где?)
бе́гать по утра́м
собира́ть компа́кт-ди́ски
игра́ть в компью́терные и́гры
испо́льзовать (use) Интерне́т

фоне́тика

Слу́шайте и повторя́йте:

> Мне на́до - мне не на́до,
> Мне на́до позвони́ть.
> Нам на́до - нам не на́до,
> Нам на́до говори́ть.
> Тебе́, тебе́ не на́до,
> Тебе́ не на́до спать.
> Ему́, ему́ не на́до,
> Ему́ не на́до знать.
> А вам, коне́чно, на́до,
> Вам на́до отдыха́ть,
> А ей, коне́чно, на́до,
> Ей на́до почита́ть.

1. Скажи́те, о како́й пробле́ме говори́т Людми́ла Пушкарёва?

—Же́нщине на́до занима́ться **и** рабо́той, **и** семьёй.

2. У вас, коне́чно, мно́го дел (пробле́м). Расскажи́те, что́ вам на́до (с)де́лать: (Make up combinations from the list below, or add your own!)

> У меня́ мно́го (ку́ча) дел.
> Мне на́до **и** купи́ть проду́кты, **и** пригото́вить обе́д.

заплати́ть за кварти́ру/за ко́мнату в общежи́тии
пригото́вить за́втрак, обе́д, у́жин
пойти́ в магази́н
рабо́тать в Интерне́те
де́лать дома́шнее зада́ние
слу́шать му́зыку
позвони́ть ба́бушке
смотре́ть телеви́зор
убра́ть кварти́ру

3. Да́йте сове́т (advice). Что́ э́тим лю́дям на́до (с)де́лать?

кому́ на́до что (с)де́лать

Серге́й: —Эх, ка́жется, я потолсте́л! (have gained weight)

Я ду́маю, что **Серге́ю** на́до ме́ньше е́здить на маши́не (и бо́льше ходи́ть пешко́м).

1. Ми́ша: —У Та́ни за́втра день рожде́ния. . .

2. Та́ня: —Я пять лет не была́ на мо́ре!

Я уста́л(а) = I am tired

3. Оля: —Ой, Тань. Я так уста́ла, так уста́ла!

4. Арка́дий: —Мне о́чень понра́вилась та де́вушка, в кафе́. . .

5. Саве́льев: —У меня́ си́льный ка́шель ка́ждое у́тро. Почему́?. .

6. Дэ́нис: —Оля! Я так хочу́ тебя́ уви́деть!

7. Ната́ша: —Ох, у меня́ высо́кая температу́ра и ужа́сно, ужа́сно боли́т голова́!

8. Оле́г: —Я всю жизнь мечта́л уви́деть Пари́ж.

9. Мари́я Андре́евна: —По-мо́ему, у нас до́ма нет хле́ба.

4. Скажи́те, о каки́х же́нщинах спра́шивает Та́ня?

—Скажи́те, есть
ли пробле́мы **у же́нщин,
кото́рые** занима́ются
би́знесом?

5. а. Чита́йте и анализи́руйте предложе́ния со сло́вом
«кото́рый».

Та́ня разгова́ривает с же́нщиной.	**Эта же́нщина** рабо́тает в Смоле́нске.
Та́ня разгова́ривает с же́нщиной,	**кото́рая** рабо́тает в Смоле́нске.
Та́ня разгова́ривает с же́нщиной,	**Эту же́нщину** зову́т Людми́ла. **кото́рую** зову́т Людми́ла.
Та́ня разгова́ривает с же́нщиной,	**У э́той же́нщины** интере́сная рабо́та. **у кото́рой** интере́сная рабо́та.
Та́ня разгова́ривает с же́нщиной,	**Об э́той же́нщине** Та́ня снима́ет фильм. **о кото́рой** она́ снима́ет фильм.

б. А тепе́рь попро́буйте сде́лать трансформа́ции са́ми:

С э́той же́нщиной Та́не на́до поговори́ть о би́знесе…
Та́ня разгова́ривает с же́нщиной,

Этой же́нщине Та́ня звони́ла ра́ньше.
Та́ня разгова́ривает с же́нщиной, …

Для э́той же́нщины Та́ня привезла́ сувени́ры из Москвы́.
Та́ня разгова́ривает с же́нщиной, …

Эта же́нщина занима́ется би́знесом.
Та́ня разгова́ривает с же́нщиной, …

6. Guess (Угада́йте) the right answer to each set below. Go step by step, refining your answer with each new piece of information. Explain why you believe your answer to be correct.

   а. Угада́йте, как зову́т де́вушку,
      > кото́рая живёт в Москве́.
      > кото́рой нра́вится журнали́стика.
      > у кото́рой есть молодо́й челове́к.
      > кото́рую лю́бит Ми́ша.

   б. Угада́йте, как зову́т молодо́го челове́ка,
      > кото́рый занима́ется би́знесом.
      > с кото́рым интере́сно разгова́ривать.
      > кото́рого о́чень хорошо́ зна́ет Та́ня.
      > к кото́рому друзья́ е́дут на да́чу.

   в. Угада́йте, как называ́ется го́род,
      > кото́рый нахо́дится в Росси́и.
      > в кото́ром Дэ́нис был в про́шлом году́.
      > кото́рому почти́ три́ста лет и кото́рый основа́л (founded) царь Пётр I.

7. Describe a person (one of your friends or classmates whom everyone knows, a character from our video, a famous person, etc.) using sentences with **кото́рый**. You can start like this:

   Угада́йте, как зову́т де́вушку (молодо́го челове́ка), кото́р. . .

кото́рый(ая) (не) лю́бит . . .
кото́рому(ой) (не) нра́вится . . .
у кото́рого(ой) есть/нет . . .
с кото́рым(ой) . . .
о кото́ром(ой) . . .

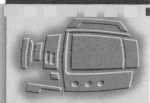

С лёгким паром, мальчики!

Эпизод 10

1. А вы помните, куда Миша с друзьями договорились поехать?

2. Как вы думаете:

В бане русские обычно
- ❏ пьют квас или пиво.
- ❏ бьют друг друга вениками (beat each other with oak or birch branches).*
- ❏ смотрят видеофильмы.
- ❏ поют русские народные песни.
- ❏ читают газету.
- ❏ едят пирожки или блины.

---

*This is intended to improve circulation and is a common part of the баня ritual.

считáть = to believe, to think

потерять = to lose

3. Посмотри́те эпизóд 10: «С лёгким пáром, мáльчики!» и скажи́те: ☑

Савéльев счита́ет, что такóй масса́ж
❑ óчень врéдный.
❑ óчень полéзный.
❑ óчень популя́рный.

Сестра́ Сергéя óчень нра́вится
❑ Ми́ше.
❑ Арка́дию.
❑ Савéльеву.

Ми́ша потеря́л
❑ ключи́.
❑ билéт.
❑ па́спорт.

Савéльев совéтует Ми́ше пойти́
❑ на пóчту.
❑ в мили́цию.
❑ в поликли́нику.

В мили́ции нóвый па́спорт дéлают
❑ два мéсяца.
❑ ми́нимум мéсяц.
❑ недéлю.

Нóмер телефóна Поли́ны был
❑ дóма.
❑ в маши́не.
❑ в па́спорте у Ми́ши.

Сергéй предлага́ет сдéлать объявлéние
❑ по Интернéту.
❑ по ра́дио.
❑ по телеви́дению.

Оля помóжет сдéлать объявлéние, потому́ что
❑ она́ рабóтает на телеви́дении.
❑ у неё есть компью́тер.
❑ она́ ча́сто слу́шает ра́дио.

4. Савéльев говори́т о Ка́те, что она́ «хозя́йственная». Как вы ду́маете, что зна́чит «хозя́йственная жéнщина»?

❑ Жéнщина, у котóрой есть сóбственная (own) фи́рма.
❑ Жéнщина, котóрая лю́бит занима́ться спóртом: хóдит в бассéйн и бéгает у́тром.
❑ Хорóшая дома́шняя хозя́йка.
❑ Жéнщина, котóрая зараба́тывает мнóго дéнег.

5. **Кто это сказал?**

M = Миша   А = Аркадий
С = Сергей   Св. = Савельев

____ —Всё. Хватит (enough). Я больше не могу. (I can't stand it anymore.)

____ —Это очень полезный массаж. Я тебе как врач говорю.

____ —Хорошая у тебя сестра, Сергей! Хозяйственная!

____ —Миша, где телефон Полины?

____ —Ребята, я сразу хотел сказать — я потерял свой паспорт.

____ —Какой ужас!

____ —Телефон — это ерунда. Аркадий, ты ещё молодой. Твоё счастье впереди. Паспорта нет — вот это проблема! В нашей стране без паспорта нельзя ни бизнесом заниматься, ни квартиру купить, ни за границу поехать.

____ —Жениться тоже нельзя.

____ —Какая судьба! У меня свадьба скоро.

____ —А как я теперь найду Полину?

____ —Аркадий, какой ты эгоист!

____ —Ты что! Милиция! Ты знаешь, сколько в милиции будут делать новый паспорт?

____ —А у меня есть идея.

____ —Можно сделать объявления по телевизору.

____ —Отличная идея! Молодец, Сергей!

6. Как вы думаете:

Поможет ли Оля Мише и Аркадию сделать объявления по телевидению?
Что ребята скажут в своих объявлениях?
Найдёт ли Миша свой паспорт?
Найдёт ли Аркадий Полину?

сразу = right away, immediately

фонетика

Слу́шайте и повторя́йте:

Бу́дь здоро́в! И не боле́й!
Ешь побо́льше овоще́й!

С лёгким па́ром, ма́льчики!
Вы помы́ли па́льчики!

Ни пу́ха вам, ни пера́!
Сказа́л преподава́тель вчера́!

К чёрту, к чёрту, к чёрту!
К чёрту всю э́ту рабо́ту!

Прия́тного аппети́та.
Кака́я вку́сная пи́та!

—С лёгким па́ром!

1. а. **Что́** говори́т сестра́
    Серге́я? **Кому́** она́
    говори́т э́то?

б. А вы зна́ете, когда́ ру́сские говоря́т «С лёгким па́ром!»?

2. а. Как вы ду́маете, когда́ и кому́ э́то говоря́т?

> С лёгким па́ром!
>
> Мы говори́м «С лёгким па́ром!» **челове́ку, кото́рый вы́шел из ба́ни.**

Бу́дьте здоро́вы!
Здра́вствуйте!
Прия́тного аппети́та!
Ни пу́ха, ни пера́!
К чёрту!
До свида́ния!
Поздравля́ем!

Мы говори́м челове́ку,

кото́рый чихну́л (sneezed): _____

у кото́рого день рожде́ния: _____

кото́рый начина́ет есть: _____

кото́рый вы́шел из ба́ни: _____

с кото́рым встреча́емся: _____

с кото́рым проща́емся (say good-bye): _____

у кото́рого бу́дет экза́мен: _____

кото́рый сказа́л нам «ни пу́ха
ни пера́!»: _____

б. А вы зна́ете, как отве́тить на э́ти приве́тствия (salutations)? Соста́вьте диало́ги в па́рах.

> —**Прия́тного аппети́та!**
> —**Спаси́бо.**

в. Что́ говоря́т америка́нцы в э́тих ситуа́циях? Кому́? Когда́?

> "Break a leg," говоря́т **актёру, кото́рый сейча́с бу́дет игра́ть.**

Bon appétit! (Enjoy your meal!)
Get well soon!
Cheese!
Cheers!
Have a great trip!
Have fun!
Happy birthday!
Have a nice day!
Good luck!

3. Скажи́те, чей па́спорт потеря́л Ми́ша?

—Ребя́та. . . Я потеря́л свой па́спорт.

4. а. По́мните, Саве́льев сказа́л Серге́ю: «Хоро́шая у тебя́ сестра́!» Кто лю́бит Ка́тю? (Connect the two parts of the sentence.)

Саве́льев	лю́бит свою́ сестру́.
Серге́й	лю́бит его́ сестру́.

б. Куда́ Серге́й пригласи́л друзе́й? Куда́ друзья́ пое́хали?

Серге́й	на свою́ да́чу.
Ми́ша, Арка́дий и Саве́льев	на его́ дачу.

в. О чём Та́ня спра́шивает Людми́лу? О чём Людми́ла расска́зывает?

Та́ня	о её фи́рме.
Людми́ла	о свое́й фи́рме.

г. Что́ Поли́на дала́ Арка́дию? Что Арка́дий взял у Поли́ны?

Поли́на	её телефо́н.
Арка́дий	сво́й телефо́н.

5. *Свой* или *его́/её/их*?

Арка́дий познако́мился с Поли́ной и дал _____ телефо́н

Ми́ше. Но неорганизо́ванный Ми́ша потеря́л _____

телефо́н вме́сте со _____ па́спортом.

По́сле ба́ни друзья́ разгова́ривают о пробле́мах.

А вы по́мните, о чьи́х пробле́мах говоря́т:

Ми́ша и Арка́дий? _____

Саве́льев и Серге́й? _____

6. а. **Свой, его́** или **её**?

Арка́дий: —Когда́ Серге́й пое́дет на _____ да́чу?

Ми́ша: —Он пое́дет на _____ да́чу в суббо́ту.

А что́?

Арка́дий: —Мы то́же хоти́м пое́хать на _____ да́чу.

Ми́ша: —На _____ да́чу?

Арка́дий: —Да, на _____ да́чу.

б. **Свой, мой** и́ли **твой**?

Оля: —Ми́ша! Почему́ ты тако́й гру́стный

(so sad)?

Ми́ша: —Потому́ что я потеря́л _____

па́спорт.

Оля: —А где ты потеря́л _____ па́спорт?

Ми́ша: —Не зна́ю. . . , мо́жет быть, кто́-нибудь

найдёт _____ па́спорт?

в. **Свой, твой** или **мой**?

Та́ня и́щет _____ ка́меру. (видеока́меру)

Ма́ма: —Та́ня, что́ ты и́щешь?

Та́ня: —Я ищу́ _____ ка́меру. Мам, ты не

ви́дела _____ ка́меру?

Ма́ма: —_____ ка́меру? Нет. А где ты

оста́вила (left) _____ ка́меру?

Та́ня: —Я не зна́ю, где я оста́вила _____

ка́меру.

7. Разыгра́йте ситуа́цию: You have lost something and are searching for it (ключ, права́, су́мка, дома́шние зада́ния). Your friend asks what you are doing. (see Ex. 6.в.)

8. a. Почему́ па́спорт — э́то са́мый ва́жный докуме́нт в Росси́и?

— В на́шей стране́ без па́спорта **нельзя́ ни** би́знесом занима́ться, **ни** кварти́ру купи́ть, **ни** за грани́цу пое́хать.

б. Как вы ду́маете, что́ ещё **нельзя́ (с)де́лать** без па́спорта?

в. А что́ **мо́жно (с)де́лать** с па́спортом?

9. a. Как вы ду́маете, что́ **мо́жно** и что́ **нельзя́** (с)де́лать без э́тих докуме́нтов? (Brainstorm in small groups first!)

а.	б.
па́спорт	найти́ рабо́ту
права́	вы́йти за́муж и́ли жени́ться
трудова́я кни́жка	взять 12 ты́сяч рубле́й в ба́нке
свиде́тельство о рожде́нии	преподава́ть в университе́те
реце́пт врача́	купи́ть сигаре́ты в кио́ске
дипло́м	пое́хать за грани́цу
свиде́тельство о бра́ке	купи́ть антибио́тики в апте́ке
проездно́й биле́т	води́ть автомоби́ль
креди́тная ка́рточка	е́здить на по́езде

б. Тепе́рь скажи́те по́лными предложе́ниями.

> Мне ка́жется, в Росси́и **без па́спорта нельзя́...**
> Я ду́маю, что в Росси́и **без па́спорта мо́жно...**

10. Role play: Imagine one of you is a Russian asking your American friend about similar rules in America. Use the list of documents above, and pay special attention to intonation.

a. —Слу́шай, Дэ́нис, у вас в Аме́рике **мо́жно без прав води́ть маши́ну?**
   —Без прав? Води́ть маши́ну? **Коне́чно, нельзя́!**

б. —Скажи́, Ли́нда, у вас в Аме́рике **мо́жно купи́ть биле́т на по́езд без па́спорта?**
   —Без па́спорта? На по́езд? **Коне́чно, мо́жно. Почему́ нельзя́?**

фонéтика

Слу́шайте и повторя́йте:

Я чита́ю два часа́ — ты чита́ешь три часа́.
Он чита́ет два часа́ — она́ чита́ет три часа́.
Мы чита́ем, мы чита́ем, мы чита́ем три часа́.

Ты ходи́л - и я ходи́л, мы ходи́ли це́лый час.
Мы гуля́ли це́лый час — це́лый час мы пи́ли квас.
Це́лый час мы пи́ли пи́во, це́лый час мы пи́ли квас.

1. а. **Ско́лько вре́мени** ми́лиция де́лает но́вый па́спорт?

Ми́ша:	—Ты зна́ешь, **ско́лько вре́мени** мили́ция де́лает но́вый па́спорт?
Саве́льев	—Ско́лько?
Ми́ша	**—Ме́сяц!**
Саве́льев	—Ме́сяц?. . . А я ду́маю, они́ сде́лают **за неде́лю**.

б. Что́ об э́том ду́мает Саве́льев?

2. Ана́лиз: Which statement is synonymous?

   а. Ми́ша с друзья́ми пообе́дали за час.

   - ❏ Они́ обе́дали час и ещё продолжа́ют есть.
   - ❏ Они́ обе́дали час и уже́ зако́нчили есть.
   - ❏ Они́ обе́дали час наза́д.

   б. Оля е́хала на по́езде на Байка́л* неде́лю!

   - ❏ Она́ была́ в по́езде неде́лю.
   - ❏ Она́ е́хала неде́лю и ещё е́дет на по́езде.
   - ❏ Она́ была́ на Байка́ле неде́лю.

   в. Та́ня дое́хала до Смоле́нска за одну́ ночь.

   - ❏ Она́ была́ в по́езде одну́ ночь.
   - ❏ Она́ бы́ла в Смоле́нске одну́ ночь.
   - ❏ Она́ бу́дет в Смоле́нске три дня.

3. а. Слу́шайте и повторя́йте вопро́сы. (See if you can identify the intonational centers IC-2 and IC-3!)

   —**Ско́лько вре́мени** Та́ня бу́дет снима́ть свой фильм?

   —**Та́ня до́лго** бу́дет снима́ть свой фильм?

   —**За ско́лько вре́мени** Та́ня сни́мет свой фильм?

   —Та́ня **бы́стро** сни́мет свой фильм?

   —**Ско́лько вре́мени** друзья́ па́рились в ба́не? ("steamed" in the sauna)

   —Друзья́ **до́лго** па́рились в ба́не?

   —**За ско́лько вре́мени** друзья́ попа́рились в ба́не?

   —Друзья́ **бы́стро** попа́рились в ба́не?

   б. А тепе́рь попро́буйте отве́тить на э́ти вопро́сы (упр. 3.а.).

4. Ask each other questions and answer them. (Use your sense of humor here! See who can come up with the funniest, most

---

*Байка́л here refers to the Lake Baikal region. Lake Baikal is located in south-eastern Russia, and is the deepest fresh water lake in the world.

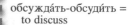

absurd answer! Pay attention to aspect, as well as intonation –
should you ask with IC-2 or IC-3?)

Ско́лько вре́мени друзья́ **пи́ли** пи́во и обсужда́ли
свои́ дела́?
За ско́лько вре́мени они́ **вы́пили** всё пи́во
и обсуди́ли свои́ дела́?

обсужда́ть-обсуди́ть =
to discuss

Ка́тя **до́лго гото́вила** ба́ню для друзе́й?
Она́ **бы́стро пригото́вила** ба́ню для них?

Ско́лько вре́мени Ми́ша **де́лал**
предложе́ние Та́не?
Он **бы́стро сде́лал** ей предложе́ние?

Друзья́ **до́лго е́хали** на да́чу?
За ско́лько вре́мени они́ **дое́хали** до да́чи?

Remember:	
To express	**Use**
Duration of action	Impf. verb + accus.
Time in which action was completed	Pf. verb + за + accus.

5. А тепе́рь, да́йте че́стный (honest) и серьёзный отве́т!

1. **Ско́лько вре́мени** вы обы́чно **де́лаете** дома́шнее
    зада́ние по ру́сскому языку́?
    За ско́лько вре́мени вы **сде́лали** его́ вчера́?

2. **Ско́лько вре́мени** студе́нты обы́чно **пи́шут** свои́
    курсовы́е рабо́ты?
    За ско́лько вре́мени вы мо́жете **написа́ть** хоро́шую
    курсову́ю рабо́ту?

3. **Ско́лько вре́мени** вы обы́чно **идёте** (и́ли е́дете) в
    университе́т?
    За ско́лько вре́мени вы **дошли́** (дое́хали) сего́дня
    у́тром?

4. **Ско́лько вре́мени** вы обы́чно **чита́ете** ка́ждый день?
    За ско́лько вре́мени вы мо́жете **прочита́ть** всю «Анну
    Каре́нину» по-ру́сски? А по-англи́йски?

5. **Ско́лько вре́мени** студе́нты **у́чатся** в америка́нских
    университе́тах?
    За ско́лько вре́мени вы хоти́те **око́нчить** университе́т?

6. **За мину́ту?** и́ли **Ми́нуту?** (Insert the time frame in the
    correct form: accusative with no preposition to indicate
    duration of activity; or за + accus. to indicate period within
    which an action is completed)

1   Та́ня: Я сниму́ свой фильм _____ (два дня)
2. Та́ня: Я е́хала от Москвы́ до Смоле́нска
                 _____ (одна́ ночь)

3. Людми́ла: На́ша фи́рма рабо́таст уже́ _____
   (6 ме́сяцев)

4. Саве́льев: Я ду́маю, что мили́ция сде́лает па́спорт
   _____ (одна́ неде́ля).

5. Ка́тя: Я пригото́вила обе́д _____ (полчаса́).

6. Оля: Мы с Дэ́нисом обы́чно разгова́риваем по
   телефо́ну _____ (це́лый час).

7. Ми́ша: Мы с Та́ней зна́ем друг дру́га уже́
   _____ (не́сколько лет).

8. Арка́дий: Я по́нял _____ (секу́нда), что Поли́на
   — моя́ судьба́.

7. Спроси́те друг дру́га, как бы́стро (за ско́лько вре́мени) вы
мо́жете э́то сде́лать?

> прочита́ть «Анну Каре́нину»
>
> —Слу́шай, Дави́д, говоря́т, что ты отли́чно
> зна́ешь ру́сский язы́к. Это пра́вда?
> —Коне́чно, пра́вда.
> —Интере́сно, **за ско́лько вре́мени ты мо́жешь
> прочита́ть «Анну Каре́нину»?**
> —**За неде́лю.**
> —Ух ты! Вот э́то да! (На́до же! Здо́рово!)

пробежа́ть сто ме́тров
съесть 20 чи́збургеров
вы́пить 12 буты́лок «Фа́нты»
сдать все экза́мены
вы́учить япо́нский язы́к
дойти́ пешко́м от Аля́ски до
   Флори́ды

написа́ть свою́
   автобиогра́фию (resume)
зарабо́тать 100 рубле́й
забы́ть всю ру́сскую
   грамма́тику
сде́лать шашлыки́
   (shishkebob)

8. Соста́вьте диало́ги:

> снима́ть/снять фи́льм, два дня
> —Та́ня, ско́лько вре́мени ты **бу́дешь снима́ть** свой
> фильм?
> —**Я сниму́** его́ **за два дня**.

чита́ть-прочита́ть кни́гу, неде́ля
обе́дать-пообе́дать, полчаса́
переводи́ть-перевести́ текст, мину́та
гото́вить-пригото́вить у́жин, час

Слу́шайте и повторя́йте:

фоне́тика

а. За полчаса́ он прочита́л журна́л.
    За 5 часо́в он прочита́л рома́н.
    За 5 мину́т он написа́л письмо́.
    За 2 часа́ он посмотре́л кино́.

б. Он чита́л и чита́л, и чита́л.
    Он чита́л и чита́л 2 часа́.
    Он писа́л и писа́л полчаса́.
    Он смотре́л и смотре́л 3 часа́.

    Она́ до́лго чита́ла письмо́.
    Она́ до́лго смотре́ла в окно́.
    И ждала́, и ждала́, и ждала́,
    А пото́м на рабо́ту пошла́.

1. а. Как вы ду́маете, почему́ Саве́льев сказа́л Серге́ю:
        «Хоро́шая у тебя́ сестра́! Хозя́йственная!»?

—Ребя́та, **ба́ня гото́ва**!
—Ребя́та, **обе́д гото́в**!

    б. А как до́лго Ка́тя гото́вила обе́д? Как бы́стро она́
        пригото́вила ба́ню?

2. а. Как вы ду́маете, почему́ ребя́та не помога́ют Ка́те? ☑
(check all that apply)

❑ Они́ за́няты свои́ми (о́чень серьёзными!) дела́ми.
❑ Они́ свобо́дны, но про́сто они́ не хотя́т ничего́
  де́лать.
❑ Они́ сча́стливы, что кто́-то забо́тится (takes care)
  о них.
❑ Ка́тя ра́да, что никто́ не меша́ет ей.
❑ Они́ больны́ (а Ка́тя здоро́ва).
❑ Они́ гото́вы помога́ть Ка́те, но Ка́тя не хо́чет их
  по́мощи.

б. Соста́вьте диало́ги:

—Как ты ду́маешь, почему́ они́ не помога́ют Ка́те?
—По-мо́ему, … А ты как ду́маешь?
—А мне ка́жется, …/ И мне ка́жется…

3. а. Найди́те эквивале́нты:

рад(а, ы)   happy
сча́стлив(а, ы)   upset
серди́т(а, ы)   glad
удивлён(ена́, ены́)   angry
расстро́ен(а, ы)   surprised

б. Вы бу́дете **ра́ды**? **сча́стливы**? **серди́ты**? **удивлены́**?
расстро́ены?

> Ми́ша ду́мает: —Если я найду́ свой па́спорт,
> **я бу́ду сча́стлив**.

е́сли вы вы́играете (win) в лотере́ю
е́сли вы потеря́ете свою́ креди́тную ка́рточку
е́сли ва́ша маши́на слома́ется (break down) на доро́ге
е́сли ва́ша футбо́льная кома́нда проигра́ет (lose)
е́сли к вам в го́сти прие́дет ва́ша ба́бушка
е́сли вы сдади́те все экза́мены на «отли́чно»
е́сли вам пода́рят соба́ку на день рожде́ния
е́сли за́втра вы пое́дете в Москву́
е́сли вы смо́жете говори́ть по-ру́сски без оши́бок
е́сли ваш сосе́д бу́дет кури́ть в ко́мнате
е́сли ваш друг не перезвони́т вам (call you back)
е́сли вы заболе́ете

4. Скажи́те: как вы ду́маете, кака́я реа́кция была́ у геро́ев?

Когда́ Та́ня узна́ла, что Ми́ша потеря́л свой па́спорт. . .

—По-мо́ему, когда́ Та́ня узна́ла, что Ми́ша потеря́л свой па́спорт, **она́ была́** о́чень **серди́та (расстро́ена)**.

Когда́ Арка́дий узна́л, что Серге́й купи́л ему́ биле́т. . .
Когда́ Арка́дий узна́л, что Ми́ша потеря́л телефо́н Поли́ны. . .
Когда́ Та́ня зако́нчила снима́ть свой фильм в Смоле́нске. . .
Когда́ Оля получи́ла рабо́ту на телесту́дии, . . .
Когда́ роди́тели узна́ли, что бу́дет сва́дьба,. . .

5. Скажи́те друг дру́гу, почему́ вы бы́ли бы ра́ды, удивлены́, серди́ты, и т. д.

—**Я была́ бы** о́чень **расстро́ена**, е́сли бы я не получи́ла э́ту рабо́ту.
—А **я был бы расстро́ен**, е́сли бы я потеря́л свою́ креди́тную ка́рточку.

    потеря́ть ключ
    забы́ть уче́бник
    заболе́ть (анги́ной, гри́ппом, бронхи́том)
    купи́ть . . .
    пое́хать в . . .
    посмотре́ть. . .

6. Скажи́те:

    a. Что́ Серге́й сове́тует Ми́ше?

—Мо́жно за́втра сде́лать объявле́ние по телеви́зору. Переда́ча Оли **регуля́рно де́лает** таки́е объявле́ния.

    б. **Как ча́сто** переда́ча Оли де́лает объявле́ния?

7.

Tense	Repetitive action (как) **ча́сто** + imperfective	One-time, completed action **когда́** + perfective
Past	Та́ня ча́сто снима́ла фи́льмы? Она́ снима́ла их раз в год.	Когда́ Та́ня сняла́ свой фи́льм? Она сняла́ его́ в ма́е.
Present	Саве́льев ча́сто говори́т с пацие́нтами? Он говори́т с ни́ми ка́ждый день.	(no present tense possible!)
Future	Как ча́сто Дэ́нис бу́дет звони́ть Оле? Он бу́дет звони́ть ей ча́ще, чем в про́шлом году́.	Когда́ Дэ́нис позвони́т Оле? Он позвони́т ей че́рез неде́лю.

8. Соста́вьте диало́ги с вопро́сами «**Как ча́сто?**» и́ли «**Когда́?**»

 а. Ми́ша сде́лает объявле́ние о па́спорте по телеви́зору.

 —Как ты ду́маешь, **когда́** Ми́ша сде́лает объявле́ние о па́спорте по телеви́зору?
 —Я ду́маю, что он сде́лает его́ **за́втра.**

 б.
 —Как тебе́ ка́жется, Ми́ша **ча́сто** де́лает объявле́ния по телеви́зору?
 —Мне ка́жется, он **не о́чень ча́сто** де́лает объявле́ния.

 1. Та́ня сдала́ после́дний экза́мен.

 2. Оля е́здит в Петербу́рг.

 3. Арка́дий позвони́т Поли́не.

 4. Оля перепи́сывается с Дэ́нисом.

 5. Серге́й пригласи́л свои́х друзе́й на да́чу.

 6. Ми́ша е́здит на рабо́ту на такси́.

 7. Саве́льев подраба́тывает на «Ско́рой по́мощи» (ambulance).

 8. Та́ня с Ми́шей по́дали заявле́ние в ЗАГС.

перепи́сываться = to correspond

9. Спроси́те друг дру́га, как ча́сто вы что́-то де́лаете, де́лали или бу́дете де́лать. (Ask about past, present and future activities!)

—Слу́шай, ты **ча́сто обе́даешь** в столо́вой?
—То́лько **по понеде́льникам.** Обы́чно я обе́даю до́ма. А ты?
—. . .

или:
—Слу́шай, ты ра́ньше **ча́сто обе́дал(а)** в столо́вой?
—Нет, **не ча́сто.** Обы́чно я обе́дал(а) до́ма. А ты?
—. . .

или:
—Слу́шай, ты **ча́сто бу́дешь обе́дать** в столо́вой в январе́?
—То́лько **когда́ бу́дет вре́мя.** Обы́чно я бу́ду обе́дать до́ма. А ты?
—. . .

знако́миться с но́выми людьми́
приглаша́ть госте́й
теря́ть свои́ докуме́нты
па́риться в ба́не
де́лать поле́зный масса́ж
е́здить за грани́цу
снима́ть кварти́ру
де́лать объявле́ние по телеви́дению
расска́зывать друзья́м о свои́х пробле́мах
покупа́ть оде́жду в «Кей-ма́рте»
гуля́ть в па́рке
разгова́ривать со свое́й ба́бушкой
ремонти́ровать свою́ маши́ну
чита́ть кни́ги по-ру́сски
занима́ться спо́ртом

по понеде́льникам
по вто́рникам
по сре́дам
по четверга́м
по пя́тницам
по суббо́там
по воскресе́ньям
по выходны́м

**Уро́к 5
День 9**

1. Посмотри́те **эпизо́д 9** и восстанови́те диало́г:

Та́ня: _____. Вы Пушкарёва Людми́ла?

Л.П.: Здра́вствуйте. Да, _____ _____.

У вас есть _____ ко мне?

Та́ня: Я – Татья́на Воло́дина. По́мните, я _____

_____? Я _____ снима́ть фильм.

Л.П.: _____ _____. У меня́ есть немно́го

вре́мени. Я могу́ вам показа́ть на́ше произво́дство.

Та́ня: А мо́жно я пря́мо сейча́с_____

_____?

Л.П.: Да, пожа́луйста, проходи́те.

2. Что они́ спроси́ли? Что́ они́ сказа́ли?

Та́ня: —А мо́жно я пря́мо сейча́с начну́ снима́ть?
Та́ня спроси́ла Людми́лу, _____?

Л.П.: —Снима́йте.
Людми́ла сказа́ла Та́не, _____.

Та́ня: —. . . ва́ша фи́рма молода́я?»
Та́ня спроси́ла _____?

Л.П.: —Молода́я, а де́ло, кото́рым занима́емся, о́чень
ста́рое.
Людми́ла сказа́ла _____.

Та́ня: —Что вы произво́дите?
Та́ня спроси́ла _____?

Л.П.: —В Росси́и у же́нщин-бизнесме́нов о́чень тру́дная
жизнь.
Людми́ла отве́тила _____.

Л.П. —А Вы надо́лго в Смоле́нск?
Людми́ла спроси́ла _____?

Та́ня: —На три дня.
Та́ня сказа́ла_____.

3. Посмотри́те эпизо́д 10 и скажи́те:

How did Katya greet them after their sauna?

_____

How did Misha say he wanted to tell them right away about the lost passport?

_____

How did Sergei indicate his surprise at Misha's news?
(two words) _____

How did Saveliev say that perhaps this was fate?

_____

How did Arkady indicate his approval of Sergei's idea?
(4 words) _____

4. a. Get together in pairs or small groups and describe in as much detail as possible Episodes 9 and 10. Start by jotting down sentences that answer the basic questions: who, what, when, where, why. Then go back and try to connect your sentences into a coherent story, using as many of the following as possible:

Снача́ла . . ., пото́м. . . (At first. . ., then. . .)
Мне ка́жется,. . .
По-мо́ему, . . .
Я ду́маю, что. . .
Одна́ко (however), . . .
Поэ́тому . . .
потому́ что

б. Now retell Episodes 9 and 10 as a class. This can be done in various ways.

For example, each student or each team can add a detail, creating a "chain" story. Before adding a new detail, you must first repeat what has already been said.

Remember: *Повторе́ние – мать уче́ния!*

Давáйте почитáем

**Урóк 5
Дни 10/11**

I Pre-Reading Exercises

1. Read the following groups of words. Are all the words in each group related?
   Underline the roots.

   а. морóз, Морóзко, морóженое, зáмуж, замёрзнуть, заморóзить

   б. старúк, старýха, стáрший, стрáшный, стáрый

   в. роднáя, родúтели, нарóд, прирóда, гóрод, Рóдина

   г. стол, столóвая, столúца, «Столúчная», стóлько

2. Which of the following words **do not** belong to the lexical group? Can you explain
   the connection between the rest of the words?

   а. снег, зимá, морóз, соснá, хóлодно, замёрзнуть

   б. дéвушка, жéнщина, дóчка, старýха, шýба, мáчеха

   в. злáя, ленúвая, некрасúвая, дóбрая, капрúзная, глýпая

3. What do the following words mean? Do you think they are related?

   мáть – мáчеха (compare: хотéть – хочý)

   отéц – óтчим (compare: конéц – кóнчить)

   дóчка – пáдчерица (compare: 1 дéнь – 2 дня)

   сын – пáсынок

II Reading

Read the text and answer the questions that follow. Keep in mind the following general
question as you read: Чтó случúлось с Марфýшкой? (It may be helpful to read through
the questions *before* reading the text!)

Морозко

Русская народная сказка

1

Жили-были старик со старухой, и была у них дочка Настенька. Старуха умерла, и через год старик женился на другой женщине, у которой была дочка — Марфушка. Мачеха не любила падчерицу, давала ей всю домашнюю работу, а её родная дочка ничего не делала, а только сидела на лавке и смотрела в окно. Настенька была девушка красивая и работящая, и многие парни в деревне хотели её взять замуж. А Марфушка была некрасивая, ленивая и капризная, и никто не хотел её замуж брать.

И вот, решила мачеха прогнать Настеньку из дома. Позвала она старика и говорит:

—Вези свою дочь в лес! Не хочу её больше видеть в этом доме!

Старик заплакал, но ничего сделать не мог — очень он боялся злую жену. Сели они с дочкой в сани и поехали в лес. Привёз старик Настеньку в зимний лес, посадил её под большую сосну и уехал поскорее, чтобы не видеть, как родная дочь будет замерзать.

2

Сидит Настенька в лесу одна — холодно ей! И вдруг видит: подходит к ней старик Морозко - с белой бородой, в шубе и с волшебным посохом.

—Здравствуй, девушка. Я - Мороз Красный Нос, - говорит Морозко.

—Здравствуй, дедушка, — тихо отвечает Настенька.

—Тепло ли тебе, девушка? Тепло ли тебе, красная? - спрашивает Морозко.

—Тепло, дедушка. Тепло, Морозушко, — говорит Настенька, а сама совсем замерзает.

Понравилась добрая девушка Морозке. Дал он ей свою шубу и большой сундук с золотом. Села Настенька на сундук, надела тёплую шубу, и стало ей тепло и хорошо. Сидит она и песенки поёт.

А злая мачеха с Марфушкой рады: за столом сидят, блины да пироги едят, над стариком смеются:

—Ах ты, старый козёл! Родную дочку в лесу оставил!

Плачет старик, а мачеха говорит:

—Поезжай завтра утром в лес, старый козёл! Будем хоронить твою дочь.

На другое утро сел старик в сани и поехал в лес. Как же удивился и обрадовался он, когда увидел, что Настенька, жива и здорова, сидит в шубе на большом сундуке, а в сундуке золото!

3

Приéхали онú домóй, а злáя мáчеха — ах!—не вéрит своúм глазáм. Рассказáла Нáстенька всё, как бы́ло, а мáчеха кричúт старикý:

—Эй, стáрый козёл! Везú побыстрéе Марфýшеньку-дýшеньку в лес, на тó же сáмое мéсто!

Сел старúк с Марфýшкой в сáни, привёз её под большýю соснý и уéхал. Сидúт Марфýшка в лесý однá, ест пирогú с молокóм. Подхóдит Морóзко и спрáшивает:

—Теплó ли тебé, дéвушка? Теплó ли тебé, крáсная?

—Ах ты, стáрый козёл! – отвечáет Марфýшка. – Рáзве не вúдишь, что я совсéм замёрзла? Давáй-ка мне сундýк зóлота, да побóльше!

Не понрáвилась Марфушка Морóзке. Рассердúлся он и заморóзил её своúм волшéбным пóсохом. Утром приéхал старúк в лес и увúдел, что Марфýшка замёрзла дó смерти.

А мáчеха дóма приготóвила блины́ да пирогú — ждёт свою́ дóчку с богáтыми подáрками. Услы́шала онá, что старúк приéхал — обрáдовалась. Вы́шла из дóма встречáть дóчку и вúдит: замёрзла Марфýшка. Заплáкала мáчеха, закричáла, да пóздно!

Словá к тéксту

бородá beard
вéрить (impf.) to believe, не вéрит своúм глазáм does not believe her eyes
волшéбный пóсох magical staff
замерзáть/ замёрзнуть to be freezing (intransitive)
заморóзить (pf.) to freeze something (transitive)
заплáкать (pf.) to start crying
злóй evil, mean
зóлото gold
капрúзный capricious
козёл goat, стáрый козёл old goat (used as a term of derision)
лáвка bench
ленúвый lazy
мáчеха step-mother
остáвить (pf.) to leave (behind)

óтчим step-father
пáдчерица step-daughter
плáкать (impf.) (он плáчет) to cry
посадúть (pf.) to seat, to place (кудá)
пóсох staff
прогнáть (pf.) to chase away, to kick out
работáющий hard-working, industrious
роднóй natural-born
сáни (pl.) sleigh
смерть (f.) death (дó смерти = to death)
старúк old man
старýха old woman
сундýк trunk
умерéть (pf.) to die (онá умерлá)
хоронúть (impf.) to bury
шýба big fur coat

1 часть

1. Как звáли дóчку старикá?
2. Почемý старúк женúлся ещё раз?
3. Как звáли дóчку егó нóвой жены́?
4. Как мáчеха относúлась (treated) к своéй дóчери и к пáдчерице?
5. Какáя дéвушка былá Нáстенька?
6. Какáя дéвушка былá Марфýшка?
7. Чтó дýмали о дéвушках молоды́е пáрни в дерéвне?
8. Зачéм мáчеха позвалá старикá?
9. Почемý старúк заплáкал?
10. Почемý старúк сдéлал так, как сказáла злáя мáчеха?
11. Где старúк остáвил свою́ дóчку?
12. Почемý он поскорéе уéхал домóй?

ВОПРОСЫ

В О П Р О С Ы

2 часть

1. Как де́вушка чу́вствовала себя́ в лесу́?
2. Как вы́глядел (look like) Моро́зко?
3. Как Моро́зко назва́л себя́?
4. Как На́стенька назвала́ Моро́зко?
5. Почему́ На́стенька понра́вилась Моро́зке?
6. Что он подари́л ей?
7. Почему́ На́стенька по́сле э́того пе́ла пе́сенки?
8. Почему́ до́ма стари́к запла́кал?
9. Заче́м ма́чеха приказа́ла (ordered) старику́ е́хать в лес ещё раз?
10. Что почу́вствовал стари́к, когда́ он уви́дел свою́ до́чку живу́ю и здоро́вую?

3 часть

1. Почему́ ма́чеха удиви́лась, когда́ она́ уви́дела На́стеньку?
2. Что ма́чеха приказа́ла старику́?
3. Почему́ ма́чеха приказа́ла старику́ сде́лать э́то?
4. Что де́лала Марфу́шка в лесу́, пока́ ждала́ Моро́зко?
5. Почему́ Моро́зко рассерди́лся (became angry) на Марфу́шку?
6. Как Моро́зко заморо́зил Марфу́шку?
7. Что уви́дел стари́к, когда́ прие́хал у́тром за Марфу́шкой?
8. Для кого́ ма́чеха пригото́вила вку́сный за́втрак?
9. Что уви́дела зла́я ма́чеха, когда́ вы́шла встре́тить до́чку?

III Post-Reading Exercises

1. How did these characters refer to one another? Why do you think they use these forms of address?

Стари́к	⟹	свою́ до́чь _____
Па́рни в дере́вне	⟹	Марфу́шку _____
Моро́зко	⟹	Марфу́шку и На́стеньку _____
На́стенька	⟹	Моро́зко _____
Ма́чеха	⟹	старика́ _____
Ма́чеха	⟹	свою́ до́чь _____
Марфу́шка	⟹	Моро́зко _____

2. a. You know from the story what Моро́зко looks like – стари́к с бородо́й, в шу́бе и с волше́бным по́сохом. Do you remember what constructions to use for clothing and appearance? Here are a few examples:

оде́жда: **он(а́) в чём**: в ста́ром пла́тье, в но́вой ю́бке, в жёлтой руба́шке

вне́шность: **он(а́) с чём**: с коро́ткими/дли́нными чёрными/ры́жими волоса́ми
с седо́й бородо́й, с уса́ми
с дли́нной косо́й (braid)
с больши́ми/ (не)краси́выми/до́брыми/ злобными глаза́ми
с больши́м живото́м

What do you think the others look like?

На́стенька _____

Марфу́шка _____

Зла́я ма́чеха _____

Стари́к _____

б. Now, describe their personalities. Како́й у них хара́ктер?

Ма́чеха _____

Стари́к _____

На́стенька _____

Марфу́шка _____

Моро́зко _____

3. Put yourself in the positions of the various characters in this story. What do you think each was thinking:

1. **Марфу́шка,** когда́ никто́ не хоте́л её за́муж брать?
2. **Ма́чеха,** когда́ она́ реши́ла прогна́ть На́стеньку из до́ма?
3. **Стари́к,** пока́ он е́хал домо́й из ле́са, где он оста́вил На́стеньку?
4. **На́стенька,** пока́ сиде́ла в холо́дном лесу́ одна́?
5. **Моро́зко,** пока́ разгова́ривал с На́стенькой?
6. **Стари́к,** когда́ пла́кал до́ма, а ма́чеха смея́лась над ним?
7. **Марфу́шка,** пока́ е́ла пироги́ с молоко́м в лесу́?
8. **Моро́зко,** пока́ разгова́ривал с Марфу́шкой?
9. **Ма́чеха,** когда́ услы́шала, что стари́к прие́хал из ле́са?
10. **Ма́чеха,** когда́ уви́дела, что Марфу́шка замёрзла до́ смерти?
11. **Вы,** когда́ вы зако́нчили чита́ть э́ту ска́зку?

ПОВТОРЕНИЕ
ПОВТОРЕНИЕ
ПОВТОРЕНИЕ
ПОВТОРЕНИЕ
ПОВТОРЕНИЕ
ПОВТОРЕНИЕ
ПОВТОРЕНИЕ
ПОВТОРЕНИЕ
ПОВТОРЕНИЕ

ПОВТОРЕ́НИЕ

STAGE 2
Уро́к 5
День 12

1. Что́ вы ду́маете о назва́ниях эпизо́дов в э́том уро́ке? Они́ вам нра́вятся? Почему́? Каки́е други́е назва́ния возмо́жны?

эпизод 9: «Говоря́т, что би́знес — э́то мужско́е де́ло. . .»

_____

_____

эпизод 10: «С лёгким па́ром, ма́льчики!»

_____

_____

2. Act out the following situations based on episodes 9 and 10:

a. Imagine that Tanya has arrived at Ludmila's house. In small groups, act out Ludmila's introduction to her husband and family.

b. Misha tells Tanya about his lost passport. They discuss what to do.

3. Find out from your partner when s/he began and stopped the following activities (be sure to use нача́ть/зако́нчить + imperfective verbs!):

рабо́тать
игра́ть в футбо́л (те́ннис)
учи́ться в шко́ле
учи́ться в университе́те
изуча́ть ру́сский язы́к
жи́ть в общежи́тии, в э́той кварти́ре

4. Discuss your plans for the upcoming month: what do you need to do, when, how long will you be engaged in the activity (impf. verb, accus. of time), how long will it take you to complete it (за + accus. pf. verb).

5. Discuss with your new Russian roommate, who has never studied in America before, the rules in your dorm/at your university/in an American classroom. Ask/tell each other what is and is not allowed, using **мо́жно** and **нельзя́**.

6. Tell your Russian friend you lost something: money, wallet, book, driver's license, and get advice as to where to go and what to do. (Be sure to use **свой** and **на́до**). Perhaps you have lost:

па́спорт
де́ньги
креди́тная ка́рточка
су́мка
студе́нческий биле́т (student i.d.)

Грамма́тика

1. Aspect and annulled action

Imperfective forms are obligatory to express an act that was accomplished and then undone (or when the results of an action are annulled). This refers primarily to verbs denoting clearly "reversible" actions: open/close, give/take, get up/lie down, turn on/turn off, arrive/depart, bring/take, put on/take off, and others. Remember that the perfective of these verbs unambiguously stipulates that the one-way action is completed and its result is still in force; the imperfective is obligatory when the result is no longer in effect.

Included are many of the prefixed verbs of motion, both transitive and intransitive.

приходи́ть/прийти́	to arrive (on foot)
приезжа́ть/прие́хать	to arrive (by vehicle)
уходи́ть/уйти́	to depart (on foot)
уезжа́ть/уе́хать	to depart (by vehicle)
приноси́ть/принести́	to bring (on foot)
привози́ть/привезти́	to bring/to deliver (by vehicle)
уноси́ть/унести́	to carry away (on foot)
увози́ть/увезти́	to carry away (by vehicle)

Also included in this group denoting "reversible" actions are the following verbs. (These verbs are not practiced in unit 5 and are provided here only for your reference and future study.)

открыва́ть/откры́ть	to open
закрыва́ть/закры́ть	to close
брать/взять	to take
оставля́ть/оста́вить	to leave (something somewhere)
включа́ть/включи́ть	to turn on
выключа́ть/вы́ключить	to turn off
отдава́ть/отда́ть	to give back, to return
надева́ть/наде́ть	to put on

Analyze how the choice of aspect is affected by whether the results of an action are still in effect.

Мои́ друзья́ приезжа́ли ко мне́ на про́шлой неде́ле.
My friends came to see me last week. (They have left already.)

Мои́ друзья́ прие́хали ко мне́ на про́шлой неде́ле.
My friends arrived last week. (They are still here.)

Оле́г заходи́л к Ната́ше.
Oleg dropped by to see Natasha. (He is no longer there.)

Ми́ша зашёл к Та́не.
Misha dropped by to see Tanya. (He is still there.)

Утром я откры́ла окно́.
I opened the window in the morning. (It is still open.)

Утром я открыва́ла окно́.
I opened the window in the morning. (It is now shut; i.e., I had the window open this morning.)

Я тебе́ звони́л(а) у́тром, но тебя́ не́ было до́ма. Где ты был?
Я уходи́л в магази́н.
I called you this morning but you were not home. Where were you?
I went out to the store. (I am obviously home now.)

2. Expressing duration: imperfective verb + accusative of time period

To express the duration of an action, Russian uses an accusative form *without a preposition*. Note that the equivalent English phrases may or may not contain the preposition "for."

Мы бы́ли в Москве́ одну́ неде́лю.
We were in Moscow (for) one week.

Бори́с жил в Вашингто́не оди́н год.
Boris lived in Washington (for) a year.

Я писа́л(а) докла́д неде́лю.
I worked on the report (for) a week.

Мы учи́ли но́вые слова́ весь ве́чер.
We studied the new words all evening.

Она́ переводи́ла э́тот рома́н два го́да.
She worked on translating the novel (for) two years.
(Note that *два* is in the accusative here.)

Note that an action that began in the past and is still continuing into the present is expressed in Russian by a present tense verb:

Я рабо́таю в университе́те пять лет.
I have been working at the university (for) five years.

Мы живём в Калифо́рнии три го́да.
We have been living in California for three years.
(Note that **пять** and **три** are in the accusative here)

3. Preposition на + accusative to express time period

You are already familiar with the use of the preposition **через + accusative** to indicate time after which an action will occur. The preposition **на + accusative** is used to express a period of time beginning after the action of the principal verb is completed and the length of time the action will take place. This construction is frequently used with perfective verbs of motion to denote that a person has arrived or departed for a certain period of time.

> На ско́лько Та́ня прие́хала в Смоле́нск?
> For how long has Tanya come to Smolensk?
> Та́ня прие́хала в Смоле́нск на два дня.
> Tanya has come to Smolensk for two days.

> Они́ пое́дут в Петербу́рг на неде́лю.
> They are going to Petersburg for a week.

> Мои́ друзья́ прие́дут ко мне на пять дней.
> My friends are coming to see me for five days.

> Я могу́ прие́хать к тебе́ то́лько на оди́н час.
> I can come to your place (I can come to see you) only for an hour.

4. Imperfective infinitive after certain verbs

The following verbs require that the accompanying infinitive be *imperfective*. You already know many of them, and the first are often referred to as "phasal" verbs because they describe only a "phase" of the action–the beginning, middle or end–and therefore cannot logically imply completion.

начина́ть/нача́ть (начина́й-/на́чн-)	to begin
конча́ть/ко́нчить (конча́й-/ко́нчи-) зака́нчивать/зако́нчить (зака́нчивай-/зако́нчи-)	to end
продолжа́ть/продо́лжить (продолжа́й-/продо́лжи)	to continue

Imperfective infinitives are used after the following two verbs also, since these verbs indicate habitual actions or acquired skills, i.e., imply repetition, which is inherently imperfective.

нра́виться/понра́виться (нра́ви-ся/понра́ви-ся)	to like
учи́ться/научи́ться (учи́-ся/научи́-ся)	to learn

Та́ня начала́ снима́ть свой фильм в суббо́ту.
Tanya began to shoot her film on Saturday.

Оля начина́ет рабо́тать в 8 часо́в утра́.
Olya begins working at 8 am.

Дэ́нис продолжа́ет рабо́тать фото́графом.
Dennis continues to work as a photographer.

Мы зако́нчили писа́ть докла́д и пошли́ домо́й.
We finished writing our report and went home.

5. Expressing necessity: на́до + infinitive (review)

Recall that to express the necessity to do something in Russian, we use **на́до (ну́жно) + infinitive**. The logical subject, if specified, is in the dative case. Note that to express necessity in the past or future, the third-form of быть is used (на́до бы́ло + infinitive, на́до бу́дет + infinitive), regardless of the logical subject:

Та́не на́до пое́хать в Смоле́нск.
Tanya has to go to Smolensk.

Та́не на́до бу́дет пое́хать в Смоле́нск.
Tanya will have to go to Smolensk.

Ми́ше на́до найти́ свой па́спорт.
Misha has to find his passport.

Ми́ше на́до бы́ло найти́ свой па́спорт.
Misha had to find his passport.

Студе́нтам на́до занима́ться,
потому́ что ско́ро бу́дут экза́мены.
The students have to study,
because exams are coming up soon.

Студе́нтам на́до бу́дет занима́ться,
потому́ что ско́ро бу́дут экза́мены.
The students will have to study,
because exams are coming up soon.

Мне (ему́, ей) на́до бы́ло рабо́тать.
I (he, she) had to work.

Мне (ему́, ей) на́до бу́дет рабо́тать.
I (he, she) will have to work.

6. Review of the reflexive possessive pronoun свой

Recall that when the subject of the sentence or clause is the same as the possessor in that clause, the possessive pronoun свой is used.

Я потеря́л(а) свой па́спорт.
I lost my (own) passport.

Дэ́нис о́чень лю́бит свою́ профе́ссию.
Dennis really loves his profession.

Оля лю́бит свой го́род.
Olya loves her (own) city.

Мы говори́м о свое́й рабо́те.
We are talking about our (own) work.

When the subject is in the third person (he, she, it, they), свой is obligatory and is the only means of expressing possession. Compare the following sentences, where the use of её, его, and их convey entirely different meanings than свой.*

Ми́ша рабо́тает в свое́й кли́нике.	Misha works at his own clinic.
Ми́ша рабо́тает в его́ кли́нике.	Misha works at his (someone else's) clinic.
Та́ня снима́ет свой фильм.	Tanya is making her own film.
Та́ня снима́ет её фильм.	Tanya is making her (someone else's) film.
Серге́й пригласи́л всех на свою́ да́чу.	Sergei invited everyone to his (own) dacha.
Серге́й пригласи́л всех на его́ да́чу.	Sergei invited everyone to his (someone else's) dacha.

With first- or second-person subjects, **свой** is optional and is used for emphasis. The meaning does not differ significantly if **мой**, **твой**, **наш**, or **ваш** are used.

Я потеря́ла мой/свой па́спорт.
I lost my/my own passport.

Мы позвони́ли на́шим/свои́м роди́телям.
We called our/our own parents.

Вы е́здите в университе́т на ва́шей/свое́й маши́не?
Do you drive to the university in your/your own car?

7. The modal word нельзя́ and aspect

The modal word **нельзя́** deserves special comment because it has two possible meanings: "it is not possible," and "it is not allowed/it is forbidden." When **нельзя́** is followed by a *perfective* infinitive, it indicates impossibility. When it is a matter of permission/prohibition, **нельзя́** must be followed by an *imperfective* infinitive.

Study the following examples.

В ко́мнату нельзя́ войти́, у нас нет ключа́. We cannot (it's impossible to) get into the room, we do not have a key.	It is physically impossible.

---

*Note that in English, the ambiguity of the possessive pronouns his, hers, and theirs can only be clarified by context. Russian eliminates this ambiguity by requiring свой with third-person subjects.

В ко́мнату нельзя́ входи́ть, там идёт репети́ция. We cannot go into the room, there is a rehearsal in progress.	It is unadvisable, or forbidden.
Во всех зда́ниях университе́та нельзя́ кури́ть. Smoking is forbidden in all buildings of the university.	It is forbidden.
Нельзя́ пое́хать за грани́цу без па́спорта. One cannot go abroad without a passport.	It is impossible.
Отсю́да нельзя́ позвони́ть, телефо́н не рабо́тает. It is impossible to call from here, the phone does not work.	It is physically impossible.

Note that in the past and future, **нельзя́** is used with the neuter singular form of **бы́ть** (**нельзя́ бы́ло, нельзя́ бу́дет**). Also, remember that this is an impersonal construction, and if the logical subject is expressed, it is in the dative case.

8. Expressing time required for completing an action (за + accusative)

The time period required for the action of a perfective verb to be completed is conveyed by the preposition **за + accusative**. The equivalent meaning is generally rendered in English by phrases with the prepositions "in" or "within".

Contrast this time expression with the durational accusative as dicussed in #2 above. **За + accusative** used with a perfective verb answers the question, "How long did (will) it take to complete this action?"

Study the following examples:

Та́ня сняла́ свой фильм за два дня.
Tanya shot her film in two days.

Я написа́ла докла́д за неде́лю.
I finished the report in a week.

Мы вы́учили но́вые слова́ за ве́чер.
We learned all the new words in an evening.

Она́ перевела́ э́тот рома́н за два ме́сяца.
She completed the translation in two months. (Note that **два** is the accusative here.)

9. Common short-form adjectives*

The following frequently used short-form adjectives have appeared so far, including the new ones introduced in unit 5:

свобо́ден (свобо́дна, свобо́дны)	free, available
за́нят (занята́, за́няты)	busy
гото́в (гото́ва, гото́вы)	tready
бо́лен (больна́, больны́)	sick
здоро́в (здоро́ва, здоро́вы)	healthy
рад (ра́да, ра́ды)	glad
сча́стлив (сча́стлива, сча́стливы)	happy
серди́т (серди́та, серди́ты)	angry
удивлён (удивлена́, удивлены́)	surprised
расстро́ен (расстро́ена, расстро́ены)	upset

These short-form adjectives are always used predicatively, only long-form adjectives can be used attributively.** Short-form adjectives are highly bound to a particular context and express temporary or relational qualities, whereas long-form adjectives express permanent features. Compare the meanings of the adjectives in the following examples.

Short-form	Long-form
Мы бу́дем гото́вы через два́дцать мину́т. We will be ready in twenty minutes.	В э́том магази́не мо́жно купи́ть гото́вые блю́да. You can buy prepared foods in this store.
Ми́ша не́ был гото́в к экза́мену. Misha was not ready for the exam.	
Са́ша свобо́ден то́лько по́сле пяти́ (часо́в). Sasha is free only after five (o'clock).	Всё своё свобо́дное вре́мя он прово́дит в компью́терном це́нтре. He spends all of his free time in the computer center.
Они́ бы́ли свобо́дны вчера́ до оди́ннадцати (часо́в). They were free yesterday until eleven (o'clock).	Пре́сса в Аме́рике счита́ется свобо́дной. The press in America is considered to be free.
Мы бы́ли за́няты вчера́ ве́чером. We were busy last night.	Наш дире́ктор о́чень занято́й челове́к. Our director is a very busy person.
Ната́ша бу́дет занята́ в суббо́ту. Natasha will be busy on Saturday.	
Оле́г за́нят ка́ждый день по́сле рабо́ты. Oleg is busy every day after work.	

*See *Appendix VIII* for a detailed analysis of short-form adjectives.

**In other words, only a long-form adjective can be adjacent to the noun it modifies with no linking verb in between (e.g. "the <u>busy</u> student" as opposed to "the student is busy").

Существи́тельные (Nouns)

ба́ня bathhouse
вре́мя time, (немно́го вре́мени = a little while)
госуда́рство government, state
де́ло matter, business (мужско́е де́ло = men's business)
дискримина́ция discrimination
ерунда́ nonsense
колле́га colleague
масса́ж massage
ме́сяц month
мили́ция police
ми́нимум minimum
мно́гие many people (pl. adjective used as a noun)
объявле́ние announcement
переда́ча television program
произво́дство production, manufacturing
ремесло́ handicraft, trade
семья́ family
сове́т advice
страна́ country
сча́стье happiness
уваже́ние respect
фи́рма firm
худо́жественные изде́лия из льняны́х тка́ней art works made of linen fabrics
эго́ист egoist

Прилага́тельные (Adjectives)

друго́й another
отли́чный excellent
специфи́ческий specific
тру́дный difficult
хозя́йственный domestic, handy around the house (in Russian, this adjective has a strong positive connotation!)

Кра́ткие прилага́тельные (Short-form adjectives)
бо́лен (больна́, больны́) sick
гото́в (гото́ва, гото́во, гото́вы) ready
за́нят (занята́, за́нято, за́няты) busy
расстро́ен (расстро́ена, расстро́ено, расстро́ены) upset
свобо́ден (свобо́дна, свобо́дно, свобо́дны) free
серди́т (серди́та, серди́то, серди́ты) angry
сча́стлив (сча́стлива, сча́стливо, сча́стливы) happy
удивлён (удивлена́, удивлено́, удивлены́) surprised

Глаго́лы (Verbs)

гото́вить (гото́ви–) /приготовить to cook
зака́нчивать (зака́нчивай–) /зако́нчить (зако́нчи–) to finish (always followed by an imperfective verb)
начина́ть (начина́й–) /начать (на́чн–) to begin (always followed by an imperfective verb)
находи́ть (находи́–) /найти́ (irreg.) to find
относи́ться (относи́–) (к кому́ /чему́) impf. to have an attitude toward, to treat someone
переводи́ть (переводи́–) /перевести́ (перевёд–) to translate
подраба́тывать (подраба́тывай–) impf. to earn extra money
пока́зывать (пока́зывай–) /показа́ть (показа́–) to show
продолжа́ть (продолжа́й–) /продо́лжить (продо́лжи–) to continue (always followed by an imperfective verb)
производи́ть (производи́–) /произвести́ (произвёд–) to produce (производи́ться = to be produced)
счита́ть (счита́й–) impf. to consider, to think
теря́ть (теря́й–)/потеря́ть to lose (something)
узнава́ть (узнава́й–)/узна́ть (узна́й–) to find out

везде́ everywhere
надо́лго for a long time
несерьёзно not seriously
обяза́тельно definitely

одновреме́нно simultaneously
регуля́рно regularly
сра́зу immediately, right away
тепе́рь now

Наре́чия
(Adverbs)

без кого́-чего́ (+ genitive) without
впереди́ кого́-чего́ (+ genitive) in
  front of

по́сле кого́-чего́ (+ genitive) after

Предло́ги
(Prepositions)

Бо́же мой! Oh, my God!
Бу́дьте здоро́вы! Bless you! (in
  response to sneezing)
Всё. Хва́тит. Я бо́льше не могу́.
  That's it! Enough! I can't take it
  anymore!
Како́й у́жас! How awful!
К чёрту! To the devil! (said in
  response to Ни пу́ха, ни пера́!)
нельзя́ it is forbidden (with
  imperfective verb); it is impossible
  (with perfective verb)
ни... ни... neither... nor...
Ни пу́ха, ни пера́! Good luck!
Обяза́тельно! Definitely! Without
  fail!

пое́хать за грани́цу to go abroad
при чём здесь X... what does X
  have to do with it?
Прия́тного аппети́та! Bon appetit!
пря́мо сейча́с right now
С лёгким па́ром! Pleasant steam!
  (said in the bathhouse)
С удово́льствием! With pleasure!
Ты что́! What are you talking
  about! What are you, crazy!
У вас вопро́с ко мне́? Do you have
  a question for me?
Что де́лать? What can I (we) do?
  (lit., What should/can be done?)

Поле́зные
выраже́ния
(Useful Expressions)

Урок

6

_I__n this lesson you will learn how to:_

- *be a guest in a Russian setting;*

- *express your reactions and evaluations;*

- *express doubt or certainty about the likelihood of something;*

- *state your intentions;*

- *talk about famous people; and*

- *use кто́-то/что́-то and кто́-нибудь/что́-нибудь correctly.*

Помогите, пожалуйста!

Эпизо́д 11

1. По́мните ли вы, кем рабо́тает Арка́дий? Как вы ду́маете, где он рабо́тает?

2. В э́том эпизо́де Оля **берёт интервью́** у Арка́дия. Как вы ду́маете, каки́е вопро́сы бу́дет задава́ть Оля?

3. Посмотри́те эпизо́д 11: «Помоги́те, пожа́луйста!» и скажи́те: ☑

Оля берёт интервью́ у Арка́дия
- ❑ в институ́те.
- ❑ в телесту́дии.
- ❑ теа́тре.

Её пе́рвый вопро́с был:
- ❑ А кто бы́ли ва́ши учителя́?
- ❑ Где вы учи́лись?
- ❑ Над каки́м спекта́клем вы сейча́с рабо́таете?

STAGE 2

**Уро́к 6
День 1**

брать/взять интервью́ у кого́ = to interview someone

рабо́тать над чем = to work on something

Аркадий учился
- ❒ во ВГИКе.
- ❒ в театральном училище имени Щукина.
- ❒ в университете.

Аркадий сейчас репетирует роль в спектакле
- ❒ по **роману** Андрея Белого «Петербург».
- ❒ по роману Бориса Пастернака «Доктор Живаго».
- ❒ по роману Михаила Булгакова «Мастер и Маргарита».

Аркадий делает объявление, в котором он
- ❒ просит Полину позвонить ему.
- ❒ просит Полину встретить его в театре.
- ❒ просит Полину прийти в кафе «480 лет до нашей эры».

4. **Кто это сказал?**

    А = Аркадий
    О = Оля

_____ Сегодня мы в гостях у актёра Аркадия Леонова. Недавно он стал лауреатом конкурса на лучший театральный дебют года.

_____ Я закончил театральное училище имени Щукина, учился также во МХАТе, Московском Художественном Театре.

_____ Скажите, пожалуйста, над каким спектаклем вы сейчас работаете?

_____ Я репетирую спектакль по роману Андрея Белого «Петербург».

_____ Я уверена, что это будет замечательный спектакль. Большое спасибо вам за интервью.

_____ Если вы сейчас видите меня, то умоляю вас, позвоните мне по телефону 308-35-59. Я очень, очень жду вашего звонка.

5. а. Как вы думаете, Полина позвонит Аркадию? Почему вы так думаете?

    б. Попробуйте разыграть их диалог по телефону.

        Аркадий: — Алло.
        Полина: — Здравствуйте.
        Аркадий: — Попросите, пожалуйста, ...
        Полина: — ...

репетировать = to rehearse
роман = novel

лауреат = laureate

Пра́ктика

Слу́шайте и повторя́йте:

фоне́тика

a. Он был в гостя́х у ба́бушки.
Она́ была́ в гостя́х.
Он был в гостя́х у де́душки.
Она́ была́ в гостя́х.
Он был в гостя́х у Пу́шкина.
Она́ была́ в гостя́х.
Он был в гостя́х у Щу́кина.
Она́ была́ в гостя́х.

б. Вы ходи́ли в го́сти к крокоди́лу?
Вы ходи́ли в го́сти к бегемо́ту?
Не ходи́те в го́сти к крокоди́лу!
Не ходи́те в го́сти к бегемо́ту!

Приходи́те в го́сти к нам!
Приходи́те ве́чером!
Приходи́те в воскресе́нье.
Приходи́те в го́сти к нам!

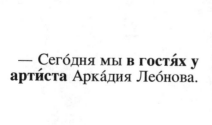

1. Скажи́те, где сейча́с Оля?
У кого́ она́ берёт интервью́?

— Сего́дня мы **в гостя́х у арти́ста** Арка́дия Лео́нова.

2. а. Где они были/обедали?

Таня, Людмила Пушкарёва

— Ты не знаешь, что Таня делала в воскресенье?
— Она **была в гостях**.
— В гостях? У кого?
— **У Людмилы Пушкарёвой**.

Когда?
в понедельник
во вторник
в среду
в четверг
в пятницу
в субботу
в воскресенье

Миша, Сергей
Дэнис, Оля
Оля, Аркадий
Савельев, Миша
Наташа, Таня
Сергей, Олег

Где? / У кого?
быть в гостях
обедать в гостях   у Людмилы
смотреть телевизор   у Олега

Куда? / К кому?
ходить/ездить в гости   к Людмиле
идти/ехать в гости   к Олегу
пойти/поехать в гости

б. Куда они ходили/ездили?

— Ты не знаешь, что Таня делала в субботу?
— Она **ходила в гости**.
— В гости? К кому?
— **К Людмиле Пушкарёвой**.

в. А теперь скажите, где они будут обедать, куда они пойдут?

3. Спросите друг друга:

У кого вы были/будете в гостях?
А к кому вы ходили или пойдёте в гости?
Что вы взяли/возьмёте с собой? (торт, вино, цветы, ...)

4. Скажите, где учился Аркадий?

училище = specialized
school, institute

— Я закончил
театральное
училище
имени
Щукина.

5. а. Слушайте, читайте и повторяйте:

Пушкин – имени Пушкина
Ленин – имени Ленина
Ломоносов – имени Ломоносова
Горький – имени Горького
Достоевский – имени Достоевского
Толстой – имени Толстого

б. Скажите, имени кого:

> Московский государственный университет,
>   Ломоносов
> Московский государственный университет
>   **имени Ломоносова**

имени + Genitive

Институт русского языка, Пушкин
Музей изобразительных искусств, Пушкин
Московский метрополитен, Ленин
Библиотека МГУ, Горький
1-ая музыкальная школа, Чайковский
Парк культуры и отдыха, Горький (the famous
    Gorky Park!)

6. А в Америке? А в вашем городе/штате? Скажите
(напишите), какой институт, университет, аэропорт,
театр, библиотека, стадион, музей находится в вашем
родном городе/штате?

В Вашингтоне находится университет **имени
Джорджа Вашингтона**.

_____

_____

_____

_____

_____

_____

_____

_____

7. В каком спектакле репетирует Аркадий?

— Я репетирую
в спектакле
**по роману
Андрея Белого**
«Петербург».

8. Спросите друг друга:

> (по)смотреть спектакль
>
> Кэлли: Что ты хочешь **посмотреть**?
> Давид: Я хочу посмотреть **спектакль по рассказу
> Чехова** «Дама с собачкой».
> Кэлли: А **я уже смотрела** этот спектакль.

Что + по + Dative + кого
спектакль по роману Стивэна Кинга
по рассказу Пушкина
по истории Гоголя

а. (по)смотреть   спектакль   по роману …
                    фильм   по рассказу …

б. сдавать/сдать контрольную работу | по + (academic subject)
                          зачёт | по экономике
                          экзамен | по русскому языку

в. покупать/купить   учебник   по + (academic subject)

9. Now tell the rest of the class what you learned from your friend.
    (Use reported speech.)

> Давид сказал, что он хочет посмотреть спектакль по
> рассказу Чехова «Дама с собачкой».

> Кэлли сказала, что она уже смотрела этот спектакль по
> рассказу Чехова.

 **Пра́ктика**

Слу́шайте и повторя́йте:

 фоне́тика

Он был пионе́ром,
А стал космона́втом,
Он был коммуни́стом,
А стал демокра́том!

Он был инжене́ром,
А стал президе́нтом.
Он был мне колле́гой,
А стал конкуре́нтом!

1. Скажи́те, как зову́т учителе́й Арка́дия?

— Мои́ми учителя́ми бы́ли Рубе́н Семёнович Си́монов и Оле́г Па́влович Табако́в.

2. Скажи́те, кто был ва́шим люби́мым учи́телем? А по како́му предме́ту?

предме́т = academic subject

Мои́м люби́мым учи́телем был Ива́н Ива́нович Ивано́в, учи́тель по ру́сскому языку́.

Сейча́с	Арка́дий	(no verb) арти́ст теа́тра.
В учи́лище	Арка́дий	**был** хоро́шим студе́нтом.
Через 2-3 го́да	Арка́дий	**бу́дет** (хо́чет **быть**) изве́стным арти́стом.

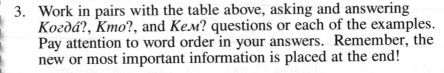

3. Work in pairs with the table above, asking and answering *Когда́?*, *Кто?*, and *Кем?* questions or each of the examples. Pay attention to word order in your answers. Remember, the new or most important information is placed at the end!

4. Скажи́те: кем они́ бы́ли и кем они́ бу́дут?

> Ма́ша, официа́нтка, журнали́ст
>
> Ра́ньше Ма́ша **была́** официа́нтк**ой**, но ско́ро **бу́дет** журнали́ст**ом**.

Кем? (Instrumental)

хоро́шим учи́телем
изве́стным арти́стом

хоро́шей преподава́тельницей
изве́стной арти́сткой

Том, официа́нт, меха́ник
Билл, меха́ник, шофёр
Дэ́бби, бизнесме́н, домохозя́йка
Мэ́ри, секрета́рша, президе́нт фи́рмы
Оле́г, шофёр, космона́вт
Ната́ша, врач, актри́са
Бори́с, инжене́р, дире́ктор магази́на
Андре́й, учи́тель, программи́ст
Бо́нни, программи́ст, милиционе́р

5. Изве́стные ру́сские.

a. А вы зна́ете, **кем бы́ли** э́ти лю́ди?

> Пу́шкин – вели́кий ру́сский поэ́т
>
> — А ты зна́ешь, кем был Пу́шкин?
> — Коне́чно, зна́ю! Пу́шкин **был вели́ким ру́сским поэ́том**.

Михаи́л Горбачёв – пе́рвый сове́тский Президе́нт.
Пётр Чайко́вский – ру́сский компози́тор.
Пётр Пе́рвый – ру́сский царь-реформа́тор.
Михаи́л Ломоно́сов – основа́тель Моско́вского университе́та.
Ю́рий Гага́рин – пе́рвый космона́вт.
Екатери́на Втора́я – ру́сская императри́ца.
Ма́йя Плисе́цкая – ру́сская балери́на.
Валенти́на Терешко́ва – пе́рвая же́нщина-космона́вт.
Ива́н Па́влов – ру́сский учёный-физио́лог.
Дми́трий Менделе́ев – ру́сский учёный-хи́мик.

б. Спроси́те друг дру́га об э́тих изве́стных лю́дях.

явля́ться + Instrumental
to be (used in more formal contexts)

> — А ты зна́ешь, кто тако́й Пу́шкин?
> — Коне́чно, зна́ю. Пу́шкин **явля́ется ру́сским поэ́том**.

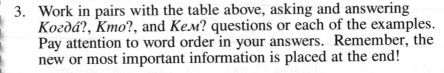

6. Спроси́те друг дру́га, кем вы хоти́те стать, когда́ вы
зако́нчите университе́т/колле́дж? (Use professions from
Ex. 3-4 and adjectives from the list below.)

> Дэ́нис:— **Кем** ты хо́чешь **стать**, когда́ око́нчишь
> институ́т?
> Та́ня: — По́сле институ́та я **ста́ну** (**хочу́ стать**)
> изве́стным журнали́стом.

стать (pf.) + Instrumental
to become

> изве́стный
> вели́кий
> знамени́тый
> са́мый лу́чший
> профессиона́льный
> кла́ссный
> неплохо́й
> просто́й
> обы́чный

| по́сле институ́та
по́сле колле́джа
по́сле университе́та | = | когда́ я око́нчу | институ́т
колле́дж
университе́т |

7. Скажи́те, э́то пра́вда, что ...

> МГУ, са́мый большо́й университе́т в Росси́и
>
> — Пра́вда, что МГУ – са́мый большо́й университе́т
> в Росси́и?
> — Да. МГУ **явля́ется** са́мым больши́м
> университе́том в Росси́и.

Большо́й теа́тр, изве́стный росси́йский теа́тр
Кра́сная пло́щадь, са́мая ста́рая пло́щадь
Москва́, столи́ца Росси́йской Федера́ции
Эрмита́ж, са́мый изве́стный музе́й Петербу́рга
Смоле́нск, ста́рый ру́сский го́род

фоне́тика

Слу́шайте и повторя́йте:

Спаси́бо вам огро́мное.
Спаси́бо вам большо́е.
Спаси́бо преогро́мное.
Спаси́бо пребольшо́е.

Огро́мное спаси́бо
За кра́сные цветы́.
Огро́мное спаси́бо
За жёлтые цветы́.
Огро́мное спаси́бо
За бе́лые цветы́.
Огро́мное спаси́бо
За ра́зные цветы́.

1. Что́ Оля ду́мает о спекта́кле, в кото́ром бу́дет игра́ть Арка́дий?

— **Я уве́рена,** что э́то бу́дет замеча́тельный спекта́кль.

1.

To Express Confidence	To Express Doubt
(я)* уве́рен(а), что ... I am sure that ...	(я) сомнева́юсь, что ... I doubt that ...
(я) не сомнева́юсь, что ... I don't doubt that ...	(я) не ду́маю, что ... I don't think that ...
	(я) бою́сь, что ... I am afraid that ...

* (я) is given in parentheses because in these expressions it is often omitted

2. Слу́шайте, чита́йте, повторя́йте:

Я уве́рен(а), что Ми́ша с Та́ней поже́нятся.
Я абсолю́тно уве́рен(а), что Ми́ша с Та́ней поже́нятся.

Я не сомнева́юсь, что Ми́ша с Та́ней поже́нятся.
Я соверше́нно не сомнева́юсь, что Ми́ша с Та́ней
поже́нятся.

Я сомнева́юсь, что Ми́ша с Та́ней поже́нятся.
Я о́чень сомнева́юсь, что Ми́ша с Та́ней поже́нятся.

Я бою́сь, что Ми́ша с Та́ней не поже́нятся.
Я о́чень бою́сь, что Ми́ша с Та́ней не поже́нятся.

3. Что́ вы об э́том ду́маете? (Pay attention to intonation; the
IC-3 center should fall on the *italicized* word in the question!)

> Ми́ша с Та́ней поже́нятся?
> — Как ты ду́маешь, Ми́ша с Та́ней поже́нятся?
> — **Я (абсолю́тно) уве́рен(а)**, что Ми́ша с Та́ней
> поже́нятся.
> *и́ли:*
> — **Я (о́чень) бою́сь**, что Ми́ша с Та́ней не поже́нятся.

Ми́ша *найдёт* свой па́спорт?
Поли́на *позвони́т* Арка́дию?
Ната́ша *придёт* на сва́дьбу?
Дэ́нис *прие́дет* в Москву́?
Саве́льев *бро́сит* (quit) кури́ть?
Арка́дий *ста́нет* изве́стным арти́стом?
Та́ня *встре́тится* с Васи́лием?

4. Discuss the following situations and events, inserting your
friends' names and expressing your opinions indicating
confidence or doubt with:

Я уве́рен(а), что ...
(Я) бою́сь, что ... не ...
(Я) сомнева́юсь ...

кто́-то сдаст (pass) экза́мен по фи́зике (по литерату́ре)
кто́-то бу́дет изве́стным арти́стом (лингви́стом,
журнали́стом)
кто́-то ку́пит но́вый компью́тер
кто́-то же́нится (вы́йдет за́муж)
кто́-то съест 20 хот-до́гов за 15 мину́т
кто́-то пое́дет в Смоле́нск (в Сиби́рь)
кто́-то бро́сит кури́ть

5. Кому́ Оля говори́т спаси́бо? За что́?

Спаси́бо кому́ за + Accusitive
за обе́д
за кни́гу
за интервью́

In response to «спаси́бо»:
Пожа́луйста.
Не́ за что.
На здоро́вье.

— Большо́е спаси́бо
вам за интервью́!

6. **За что́** они́ говоря́т «спаси́бо»?

> Арка́дий: — Серге́й, ты настоя́щий друг. (биле́т)
> (*в по́езде*) — Серге́й, ты настоя́щий друг. Спаси́бо за **биле́т**.
> — **Не́ за что**.

Та́ня: — Ой, Ми́ша, каки́е краси́вые! (цветы́)

Ми́ша: — Отли́чная иде́я, Серге́й. (сове́т)

Арка́дий (по́сле переда́чи): — Оля, ты нам о́чень помогла́.
(по́мощь)

Саве́льев (по телефо́ну с Ми́шей): — Я приду́ 20-ого ию́ня.
(приглаше́ние)

Та́ня: — Ваш расска́з был о́чень интере́сным. (интервью́)

Серге́й (по́сле ба́ни): — Ка́тя, ты про́сто молоде́ц! (ба́ня)

Саве́льев (по́сле обе́да): — Ка́тя, всё бы́ло о́чень вку́сно.
(обе́д)

Оля (по телефо́ну): — До свида́ния, Дэ́нис. Спаси́бо за ...
(звоно́к)

7. Your friends give you presents for your birthday. Thank them for the individual gifts. Use your imagination!

> — Лари́са, спаси́бо тебе́ огро́мное за цветы́!
> — Да ну что́ ты! Не́ за что!

> — Ива́н Ива́нович, спаси́бо Вам большо́е за кни́гу.
> — Да ну что́ Вы! Не́ за что!

Эпизо́д 12

Приходи́те.
Бу́дьте как до́ма!

1. а. Та́ня ещё в Смоле́нске. А вы по́мните, что́ она́ де́лает сего́дня по́сле рабо́ты?

   б. Как вы ду́маете, где живёт Людми́ла со свое́й семьёй?
   - ❏ в це́нтре Смоле́нска
   - ❏ за́ городом (на да́че)
   - ❏ в кварти́ре

   в. Как вы ду́маете, у Людми́лы больша́я семья́?

2. Посмотри́те эпизо́д 12: «Проходи́те. Бу́дьте как до́ма!» и скажи́те: ☑

   Та́ня ду́мает, что у Людми́лы
   - ❏ замеча́тельный сад.
   - ❏ замеча́тельный дом.
   - ❏ замеча́тельная маши́на.

   Му́жа Людми́лы зову́т
   - ❏ Васи́лий.
   - ❏ Вита́лий.
   - ❏ Ви́ктор.

   Та́ня и муж Людми́лы уже́ познако́мились
   - ❏ на фи́рме.
   - ❏ в институ́те.
   - ❏ в по́езде.

   Та́ня хо́чет посмотре́ть телеви́зор, потому́ что
   - ❏ она́ хо́чет узна́ть пого́ду на за́втра.
   - ❏ сейча́с бу́дет переда́ча Оли «До 16-ти и ста́рше».
   - ❏ она́ хо́чет узна́ть но́вости.

Та́ня узна́ла о то́м, что Ми́ша потеря́л па́спорт

❒ по телеви́зору.

❒ по Интерне́ту.

❒ по телефо́ну.

Муж Людми́лы посове́товал Та́не

❒ позвони́ть Ми́ше.

❒ позвони́ть в мили́цию.

❒ неме́дленно е́хать в Москву́.

3. **Кто э́то сказа́л?**

T = Та́ня

Л = Людми́ла

В = Васи́лий

каки́ми судьба́ми = what fate brings you here?

____ Ну вот, мы прие́хали.

____ Как здесь краси́во!

____ Проходи́те, бу́дьте как до́ма.

____ Та́ня! Здра́вствуйте, каки́ми судьба́ми?

____ Вы знако́мы?

____ Да, мы е́хали вме́сте из Москвы́.

____ У вас пока́зывают моско́вские кана́лы?

____ То́лько пе́рвый и четвёртый.

____ Моя́ сестра́ рабо́тает на телеви́дении. Сейча́с пока́зывают её переда́чу. Как раз по пе́рвому кана́лу.

____ Со мно́й случи́лось стра́шное несча́стье.

____ Что́ с ва́ми?

____ Ми́ша потеря́л па́спорт.

____ Ах, ужа́сно!

____ Вам на́до неме́дленно е́хать в Москву́, Та́ня.

4. Как вы ду́маете, что́ сде́лает Та́ня?

❒ Она́ неме́дленно пое́дет в Москву́.

❒ Она́ сра́зу позвони́т Ми́ше.

❒ Она́ пошлёт Ми́ше электро́нную по́чту.

5. Role-play the conversation between Tanya and Misha about the lost passport!

Пра́ктика

Слу́шайте и повторя́йте:

фоне́тика

a. Ах, кака́я здесь пого́да!
   Про́сто замеча́тельная!
      Ах, кака́я здесь приро́да!
         Про́сто замеча́тельная!
   Ах, како́й у вас гара́ж!
   Про́сто замеча́тельный!
      Ах, како́й у вас эта́ж!
         Про́сто замеча́тельный!

б. Ох, како́е там вино́!
   Про́сто отврати́тельное!
      Ох, како́е там кино́!
         Про́сто отврати́тельное!
   Ох, каки́е там доро́ги!
   Про́сто отврати́тельные!
      Ох, каки́е там уро́ки!
         Про́сто отврати́тельные! Фу-у-у!!!

1. Скажи́те, Та́не
   нра́вятся дом
   и сад Людми́лы?

—**Как** здесь **краси́во**!
   Ой, **како́й** у вас **сад**!

2. a. Слу́шайте и повторя́йте: (Pay attention to intonation!)

— Как здесь краси́во!   — Здесь так краси́во!

— Ах! Как здесь краси́во!   — Ах! Здесь так краси́во!

— Како́й у вас сад!   — У вас тако́й сад!

— Ах! Како́й у вас сад!   —Ах! У вас тако́й сад!

б. А тепе́рь попро́буйте са́ми:

— Ах, **как** здесь **хорошо́**.   — Ах, здесь **так хорошо́**.

—Ах, **каки́е** у вас **цветы́**!   — Ах, у вас **таки́е цветы́**!

а.	б.
хо́лодно	ба́ня
жа́рко	сувени́ры
здо́рово	маши́на
ду́шно	дом
замеча́тельно	фотогра́фии
чи́сто	кварти́ра
гря́зно	карти́на

Как/так   +   adverb
Како́й/тако́й   +   noun

Ах! = +
Ох! = –

3. Скажи́те, отку́да Васи́лий и Та́ня зна́ют друг дру́га?

— **Я познако́мился с Та́ней** в по́езде.

4. a. Слу́шайте и повторя́йте:

познако́мился – познако́милась – познако́мились
уви́делся – уви́делась – уви́делись
встре́тился – встре́тилась – встре́тились
посове́товался – посове́товалась – посове́товались

б.

Reflexive verbs with **-ся/-сь**, indicating reciprocal action	
(по)знако́миться (у)ви́деться	+ с кем (Instrumental)
встреча́ться/ встре́титься	+ с Та́ней с Васи́лием
(по)сове́товаться	+ с Людми́лой с Дэ́нисом

5. а. А где они́ познако́мились:

Арка́дий, Поли́на

Я ду́маю, что Арка́дий **познако́мился с Поли́ной** в кафе́ «480 лет до на́шей э́ры».

> Саве́льев, Ка́тя
> Оля, Дэ́нис
> Ми́ша, Та́ня
> ма́ма, па́па
> Ми́ша и Саве́льев

б. А вы? Где вы познако́мились со свои́ми друзья́ми?

6. Прочита́йте диало́ги в па́рах и отве́тьте на вопро́сы:

1. — Де́вушка, дава́йте познако́мимся.
— Дава́йте.
— Меня́ зову́т Арка́дий. А вас как зову́т?
— Поли́на.
— Поли́на? Како́е ре́дкое и́мя!

    а. Кто познако́мился с кем? Где?

    б. Как вы ду́маете, что́ пото́м рассказа́л Арка́дий свои́м друзья́м? А что́ рассказа́ла Поли́на?

2. — Юра, познако́мься. Это моя́ мла́дшая сестра́.
— Очень прия́тно. До́ктор Саве́льев. А вас как зову́т?
— Ка́тя.
— Ка́тя? Како́е краси́вое и́мя!

    а. Кто познако́мился с кем?

    б. Как вы ду́маете, что́ за́втра Серге́й расска́жет Ми́ше? Что́ до́ктор Саве́льев расска́жет Ми́ше?

7. Скажи́те по-друго́му (change the singular subject into a plural one):

> Арка́дий: — **Я** познако́мил**ся** с **Поли́ной** в кафе́.
> — **Мы с Поли́ной** познако́мил**ись** в кафе́.

я + nom. = мы с + instr.
ты + nom. = вы с + instr.
он(а) + nom. = они́ с + instr.

Оля: — **Я** не ви́дела**сь** с **Дэ́нисом** це́лый год!

Васи́лий: — **Я** встре́тил**ся** с **Та́ней** в по́езде!

Серге́й: — **Ка́тя** за́втра встре́тит**ся** с **Саве́льевым**. Интере́сная исто́рия!

Оля: — Ма́ма! **Ми́ша** ви́дит**ся** с **Та́ней** ка́ждый день. А я – всегда́ одна́!

Ма́ма: — Не пла́чь, Оленька! Ско́ро **ты** встре́ти**шься** с **Дэ́нисом**.

8. Спроси́те друг дру́га:

Где вы познако́мились с дру́гом (подру́гой, сосе́дом, сосе́дкой)?
Как ча́сто вы встреча́етесь?
Когда́ вы ви́делись после́дний раз? Ско́лько лет (ско́лько ме́сяцев, дней) вы не ви́делись?

А интере́сно, …
Если не секре́т, …

Слýшайте и повторя́йте:

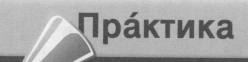

Чéхов *фонéтика*

а. В магази́не продаётся
Крáсная икрá.
В магази́не продаётся
Сыр и колбасá.
В магази́не продаю́тся
Слáдкие конфéты.
В магази́не продаю́тся
Ры́бные котлéты.

б. В МГУ преподаётся
Рýсская культýра.
В МГУ преподаётся
И литератýра.

в. В э́той кни́ге говори́тся
О литератýре.
В э́той кни́ге говори́тся
Об архитектýре.

В э́той кни́ге говори́тся
О плохóй погóде.
В э́той кни́ге говори́тся
О послéдней мóде.

1. Какýю передáчу хóчет
посмотрéть Тáня?

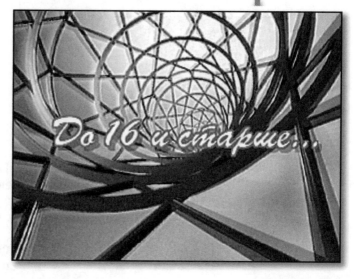

— Моя́ сестрá рабóтает
на телеви́дении.
Сейчáс **покáзывают**
её **передáчу**.

2. Что э́то зна́чит? Что́ они́ сказа́ли?

> Та́ня: — По телеви́зору **пока́зывают** переда́чу «До шестна́дцати и ста́рше».
> (мо́жно посмотре́ть)
>
> Та́ня говори́т, что по телеви́зору **мо́жно посмотре́ть** переда́чу «До шестна́дцати и ста́рше».

1. Поли́на: — В МГУ **преподаю́т** ру́скую литерату́ру.
   (мо́жно изуча́ть)

2. Ми́ша: — В мили́ции **сде́лают** но́вый па́спорт то́лько че́рез ме́сяц.
   (мо́жно получи́ть)

3. Саве́льев: — В на́шей апте́ке **не прода́ют** антибио́тики.
   (нельзя́ купи́ть)

передава́ть по ра́дио = to play on the radio

4 Серге́й: — По ра́дио ча́сто **передаю́т** мою́ люби́мую рок-гру́ппу.
   (мо́жно послу́шать)

сдава́ть кварти́ры = to rent out apartments

5. Та́ня: — В на́шем райо́не **не сдаю́т** кварти́ры.
   (нельзя́ снять)

6. Поли́на: — В на́шем «Ру́сском клу́бе» **организу́ют** дискоте́ки.
   (мо́жно потанцева́ть)

7. Дэ́нис: — В ру́сских газе́тах ча́сто **пи́шут** о поли́тике.
   (мо́жно прочита́ть)

3. О чём говори́т Поли́на?

— На на́шем факульте́те **преподаю́т ру́сскую литерату́ру**.

> На на́шем факульте́те **преподаю́т** ру́сскую литерату́ру.
> На на́шем факульте́те **преподаётся** ру́сская литерату́ра.

4. Как вы уже́ зна́ете, Та́ня бу́дет журнали́стом. Она́ берёт интервью́ у ра́зных люде́й. Прочита́йте э́ти интервью́ и отве́тьте на вопро́сы.

ра́зные лю́ди = different people

1. (интервью́ с Поли́ной)
— Поли́на, вы преподаёте литерату́ру?
— Нет, я преподаю́ ру́сский язы́к. Но литерату́ра то́же преподаётся на на́шем факульте́те.
— То́лько литерату́ра и ру́сский язы́к?
— Ну почему́ же ... У нас преподаётся и исто́рия, и филосо́фия, и иностра́нные языки́. А ещё на факульте́те чита́ются ле́кции по иску́сству и культу́ре.

   а. Скажи́те, каки́е предме́ты преподаю́т на филологи́ческом факульте́те МГУ?
   б. Каки́е ле́кции там чита́ют?

2. (интервью́ с Людми́лой)
— Скажи́те, Людми́ла, что произво́дится на ва́шей фи́рме?
— На на́шей фи́рме произво́дятся изде́лия из льняны́х тка́ней: ска́терти, салфе́тки, сувени́ры.
— А диза́йн? А рису́нки?
— Диза́йн и рису́нки то́же де́лаются здесь.

   а. Скажи́те, каки́е изде́лия произво́дит э́та фи́рма?
   б. А где де́лают диза́йн и рису́нки?

3. (интервью́ с Серге́ем)
— Серге́й Петро́вич, скажи́те, пожа́луйста, каки́е това́ры продаю́тся в ва́шем магази́не?
— Как ви́дите, в моём магази́не продаётся ме́бель.
— Да, ви́жу. Очень краси́вая ме́бель. Дорога́я?
— Ра́зная. В э́той се́кции продаю́тся столы́, здесь вы ви́дите крова́ти, а здесь нахо́дится ме́бель для ку́хни.

   а. Скажи́те, каки́е това́ры продаю́т в э́том магази́не?
   б. Кака́я ещё ме́бель продаётся здесь?

това́ры = goods, items

5. А вы? Предста́вьте себе́, что ...

   а. Вы у́читесь в МГУ. Расскажи́те, каки́е предме́ты у вас преподаю́тся?
   б. Вы бизнесме́н. Расскажи́те, каки́е изде́лия произво́дятся на ва́шей фи́рме (фа́брике, заво́де)?
   в. Вы дире́ктор магази́на. Расскажи́те, каки́е това́ры продаю́тся в ва́шем магази́не?

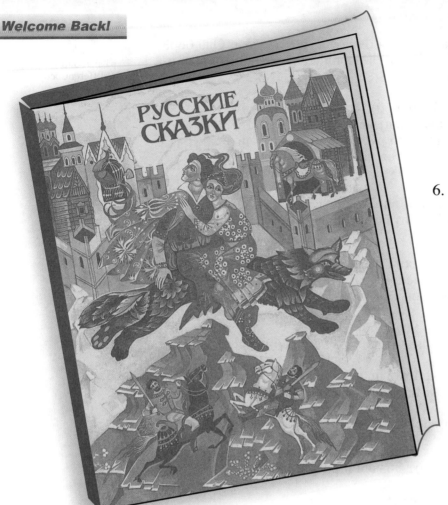

6. Как вы ду́маете, о чём говори́тся в э́той кни́ге?

7. Как вы ду́маете, о чём здесь говори́тся (расска́зывается)?

> Кни́га «Сиби́рь: экологи́ческие пробле́мы»
> — Как ты ду́маешь, Джон, **о чём кни́га** «Сиби́рь: экологи́ческие пробле́мы»?
> — Я ду́маю, что **в э́той кни́ге расска́зывается** об экологи́ческих пробле́мах Сиби́ри.

фильм «Ста́рый ру́сский го́род Смоле́нск»
програ́мма «Сего́дня»
газе́та «Моско́вские но́вости»
переда́ча «Спорт, спорт, спорт»
журна́л «Ко́шки и соба́ки»
статья́ «Джордж Вашингто́н – пе́рвый америка́нский
    президе́нт»

8. Скажи́те, о ком расска́зывается (говори́тся) в видеофи́льме, кото́рый вы смо́трите на уро́ке?

Слу́шайте и повторя́йте:

фоне́тика

Кто́-то, кто́-то, кто́-то, я не зна́ю кто.
Что́-то, что́-то, что́-то, я не зна́ю что.
Где́-то, где́-то, где́-то, я не зна́ю где.
С ке́м-то, с ке́м-то, с ке́м-то, я не зна́ю с кем.

Что́-нибу́дь случи́лось?
Кто́-нибу́дь звони́л?
Кто́-нибу́дь прие́хал?
Что́-нибу́дь купи́л?

1. а. О чём говори́т Ми́ша?
       Како́е несча́стье
       случи́лось с Ми́шей?

— Со мной случи́лось
  стра́шное несча́стье.
  Я потеря́л свой па́спорт. А у меня́ через неде́лю сва́дьба.

   б. Почему́ э́то – «большо́е несча́стье» для Ми́ши?

2. а. Скажи́те, что с ва́ми случи́лось.

> па́спорт, сва́дьба, неде́ля
>
> Со мной случи́лось стра́шное несча́стье. Я **потеря́л**
> свой **па́спорт**. А у меня́ **через неде́лю** сва́дьба.

   все уче́бники, экза́мен по … , неде́ля
   люби́мые кроссо́вки (sneakers), марафо́н, три дня
   дома́шние зада́ния, уро́к по … , мину́та
   биле́т, пое́здка в … , пять дней
   ключ от маши́ны, встре́ча с … , полчаса́
   телефо́н … , свида́ние с … , час

б. Тепéрь дáйте совéт своемý дрýгу (своéй подрýге) для ситуáций в упр. 2.

Я совéтую тебé сдéлать нóвый пáспорт в милúции.

3. Скажúте, о чём говоря́т вáши друзья́?

о том, что = about how

Мúша говорúт **о том, что** он потеря́л пáспорт.

4. Чтó Васúлий посовéтовал Тáне?

— Это ужáсно! **Вам нáдо** немéдленно éхать в Москвý!

5. Дáйте им совéт.

Мúша: — Я потеря́л свой пáспорт. (идтú в милúцию)
— По-мóему, **вам нáдо** немéдленно **идтú в милúцию.**

а. Натáша: —У меня́ ужáсно болúт гóрло и меня́ стрáшно знобúт.
(идтú в поликлúнику к врачý)

б. Оля: — Мы с Дэ́нисом не вúделись ужé год.
(éхать в Амéрику к Дэ́нису)

в. Аркáдий: — Я ужáсно хочý увúдеться с Полúной.
(звонúть ей)

г. Савéльев: — Я не óчень хорошó себя́ чýвствую.
(бросáть курúть)

д. Сергéй: — Мне ужáсно нужны́ дéньги!
(брать кредúт в бáнке)

6. Кака́я про́сьба у Ми́ши?

— Если **кто́-нибудь** нашёл мой па́спорт, позвони́те мне! ➤

7. Прочита́йте диало́ги и отве́тьте на вопро́сы.

— Ми́ша, ты не зна́ешь, где Та́ня?
— Не зна́ю. Она́ **куда́-то** уе́хала. (Смоле́нск)

Куда́ уе́хала Та́ня?
Та́ня уе́хала в Смоле́нск.

кто́-то	кто́-нибудь
что́-то	что́-нибудь
где́-то	где́-нибудь
куда́-то	куда́-нибудь
како́й-то	како́й-нибудь

а. — Что́ сейча́с де́лает Оля?
— По-мо́ему, она́ разгова́ривает с ке́м-то по-телефо́ну. (Дэнис) С кем Оля разгова́ривает по телефо́ну?

б. — Что́ сейча́с де́лает Та́ня?
— По-мо́ему, она́ снима́ет фильм о ко́м-то. (Людми́ла Пушкарёва). О ком Та́ня снима́ет фильм?

в. — Дэ́нис москви́ч?
— Нет, он живёт в како́м-то го́роде на восто́ке США. (Вашингто́н) В како́м го́роде живёт Дэ́нис?

г. — Ты не зна́ешь, почему́ Арка́дий тако́й счастли́вый?
— То́чно не зна́ю. Но, ка́жется, он с ке́м-то познако́мился. (Поли́на)
С кем познако́мился Арка́дий?

д. — Как чу́вствует себя́ Ната́ша?
— Нева́жно. У неё что́-то боли́т. (го́рло, голова́)
Что́ у Ната́ши боли́т?

8. Соста́вьте диало́ги.

— Ми́ша **куда́-нибудь** уе́хал? (Та́ня)
— Нет, Ми́ша никуда́ не уе́хал. А Та́ня уе́хала **куда́-то**.
— А ку́да?
— То́чно не зна́ю. Ка́жется, в Смоле́нск.

куда́	никуда́ не
кто́	никто́ не
что́	ничего́ не
с кем	ни с ке́м не
о чём	ни о чём не
у кого́	ни у кого́ не

1. Серге́й с ке́м-нибудь познако́мился в кафе́? (Арка́дий)
2. Кто́-нибудь сде́лал предложе́ние Оле? (Та́ня)
3. Саве́льев что́-нибудь потеря́л? (Ми́ша)
4. Ми́ша когда́-нибудь был на мо́ре? (Та́ня)
5. Та́ня где́-нибудь рабо́тает? (Оля)

Welcome Back!

Урóк 6
День 9

1. Посмотрúте **эпизóд 11:** «Помогúте, пожáлуйста» и скажúте, чтó онú сказáли úли спросúли.

Óля: — Сегóдня мы в гостя́х у актёра Аркáдия Леóнова. Недáвно он стал лауреáтом конкýрса на лýчший театрáльный дебю́т гóда.
Óля сказáла, _____

Аркáдий: — Я закóнчил театрáльное учúлище úмени Щýкина, учúлся тáкже во МХАТе, Москóвском Худóжественном Теáтре.
Аркáдий сказáл, _____

Óля: — Скажúте, пожáлуйста, над какúм спектáклем вы сейчáс рабóтаете?
Óля спросúла, _____

Аркáдий: — Я репетúрую спектáкль по ромáну Андрéя Бéлого «Петербýрг».
Аркáдий сказáл, _____

Аркáдий: — Могý ли я в вáшей прогрáмме сдéлать небольшóе объявлéние?
Аркáдий спросúл, _____

2. a. Your classmate missed class and did not see Episode 11. Recount for him/her the basic content of this episode. Completing these sentences will help:

Óля берёт интервью́ у ...
Аркáдий рабóтает в ...
Óля задаёт такúе вопрóсы: ...
Аркáдий учúлся в ...
Сейчáс Аркáдий репетúрует ...
В концé интервью́ Аркáдий ...

б. Now reenact the conversation between Óля and Аркáдий. Hold a class competition for the best reenactment!

3. Посмотрúте **эпизóд 12:** «Проходúте, бýдьте как дóма» и скажúте, чтó сказáли/спросúли:

Тáня: — Как здесь красúво!
Тáня сказáла, _____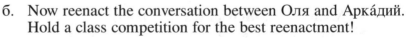

Людми́ла: — Вы знако́мы?
Людми́ла спроси́ла, _____

Васи́лий: — Да, мы е́хали вме́сте из Москвы́.
Васи́лий сказа́л, _____

Людми́ла: — Вы ра́ньше не́ были знако́мы?
Людми́ла спроси́ла, _____

Та́ня: — И Васи́лий спра́шивал меня́, заче́м я е́ду в
Смоле́нск.
Та́ня сказа́ла, _____

Та́ня: — У вас пока́зывают моско́вские кана́лы?
Та́ня спроси́ла, _____

Та́ня: — Моя́ сестра́ рабо́тает на телеви́дении. Сейча́с
пока́зывают её переда́чу. Как раз по пе́рвому
кана́лу.
Та́ня сказа́ла, _____

Ми́ша: — Я потеря́л па́спорт. А у меня́ через неде́лю
сва́дьба. Если кто́-нибудь нашёл па́спорт,
огро́мная про́сьба: позвони́те по телефо́ну …
Ми́ша сказа́л, _____

Та́ня: — У нас че́рез неде́лю сва́дьба.
Та́ня сказа́ла, _____

Васи́лий: — Вам на́до неме́дленно е́хать в Москву́, Та́ня.
Васи́лий сказа́л, _____

4. Reenact Episode 12 in groups of three, playing the roles of
   Та́ня, Людми́ла and Васи́лий.

Давáйте почитáем

VASILY MAKAROVICH SHUKSHIN (1929–74) was a writer, actor and film director. He was born in the Altai region, a Russian area of southwestern Siberia, where he spent the first twenty five years of his life. Shukshin came to Moscow in 1954. He graduated from the All-Union Institute of Cinematography in 1961. During his short creative career, he managed to accomplish a great deal: he produced films, acted, wrote two historical novels, a number of novellas, numerous short stories and screenplays. His most popular works remain his humorous and tragic-comic short stories. Often in these stories his heroes are non-conformist country folk who encounter difficulties in the transition from country to city.

In this story, «Чýдик», humorous situations arise as the hero, a simple village man, behaves sincerely and naturally in all social situations. It seems he is unable to adapt to the accepted "norms" of social interaction in the big city! ■

I Pre-Reading Exercises

In preparation for reading «Чýдик», complete the following exercises:

1. Analyze the following related words:

   Чýдо (чудесá), чудéсный = замечáтельный
   Чýдик/чудáк – чуднóй человéк = стрáнный, смешнóй человéк

2. Find the root **–лет–** in the following words:

   летáть/летéть to fly, (полетéть, прилетéть. улетéть, перелетéть)
   лётчик pilot
   полёт flight
   самолёт airplane

3. Provide definitions for the following in Russian:

   Лётчик – э́то человéк, котóрый _____.

   Самолёт – э́то маши́на, на котóрой _____.

4. Read this verse by A. S. Pushkin. Try to decipher the meanings of the words without using a dictionary:

> Я по́мню чу́дное мгнове́нье –
> Передо мно́й яви́лась ты,
> Как мимолётное виде́нье,
> Как ге́ний чи́стой красоты́.

5. Can you identify the root in the following words:

е́здить	to go (by vehicle)	прие́зд	arrival
приезжа́ть	to arrive	отъе́зд	departure
уезжа́ть	to depart	пое́здка	trip
переезжа́ть	to move	по́езд	train

6. Let's brainstorm a bit. Tanya takes a trip from Moscow to a smaller, more provincial city. In this story, the main hero goes for the first time on a trip away from home. He travels from his own small village to the Urals, and he flies for the first time in his life. What kinds of adventures do you suppose our hero might encounter?

II Reading

Read the text and answer the questions that follow. (It may be helpful to read through the questions for each section *before* reading the text!)

1.

Жена́ называ́ла его́ «Чу́дик». У него́ была́ одна́ осо́бенность: с ним всегда́ случа́лись каки́е-то стра́нные исто́рии, да́же е́сли он э́того не хоте́л. Вот, наприме́р, одна́ така́я исто́рия.

Одна́жды Чу́дик получи́л о́тпуск и реши́л пое́хать к бра́ту на Ура́л. Ра́но у́тром Чу́дик вы́шел с чемода́ном из до́ма. Он шёл по дере́вне и отвеча́л на все вопро́сы:

— На Ура́л! На Ура́л!

Но до Ура́ла бы́ло ещё далеко́. Снача́ла Чу́дик благополу́чно дое́хал до райо́нного го́рода. Там ему́ на́до бы́ло взять биле́т и сесть в по́езд.

У Чу́дика бы́ло мно́го вре́мени до по́езда и он реши́л погуля́ть по го́роду, купи́ть пода́рки, конфе́ты, пря́ники. Он зашёл в магази́н и встал в о́чередь. Чу́дик купи́л конфе́т, пря́ников и три пли́тки шокола́да и отошёл в сто́рону, что́бы положи́ть всё в чемода́н. И вдруг он уви́дел, что на полу́ – о́коло прила́вка – лежи́т пятьдеся́т рубле́й.

— Хорошо́ живёте, гра́ждане! – сказа́л он гро́мко и ве́село. – У нас, наприме́р, таки́е бума́жки на доро́ге не лежа́т.

Тут все немного поволновались: ведь это не три рубля и не пять рублей, а пятьдесят – полмесяца работать надо! А хозяина бумажки нет. Решили положить бумажку на прилавок.

Чудик вышел из магазина и вдруг вспомнил, что такая же бумажка была у него в кармане. Посмотрел в кармане – нету. Искал, искал – нигде нет.

— Моя бумажка-то! - громко сказал Чудик. - Моя бумажка-то! Что теперь делать?

Что делать! Чудику надо было возвращаться обратно. Он ехал домой и негромко ругался в автобусе.

Дома взял ещё 50 рублей ...

2.

... И вот, наконец, Чудик ехал в поезде. За окном были леса, поля, деревни. В поезд входили и выходили разные люди. Настроение Чудика стало лучше.

После поезда Чудику надо было ещё лететь местным самолётом полтора часа. В самолёте он хотел поговорить с соседом, но тот читал газету.

Чудик стал смотреть вниз, на облака. Все кругом говорили: «Ах, какая красота!» А Чудик почему-то не мог точно сказать, красиво это или нет. И ещё подумал: «Странно, почему я не удивляюсь? Ведь подо мной почти 5 километров!»

В салон вошла молодая симпатичная стюардесса и объявила:

— Пристегните ремни! Идём на посадку.

Чудик застегнул ремень. А сосед – ноль внимания. Чудик ему сказал:

— Просят пристегнуть ремни.

— Ничего, – сказал сосед.

Самолёт быстро пошёл вниз. Земля стремительно летела назад, а толчка всё не было. Наконец, толчок! Сосед с газетой подпрыгнул на месте, больно боднул Чудика своей лысой головой и упал на пол. Все вокруг молчали ... Чудик тоже молчал. Потом все стали смотреть в иллюминатор и увидели, что самолёт стоит на картофельном поле.

Из кабины вышел мрачный лётчик. Кто-то осторожно спросил его:

— Кажется, мы сели в картошку?

— А вы сами не видите, что ли! - ответил лётчик.

Пассажиры начали собираться. Лысый читатель искал свою искусственную челюсть. Чудик стал помогать ему.

— Эта? - радостно спросил он и передал челюсть соседу.

— Почему надо обязательно хватать руками! - закричал лысый.

— А чем же ещё!

— Где я её теперь кипятить буду? Где?!

Чудик не мог точно ответить, поэтому он предложил ему:

— Поедемте со мной. У меня брат живёт недалеко, там вскипятим вашу челюсть ... Вы боитесь, что я туда занёс микробов? У меня нету их ...

Лысый удивлённо посмотрел на Чудика и перестал кричать.

3.

В аэропорту́ Чу́дик сра́зу пошёл на по́чту и написа́л жене́ телегра́мму: «Приземли́лись. Ве́тка сире́ни упа́ла на грудь. Ми́лая Гру́ша меня́ не забу́дь. Вася́тка.»

Стро́гая телеграфи́стка прочита́ла телегра́мму Чу́дика и предложи́ла:

— Напиши́те по-друго́му. Вы взро́слый челове́к, не в де́тском саду́!

— Почему́? – удиви́лся Чу́дик. Я ей всегда́ пишу́ так в пи́сьмах. Ведь э́то моя́ жена́!

— В пи́сьмах вы мо́жете писа́ть, что хоти́те, – отве́тила телеграфи́стка. – А телегра́мма – э́то откры́тый текст.

Чу́дик переписа́л свою́ телегра́мму: «Приземли́лись. Всё в поря́дке. Вася́тка.»

Телеграфи́стка сама́ ещё раз испра́вила два сло́ва: «приземли́лись» и «Вася́тка.» Ста́ло так: «Долете́ли. Васи́лий.»

— Приземли́лись! – прокомменти́ровала она́. – Вы космона́вт, что ли?

— Ну ла́дно, – согласи́лся Чу́дик. Пусть так бу́дет …

Слова́ к те́ксту

благополу́чно successfully
бодну́ть (pf.) to butt (with one's head)
бума́жка paper (*here*, a banknote)
взро́слый adult
внима́ние attention
вскипяти́ть (pf.) to boil
дере́вня village
де́тский сад nursery school
застегну́ть реме́нь (pf.) to fasten seat belt
иллюмина́тор porthole
иску́сственный artificial
испра́вить (pf.) to correct
каби́на cockpit
карма́н pocket
карто́фельное по́ле potato field
кипяти́ть (impf.) to boil
космона́вт cosmonaut (Вы космона́вт, что ли? What are you, a cosmonaut or something?)
крича́ть (impf.) to shout
круго́м all around
леса́ (pl.) woods
лётчик pilot
лы́сый bald
ме́стный local
молча́ть (impf.) to be silent
мра́чный gloomy
настрое́ние mood
облака́ (pl. of о́блако) clouds
одна́жды once

осо́бенность trait, peculiarity
переписа́ть (pf.) to rewrite
переста́ть (pf.) to stop, to cease doing something
пли́тки шокола́да bars of chocolate
поволнова́ться (pf.) to get excited
подпры́гнуть (pf.) to jump up
поса́дка landing
поля́ (pl. of по́ле) fields
приземли́ться (pf.) to land
прила́вок counter
пристегну́ть (pf.) to buckle (ремни́ belts)
прокомменти́ровать (pf.) to comment upon
пря́ник(и) honey cake(s)
райо́нный regional
сало́н airplane cabin
самолёт airplane
сесть в по́езд (pf.) to board a train
стреми́тельно swiftly
стро́гий stern
стюарде́сса stewardess
телеграфи́стка telegraph worker
толчо́к bump, push
удивля́ться (impf.) to be surprised
упа́сть (упа́л) (pf.) to fall
хвата́ть рука́ми to grab with one's hands
хозя́ин owner
че́люсть jaw (иску́сственная че́люсть false teeth)
чемода́н suitcase

В

1 часть

1. Почему́ жена́ называ́ла му́жа Чу́диком?
2. Почему́ Чу́дик реши́л пое́хать на Ура́л?
3. Почему́ он вы́шел из до́ма так ра́но?
4. Почему́ Чу́дик реши́л погуля́ть по го́роду?
5. Заче́м он зашёл в магази́н?
6. Почему́ Чу́дик сказал: «Хорошо́ живёте, гра́ждане!»?
7. Почему́ лю́ди в о́череди волнова́лись?
8. Почему́ реши́ли положи́ть де́ньги на прила́вок?
9. Почему́ Чу́дик руга́лся, пока́ е́хал в авто́бусе?
10. Заче́м ему́ на́до бы́ло возвраща́ться домо́й?

О

П

2 часть

1. Почему́ у Чу́дика ста́ло хоро́шее настрое́ние (mood), когда́ он е́хал в по́езде?
2. Почему́ в самолёте сосе́д не хоте́л разгова́ривать с Чу́диком?
3. Почему́ все круго́м говори́ли: «Ах, кака́я красота́!»?
4. Почему́ сосе́д Чу́дика упа́л на́ пол? Почему́ Чу́дик не упа́л?
5. Почему́ лю́ди ста́ли смотре́ть в иллюмина́тор?
6. Почему́ лётчик был мра́чный?
7. Почему́ Чу́дик стал помога́ть сосе́ду?
8. Почему́ лы́сый сосе́д рассерди́лся на Чу́дика?

Р

О

3 часть

1. Каку́ю телегра́мму хоте́л посла́ть Чу́дик жене́?
2. Куда́ Чу́дик пошёл сра́зу, когда́ прилете́л на Ура́л?
3. Что́ предложи́ла телеграфи́стка? Почему́?

С

Ы

III Post-Reading Exercises

1. Based on Chudik's adventures as told in this story, try to do the following:
   а. Объясни́те Чу́дику, как е́хать от его́ до́ма до до́ма бра́та.
   б. Расскажи́те о пе́рвой пое́здке Чу́дика. (Try to use a verb of motion in each sentence!)
   в. Now tell your friends about the trip. Imagine that ...

   – this trip happens often and regularly (Chudik always goes to visit his brother, etc.).
   – this trip will take place next year (i.e., use future tense verbs).
   – this trip used to happen regularly in the past, but ever since he lost his money on the last trip, he has not traveled anywhere!

2. Act out the conversations that might have taken place:

   – when Chudik was buying his ticket.
   – when Chudik was buying the candy and presents in the store.
   – when Chudik "found" the money.
   – when Chudik was traveling on the train, in the plane.
   – when Chudik was writing the telegram to his wife.

ПОВТОРЕНИЕ ПОВТОРЕНИЕ
ПОВТОРЕНИЕ
ПОВТОРЕНИЕ

ПОВТОРÉНИЕ

ПОВТОРЕНИЕ ПОВТОРЕНИЕ
ПОВТОРЕНИЕ
ПОВТОРЕНИЕ ПОВТОРЕНИЕ

STAGE 2

**Уро́к 6
День 12**

1. Что́ вы ду́маете о назва́ниях эпизо́дов в э́том уро́ке? Они́ вам нра́вятся?
Почему́? Каки́е други́е назва́ния возмо́жны?

   эпизо́д 11: « Помоги́те, пожа́луйста! »

   _____

   _____

   эпизо́д 12: «Проходи́те, бу́дьте как до́ма!»

   _____

   _____

2. Act out the following situations based on Episodes 11, 12.

   a. One of you is a television journalist who is the host of a popular youth program. The rest of you make announcements (like Arkady did on Olya's program). Spend a few minutes preparing your announcement. Then the journalist interviews each of you. Vote on whose announcement is the funniest, saddest, most creative, silliest.

   б. In pairs, plan the upcoming schedule of television programs. Then announce the schedule to the whole class. Be sure to include the following kinds of programs and a time for each one:

   > худо́жественный фильм
   > документа́льный фильм
   > мультфи́льм
   > но́вости
   > переда́ча «...»
   > спорти́вная переда́ча
   > конце́рт гру́ппы ...

   Which schedule sounds most interesting?

B. In small groups of three or four, one of you plays a new guest that has never visited before. The others are family members or friends who try to make you feel at home. Be sure to include introductions, invitations, and small talk about your interests.

3. Pretend you have arrived at a friend's house for the first time. The host shows you various objects/places, and you react using expressive IC-5 (Ах! (Ох!) Какóй у вас ...) and such words as:

замечáтельный	отврати́тельный
прекрáсный	ужáсный
отли́чный	кошмáрный
клáссный	стрáшный
великолéпный	проти́вный
чудéсный	

4. Play the old game of "telephone" with telephone numbers. One person writes down a phone number and starts the chain by whispering the number in the next person's ear. See how close the final number matches the original. Each person takes a turn making up a new number.

Грамма́тика

1. The expressions быть в гостя́х у кого́, and ходи́ть в го́сти к кому́

быть в гостя́х у кого́
В суббо́ту мы бы́ли в гостя́х у Ми́ши.
We were guests at Misha's place on Saturday.

ходи́ть в го́сти к кому́
В суббо́ту мы ходи́ли в го́сти к Ми́ше.
We went to Misha's place on Saturday.

The difference between these common Russian expressions and the simpler ones below that omit **в гостя́х/в го́сти** is that these impart the additional meaning that special attention is paid to the receiving of guests (usually in the form of a big, sit-down dinner or celebration of a birthday, anniversary, etc.). The following are much less informative; they simply indicate where you were:

В суббо́ту мы **бы́ли у Ми́ши**.
We were at Misha's on Saturday.

В суббо́ту мы **ходи́ли к Ми́ше**.
We went to Misha's on Saturday.

2. The preposition по

You are already familiar with the preposition **по + dative** as used in a variety of contexts. Here is a review of the major functions. In Unit 6, emphasis is placed on the usage as described in A; the other usages are provided here for your review and/or reference.

A. "On the topic of... (a certain subject)"

По is used with nouns denoting formal subject matter or a specialized area, often translated into English as "on."

ку́рс по микробиоло́гии	a course on microbiology
семина́р по исто́рии Росси́и	seminar on the history of Russia
уче́бник по хи́мии	textbook on chemistry
кни́га по совреме́нному иску́сству	a book on modern art
экза́мен по литерату́ре двадца́того ве́ка	an exam on literature of the twentieth century

Also used with: курс, семина́р, тест, экза́мен, контро́льная, зачёт, конфере́нция, симпо́зиум

По also denotes the English phrase, "based on."

спекта́кль по рома́ну «Петербу́рг»	a show based on the novel "Petersburg"
фильм по произведе́ниям Булга́кова	a film based on the works of Bulgakov

B. "Around, along," when used with verbs of motion

Мы е́здили по го́роду це́лый день. Мы ходи́ли по магази́нам.
We drove around the city all day. We went shopping.

Я ча́сто ходи́ла по у́лицам Москвы́.
I often wandered around the streets of Moscow.

C. "According to," "by"

Всё идёт по пла́ну. Everything is going according to plan.
Поезда́ хо́дят по расписа́нию. The trains are running according to schedule.

D. **По** with days of the week, parts of the day

Note that with days or other time periods, **по** is always followed by a plural noun in the dative case to indicate that something happens regularly at a particular time.

У меня́ заня́тия по вто́рникам и четверга́м.
I have classes on Tuesdays and Thursdays.

По вечера́м мы обы́чно занима́емся вме́сте.
We usually study together in the evening.

E. Other meanings

Listed below for your reference are examples of some other common uses of **по + dative**.

Это мой сосе́д (моя́ сосе́дка) по ко́мнате.
This is my roommate.

Это на́ши друзья́ по шко́ле.
These are our school friends.

Мы разгова́ривали по телефо́ну вчера́.
We spoke on the telephone last night.

По телеви́зору сего́дня идёт интере́сный фи́льм.
An interesting film is on television tonight.

3. Review of the instrumental case

A. You are already familiar with the following uses of the instrumental case:

- to express instrument or agent of action (without a preposition)
- to mean "accompanied by," "with," or "along with" (after the preposition **c**)
- with certain verbs
- after certain prepositions

B. The following verbs that require the instrumental are practiced in Unit 6:

- in equational sentences in the past or future with the verb **быть**
- following the verb **становиться-стать**, meaning to become

> Аркáдий был хорóшим студéнтом.
> Arkady was a good student.

> В бýдущем Аркáдий бýдет извéстным артѝстом.
> In the future, Arkady will be a famous actor.

> Когдá я закóнчу инститýт, я стáну (хочý стать) извéстным журналѝстом.
> When I finish the institute, I will become a famous journalist.

- The instrumental also follows the more formal, "bookish" verb **являться** (to be, is):

> МГУ являéтся сáмым большѝм университéтом в Россѝи.
> MGU is the largest university in Russia.

> Большóй теáтр являéтся извéстным россѝйским теáтром.
> The Bolshoi Theater is a famous Russian theater.

> Чайкóвский являéтся велѝким рýсским композѝтором.
> Tchaikovsky is a great Russian composer.

C. The preposition **над** is always followed by the instrumental. Literally, **над** means "above" (над гóродом/above the city), and figuratively (as practiced in Unit 6) it is used in the expression:

> **рабóтать над + instrumental = to work on**
> Аркáдий сейчáс рабóтает над спектáклем по ромáну Андрéя Бéлого.
> Arkady is now working on a production based on an Andrei Bely novel.

> Тáня рабóтает над своѝм фѝльмом о Смолéнске.
> Tanya is working on her film about Smolensk.

4. Expressing certainty or doubt

The following common ways to express certainty, hope, doubt, or apprehension about an event are all introduced and practiced in Unit 6:

certainty: увéрен, увéрена, увéрены (short-form adjective, agrees with subject in gender and number)
Я увéрен(а), что э́то бýдет óчень хорóший спектáкль.
I am certain (sure) that it will be a very good show.

hope: надéяться, что imperfective, stem надéя-ся (-a- stem like писа́–)
Я надéюсь, что Мѝша найдёт свой пáспорт.
I hope that Misha finds his passport.

Мы надéемся, что Дэ́нис приéдет на свáдьбу.
We hope that Dennis comes to the wedding.

doubt: сомнева́ться, что imperfective, stem сомнева́й–ся
Оля сомнева́ется, что Дэ́нис прие́дет на сва́дьбу.
Olya doubts that Dennis will come to the wedding.

fear: боя́ться, что (or кого́/чего́) imperfective, stem боя́–ся (classifier –**жа**–)
Ми́ша бои́тся, что они́ не мо́гут жени́ться без па́спорта.
Misha is afraid that they cannot get married without a passport.

Я бою́сь, что Арка́дий не найдёт телефо́н Поли́ны.
I am afraid that Arkady will not find Polina's telephone.

5. Expressing one's emotional reaction to something

In Unit 6 the following constructions expressing one's reaction are practiced. The adverbial construction (using **как** or **так**) is used to describe one's reaction to a general atmosphere or situation, whereas the adjectival construction (using **како́й**, **тако́й**) is used to react to a specific object or thing. Compare and study the following examples:

Reaction to a general situation	Reaction to a specific thing
Как Так ⟩ + adverb	Како́й (кака́я, како́е, каки́е) Тако́й (така́я, тако́е, таки́е) ⟩ + noun

Ка́к здесь **краси́во**!
How beautiful it is here!

Како́й у вас **са́д**!
Oh, **what a garden** you have!

Здесь **та́к краси́во**!
It is **so beautiful** here!

У вас **тако́й са́д**!
You have **such a garden**!

Note the intonation pattern used here is Intonational Construction 5 (IC-5). There are two centers: the first is placed on **как/так** or **како́й/тако́й** and causes a rise that is maintained until the second center, characterized by a fall, is placed on the adverb or noun emphasized.

6. More verbs with the particle –ся

A. These reflexive verbs imply reciprocal action by the individuals involved. In other words, the reflexive particle **-ся** adds the meaning of "one another."

ви́деться/уви́деться   to see one another
встреча́ться/встре́титься   to meet one another
знако́миться /познако́миться   to become acquainted with one another
сове́товаться/посове́товаться   to consult with one another

Арка́дий и Поли́на познако́мились в кафе́.
Arkady and Polina met one another (became acquainted) in the cafe.

Мы познако́мились в Москве́, когда́ мы учи́лись в университе́те.
We met (one another) in Moscow when we were studying at the university.

По-мо́ему, мы с ним где́-то ви́делись.
It seems to me that he and I have seen each other before.

Ребя́та ча́сто встреча́ются у Ми́ши.
The guys often meet (get together) at Misha's.

When these verbs are used without the particle **-ся**, they are transitive and take a direct object in the accusative case.

Серге́й познако́мил Саве́льева со свое́й сестро́й.
Sergei introduced Saveliev to his sister.

Оля о́чень ре́дко ви́дит Дэ́ниса.
Olya sees Dennis very rarely.

Ната́ша встре́тила Та́ню в магази́не.
Natasha met (*or* ran into) Tanya in the store.

The table below summarizes the various verb forms and their complements:

Transitive verbs without –ся/-сь	Reflexive verbs with –ся/-сь
знако́мить-познако́мить ви́деть-уви́деть встреча́ть-встре́тить ⟩ + кого́ (acc.)	знако́миться-познако́миться ви́деться-уви́деться встреча́ться–встре́титься ⟩ + с кем (instr.)

B. Also practiced in Unit 6 is the use of reflexive verbs in general to indicate a passive meaning. Study the following synonymous Russian constructions: 1) the use of intransitive verbs with the reflexive particle **-ся**; 2) the use of transitive verbs without the particle **-ся** in the third-person plural without an explicit subject and a direct object in the accusative case. These constructions are used when the agent "who" is doing the action is not important or specified. The difference between them is roughly equivalent to the difference between a passive construction and a "they" construction in English. Russians never use "**они́**" in this way, and this is a typical error made by native speakers of English.

Reflexive verbs with –ся; intransitive verbs, subject in the nominative	Third-person verb form without –ся; transitive verbs, no subject explicitly stated, object in the accusative
На на́шем факульте́те преподаётся ру́сская литерату́ра. Russian literature is taught in our department.	На на́шем факульте́те преподаю́т ру́сскую литерату́ру. They teach Russian literature in our department.
На э́той фи́рме произво́дится оде́жда. Clothing is produced at this company.	На э́той фи́рме произво́дят оде́жду. They produce clothing at this company.

7. The conjunction о том, что

All Russian prepositions require that nouns that follow them be in the appropriate case. When the object of a preposition is not a noun, however, this is impossible, so Russian deals with this by using **то, что** or **то, как** after the preposition, with **то** being in the required case.

For example, when the object of the preposition "**о**" is not a noun, the conjunction **о том, что** is used:

Compare:

Preposition + noun	Preposition + clause or verb phrase
Ми́ша говори́т **о па́спорте**. Misha is talking about his passport.	Ми́ша говори́т **о том, что** он потеря́л свой па́спорт. Misha is talking about the fact that he lost his passport.
Та́ня говори́т **о сва́дьбе**. Tanya is talking about the wedding.	Та́ня говори́т **о том, что** у них ско́ро бу́дет сва́дьба. Tanya is talking about the fact that their wedding is to occur soon.

Here are some other examples for your reference:

Мы пойдём в кафе́ **по́сле уро́ка**. We will go to the cafe after class.	**По́сле того́ как** уро́к ко́нчится, мы пойдём в кафе́. After class ends, we will go to the cafe.
До нача́ла семе́стра мы должны́ купи́ть все кни́ги. Before the beginning of the semester, we have to buy all our books.	**До того́ как** начнётся семе́стр, мы должны́ купи́ть все кни́ги. Before the semester begins, we have to buy all our books.

8. Use of на́до + imperfective to indicate urgency of an action

When an action being advised is deemed urgent and thus will/should begin as soon as possible, the imperfective aspect is generally used:

Та́ня, вам неме́дленно на́до е́хать в Москву́!
Tanya, you need to go to Moscow immediately!

По-мо́ему, вам на́до неме́дленно идти́ в мили́цию!
I think you need to go to the police immediately!

Вам на́до неме́дленно броса́ть кури́ть.
You need to quit smoking immediately.

9. Review of the indefinite particles –то and –нибудь

Recall that the unstressed particles –**то** and –**нибудь** can be added to the pronouns **какóй, ктó,** and **чтó,** and the adverbs **когдá, гдé,** and **кудá** to form indefinite pronouns or adverbs.

A. –**нибудь** is typically used in questions and imperatives and indicates that the speaker is unaware of what, who, what kind of, where, etc.

Questions:

Мúша, ты посовéтовался с кéм-нибудь о своём пáспорте?
Misha, have you consulted with anyone (at all) about your passport?

Мне сегóдня ктó-нибудь звонúл?
Has anyone (at all) called me today?

Imperatives: When used in imperatives, -**нибудь** reflects lack of preference:

Óля, расскажú нам чтó-нибудь о вáшей передáче «До шестнáдцати и стáрше».
Olya, tell us something (anything at all) about your program "Before Sixteen and Older."

Дэ́нис, покажúте нам какúе-нибудь фотогрáфии.
Dennis, show us some (any at all) photographs.

B. –**то** imparts the meaning of "unspecified." The person, thing, place, or time is definite, but the speaker does not provide an exact description either because s/he does not want to or does not know for certain.

Ктó-то вам звонúл.
Someone called you.

Дэ́нис живёт гдé-то в Вашингтóне.
Dennis lives somewhere in Washington.

Когдá вас нé было, какóй-то человéк приходúл к вам.
When you were gone, some person stopped by to see you.

Словарь

Словарь

Словарь Словарь

Словарь Словарь Словарь

Словарь Словарь

Словарь

Существи́тельные (Nouns)

актёр actor
актри́са actress
гость (m.) guest
дебю́т debut
звоно́к (gen. звонка́) phone call
Интерне́т Internet
кана́л tv channel/station
   (моско́вские кана́лы = Moscow
   stations)
компози́тор composer
курс course (of study; слу́шать
   курс = to take a course)
лауреа́т laureat
ле́кция lecture
меха́ник mechanic
мечта́ dream
милиционе́р police officer
МХАТ Моско́вский
   Худо́жественный
   Академи́ческий Теа́тр Moscow
   Art Theatre

несча́стье misfortune (стра́шное
   несча́стье = terrible misfortune)
основа́тель (m.) founder
официа́нт waiter, server
официа́нтка waitress, server
по́мощь (f.) help, assistance
про́сьба request
расска́з story
рома́н novel
сад garden
секрета́рша secretary
семина́р seminar
спекта́кль (m.) show, production
торт cake
учёный scientist
учи́лище educational institute
   (театра́льное учи́лище = theater
   school)
учи́тель (m.) (pl. учителя́) teacher,
цвето́к (pl. цветы́) flower
шофёр driver, chauffeur

Прилага́тельные (Adjectives)

бы́вший former, ex-
вели́кий great
замеча́тельный wonderful,
   marvelous
знамени́тый famous
изве́стный well-known
кла́ссный first-rate
настоя́щий genuine, real
обы́чный ordinary
огро́мный enormous, huge
просто́й simple

профессиона́льный professional
симпати́чный cute, nice-looking
стра́шный terrible, horrible

Кра́ткие прилага́тельные (Short-form Adjectives)

знако́м, знако́ма, знако́мы to be
   acquainted
уве́рен, уве́рена, уве́рены to be
   certain, confident

Глаго́лы (Verbs)

боя́ться (боя́–ся = -жа- stem)
   (impf), что...; чего́ to be afraid
   of something
брать (б/ра̌–) /взять (irreg.)
   интервью́ у кого́ to interview
   someone, брать-взять с собо́й to
   take (with oneself)
жда́ть-подожда́ть (жда̌–) кого́-
   чего́ to wait for something,
   someone
задава́ть (задава́й–) /зада́ть (irreg.)
   вопро́с to pose a question
игра́ть (игра́й–) роль to play a role
конча́ть (конча́й–) /ко́нчить
   (ко́нчи–) to finish

наде́яться (наде́я–ся) (impf.) to hope
находи́ть (находи́–) /найти́ (irreg.
   like идти́) to find
пока́зывать (пока́зывай–)
   /показа́ть (показа̌–) to show, in
   this unit = to broadcast
помога́ть (помога́й–) /помо́чь
   (помо́чь = irreg.) кому́-чему́ to
   help
посыла́ть (посыла́й–) /посла́ть
   (посла́–) что́ кому́ to send
   something to someone
продава́ть (продава́й–) /прода́ть
   (irreg.) to sell (transitive, takes a
   direct object)

продава́ться (прода**ва́й**–ся)
/прода́ться (irreg.)   to be sold,
can also mean to be in stock

производи́ться (производи́–ся)
(impf.)   to be produced

проси́ть /попроси́ть (по/просй–)
кого́   to request

рабо́тать (рабо́т**ай**–) (impf.) над
чем (спекта́клем)   to work on
something (a show/performance)

репети́ровать (репети́р**ова–**) (impf.)
to rehearse

сдава́ть (сда**ва́й**–) /сдать (сда́ть =
irreg.)   to take/pass (экза́мен,
зачёт)

случи́ться (случи́–ся) (pf.)   to
happen (commonly used in third-
person, neuter as in что́-то
случи́лось something happened)

слу́шать (слу́ш**ай**-) /прослу́шать
(прослу́ш**ай**-) курс   to take a
course on …

сове́товать (сове́т**ова–**)
/посове́товать (посове́т**ова–**)
кому́   to advise someone

сове́товаться (сове́т**ова**-ся)
/посове́товаться
(по/сове́т**ова**-ся) с кем   to
consult with someone

сомнева́ться (сомнева́**й**-ся) (impf.)
что …   to doubt

стать (ста́**н**-) (pf.) кем-чем   to
become (in this unit, used only in
the pf., impf. = станови́ться)

теря́ть (тер**я́й**-) /потеря́ть
(потер**я́й**-) что́   to lose something

узнава́ть (узнав**а́й**-) /узна́ть
(узн**а́й**-)   to find out

умоля́ть (умол**я́й**-) (impf.) кого́
to implore, to beg

уча́ствовать в чём (уча́ств**ова**-)
(impf.) в чём   to participate in
something

явля́ться (явл**я́й**-ся) кем-чем
(impf.)   to be (formal, bookish
style)

гря́зно   dirty
ду́шно   stuffy
жа́рко   hot
неда́вно   recently
неме́дленно   quickly, without delay

сра́зу   immediately
здо́рово   great, terrific
хо́лодно   cold
чи́сто   clean

за + что (accus.) for (eg. спаси́бо за
кни́гу/интервью́ = thank you for
the book/interview)

быть в гостя́х у кого́   to be a guest
at someone's place

Да ну что́ ты (Вы)!   What are you
talking about! (Don't mention it!
if said in response to Спаси́бо)

и́мени кого́   named after (институ́т
и́мени Щу́кина - Shchukin
Institute, Institute named after
Shchukin)

Как здесь краси́во!   How pretty it
is here!

Как ра́з! Precisely!

Каки́ми судьба́ми?   By what twist
of fate?

кста́ти   incidentally, by the way

Не́ за что!   Don't mention it!

Проходи́те, бу́дьте как до́ма.
Come in and make yourself at
home.

Прошу́ (from проси́ть) Please
(said as an invitation to come in,
sit down, help yourself, etc.)

Увы́! Alas!

Ужа́сно! Это ужа́сно!   That's
terrible!

Умоля́ю вас   I implore you, I beg
you

Уро́к

*I*n this lesson you will learn how to:

- discuss the meaning of happiness;

- talk about opportunities and future plans;

- describe different types of personalities and traits;

- express dissatisfaction.

Что такое счастье?

1. Помните ли вы:
   Где работает Полина и что она преподаёт?
   Кто её студенты?

2. Идёт урок по разговорной практике (conversational practice). Тема урока: «Что такое счастье?» Как бы вы ответили на этот вопрос?

   Счастье – это _____.

   Счастье – это когда _____.

   Счастье – это если _____.

3. Посмотрите эпизод 13: «Что такое счастье?» Полина и её студенты говорят о счастье. (Check all that you hear in the video.) ☑

   Счастье – это
   ❏ путешествия и новые впечатления.
   ❏ дружба.
   ❏ любимая работа.
   ❏ много денег.
   ❏ семья и дети.
   ❏ хороший дом.

4. Скажи́те: ☑

«Не в деньга́х сча́стье!» зна́чит:
- ❏ сча́стье – э́то когда́ нет де́нег.
- ❏ сча́стье – э́то когда́ мно́го де́нег.
- ❏ сча́стье не зави́сит (depend) от де́нег.

Поли́на счита́ет, что сча́стье – э́то
- ❏ путеше́ствия и но́вые впечатле́ния.
- ❏ когда́ ты лю́бишь кого́-то и кто́-то лю́бит тебя́.
- ❏ люби́мая рабо́та.

Оди́н студе́нт счита́ет, что ру́сские
- ❏ ужа́сные пессими́сты.
- ❏ ужа́сные материали́сты.
- ❏ ужа́сные идеали́сты.

Друго́й студе́нт счита́ет, что америка́нцы
- ❏ ужа́сные идеали́сты.
- ❏ ужа́сные оптими́сты.
- ❏ ужа́сные материали́сты.

ужа́сный = terrible; also used figuratively to exaggerate

Арка́дий потеря́л телефо́н Поли́ны. Студе́нты узна́ли об э́том, потому́ что
- ❏ Поли́на сказа́ла им об э́том.
- ❏ Арка́дий сказа́л им об э́том.
- ❏ они́ ви́дели Арка́дия по телеви́зору.

5. Како́е мне́ние вам бо́льше всего́ нра́вится?

Сча́стье – э́то
- ❏ путеше́ствия и но́вые впечатле́ния.
- ❏ люби́мая рабо́та.
- ❏ мно́го де́нег.
- ❏ что́-то о́чень ли́чное.

6. а. Прочита́йте и попро́буйте перевести́ на англи́йский язы́к э́ти ру́сские погово́рки и посло́вицы (sayings and proverbs):

Не име́й сто рубле́й, а име́й сто друзе́й.
Не в деньга́х сча́стье!
Не роди́сь краси́вым, а роди́сь счастли́вым!
Сча́стье за де́ньги не ку́пишь.

б. Кака́я погово́рка (или посло́вица) вам бо́льше нра́вится?

в. Как бы вы отве́тили на вопро́с: «Что́ тако́е сча́стье?»

7. а. Как вы ду́маете, Поли́на позвони́т Арка́дию? Почему́? А Арка́дий бу́дет рад? Почему́ вы так ду́маете?

б. Role play the conversation that might take place if Polina calls Arkady! (You may glance back at p. 73 for phone etiquette!)

Пра́ктика

Слу́шайте и повторя́йте:

А у вас вопро́сы есть? Да, у нас вопро́сы есть.
А у вас биле́ты есть? Да, у нас биле́ты есть.
А у вас рабо́та есть? Да, у нас рабо́та есть.
А у вас соба́ка есть? Да, у нас соба́ка есть.

Нет, у нас вопро́сов нет.
Нет, у нас биле́тов нет.
Нет, у нас рабо́ты нет.
Нет, у нас соба́ки нет.

хоть= at least

1. а. Скажи́те, у студе́нтов
есть вопро́сы?

б. Как вы ду́маете, каки́е
вопро́сы ждала́ Поли́на?
❏ об Арка́дии
❏ о деньга́х
❏ о дома́шнем зада́нии

– У вас вопро́сы есть?
Хорошо́, вопро́сов нет.

2. Прочита́йте вопро́сы и отве́тьте на них.

Серге́й, де́вушка
– А интере́сно, у Серге́я **есть де́вушка**?
– Де́вушка? Хм … по-мо́ему, у него́ **нет де́вушки**.

Серге́й, мла́дшая сестра́
Ми́ша, па́спорт
Оля, роди́тели
Дэ́нис, фотоаппара́т
Саве́льев, сигаре́ты
Арка́дий, телефо́н Поли́ны
Людми́ла, серьёзные пробле́мы
Васи́лий, де́ти
студе́нты, интере́с к ру́сскому языку́
вы, свобо́дное вре́мя

у кого́ есть + кто/что (nom.)

у кого́ нет + кого́/чего́ (gen.)

А интере́сно, ..?
А как ты ду́маешь, ..?

По-мо́ему, …
Мне ка́жется, …
Я ду́маю, что …

3. а.   Анализи́руйте:

> У меня́ **уже́** есть …   I already have …
> У меня́ **уже́** нет …   I do not have … any more.
>
> У меня́ **ещё** есть …   I still have …
> У меня́ **ещё** нет …   I do not have … yet.

б.   Compose sentences using these constructions. Use the following words and as many of the four constructions as are applicable. Be sure you can provide the English equivalents.

> па́спорт
> У меня́ уже́ есть па́спорт.   I already have a passport.
> У меня́ уже́ нет па́спорта.   I do not have a passport
>   any more.
>
> У меня́ ещё есть па́спорт.   I still have a (valid) passport.
> У меня́ ещё нет па́спорта.   I do not have a passport yet.

> жена́/му́ж
> хоро́шие оце́нки (good grades)
> но́вая кварти́ра
> де́ти
> пробле́мы
> люби́мая рабо́та
> моби́льный телефо́н (mobile phone)
> Интерне́т до́ма

4.   Спроси́те друг дру́га.

Та́ня: – Ми́ша, ты уже́ нашёл свой па́спорт?
          – Нет. У меня́ ещё нет па́спорта.
   или – Да. У меня́ уже́ есть па́спорт.

Оля: – Дэ́нис, ты уже́ купи́л биле́т в Москву́.

Арка́дий: – Серге́й, а где твоя́ де́вушка?

Серге́й: – Ми́ша, вы уже́ купи́ли кварти́ру?

Па́па: – Та́ня, вы серьёзно поду́мали о бу́дущем?
          У Ми́ши уже́ есть рабо́та?

5. а. Анализи́руйте:

У меня́ ...	У меня́ ...	
был/бу́дет друг.		дру́га.
была́/бу́дет подру́га.	не́ было	подру́ги.
бы́ло/бу́дет вре́мя.	не бу́дет	вре́мени.
бы́ли/бу́дут де́ньги.		де́нег.

б. Расскажи́те о своём дру́ге, колле́ге, преподава́теле и роди́телях. Сравни́те их ситуа́цию и свою́:

> де́ньги
>
> У моего́ дру́га Джо́на всегда́ бы́ли **де́ньги**.
> И у меня́ всегда́ бы́ли **де́ньги**.
> *и́ли:* А у меня́ никогда́ не́ было **де́нег**.

Всегда́ бы́л (а, о, и) + nominative
Никогда́ не́ было + genitive

> пробле́мы
> возмо́жности (opportunities)
> друзья́
> кни́ги
> оши́бки
> но́вые иде́и
> стра́нности (quirks)

всегда́ = always
ча́сто = often
иногда́ = sometimes
никогда́ не = never

6. а. Что́ вы отве́тите? (Work in groups of three.)

> час, уро́к
>
> – **Час** наза́д, у меня́ был **уро́к**. А у тебя́?
> – И у меня́ был **уро́к**.
> *и́ли:* – А у меня́ не́ было **уро́ка**.

неде́ля, о́тпуск
не́сколько дней, командиро́вка в Кирги́зию
3 дня, зачёт по литерату́ре,
год, ша́нс пое́хать на Украи́ну
мину́та, серьёзный разгово́р с Ива́ном Петро́вичем

о́тпуск = vacation from work

б. А тепе́рь скажи́те: бу́дет и́ли не бу́дет.

> – Че́рез **час** у меня́ бу́дет **уро́к**. А у тебя́?
> – И у меня́ бу́дет **уро́к**.
>   (А у меня́ не бу́дет **уро́ка**.)

Слу́шайте и повторя́йте:

Нет возмо́жности рабо́тать!	Нет возмо́жности совсе́м!
Нет возмо́жности поспа́ть!	Я не пью, не сплю, не ем!
Нет возмо́жности послу́шать!	Нет возмо́жности совсе́м!
Нет возмо́жности узна́ть!	Мо́жет ... пообе́даем?

1. а. Как студе́нты отвеча́ют на вопро́с: Что тако́е сча́стье?

– Это о́чень тру́дный вопро́с.

– Сча́стье – э́то
любимая рабо́та.

– Сча́стье не в деньга́х.

> возмо́жность + infinitive
> to have the opportunity to ...

б. Како́й отве́т вам бо́льше нра́вится?

в. А вы по́мните, каки́е други́е отве́ты бы́ли у студе́нтов?

2. Вы согла́сны? Соста́вьте диало́ги в па́рах.

(студе́нт 1) путеше́ствовать
– Я счита́ю, что сча́стье – э́то возмо́жность
путеше́ствовать.
Нет?
– Ну в при́нципе, я согла́сен (согла́сна). **С одно́й
стороны́**, путеше́ствовать – э́то о́чень хорошо́ и
интере́сно. Но, **с друго́й стороны́**, ты же не
мо́жешь путеше́ствовать всю жизнь!

> Нет? = Don't you think so?

> С одно́й стороны́, ... с друго́й стороны́, ...
> On the one hand, ...   on the other hand ...

(студе́нт 2) рабо́тать на компью́тере
(Ми́ша) игра́ть с ко́шками и соба́ками
(Серге́й) па́риться (steam) в ба́не
(Арка́дий) игра́ть Роме́о в на́шем теа́тре
(Оля) вести́ програ́мму для молодёжи
(Та́ня) снима́ть фи́льмы о Смоле́нске
(Саве́льев) ме́дленно и ти́хо кури́ть куби́нскую сига́ру

3. Почему́ э́та студе́нтка
приéхала в Москву́ то́лько в
э́том году́?

– Я приéхала в Росси́ю
то́лько в э́том году́. А
ра́ньше у меня́ не́ было
возмо́жности приéхать.

4. Почему́ они́ де́лают э́то то́лько сейча́с?

у кого́ + не́ было возмо́жности + infitive

Оля: – Я начала́ вести́ переда́чу «До 16-и и
ста́рше» то́лько в ма́рте.

Оля начала́ вести́ переда́чу «До 16-и и ста́рше»
в ма́рте, потому́ что ра́ньше у неё не́ было
возмо́жности вести́ э́ту переда́чу.

Та́ня: – Э́то мой пе́рвый фильм, кото́рый я снима́ю
сама́.

Ми́ша: – Мы с Та́ней ско́ро ку́пим кварти́ру.

Дэ́нис: – Пе́рвый раз я приéхал в Москву́ по́сле
перестро́йки.*

Саве́льев: – В апре́ле я уйду́ в о́тпуск.

Серге́й: – В суббо́ту мы с друзья́ми па́рились в ба́не.

уйти́ в о́тпуск = to take
one's vacation from
work

*Перестро́йка is the term used to refer to the period of reform ushered
in by the former Soviet leader Mikhail Gorbachev in 1985.

5. a. Что́ э́та студе́нтка ду́мает о профе́ссии программи́ста?

– Како́й у́жас!
Не понима́ю, как мо́жно
люби́ть компью́теры!

б. Что́ геро́и фи́льма мо́гут сказа́ть об э́том?

> Саве́льев ку́рит папиро́сы. (Та́ня)
>
> Та́ня говори́т: – Вот челове́к! Не понима́ю, как
>
> мо́жно кури́ть папиро́сы!

папиро́сы = special coarse/cheap Russian cigarettes (without a filter) that have a strong odor

Како́й у́жас!	=	strong negative reaction
Стра́нно!	=	puzzlement
Вот челове́к!	=	negative assessment

Арка́дий не ку́пил биле́т. (Ми́ша)
Ми́ша потеря́л па́спорт. (Арка́дий)
Та́ня уе́хала на мо́ре без Ми́ши. (Оля)
Ната́ша простуди́лась ле́том. (Та́ня)
Ми́ша же́нится в 24 го́да. (Саве́льев)
Та́ня пое́хала в Смоле́нск без Ми́ши. (Оля)
Поли́на преподаёт ру́сский язы́к иностра́нцам. (Арка́дий)

7. a. Как бу́дет по-ру́сски «software»?

– Вы не зна́ете,
как сказа́ть
по-ру́сски
«*software*»?
А как бу́дет
по-ру́сски
«*computer*» и
«*email*»?

б. Ма́ленький «super quiz». Give each other a quiz on the following words:

        Скажи́-**ка*** мне, как бу́дет по-ру́сски …

или   Вы не ска́жете, как бу́дет по-ру́сски …

> скажи́-ка
> Вы не ска́жете, …
> А ты зна́ешь, …

              vacation (from work)
              summer break
              business trip
              girlfriend
              hotel
              bathhouse
              opportunity
              time
              people
              children
              class
              money
              happiness
              impression

> Коне́чно, зна́ю! …
> То́чно не зна́ю, но по-мо́ему, …

в. Now tell the class what words you and your partner do not know in Russian (all in the spirit of good-natured fun!):

> Джон: – Си́нди не зна́ла, как бу́дет по-ру́сски …
>   А я знал!!!
> Си́нди: – Зато́ Джо́н не знал, как бу́дет по-ру́сски …
>   А я зна́ла!!!

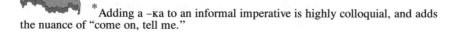

*Adding a –ка to an informal imperative is highly colloquial, and adds the nuance of "come on, tell me."

Урок 7

День 4

фоне́тика

Слу́шайте и повторя́йте:

а. Как бы вы отве́тили?
    Как бы вы сказа́ли?
    Как бы вы услы́шали?
    Как бы вы узна́ли?

    Мы бы не отве́тили.
    Мы бы не сказа́ли.
    Мы бы не услы́шали.
    Мы бы не узна́ли.

б. Я вообще́ не понима́ю,
    Почему́ он позвони́л.
    Я вообще́ не понима́ю,
    Почему́ он попроси́л.
    Я вообще́ не понима́ю,
    Почему́ она́ така́я.
    Почему́ она́ така́я?
    Я вообще́ не понима́ю!!!

1. а. А вы по́мните, как Поли́на отве́тила на э́тот вопро́с?

Intonation IC-2
IC-2 here is used for emphasis
(не я, не он, не она́, а **вы**)

Студе́нтка: – А как бы **вы** отве́тили на вопро́с:
Что́ тако́е сча́стье?

б. Спроси́те друг дру́га. Обрати́те внима́ние на интона́цию.
    (Pay attention to your intonation, using IC-2 on **ты**.)

– А интере́сно, почему́ Ми́ша же́нится?

– Не зна́ю. А как бы **ты** отве́тил(а) на свой вопро́с?

– Тру́дно сказа́ть … Я вообще́ не понима́ю, почему́
лю́ди же́нятся.

Почему́ Саве́льев ку́рит?
Почему́ ру́сские лю́бят па́риться в ба́не?
Почему́ Саве́льев не хо́чет жени́ться?
Почему́ Людми́ла занима́ется би́знесом?
Почему́ Арка́дий ча́сто опа́здывает?

2. а. Кто о чём мно́го говори́т?

– Мне ка́жется, что
здесь в Росси́и мно́го
говоря́т о любви́. Мне
ка́жется, ру́сские
ужа́сные идеали́сты!

–По-мо́ему, это мы,
америка́нцы, ужа́сные
материали́сты!

3. а. Где и о чём говоря́т сли́шком мно́го?

В Аме́рике сли́шком мно́го говоря́т
о спо́рте и о дие́те.

Аме́рика	о любви́ и о поли́тике
Росси́я	о приро́де и о цвета́х
Япо́ния	о моро́зе и о пингви́нах
Фра́нция	о спо́рте и о дие́те
Герма́ния	о тума́нах и дождя́х
Австра́лия	о вине́ и о сы́ре
Антаркти́да	о пи́ве и о соси́сках
Англия	о кенгуру́ и о ки́ви

Тру́дно сказа́ть, но ...
То́чно не зна́ю, но ду́маю, что ...

б. Соста́вьте диало́ги: (Use information in Ex. 3.а.)

– Мне ка́жется, что в Аме́рике сли́шком мно́го
говоря́т о дие́те.
– Не понима́ю, как мо́жно сто́лько говори́ть о дие́те!

сто́лько = so much

4. Что сказал Аркадий
   по телевизору?

   – Он сказал, что вы
   дали ему телефон,
   но он потерял
   телефон. Теперь он
   хочет, но не может
   позвонить вам.

5. Что они сказали? (Remember to preserve the tense of the
   original utterance!)

   > Миша: скоро, купить новую квартиру
   > Миша сказал, что **скоро он купит новую квартиру**.

   > Таня: 20-ого июня, выйти замуж
   > Наташа: после обеда, пойти к врачу
   > Дэнис: через неделю, прилететь к Оле
   > Аркадий: завтра, позвонить Полине

6. Кто кому сказал? (Pay attention to the tense in the reported
   clause.)

   > Таня, папа, свадьба будет в ресторане
   > Таня сказала папе, что свадьба будет в ресторане.

   > Таня, Оля, ездила на море на пять дней
   > Василий, Таня, живёт в Смоленске
   > Таня, Василий, снимает фильм в Смоленске
   > Наташа, Таня, пойдёт в поликлинику
   > Аркадий, друзья, познакомился с девушкой
   > Сергей, Миша, откроет новый магазин

> **Remember!**
> сказать | кому (dative)
> | другу
> | подруге
> | друзьям

7. Reveal to one another what you know about your other
   classmates, using **он/она сказал(а) мне, что...**

   > What do you know about your friend's plans for the
   >   upcoming weekend?
   > What did s/he do last weekend?
   > Where has s/he already been?
   > Where would s/he like to go?

Я виноват!

Эпизо́д 14

1. По́мните ли вы, как Та́ня узна́ла о том, что Ми́ша потеря́л па́спорт? Где она́ была́ в э́то вре́мя? Что́ она́ сде́лала, когда́ узна́ла ужа́сную но́вость?

2. Как вы ду́маете?

   Ми́ша
   ❏ найдёт свой па́спорт.
   ❏ полу́чит но́вый па́спорт в мили́ции.

3. Посмотри́те эпизо́д 14: «Я винова́т!» и скажи́те:

   Та́ня о́чень
   ❏ ра́да.   ❏ серди́та.   ❏ расстро́ена.

   Ми́ша говори́т, что он
   ❏ винова́т.   ❏ удивлён.   ❏ серди́т.

   Ми́ша предлага́ет пойти́ за́втра в мили́цию и
   ❏ купи́ть но́вый па́спорт.
   ❏ объясни́ть пробле́му и заказа́ть но́вый па́спорт.
   ❏ взять спра́вку для ЗАГСа.

   Па́спорт Ми́ши нашёл
   ❏ его́ друг Серге́й.
   ❏ милиционе́р.
   ❏ незнако́мый молодо́й челове́к.

серди́т(а, ы) = angry
расстро́ен(а, ы) = upset
винова́т(а, ы) = guilty
удивлён(лена́, лены́) = surprised

спра́вка = a document certifying personal information

Наве́рное (probably), незнако́мый челове́к нашёл па́спорт
- ❏ в магази́не.
- ❏ в институ́те.
- ❏ на у́лице.

Когда́ Ми́ша получи́л свой па́спорт, Та́ня
- ❏ была́ расстро́ена.
- ❏ была́ о́чень ра́да.
- ❏ была́ о́чень серди́та.

4.

> **Кто э́то сказа́л?**

T = Та́ня
M = Ми́ша
н.з. = незнако́мый челове́к

____ Ну ка́к,... ка́к ты мог потеря́ть па́спорт!!!

____ Я уже́ сказа́л, я винова́т. Дава́й то́лько не бу́дем крича́ть.

____ Дава́й не бу́дем пла́кать.

____ За́втра мы пойдём в мили́цию, попро́буем объясни́ть
им на́шу ситуа́цию. Мо́жет быть, они́ пойду́т нам
навстре́чу.

____ Михаи́л, а где твой па́спорт?

____ А тебе́ како́е де́ло?

спасены́ = saved

____ Где ты взял мой па́спорт? Это мой па́спорт. Мы спасены́!

5. а. Тепе́рь у Ми́ши есть па́спорт, зна́чит сва́дьба бу́дет – нет
проблём!

Тепе́рь Ми́ша с Та́ней должны́

купи́ть проду́кты для сва́дьбы.
соста́вить спи́сок (to make a list) проду́ктов.
пригласи́ть госте́й.
найти́ кварти́ру.
купи́ть ме́бель.
купи́ть друг дру́гу пода́рки и ко́льца.
заказа́ть биле́ты для сва́дебного путеше́ствия.

б. Как вы ду́маете, что Ми́ша с Та́ней должны́ сде́лать
в пе́рвую о́чередь (first of all)? Почему́?

Слу́шайте и повторя́йте:

а. Дава́й не бу́дем пла́кать!
    Дава́й не бу́дем петь!
    Дава́й не бу́дем за́втракать!
    Дава́й не бу́дем есть!

б. Дава́й не бу́дем ссо́риться!
    Пожалу́йста, не бу́дем.
    Дава́й не бу́дем спо́рить!
    Пожа́луйста, не бу́дем.
    Дава́й не бу́дем пла́кать!
    Пожа́луйста, не бу́дем.
    Дава́й не бу́дем ссо́риться!
    Пожа́луйста, не бу́дем.

1. а. Почему́ Та́ня расстро́ена?

      – Эх ты! Ну как ты мог
        потеря́ть па́спорт!

   б. Что́ они́ мо́гут сказа́ть?

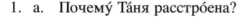

| Арка́дий: | – Я забы́л биле́т. |
| Ми́ша: | – Эх ты, Арка́дий! Ну **как ты мог** забы́ть биле́т! |

мочь
он мог
она́ могла́
они́ могли́

   1. Ми́ша: – Я потеря́л телефо́н Поли́ны.
      Арка́дий: –

   2. Ната́ша: – Я простуди́лась …
      Та́ня: –

3. Оля: – Я забы́ла позвони́ть Дэ́нису.
   Ма́ма: –

4. Дэ́нис: – Оля, извини́, что я не позвони́л тебе́.
   Оля: –

5. Ка́тя: – Я не пригото́вила обе́д.
   Серге́й: –

6. Та́ня: – Ой, Ми́шенька, извини́, – я опозда́ла!
   Ми́ша: –

в. Now, think up your own situations, and compose brief dialogues.
   Note the appropriate response to such a recrimination:

2
«Ну извини́, пожа́луйста.»

> Бори́с: – Я потеря́л твой слова́рь.
> Та́ня: – Эх ты! Ну как ты мог потеря́ть мой слова́рь!!!
> Бори́с: – Ну извини́, пожа́луйста.

2. а. Реаги́руйте хо́ром (as a group):

Эх ты! *и́ли* **Ух ты!**

Эх ты! = reproof
Ух ты! = surprise

Та́ня: – А я была́ на мо́ре 5 дней!

Арка́дий: – Я забы́л купи́ть биле́т!

Ната́ша: – Я простуди́лась, сижу́ до́ма.

Та́ня: – А я за́муж выхожу́.

Дэ́нис: – Я купи́л биле́т в Москву́.

Серге́й: – У меня́ на да́че есть ба́ня.

Васи́лий: – В по́езде я познако́мился с ми́лой де́вушкой.

Оля: – Я бу́ду на сва́дьбе сестры́ одна́, без Дэ́ниса.

Саве́льев: – Я ника́к не могу́ бро́сить (to quit) кури́ть.

Дэ́нис: – Оля, я опозда́л на самолёт.

Ми́ша: – Эти цветы́ – тебе́.

3. Найди́те анто́нимы:

до́брый	глу́пый
у́мный	жа́дный
сме́лый	несо́бранный
отве́тственный	зло́й
ще́дрый	трусли́вый

4. а. Как вы ду́маете, каки́е лю́ди Ми́ша и Арка́дий?
Почему́ вы так ду́маете?

—Я потеря́л па́спорт!

—Поли́на! Увы́!
Я потеря́л ваш телефо́н.

б. Коне́чно, в э́той ситуа́ции, Ми́ша и Арка́дий винова́ты.
Но э́то не зна́чит, что они́ плохи́е лю́ди. Вы согла́сны?
Каки́е они́ лю́ди? ☑ (Check all that apply.)

Ми́ша	Арка́дий
❏ глу́пый	❏ до́брый
❏ ще́дрый	❏ неорганизо́ванный
❏ сме́лый	❏ тала́нтливый
❏ трудолюби́вый	❏ хи́трый
❏ и́скренний	❏ реши́тельный

в. А Та́ня? Кака́я она́ де́вушка?
А Оля? Кака́я она́ де́вушка?
А Дэ́нис? Како́й он челове́к?

5. а. А тепе́рь расскажи́те о свои́х друзья́х: Каки́е они́ лю́ди?

б. А тепе́рь скажи́те всей гру́ппе, каки́е лю́ди не нра́вятся
вам и ва́шему дру́гу бо́льше всего́. Скажи́те почему́.

> Мне, наприме́р, бо́льше всего́ не нра́вятся … ,
>   потому́ что …
> А Дави́ду бо́льше всего́ не нра́вятся … ,
>   потому́ что …

6. а. Вы помните, почему Таня расстроена?

– Ну что же
теперь делать!

> Remember: A series of
> consecutive actions in the past
> or future is expressed in
> Russian using **perfective** verbs!

нельзя ли + inf./
мо́жно ли + inf. = is it
possible to…?

б. Вы помните, какой план был у Миши? Прочитайте его
план о том, как решить проблему с паспортом. Вам
нравится этот план? Почему?

Сначала мы пойдём в милицию.
Объясним им нашу ситуацию.
Потом заполним все анкеты.
Спросим, нельзя ли получить паспорт побыстрее.
И… пойдём на дискотеку!

в. Как вы думаете, что ответит милиционер, если Миша
спросит, **нельзя ли** получить паспорт побыстрее?

7. Разыграйте ситуации:

> Миша и Таня, потерять паспорт
>
> Миша: – Таня, я потерял свой паспорт.
> Таня: – Эх ты! Как ты мог потерять его!
> Миша: – Я виноват.
> Таня: – Что же теперь делать?
> Миша: – У меня есть план.
> Таня: – План? Какой?
> Миша: – Во-первых, …
> Таня: – Потом, …

Оля и Таня, потерять ключ
Таня и Миша, потерять кредитную карточку
Таня и Оля, не сдать экзамен
Олег и Наташа, забыть подарок
Сергей и Аркадий, получить штраф

штраф за превышение
скорости = speeding
ticket
штраф за неправильную
парковку = illegal
parking

Слу́шайте и повторя́йте:

Ла́дно, ла́дно! Хорошо́!
Я пойду́ с тобо́й в кино́!
Ну коне́чно! Нет пробле́м!
Мы пое́дем на метро́!

Ты согла́сен, я согла́сна!
Мы согла́сны! Хорошо́!
Мы пое́дем на метро́.
С удово́льствием в кино́.

С удово́льствием пое́дем!
С удово́льствием в кино́.

фоне́тика

1. Почему́ Та́ня с Ми́шей пойду́т в мили́цию?
    Заче́м они́ пойду́т туда́?

– Та́ня, дава́й за́втра пойдём
  в мили́цию.
– Хорошо́. За́втра пойдём
  в мили́цию.

2. a. Прочита́йте фра́зы (expressing agreement/approval):

Хорошо́.   Согла́сен (согласна́).
Ла́дно.   Ну, дава́й попро́буем.
Дава́й.   С удово́льствием!
Отли́чная иде́я, Ми́ша!   Молоде́ц, Ми́ша!

попро́бовать = to try

б. Now re-enact the dialoguw in 1, substituting these phrases for Tanya's response.

в. Make various suggestions to one another and respond, using the expressions in Ex. 2. a. You can propose the following, or make up your own: пойти куда́-то, позвони́ть кому́-то, купи́ть что́-то, и т. д.

> – Слу́шай, Джон, дава́й пое́дем на мо́ре!
> – Ух ты! Отли́чная иде́я!

3. а. Прочита́йте друго́й возмо́жный диало́г. Каки́е слова́ пока́зывают сомне́ние (doubt), неуве́ренность (uncertainty) Тани́:

Ми́ша: – Та́ня, дава́й за́втра пойдём в мили́цию.

Та́ня: – В мили́цию? Заче́м? Ра́зве они́ смо́гут нам помо́чь?

ра́зве = interrogative particle expressing the speaker's uncertainty

б. Role play the following situations:

> Misha tells Sergei he has lost his passport.
>
> – Ми́ша, тебе́ на́до позвони́ть Оле́ – она́ рабо́тает на телеви́дении.
> – Оле? Заче́м? Ра́зве она́ смо́жет помо́чь?

In questions using ра́зве to express doubt, IC-3 is placed over the word in question.

1. Dennis calls and tells Olya he is having trouble buying a ticket to Moscow.

2. Natasha tells Tanya that she is sick.

3. Tanya arrives in Smolensk and doesn't know how to get to the hotel.

4. Sergei tells Misha he needs money for his business.

4. Разыгра́йте ситуа́ции:

Complain to one another about your respective problems and provide advice. Express doubt that your friend's solution will work. (Use expressions and material from Ex. 1-3.)

5. а. На что́ наде́ется Ми́ша?

    Ми́ша: – Та́ня, дава́й пойдём в мили́цию. Мо́жет
    быть, они́ пойду́т нам навстре́чу?

    наде́ться на что = to
    hope for

    пойти́ навстре́чу кому́
    = to meet halfway

    б. Как вы ду́маете, мили́ция пойдёт навстре́чу Ми́ше
    с Та́ней? Прочита́йте ра́зные вариа́нты отве́та Та́ни.
    Како́й вам бо́льше нра́вится?

    1. Вря́д ли они́ согла́ся́тся нам помо́чь!

    Вряд ли = hardly,
    unlikely

    2. Очень мо́жет бы́ть, что они́ нам помо́гут.

    3. Да, они́ должны́ пойти́ нам навстре́чу!

6. Role play the following situations using the expressions from
    Ex. 5. In each case you tell your friend what you want/plan to
    do and s/he expresses doubt that this person will help.

> вы хоти́те пора́ньше сдать экза́мен и уе́хать на
> кани́кулы (преподава́тель)
>
> – Слу́шай, я хочу́ сдать экза́мены пора́ньше и уе́хать
>   на кани́кулы?
> – Не зна́ю. Вряд ли преподава́тель согласи́тся с э́тим.
>   *или:*
> – Не зна́ю. Вряд ли преподава́тель пойдёт тебе́
>   навстре́чу.

согласи́ться с чем = to
agree with something

1. вы хоти́те побыстре́е пода́ть заявле́ние в ЗАГС
    (администра́тор)

2. вы хоти́те верну́ть (return) в магази́н вещь,
    кото́рую вы купи́ли (дире́ктор магази́на)

3. вы хоти́те заня́ть (borrow) 300 до́лларов
    (роди́тели)

вря́д ли
сомнева́юсь
не уве́рен(а)

4. вы хоти́те писа́ть контро́льную не за́втра,
    а че́рез две неде́ли (преподава́тель)

5. вы хоти́те беспла́тный (free) обе́д в столо́вой
    (администра́тор)

фоне́тика

Слу́шайте и повторя́йте:

а. Эй, посто́й, подожди́!
    Подожди́! Куда́ спеши́шь?
    А тебе́ како́е де́ло?
    Я спешу́, куда́ хочу́!

б. Мо́жно вас на секу́ндочку?
    Мо́жно вас на мину́точку?
    Подожди́те, пожа́луйста!
    Мо́жно вас на секу́ндочку?

    Я вас слу́шаю, де́вушка.
    Я вас слу́шаю, ба́бушка.
    Я вас слу́шаю, де́душка.
    Очень, о́чень внима́тельно.

сове́товать кому́
+ inf. / to give
advice to
someone to do
something

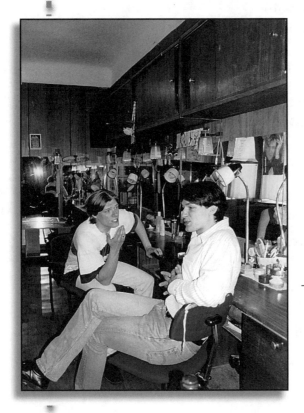

1. а. Что́ же тепе́рь де́лать?
        Что Арка́дий сове́тует
        Ми́ше?

Вы́хода нет =
literally, there
is no way out;
you have no
other choice

– Вы́хода нет. Ты до́лжен
  пойти́ в мили́цию.

    б. Вы по́мните, почему́ Ми́ша до́лжен пойти́
        в мили́цию?

2. Что́ они́ должны́ (бы́ли/бу́дут) сде́лать?

> Арка́дий е́хал в по́езде без биле́та. (купи́ть биле́т)
> Арка́дий **до́лжен был купи́ть биле́т**.

Ми́ша не пое́хал с Та́ней на мо́ре. (пое́хать с ней)

Та́ня ско́ро зако́нчит институ́т. (сдать все экза́мены в ма́е)

Оля хо́чет, что́бы Дэ́нис прие́хал к ней.
(позвони́ть Дэ́нису сего́дня ве́чером)

Саве́льев хо́чет пригласи́ть Ка́тю на сва́дьбу.
(поговори́ть с ней)

Роди́тели плани́руют сва́дьбу. (покупа́ть проду́кты)

20-ого ию́ня Серге́й повезёт Ми́шу и Та́ню в ЗАГС.
(помы́ть свою́ маши́ну)

помы́ть = to wash

Ка́тя зна́ла, что прие́дут друзья́ Серге́я.
(пригото́вить обе́д и ба́ню)

Поли́на узна́ла от студе́нтов, что Арка́дий потеря́л её
телефо́н. (позвони́ть ему́ за́втра ве́чером)

3. Соста́вьте диало́ги (Express your doubt/surprise that the
event was supposed to take place, using **ра́зве**):

> Дэ́нис не позвони́л мне вчера́.
>
> – Ты зна́ешь, Дэ́нис не позвони́л мне вчера́!
> – А ра́зве он до́лжен был позвони́ть вчера́?
> – Коне́чно до́лжен был!!!

> Ната́ша не ходи́ла к врачу́.
> Та́ня не пое́хала в Пари́ж.
> Поли́на не позвони́ла Арка́дию.
> Арка́дий не позвони́л Поли́не.
> Ми́ша с Та́ней не пошли́ в мили́цию.
> Роди́тели не́ были про́тив сва́дьбы.
> Васи́лий не сказа́л жене́ о Та́не.
> Серге́й не помы́л (washed) маши́ну.

4. Discuss the most important things you had to do in the past few
weeks, using **до́лжен был/должна́ была́**, and have to do in
the next few weeks, using **до́лжен бу́ду/должна́ бу́ду**.

обраща́ться (быть с кем-то) на ты = to be on informal terms with someone, i.e., to use the informal pronoun ты

5. a. Прочита́йте разгово́р Ми́ши с незнако́мым молоды́м челове́ком. Почему́ они́ **обраща́ются друг к дру́гу на ты** – ра́зве они́ знако́мы?

– Эй, посто́й! Как тебя́ зову́т?
– Михаи́л.
– Михаи́л! А где твой па́спорт?
– А тебе́ како́е де́ло?
– На! Бо́льше не теря́й.

пове́жливый = polite

б. Попро́буйте (try) сде́лать диало́г чуть-чуть пове́жливее.

6. a. Найди́те ве́жливые эквивале́нты:

Эй, посто́й! Подожди́!   Прости́те, как Ва́ше и́мя?
Чего́ тебе́ на́до?   Возьми́те, пожа́луйста.
Как тебя́ зову́т?   Мо́жно вас на секу́ндочку?
На!   Вы что́-то хоте́ли спроси́ть?
А тебе́ како́е де́ло?   А почему́ вы об э́том
                               спра́шиваете?

б. Тепе́рь попро́буйте сде́лать диало́г в. уп. 4 бо́лее ве́жливым.

7. Разыгра́йте ситуа́ции. (Use expressions from Ex. 6.)

вы потеря́ли су́мку, ключ, биле́т и т.д.
вы не зна́ете, где ста́нция метро́, банк, по́чта
вы хоти́те знать, кото́рый час

To get someone's attention, use Де́вушка/Же́нщина, Молодо́й челове́к/ Мужчи́на, or simply: Извини́те, ...

— Мы спасены́!

1. Посмотри́те **эпизо́д 13:** «Что тако́е сча́стье?» и скажи́те, что́ сказа́ли, спроси́ли или отве́тили э́ти лю́ди?

Поли́на: «Вопро́сы есть?»
Поли́на спроси́ла, _____

Поли́на: «Сего́дня на уро́ке мы поговори́м о
              сча́стье».
Пото́м она́ сказа́ла, _____

Студе́нт 1: «Э́то о́чень тру́дный вопро́с».
Студе́нт 1 сказа́л, _____

Студе́нт 2: «Для меня́ да́же по-англи́йски тру́дно
              отве́тить».
Студе́нт 2 сказа́л, _____

Студе́нтка 2: «Мне 22 го́да. По-мо́ему, сча́стье – э́то
              интере́сная жизнь, путеше́ствия с
              друзья́ми в ра́зные стра́ны. Я прие́хала
              сюда́ в Москву́, потому́ что мне
              нра́вится путеше́ствовать. Я не могу́
              до́лго жить на одно́м ме́сте. Мне
              стано́вится о́чень ску́чно».
Студе́нтка 2 сказа́ла, _____

Студе́нт 2: «Сча́стье – э́то люби́мая рабо́та. Я
              рабо́таю с компью́терами и я сча́стлив».
Студе́нт 2 сказа́л, _____

Студе́нт 2: «Как сказа́ть по-ру́сски «software»?»
Студе́нт 2 спроси́л, _____

Студе́нтка 5: «А как бы вы отве́тили на свой вопро́с:
              «Что́ тако́е сча́стье?»
Студе́нтка 5 спроси́ла, _____

Поли́на: «Мне ка́жется, что сча́стье – э́то что́-то
              о́чень ли́чное».
Поли́на сказа́ла, _____

Студе́нтка 2: «Как Вам понра́вилось в но́вом клу́бе?»
Студе́нтка 2 спроси́ла, _____

Студе́нт 2: «Вы зна́ете молодо́го челове́ка, кото́рого
              зову́т Арка́дий?»
Студе́нт 2 спроси́л, _____

2. a. Your classmate missed class and did not see Episode 13. As a group, recount for him/her the basic content of this episode. Completing these sentences will get you started:

> Поли́на преподаёт ...
> В э́том эпизо́де мы ви́дим её студе́нтов, кото́рые ...
> На уро́ке они́ обсужда́ют ...
> Есть ра́зные мне́ния. Наприме́р, ...
> Пото́м студе́нты говоря́т, что они́ ви́дели Арка́дия и ...

б. Now, reenact the class discussions of «Что тако́е сча́стье?» Then discuss your own opinions!

3. Посмотри́те **эпизо́д 14:** 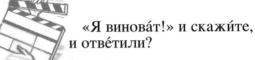 «Я винова́т!» и скажи́те, что сказа́ли, спроси́ли и отве́тили?

> Та́ня: «Ну как ты мог потеря́ть па́спорт?!»
> Та́ня спроси́ла, _____

> Ми́ша: «Я винова́т».
> Ми́ша сказа́л, _____

> Ми́ша: «За́втра мы пойдём в мили́цию, попро́буем объясни́ть на́шу ситуа́цию».
> Ми́ша сказа́л, _____

> Незнако́мый молодо́й челове́к: «Михаи́л, а где твой па́спорт?»
> Незнако́мый молодо́й челове́к спроси́л, _____

> Незнако́мый молодо́й челове́к: «На. Бо́льше не теря́й».
> Незнако́мый молодо́й челове́к сказа́л, _____

4. a. Reenact Episode 14 in groups of three, playing the roles of Та́ня, Ми́ша, and the stranger who found Misha's passport.

б. Как вы ду́маете, что бу́дет да́льше (next)?

> Use **что́бы** + past tense to report an imperative: Он сказа́л, что́бы Ми́ша бо́льше не теря́л па́спорт.

Давáйте почитáем

Anton Pavlovich Chekhov is a writer most famous for his four dramatic masterpieces, written between 1896 and 1903: *The Seagull, Uncle Vanya, Three Sisters,* and *The Cherry Orchard.* Chekhov is also a master of the short story, and he authored many humourous anecdotes and funny sketches illuminating various aspects of human nature. Among them is the following short story about two school-mates meeting after not seeing one another for years.■

I Pre-Reading Exercises

1. Match up the two sides to indicate what material is used to make the object:

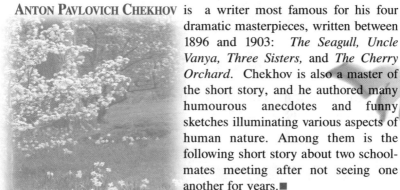

ключи́ из метáлла

корóбка	фарфóр (porcelain)
ключи́	кáмень (stone)
конвéрт	стеклó (glass)
чемодáн	шерсть (wool)
кошелёк	пластмáсса (plastic)
буты́лка	метáлл (metal)
сви́тер	картóн (cardboard)
дом	бумáга (paper)
кольцó	кóжа (leather)

2. a. Analyze the way these adjectives are formed from the nouns:

картóн – картóнный   кáмень – кáменный
дéрево – деревя́нный   пластмáсса – пластмáссовый
кóжа – кóжаный   зóлото – золотóй
бумáга – бумáжный   фарфóр – фарфóровый
стеклó – стекля́нный   метáлл – металли́ческий
шерсть– шерстянóй

б. Make up word combinations using the nouns in Ex. 1 above and these adjectives.

Напримéр: ключи́ из метáлла *и́ли:* металли́ческие ключи́

3. Underline the words that do not belong in the group:

    a.   пообе́дать, обе́д, съесть, еда́, (они́) едя́т, (он) ел, (они́) е́дут
    б.   тре́тий, троекра́тно, тро́йка, три, портре́т, три́ста

4. Underline the words that do not belong to this semantic group. Can you explain your choice?

    a.   ми́лый, голу́бчик, дорого́й, друг, кита́ец
    б.   удивлён, ошеломлён, рад, за́нят, сча́стлив
    в.   ху́денький, то́лстый, высо́кий, тяжёлый, то́нкий, ми́лый

II Reading

Read the text and answer the questions that follow. (It may be helpful to read through the questions for each section *before* reading the text!)

То́лстый и то́нкий

1

На Никола́евском вокза́ле встре́тились два прия́теля: оди́н то́лстый, друго́й то́нкий. То́лстый то́лько что пообе́дал. От него́ па́хло хе́ресом и флёрдора́нжем. А то́нкий то́лько что вы́шел из ваго́на и нёс тяжёлые чемода́ны и коро́бки. От него́ па́хло ветчино́й и кофе́йной гу́щей. За ним шла ху́денькая же́нщина с дли́нным подборо́дком – его́ жена́ и высо́кий гимнази́ст с прищу́ренным гла́зом – его́ сын.

— Порфи́рий! – воскли́кнул то́лстый. – Ты ли э́то? Голу́бчик мой! Ско́лько лет, ско́лько зим!

— Го́споди! – изуми́лся то́нкий. – Ми́ша! Друг де́тства! Отку́да ты?

Прия́тели троекра́тно поцелова́лись и смотре́ли друг на дру́га со слеза́ми ра́дости. Оба бы́ли прия́тно ошеломлены́.

2

— Ми́лый мой! – на́чал то́нкий по́сле поцелу́ев. – Вот не ожида́л! Вот сюрпри́з! Ах ты, го́споди! Ну как ты? Жена́т? Я уже́ жена́т, как ви́дишь. Вот э́то моя́ жена́, Луи́за ... лютера́нка ... А э́то мой сын, Нафанаи́л, у́чится в тре́тьем кла́ссе. Нафа́ня, э́то друг моего́ де́тства! Мы в гимна́зии вме́сте учи́лись!

Нафанаи́л немно́го поду́мал и снял ша́пку.

— Ну, как живёшь, друг? – спроси́л то́лстый, восто́рженно гля́дя на дру́га. – Где́-нибудь слу́жишь? Дослужи́лся?

— Служу́, ми́лый мой! Колле́жским асе́ссором уже́ второ́й год и Станисла́ва име́ю. Жа́лование плохо́е ... ну да Бог с ним! Жена́ даёт уро́ки му́зыки, а я портсига́ры прива́тно де́лаю из де́рева. Отли́чные портсига́ры! Продаю́ по рублю́ за шту́ку. А е́сли кто́-нибудь покупа́ет де́сять и бо́льше, тому́, понима́ешь, даю́ ски́дку. Ра́ньше служи́л в департа́менте, а тепе́рь бу́ду здесь. Ну, а ты как? Уже́ ста́тский? А?

— Нет, ми́лый мой, повы́ше, – сказа́л то́лстый. – Я уже́ до та́йного дослужи́лся. Две звезды́ име́ю.

3

Тóнкий вдруг побледне́л, окамене́л, но ско́ро его́ лицо́ искриви́лось широча́йшей улы́бкой. Дли́нный подборо́док жены́ стал ещё длинне́е, а Нафанаи́л вы́тянулся и застегну́л все пу́говицы своего́ мунди́ра.

— Ва́ше Превосходи́тельство... Очень прия́тно-с! Мо́жно сказа́ть, друг де́тства и вдруг ста́ли таки́м вельмо́жей! Хи-хи́-с!

— Ну хва́тит! - недово́льно сказа́л то́лстый. - Для чего́ э́тот тон? Мы с тобо́й друзья́ де́тства – заче́м тут э́то чинопочита́ние!

— Что́ вы-с! - захихи́кал то́нкий. - Внима́ние Ва́шего Превосходи́тельства – э́то как живи́тельная вла́га ... Вот э́то, Ва́ше Превосходи́тельство, сын мой Нафанаи́л,... жена́ Луи́за ... лютера́нка, не́которым о́бразом ...

То́лстый хоте́л что́-то возрази́ть, но на лице́ у то́нкого бы́ло сто́лько благогове́ния, что то́лстого чуть не стошни́ло. Он отверну́лся от то́нкого и пода́л ему́ ру́ку на проща́нье.

То́нкий пожа́л три па́льца, поклони́лся и захихи́кал «Хи-хи-хи!» Жена́ улыбну́лась. Нафанаи́л урони́л ша́пку. Все тро́е бы́ли прия́тно ошеломлены́.

Слова́ к те́ксту

асе́ссор (Колле́жский асе́ссор) assessor (low government rank of the 19th century)
благогове́ние reverence
Ва́ше Превосходи́тельство Your Excellency
вельмо́жа (obsolete) grandee
возрази́ть (pf.) to object
воскли́кнуть (pf.) to exclaim
восто́рженно ecstatically
вы́тянуться (pf.) to stand up straight
гимнази́ст schoolboy at a private gymnasium
гляде́ть (impf.) to glance, look at
гля́дя (на что/кого́) looking at
голу́бчик (мой) my dear friend
де́тство childhood
жа́лование salary, pay
застегну́ть (pf.) to fasten
захихи́кать (pf.) to start giggling
звезда́ star (here, order or medal in the shape of a star)
Две звезды́ име́ю. I have two orders.
изуми́ться (pf.) to be amazed, to be astounded
искриви́ться (pf.) to be distorted
лицо́ искриви́лось широча́йшей улы́бкой his face was distorted by the widest possible smile
коро́бка box

кофе́йная гу́ща coffee grounds
лютера́нка Lutheran
мунди́р uniform
ожида́ть (impf.) to anticipate, to expect
окамене́ть (pf.) to freeze on the spot
отверну́ться to turn away from
ошеломлены́ (pl., short-form adjective) (to be) stunned
па́хнуть чем (impf.) to smell of something
па́хло хе́ресом и флёрдора́нжем smelled of sherry and orange blossom
пода́ть ру́ку (pf.) to extend one's hand (на проща́нье = in parting)
побледне́ть (pf.) to go pale
подборо́док chin
пожа́ть (pf.) to squeeze, to shake (ру́ку = one's hand)
поклони́ться (pf.) to bow down
портсига́р cigar case
прищу́ренный squinting
прия́тель acquaintance, friend
пу́говица button
ски́дка discount
Ско́лько лет, ско́лько зим! How long has it been! It's been a long time!
слёзы tears
со слеза́ми ра́дости = with tears of joy

служи́ть to serve (usually in a governmental or official capacity)
Дослужи́лся? = Have you reached a really high rank?
Станисла́в, Станисла́ва име́ю I have a Stanislav order
ста́тский (Ста́тский сове́тник) (middle government rank of the 19th century)
стошни́ть (pf.) to vomit
то́лстого чуть не стошни́ло = the fat man was almost sick
та́йный (Та́йный сове́тник) secret (here, a high government rank of the 19th century)
до та́йного дослужи́лся = I served my way up to Privy Councillor (Now I am a P.C.)
то́лстый fat
то́нкий thin
троекра́тно three times
тяжёлый heavy
улыбну́ться (pf.) to smile
урони́ть (pf.) to drop
флёрдора́нж orange blossom
ху́денький very thin
хе́рес sherry
чинопочита́ние deference to rank, subservience to
шту́ка thing, item
Продаю́ по рублю́ за шту́ку = I sell them for one ruble per item

В
О
П
Р
О
С
Ы

1 часть

1. Где встре́тились прия́тели?
2. Как вы́глядели (look like) э́ти два прия́теля?
3. Как вы ду́маете, отку́да шёл то́лстый?
4. Отку́да шёл то́нкий?
5. Что́ то́нкий ел на обе́д? Отку́да вы э́то зна́ете? (provide quote)
6. Что́ нёс то́нкий? (provide quote)
7. То́нкий был оди́н? Кто шёл с ним?
8. Как вы́глядели его́ жена́ и сы́н? (provide quote)
9. Кто пе́рвый уви́дел прия́теля?
10. Давно́ ли они́ не ви́делись? Отку́да вы э́то зна́ете? (provide quote)
11. Отку́да то́лстый и то́нкий зна́ют друг дру́га?
12. Как прия́тели поздоро́вались?
13. Что́ они́ чу́вствовали при встре́че? (provide quote) Это чу́вство и́скреннее (sincere)?

2 часть

1. То́нкий удивлён, что встре́тил своего́ прия́теля?

2. О чём расска́зывает то́нкий? Что́ вы узна́ли о его́ жене́ и сы́не?
3. Как реаги́рует сын, когда́ оте́ц знако́мит его́ с то́лстым? Как вы ду́маете, почему́?
4. Где то́нкий рабо́тал ра́ньше?
5. Кем он рабо́тает сейча́с?
6. Он бога́т?
7. Чем занима́ется его́ жена́?
8. Что́ де́лает то́нкий по́сле рабо́ты?
9. Это хоро́ший би́знес?
10. Кем рабо́тает то́лстый?

3 часть

1. Как реаги́ровал то́нкий на но́вость? (provide quote)
2. Кака́я реа́кция была́ у жены́ и сы́на?
3. Как измени́лся тон (tone) то́нкого? Почему́? (Compare the different reactions, and find the quotes to support your answer.)
4. Нра́вится ли то́лстому но́вый тон то́нкого? Почему́?
5. Как они попроща́лись? (say goodbye)
6. Как вели́ себя́ (behave) жена́ и сын, когда́ они́ проща́лись?

III **Post-Reading Exercises**

1. How many times in the story do the numbers 2 and 3 appear? Find those places, and read them aloud. What other numbers appear in the story?

2. Опиши́те или расскажи́те:

   – То́лстый и то́нкий до встре́чи.
   – Как они́ поздоро́вались и что они́ почу́вствовали в нача́ле встре́чи.
   – Семья́ то́нкого.
   – Реа́кция то́нкого, его́ жены́ и сы́на на но́вость.
   – Как они проща́лись и что они́ чу́вствовали.

3. Скажи́те, что́ вы узна́ли о них: о то́лстом о жене́ то́нкого
   о то́нком о сы́не то́нкого

4. In pairs, act out the encounter described in the story. Then spend a few minutes making up new biographies for yourselves, and act out a similar chance encounter!

5. What other names might you provide for the story? Why?

ПОВТОРЕНИЕ
ПОВТОРЕНИЕ
ПОВТОРЕНИЕ
ПОВТОРЕНИЕ
ПОВТОРЕНИЕ
ПОВТОРЕНИЕ
ПОВТОРЕНИЕ
ПОВТОРЕНИЕ
ПОВТОРЕНИЕ

ПОВТОРЕ́НИЕ

STAGE 2

**Уро́к 7
День 12**

1. Что́ вы ду́маете о назва́ниях эпизо́дов в э́том уро́ке? Они́ вам нра́вятся? Почему́? Каки́е други́е назва́ния возмо́жны?

эпизо́д 13: «Что́ тако́е сча́стье?»

_____

_____

_____

эпизо́д 14: «Я винова́т!»

_____

_____

_____

2. Act out the following situations based on episodes 13 and 14:

a. One of you plays a teacher, like Polina, who teaches Russian to American students in Moscow. The homework assignment is to write a composition about «Что́ тако́е сча́стье?» The person playing the teacher conducts the class as in Episode 13. What other topics should be assigned?

б. Imagine you have a new teacher (played by one of you) who just arrived in America. Tell him what s/he needs to know to survive on our campus, in your class, and life in America! For example, discuss what Americans like to talk about, what and where they eat and drink, what thefavorite vacation spots are, what one should not do or talk about.

в. In pairs, pretend that one of you has a message from a third person (like from Arkady to Polina). Discuss the message, and explain that the person wants your partner to call him/her.

г. Pretend you borrowed something from a friend and have lost it. Tell your friend what happened, express your apologies, ask forgiveness, and suggest some solution/get advice.

3. Complain to your friend about some major problem you are having (like Misha's lost passport). For example, you did not pass an exam, you cannot find a job or an apartment, etc. Discuss the problem, and try to figure out a solution, such as where can you go to get help, who might help, etc.

4. Pretend you have run into an old school friend at a train station, on the subway, or on a bus, like in the story, «Тóлстый и тóнкий». Express your surprise at the chance meeting, and catch up with what has happened in your lives since you last saw each other.

5. As a class make a long list (orally) of the things you have the opportunity to do on your campus, as well as the things you cannot do. Each person repeats the list, and adds something of his/her own. Take a few minutes to decide what you will add, then someone will start like this:

   У нас на кáмпусе есть возмóжность + activity.
   The second person repeats this, adds another activity, and so on. Each person repeats all the previous statements before adding his/her own!

   If you have time, repeat the exercise listing the things you **cannot** do.
   У нас на кáмпусе нет возмóжности + activity.

Грамма́тика

1. Asking for definitions

Note the different ways to ask "What is *N*?" in Russian. Each question implies that a different kind of information is requested.

A. Что тако́е «N?» Что тако́е *сча́стье*?

What is N? What is happiness? (How do we define it? What do we mean by it? What attributes does it have?) Note that тако́е is always neuter, regardless of the gender of the noun in question:

Что тако́е *свобо́да*? What do we mean by *freedom*?
Что тако́е *романти́зм*? What do we mean by *Romanticism*?

B. Что зна́чит «N»? Что зна́чит «сча́стье»?

What does "N" mean? What does the *word* "happiness" mean? (i.e. I don't understand the word, and I need a definition. This would be used if you encounter the word for the first time or can not remember the definition.)

C. Как по-ру́сски «N»? Как бу́дет/как сказа́ть/по-ру́сски «N»? How do you say "N" in Russian? Как бу́дет (сказа́ть) по-ру́сски «happiness»? How do you say "happiness" in Russian? This is the way to ask for a translation of an unknown word or element.

2. Уже́ vs. ещё

Study the way these two very common words are used in Russian:

A. When used with verbs, уже́ generally means *already,* and ещё means *still* or *yet*:

In the past:
Я уже́ купи́л(а) биле́т. **I already** bought a ticket.
Я ещё не купи́л(а) биле́т. I **still** have not bought a ticket.

In the present:
Я уже́ рабо́таю над прое́ктом. I am **already** working on the project.
Я ещё рабо́таю над прое́ктом. I am **still** working on the project.

In the future:
В 5 часо́в я уже́ бу́ду до́ма. I will **already** be home at 5 o'clock.
В 5 часо́в я ещё бу́ду на рабо́те. I will **still** be at work at 5 o'clock.

B. Expressing the presence or absence of a thing (noun):

У меня **ужé** есть билéт. = I **already** have a ticket.
У меня **ужé** нет билéта. = I do not have a ticket **any more** (I gave it away, sold it, etc.)

У меня **ещё** есть билéт. = I **still** have a ticket left.
У меня **ещё** нет билéта. = I do not have a ticket **yet** (I still need to buy one.)

3. Negation in the past and future:

You already know how to express the absence of something in Russian: **нет + genitive**. The genitive singular is used for singular nouns, genitive plural for plural nouns.

	Fem.	Masc.	Neut.	Pl.
У меня нет	книги	словаря	письмá	часóв
	сестры́	брáта	мéста	дéнег
	маши́ны	экзáмена	упражнéния	идéй

In the past and future, the *singular neuter forms* **нé было** and **не бýдет** are used respectively, regardless of the gender or number of the noun:

Singular:
      кни́га (f.)   экзáмен (m.)   письмó (n.)
      нет кни́ги   нет экзáмена   нет письмá
      нé было кни́ги   нé было экзáмена   нé было письмá
      не бýдет кни́ги   не бýдет экзáмена   не бýдет письмá

Plural:
      дéньги   проблéмы   часы́
      нет дéнег   нет проблéм   нет часóв
      нé было дéнег   нé было проблéм   нé было часóв
      не бýдет дéнег   не бýдет проблéм   не бýдет часóв

4. Genitive plural formation review

Recall the rules for forming the genitive plural in Russian.

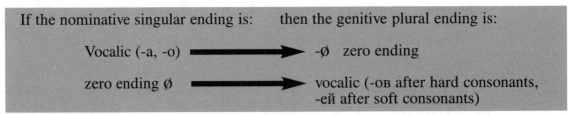

If the nominative singular ending is: then the genitive plural ending is:

Vocalic (-a, -o) ➡ -∅   zero ending

zero ending ∅ ➡ vocalic (-ов after hard consonants, -ей after soft consonants)

Remember that this rule works regardless of the gender or declension type of the noun.

A. The zero ending genitive plural **–ø** replaces the nominative singular vocalic endings -а/-я:

кни́га	книг
библиоте́ка	библиоте́к
пробле́ма	пробле́м
иде́я	иде́й
зда́ние	зда́ний

B. The genitive plural vocalic ending **–ов** is added to nominative singular *hard consonant zero endings* and also after stems ending in **–й**. The genitive plural vocalic ending **–ей** is added to *soft consonants* (except **–й**) and also after **ш** and **ж**.*

–ов (–ев)		**–ей**	
after hard consonants and **–й**		after soft consonants and **ш, ж**	
стол	столо́в	возмо́жность	возмо́жностей
экза́мен	экза́менов	стра́нность	стра́нностей
музе́й	музе́ев	учи́тель	учителе́й
		муж	муже́й
		каранда́ш	карандаше́й

C. Vowel/zero alternations.

Usually, whenever a consonant cluster (i.e. two or more consonants in a row) precedes a zero ending, a vowel (**-o-** or **–e-**) is inserted before the final consononant:

1. **–o–** before a hard consonant (spelled **-ё-** except with an adjoining **г, к,** or **х**)

сестра́	сестёр
окно́	о́кон
доска́	до́сок
оши́бка	оши́бок

2. **–e–** before a soft consonant and before **-ц**

дере́вня	дереве́нь
оте́ц	отцо́в
письмо́	пи́сем

Some clusters are acceptable in Russian, such as **ст**, **зд**, **ств**, and others and do not require a fill vowel in the genitive plural:

ка́рта	карт
ме́сто	мест
по́чта	почт
ла́мпа	ламп

---

*Recall that the unpaired consonants **ш, ж, ц** are hard, and **щ, ч, й** are soft.

D. Memorize the genitive plurals of the following nouns formed from the nominative *plural* forms:

де́ньги	де́нег
де́ти	дете́й
друзья́	друзе́й

E. Exceptions to the basic rules.

Two soft-stem neuter nouns that have a genitive plural ending in **–ей,** rather than the expected **–ь**:

по́ле	поле́й
мо́ре	море́й

A few second declension nouns ending in a soft consonant or sibilant:

тётя	тётей
дя́дя	дя́дей

5. Intonational Construction 2

Recall the basic uses of IC–2. IC-2 is used in Unit 7 in a number of constructions to indicate emphasis (see D below).

A. Questions with interrogative words:

$\overset{2}{Г}$де вы живёте?   Where do you live?

$\overset{2}{С}$ко́лько сейча́с вре́мени? What time is it?

B. Forms of address:

При$\overset{2}{в}$е́т! Hi!

$\overset{2}{Т}$а́ня, когда́ бу́дет сва́дьба? Tanya, when will the wedding be?

C. Imperatives:

$\overset{2}{Д}$а́йте, пожа́луйста, э́ту кни́гу. Give me that book, please.

D. Emphasis:

Это о$\overset{2}{ч}$ень интере́сный фи́льм. That's a very interesting film.

Note the following examples of IC-2 from (Unit 7) used for emphasis:

a. Как бы вы отве́тили на свой вопро́с?
   How would **you** answer your own question?

b. Ми́ша: --Та́ня, дава́й за́втра пойдём в мили́цию.
   Tanya, let's go to the police tomorrow.

c. Они́ должны́ пойти́ нам навстре́чу!
   Yes, they **should** help us!

6. Sequential actions expressed by perfective verbs

Recall that a series of sequential actions in the past or future is expressed in Russian using perfective verbs. The meaning conveyed is that the first action is completed before the second has even begun, the second action is completed before the third, and so on:

> Снача́ла мы пойдём в мили́цию.
> First, we'll go to the police.

> Пото́м объясни́м им на́шу ситуа́цию.
> Then, we'll explain our situation.

> Пото́м запо́лним все анке́ты.
> Then, we'll fill out all the forms.

> Спро́сим, нельзя́ ли получи́ть па́спорт побыстре́е.
> We'll ask if it isn't possible to get the passport more quickly.

7. Expressing obligation using до́лжен, должна́, должны́

To say that one has an obligation or should do something, Russian uses the following construction:

> **subject + до́лжен (должна́, должно́, должны́) + infinitive**

Note that the form of до́лжен is determined by the gender/number of the subject.

> Ми́ша до́лжен пойти́ в мили́цию.
> Misha should go to the police.

Та́ня должна́ пое́хать в Смоле́нск.
Tanya has to go to Smolensk.

Роди́тели должны́ купи́ть проду́кты для сва́дьбы.
The parents have to buy groceries for the wedding.

Я до́лжен/должна́ пойти́ на рабо́ту.
I have to go to work.

Ты до́лжен/должна́ позвони́ть роди́телям.
You should call your parents.

To express obligation in the past or future, the appropriate form of быть is placed immediately after до́лжен/должна́/должны́:

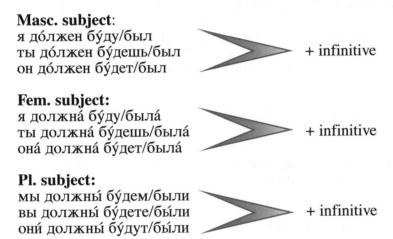

Masc. subject:
я до́лжен бу́ду/был
ты до́лжен бу́дешь/был
он до́лжен бу́дет/был

\> + infinitive

Fem. subject:
я должна́ бу́ду/была́
ты должна́ бу́дешь/была́
она́ должна́ бу́дет/была́

\> + infinitive

Pl. subject:
мы должны́ бу́дем/бы́ли
вы должны́ бу́дете/бы́ли
они́ должны́ бу́дут/бы́ли

\> + infinitive

For example:

Та́ня должна́ была́ позвони́ть Мише, но не позвони́ла.
Tanya was supposed to call Misha, but she did not call.

Серге́й до́лжен был пойти́ на рабо́ту.
Sergei had to go to work.

Мы должны́ бы́ли пое́хать в Нью Йорк.
We had to go to New York.

В суббо́ту я должна́ бу́ду рабо́тать це́лый день.
I have to work all day on Saturday.

8. Reported speech: commands, requests, wishes

In reporting commands, requests, and wishes (usually expressed by the imperative form in direct speech), use **что́бы + past tense**:

Direct: Незнако́мый челове́к: —Бо́льше не теря́й (па́спорт).

Reported: Незнако́мый челове́к сказа́л Ми́ше, что́бы он бо́льше не теря́л па́спорт.
            The stranger told Misha not to lose his passport anymore.

Other examples:

Арка́дий: —Поли́на, позвони́те мне, пожа́луйста.
Арка́дий попроси́л, что́бы Поли́на позвони́ла ему́.
Arkady asked Polina to call him.

Та́ня: —Оля, помоги́ мне, пожа́луйста.
Та́ня хо́чет, что́бы Оля помогла́ ей.
Tanya wants Olya to help her.

Слова́рь

Существи́тельные (Nouns)

возмо́жность (f.) possibility, opportunity
вопро́с question, issue, matter
впечатле́ние impression
вре́мя time (genitive вре́мени)
де́ньги (pl.) money (genitive pl. де́нег)
де́ти (pl.) children (genitive pl. дете́й)
дру́жба friendship
зада́ние task, assignment
   дома́шнее зада́ние homework
идеали́ст idealist
ключ key
коли́чество quantity
материали́ст materialist
ме́бель (f.) furniture

мне́ние opinion
   други́е мне́ния other opinions
молодёжь (f. collective noun) youth
объявле́ние announcement
оптими́ст optimist
о́тпуск vacation
оши́бка mistake
пессими́ст pessimist
програ́мма software
путеше́ствие travel, journey
реали́ст realist
ситуа́ция situation
сло́во word
   то́чное сло́во the exact/precise word
спра́вка certificate
страна́ country, pl. стра́ны
сча́стье happiness

Прилага́тельные (Adjectives)

ве́жливый polite
голо́дный hungry
ли́чный personal
люби́мый favorite
наха́льный bold, audacious, impudent
неве́жливый impolite
недово́льный dissatisfied
не́рвный nervous
несча́стный miserable
отли́чный excellent
ра́зный different, various
   ра́зные стра́ны different countries
серьёзный serious
то́чный precise
тру́дный difficult, hard
ужа́сный terrible (can be used figuratively to indicated "awful" or excessive: Они́ ужа́сные идеали́сты They are awful idealists.
хму́рый gloomy

Кра́ткие прилага́тельные (Short-form Adjectives)

винова́т, винова́та, винова́то, винова́ты to be guilty (it's my fault)
до́лжен, должна́, должно́, должны́ to be obligated to, should/must
приве́тлив, приве́тлива, приве́тливо, приве́тливы friendly
рад, ра́да, ра́до, ра́ды glad
расстро́ен, расстро́ена, расстро́ено, расстро́ены upset
согла́сен, согла́сна, согла́сно, согла́сны to agree
споко́ен, споко́йна, споко́йно, споко́йны peaceful, tranquil
спасён, спасена́, спасено́, спасены́ to be saved
сча́стлив, сча́стлива, сча́стливо, сча́стливы to be happy

Глаго́лы (Verbs)

быва́ть (быва́й–) to be, to tend to be
забыва́ть (забыва́й–) /забы́ть (irreg. like быть) to forget
запи́сывать (запи́сывай–) /записа́ть (записа́–) to write down, to make a note of

име́ть (име́й–) что (impf.) to have (own, possess) something
крича́ть (крича́–) (impf.) to yell, to shout
находи́ть (находи́–) /найти́ (irreg.) to find

объясня́ть (объясня́й–) /объясни́ть
(объясни́–) to explain
отвеча́ть (отвеча́й–) /отве́тить
(отве́ти–) to answer
о. на вопрос to answer the question;
о. кому́ to answer someone
па́риться (па́ри–ся) to steam (in the
sauna)
пла́кать (пла́ка–) (impf.) to cry
подожда́ть (подожда́–) (pf.) to wait
(for a short period of time)

про́бовать (про́бова–)
/попро́бовать (попро́бова–) to
try
преподава́ть (преподава́й–) (impf.)
to teach
путеше́ствовать (путеше́ствова–)
(impf.) o travel
станови́ться (станови́–) / стать
(ста́н–) to become
стара́ться (стара́й–ся)/
постара́ться (постара́й–ся) to
try, to attempt

Глаго́лы
(Verbs — cont'd.)

бо́льше всего́ more than anything,
best of all
ва́жно important
ве́чно eternally (used colloquially for
emphasis to mean forever, always)
всегда́ always, forever
до́лго for a long time

интере́сно interesting
кра́йне extremely
наприме́р for example
никогда́ never
осо́бенно especially
ску́чно boring
тру́дно difficult, hard

Наре́чия
(Adverbs)

А тебе́ како́е де́ло? What business
is it of yours?
Вот челове́к! What a person! (used
to show surprise)
Вот что тако́е сча́стье! This is
what happiness really is all about!
Вря́д ли! It is unlikely/doubtful. (I
doubt it!)
Вы́хода нет. There is no way
out/you have no choice.
Заче́м? Why? For what purpose?
зато́ but then, but to make up for it
(used to introduce a compensating
factor)
идти́ навстре́чу to meet someone
half-way, to compromise
Они́ пойду́т нам навстре́чу. They
will meet us half-way, i.e. will try
to help.
Как сказа́ть по-ру́сски. . .? (Как
бу́дет по-ру́сски . . .?) How do
you say in Russian. . .?

Како́й у́жас! How horrible!
Отку́да вы зна́ете? How do you
know?
о́чень мо́жет быть that is very
likely to happen
Посто́й! Stop!
Ра́зве…? interrogative particle
expressing the speaker's
uncertainty
с одно́й стороны́, . . . с друго́й
стороны́, . . . on the one hand, . . .
on the other hand. . .
Стра́нно! How strange! That's
strange!
Сча́стье не в деньга́х! Happiness
rests not in money!
Ух ты! Wow!
Что тако́е . . . (сча́стье)? What is .
. . (happiness)? (Used to ask for a
fuller meaning, not just a one word
definition.)
Эх ты! Wow! How could you!

**Поле́зные
выраже́ния**
(Useful Expressions)

Урок

8

*I*n this lesson you will learn how to:

- *make lists, plan parties, birthdays, etc.;*

- *extend, accept and decline invitations;*

- *discuss what you like to eat and drink;*

- *talk about what you need to do;*

- *express various emotions, such as joy, surprise and doubt.*

Давайте составим список.

1. Помните ли вы,
    —где будет свадьба Миши и Тани: дома или в ресторане?
    —почему они решили играть свадьбу там?
    —сколько гостей они хотят пригласить?
    —кого они уже пригласили?

2. Посмотрите эпизод 15 и скажите: ☑

    Что делают эти люди?
    ❏ Они говорят о любви.
    ❏ Они составляют список продуктов на свадьбу.
    ❏ Они планируют путешествие после свадьбы.
    ❏ Они ссорятся.

    В этом эпизоде вы увидите нового человека.
    Это—
    ❏ мама Миши.
    ❏ соседка Наталья Николаевна.
    ❏ тётя Оли и Тани.

ссориться = to argue

Папа Тани предлагает
- ❏ написать список на компьютере.
- ❏ позвонить в турагентство.
- ❏ купить продукты.

В конце эпизода Оля разговаривает по телефону
- ❏ с коллегой по работе.
- ❏ с Дэнисом.
- ❏ с бизнесменом.

3. Посмотрите эпизод 15 ещё раз и скажите: ☑

Мама Тани хочет готовить курицу на свадьбу, потому что
- ❏ курица дешевле, чем рыба.
- ❏ курицу легко готовить.
- ❏ все любят курицу.

Мама Тани предлагает готовить курицу
- ❏ с картошкой.
- ❏ с рисом.
- ❏ с грибами.

Оля не ест мясо, потому что
- ❏ она вегетарианка.
- ❏ она плохо себя чувствует.
- ❏ она на диете.

Папа думает, что женщины ссорятся, потому что
- ❏ они тихо разговаривают.
- ❏ они громко кричат.
- ❏ они молчат.

Папа спросил:
- ❏ —У вас есть список продуктов?
- ❏ —У нас есть деньги на свадьбу?
- ❏ —Где мой компьютер?

Файл, который открыл папа на своём лэп-топе, называется
- ❏ «Список продуктов».
- ❏ «Продукты для свадьбы».
- ❏ «Что купить?»

Мама Миши предлагает, чтобы
- ❏ папа купил все продукты.
- ❏ Миша с Таней купили все продукты.
- ❏ каждый купил то, что он будет готовить.

Дэ́нис приезжа́ет
- ❏ че́рез неде́лю.
- ❏ че́рез два дня́.
- ❏ че́рез ме́сяц.

Самолёт Дэ́ниса прилета́ет
- ❏ в сре́ду, в 18.35.
- ❏ в пя́тницу, в 17.15.
- ❏ в пя́тницу, в 7.15.

4. **Кто э́то сказа́л?**

T = Та́ня   ММ = ма́ма Ми́ши
О = Оля   П = па́па
М = Ма́ма Та́ни и Оли

_____ —Мам, ну почему́ обяза́тельно ку́рица?

_____ —Во-пе́рвых, ку́рицу легко́ гото́вить. У меня́ есть прекра́сный реце́пт.

_____ —Зна́чит, на́до ры́бу, грибы́, мя́со купи́ть.

_____ —Оль, ты же вегетариа́нка. Мя́со-то не ешь.

_____ —Вы что́, хоти́те и мя́со, и ку́рицу, и ры́бу?

_____ —Де́вушки, о чём ваш спор?

_____ —Очень гро́мко кричи́те.

_____ —Ничего́ не пойму́! Ра́зве э́то спи́сок? Дава́йте-ка соста́вим норма́льный спи́сок.
. . . Так, открыва́ем но́вый файл. Как бу́дет называ́ться наш файл?

_____ —Снача́ла заку́ски, пото́м горя́чее, зате́м десе́рт. И кро́ме того́, напи́тки и фру́кты.

_____ —Лу́чше, пожа́луй, сде́лать так: ка́ждый покупа́ет то, что́ гото́вит. Вот я, наприме́р, гото́влю ры́бу. Я и куплю́ ры́бу. Поня́тно?

5. Как вы ду́маете:

Сва́дебный стол у Воло́диных бу́дет лу́чше, чем в рестора́не? Почему́ вы так ду́маете?
Почему́ Дэ́нис приезжа́ет в Москву́?
Почему́ Оля не сказа́ла Та́не пра́вду о том, кто звони́л?

фоне́тика

Слу́шайте и повторя́йте:

а. Ку́рица с карто́шкой — э́то ничего́!
Ку́рица с карто́шкой — э́то хорошо́!
Макаро́ны с сы́ром — э́то ничего́!
Макаро́ны с сы́ром — о́чень хорошо́!

Ры́ба с макаро́нами — э́то ничего́!
Ры́ба с макаро́нами — э́то хорошо́!
И котле́ты с ри́сом — э́то ничего́!
Ах, котле́ты с ри́сом — о́чень хорошо́!

б. Ей нра́вится капу́ста, ей нра́вятся бобы́,
А я люблю́ соси́ски, а я люблю́ грибы́,
Ей нра́вится карто́шка с кусо́чком колбасы́,
А я люблю́ ужа́сно солёные огурцы́!

Ей нра́вятся бана́ны, ей нра́вится беко́н,
А я люблю́ смета́ну и не люблю́ беко́н.
Ей нра́вятся котле́ты, ей нра́вится вино́,
А я пью ко́ка-ко́лу и ем поп-ко́рн в кино́!

1. а. Что́ го́сти бу́дут есть на сва́дьбе?

—Ку́рица с ри́сом и ры́ба с гриба́ми – на горя́чее!

б. А вам нра́вится така́я еда́?

2. а. Что́ вам бо́льше нра́вится: ☑
    ❐ ветчина́
    ❐ пи́цца
    ❐ грибы́

б. Каку́ю пи́ццу вы бо́льше лю́бите? С чем?

пи́цца с чем?	=	toppings

ветчина́	ham
колбаса́	pepperoni
лук	onions
двойно́й сыр	extra cheese
грибы́	mushrooms
мя́со	sausage
оли́вки	olives
анана́с	pineapple
анчо́усы	anchovies
зелёный пе́рец	green peppers

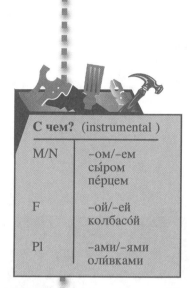

С чем? (instrumental)	
M/N	–ом/–ем сы́ром пе́рцем
F	–ой/–ей колбасо́й
Pl	–ами/–ями оли́вками

в. А вы лю́бите пирожки́? С чем?
(капу́ста, яйцо́, я́блоки, варе́нье, ры́ба, грибы́, мя́со, рис, лук)

3. а. Что вам бо́льше всего́ нра́вится? Это вку́сно?

> **—Ры́ба со све́жим помидо́ром** – по-мо́ему, это про́сто замеча́тельно! Это ужа́сно вку́сно!

про́сто = just, really
ужа́сно = really
 (lit. terribly)

Ры́ба	жа́реная карто́шка	сыр
Соси́ски	рис	пла́вленый сыр
Ку́рица	макаро́ны	клубни́чное варе́нье
Кури́ная котле́та	варёная капу́ста	оре́ховое ма́сло
До́кторская колбаса́	тушёные о́вощи	сли́вочное ма́сло
Беко́н	чёрный хлеб	кра́сная икра́
Овощны́е котле́ты	блины́	солёные огурцы́
Грибы́	бу́блик	све́жие помидо́ры
Мя́со	сла́дкая бу́лка	о́страя горчи́ца

б. А тепе́рь скажи́те, что́ вам не нра́вится.

> **—Макаро́ны с икро́й** — э́то отврати́тельно!
> Это про́сто ужа́сно! Это ужа́сно невку́сно!

выбрать (pf.) = to
choose/to select

4. Discuss your preferences from exercise 3 and arrive at a compromise. Then tell the rest of the class what you have decided to order.

—Мы с Джо́ном вы́брали ку́рицу с ри́сом.

5. Отве́тьте на вопро́сы:

—Как ты ду́маешь, кого́ лю́бят роди́тели: Олю
или Та́ню?
—Коне́чно, они́ лю́бят **и Олю, и Та́ню.**

—Кого́ лю́бит Дэ́нис: Та́ню и́ли Ка́тю?
—Стра́нный вопро́с! Дэ́нис не лю́бит **ни Та́ню,
ни Ка́тю.** Он лю́бит Олю!

и... и... both..., and...
used in affirmative sentences

ни..., ни... neither..., nor...
used only in negative sentences

1. У кого́ бу́дет сва́дьба: у Ми́ши и́ли у Та́ни?

2. Куда́ е́здила Оля: в Аме́рику и́ли в Смоле́нск?

3. С кем Ми́ша был в кафе́: с Саве́льевым,
с Арка́дием или с Серге́ем?

4. Что́ боли́т у Ната́ши: живо́т или рука́?

Слу́шайте и повторя́йте:

а. Наре́зать карто́фель, наре́зать морко́вь,
Наре́зать, наре́зать немно́го грибо́в.
Наре́зать чесно́к и наре́зать укро́п,
Наре́зать, наре́зать немно́го грибо́в.

Доба́вить зелёный горо́шек и соль,
Доба́вить, доба́вить смета́ну и соль.
Доба́вить горчи́цу, доба́вить чесно́к.
Доба́вить, доба́вить, доба́вить чесно́к.

б. Вари́ть и вари́ть — два́дцать во́семь мину́т.
Вари́ть, и вари́ть, и вари́ть — пять мину́т.
Вари́ть, и вари́ть, и вари́ть — шесть мину́т.
Вари́ть, и вари́ть, и вари́ть — семь мину́т.

Укра́сить укро́пом, укра́сить яйцо́м.
Укра́сить петру́шкой и огурцо́м.
Укра́сить сала́том и огурцо́м,
Укра́сить, украси́ть, укра́сить яйцо́м.

1. А вы по́мните, что они́ реши́ли?

—А что́ мы ку́пим на горя́чее?

на горя́чее = for the
main course

2. Как вы ду́маете, когда́ ру́сские едя́т э́ти блю́да? На заку́ску? На пе́рвое? На второ́е (горя́чее)? Или на десе́рт?

По-мо́ему, . . .
Мне ка́жется, . . .
Я ду́маю, что . . .

борщ
Я ду́маю, что ру́сские едя́т борщ **на пе́рвое.**

есть	пить
я ем	пью
ты ешь	пьёшь
он(а) ест	пьёт
мы еди́м	пьём
вы еди́те	пьёте
они́ едя́т	пьют
он ел	он пил
она́ е́ла	она́ пила́
они́ е́ли	они́ пи́ли

котле́ты по-ки́евски
торт «Ска́зка»
бутербро́ды с икро́й
пельме́ни
сала́т «Оливье́»
чёрный хлеб
солёный огуре́ц
карто́фельный суп
шокола́дное моро́женое

3. Прочита́йте реце́пты и скажи́те, каки́е проду́кты нужны́, что́бы пригото́вить э́ти блю́да?

а. Оля де́лает винегре́т:

Что́бы пригото́вить винегре́т «Ле́тний», Оле
нужен карто́фель. . .
нужна́. . .
нужно. . .
нужны́. . .

нужен	рис
нужна́	ку́рица
нужно	мя́со
нужны́	грибы́

Винегре́т «Ле́тний»

Наре́зать карто́фель, морко́вь и свёклу ку́биками; всё перемеша́ть (mix); доба́вить зелёный горо́шек, соль и ме́лко наре́занный укро́п; запра́вить смета́ной (add/mix = special verb meaning "to add sauce/dressing") и укра́сить (garnish) яйцо́м и́ли ли́стьями сала́та.

(с)вари́ть = to boil

б. Та́ня де́лает борщ:

Борщ «Моско́вский»

В мясно́м бульо́не свари́ть кусо́чки беко́на и соси́сок; положи́ть све́жую капу́сту и вари́ть 10-15 мину́т; доба́вить свёклу, тушёную (steamed) с лу́ком, морко́вью, петру́шкой и тома́тной па́стой; вари́ть до гото́вности. Разли́ть борщ по таре́лкам, запра́вить смета́ной, укра́сить зе́ленью.

зе́лень	fresh herbs
укро́п	dill
петру́шка	parsley
кинза́	corriander, cilantro
зелёный лук	scallions

Чтобы приготóвить борщ «Москóвский», Тáне
>
> нýжен . . .
>
> нужнá. . .
>
> нýжно. . .
>
> нужны́. . .

в. Пáпа дéлает солянку:

Солянка «Вкýсная»

Мéлко нарéзать и обжáрить лук; добáвить капýсту, картóфель и мяснóй бульóн; тушить 20 минýт; добáвить помидóры, кусóчки мяса или сосúсок; укрáсить зéленью.

нарéзать = to cut up
обжáрить = to sauté
тушúть = to steam

Чтобы приготóвить солянку «Вкýсная», пáпе
>
> нýжен . . .
>
> нужнá. . .
>
> нýжно. . .
>
> нужны́. . .

4. а. А какóе блюдо **вы** хотúте приготóвить? Какúе продýкты вам нужны́? (spend two minutes making a list, then tell the rest of the class)

> Я хочý приготóвить… , и поэ́тому мне нýжен…

б. Скóлько продýктов нýжно, чтóбы приготовúть ваше блюдо?

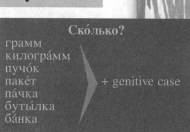

Скóлько?

грамм
килогрáмм
пучóк
пакéт
пáчка
буты́лка
бáнка

+ genitive case

килогрáмм (полкилó, 200 грамм):
> мясо, сыр, колбасá, ры́ба, óвощи

пучóк: зéлень, редúска, морóвь

пакéт: молокó, сок, кефúр

пáчка: мáсло, сметáна, макарóны, сáхар, соль

буты́лка: винó, мáсло, водá, пúво, кéтчуп

бáнка: майонéз, солёные огурцы́, джем

Мне нужнá пáчка сметáны.
Мне нýжен пакéт молокá.
Мне нýжен пучóк петрýшки.
Мне нýжно 200 грамм мяса.*

---

* All numbers except for 1 and compounds ending in 1 (i.e., 1, 21, 31, 101) function like neuter, singular nouns, therefore 200 грамм нýжно (1 pound ≈ ¹/₂ килогрáмма).

5. Study the following expressions commonly used in stores and at the market.*

В магази́не (more formal)	На ры́нке (less formal)
—Скажи́те, пожа́луйста, ско́лько сто́ит ма́сло?	—Скажи́те, а почём ма́сло?
—Ма́сло сто́ит 60 рубле́й килогра́мм.	—Ма́сло по 60 рубле́й за кило́.
—Да́йте мне, пожа́луйста, полкило́ (200 грамм, одну́ па́чку).	—Мне полкило́ (200 грамм, одну́ па́чку), пожа́луйста.

6. Imagine that you need to buy groceries for a special recipe. Half the class shops, while the other half sells. (Take a few moments to prepare: the sellers write down on small index cards or pieces of paper which products they are selling; the shoppers compose lists.)

*Farmer's markets are very popular in Russia – products are considered to be cheaper and fresher. There are different manners/styles used in a store as opposed to at the farmer's market, but that depends mostly on the consumer!

Пра́ктика

фоне́тика

Слу́шайте и повторя́йте:

а.
Ра́зве э́то о́вощи!
Ра́зве э́то мя́со!
Ра́зве э́то бу́блики!
Ра́зве э́то ма́сло!

Ра́зве э́то ры́ба!
Ра́зве э́то хлеб!
Ра́зве э́то ку́рица!
Э́то не обе́д!

б.
Вот у нас в Аме́рике мя́со — э́то да!
Вот у нас в Аме́рике ры́ба — э́то да!
Вот у нас в Аме́рике пи́цца — э́то да!
А у вас в Росси́и — про́сто ерунда́!

А у нас в Росси́и ба́ня — э́то да!
А у нас в Росси́и сва́дьба — э́то да!
А у нас в Росси́и пе́сни — э́то да!
А у вас в Аме́рике — про́сто ерунда́!

1. а. Что говори́т па́па? Ему́ нра́вится спи́сок?

Па́па: —Ничего́ не пойму́! Ра́зве э́то спи́сок!
Дава́йте соста́вим норма́льный спи́сок.

б. Как вы ду́маете, почему́ папе не нра́вится э́тот спи́сок?

пойму́ = from
поня́ть pf.

2. a. Слу́шайте и повторя́йте: (Pay attention to intonation IC-2: the center will fall on the object being criticized. Note that when used in a phrase with IC-2, **ра́зве** implies a negative evaluation: "You call that a car!")

Ра́зве э́то маши́на! (Серге́й)

Ра́зве э́то кварти́ра! (Та́ня)

Ра́зве э́то во́дка! (Саве́льев)

Ра́зве э́то борщ! (ма́ма)

Ра́зве э́то уче́бник! (Поли́на)

Ра́зве э́то фотоаппара́т! (Дэ́нис)

Ра́зве э́то ба́ня! (Арка́дий)

Ра́зве э́то соба́ка! (Ми́ша)

Ра́зве э́то друзья́! (Ива́н)

б. Как вы ду́маете, кто из на́ших геро́ев говори́т ка́ждую фра́зу в упр. 2.а., и что э́то зна́чит?

> **Серге́й** говори́т: «Ра́зве э́то маши́на!»
> Зна́чит, он ду́мает, что э́та маши́на ста́рая, некраси́вая, сли́шком ма́ленькая.

3. Discuss different dishes (look at День 2, упр. 2).

> —Ра́зве э́то ры́ба!
> —Почему́! По-мо́ему, норма́льная ры́ба.

Почему́! = Why do you say that?

4. Слу́шайте и повторя́йте (Pay attention to IC-2 and IC-3)

Ра́зве э́то борщ! Вот в Росси́и — э́то да!

Ра́зве э́то пи́цца! Вот в Ита́лии— э́то да!

Ра́зве э́то пи́во! Вот в Герма́нии — э́то да!

Ра́зве э́то бу́блики! Вот в Аме́рике — э́то да!

Ра́зве э́то ры́ба! Вот в Япо́нии— э́то да!

Ра́зве э́то пельме́ни! Вот в Сиби́ри — э́то да!

5. Criticize the dishes in the school cafeteria. Say where you think they might be better.

> —Что э́то тако́е?
> —Чи́збургер. А что?
> —Ра́зве э́то чи́збургер! Вот в Макдо́налдсе — э́то да!

6. Как вы ду́маете, где продаю́тся э́ти проду́кты?

> —По-мо́ему, ры́ба продаётся в магази́не «Океа́н» и́ли
> в универса́ме.

Проду́кты	Магази́ны
ры́ба	моло́чный магази́н
чёрный хлеб	ви́нный магази́н
смета́на	магази́н № 20
вино́	магази́н «Деликате́сы»
помидо́ры, огурцы́	бу́лочная–конди́терская
сыр	магази́н «Дары́ приро́ды»
грибы́	магази́н «Океа́н»
икра́ и беко́н	магази́н «Овощи–фру́кты»
зе́лень и цветы́	универса́м
консе́рвы	ры́нок

По-мо́ему, . . .
Мне ка́жется, . . .
Я ду́маю, что . . .

7. Что хо́чет купи́ть Оля?
Где она́ ку́пит э́ти проду́кты?

> —Я **пойду́** на ры́нок **за овоща́ми**.

Verb	Ку́да?	За чем?
пойти́	в магази́н	за мя́сом, за ры́бой
пое́хать	на ры́нок	за фру́ктами

8. Как вы ду́маете, ку́да пойду́т/пое́дут на́ши геро́и, е́сли
они́ должны́ купи́ть проду́кты.

> ма́ма Ми́ши, ры́ба
> Наве́рное, ма́ма Ми́ши **пойдёт** в магази́н «Океа́н»
> **за ры́бой.**

Наве́рное = probably
Скоре́е всего́ = most
likely

За чем:
за ры́бой
за то́ртом
за молоко́м
за гриба́ми

ма́ма Та́ни, ку́рица	Дэ́нис, францу́зское
Та́ня, грибы́	шампа́нское
Оля, све́жие о́вощи	Ми́ша, бе́лые ро́зы
Саве́льев, «Столи́чная» и	Ка́тя, све́жие бу́блики и
«Моско́вская»	по́нчики
Серге́й, шокола́дные	Поли́на, кра́сная икра́, сыр
конфе́ты и торт	па́па, чёрный хлеб
Арка́дий, зелёный горо́шек	

9. You and your friend are discussing plans for a party over the
phone. Discuss what you will prepare for each course:
заку́ска, пе́рвое, второ́е и десе́рт. Do not forget about
drinks. Decide who will buy what and where.

Урок 8
День 5

Я просто ехал мимо...

Эпизод 16

1. Помните ли вы, кто эти люди? Где вы с ними познакомились, в каких ситуациях?

2. Как вы думаете, о чём они разговаривают? ☑

   ❏ Савельев спрашивает девушку, как добраться до остановки автобуса.
   ❏ Савельев приглашает девушку на свадьбу Миши и Тани.
   ❏ Девушка говорит Савельеву, где можно взять вазу для цветов.

3. Посмотрите эпизод 16 и скажите: ☑

   Савельев и Катя сейчас
      ❏ в поликлинике.
      ❏ в Смоленске.
      ❏ на даче.

   Савельев приехал
      ❏ из Смоленска.
      ❏ из Москвы.
      ❏ из Сибири.

Савёльев приёхал
- ❐ на маши́не.
- ❐ на авто́бусе.
- ❐ на по́езде.

Савёльев подари́л Ка́те цветы́, кото́рые
- ❐ он купи́л на вокза́ле.
- ❐ он нашёл в по́езде.
- ❐ сорва́л (picked) в её саду́.

Савёльев подари́л Ка́те цветы́, потому́ что
- ❐ он хо́чет сде́лать ей предложе́ние.
- ❐ она́ ему́ нра́вится.
- ❐ Ка́тя попроси́ла его́.

Савёльев пригласи́л Ка́тю
- ❐ в ба́ню.
- ❐ пое́хать в Петербу́рг.
- ❐ пойти́ на сва́дьбу Ми́ши и Та́ни.

Савёльев пригласи́л Ка́тю, и она́
- ❐ была́ ра́да.
- ❐ была́ расстро́ена.
- ❐ была́ серди́та.

Ка́тя предложи́ла Савёльеву
- ❐ ко́фе с моро́женым.
- ❐ чай с варе́ньем.
- ❐ джин с то́ником.

4.

Кто э́то
сказа́л?

Ю = Юра
К = Ка́тя

_____ —А Серге́й. . .где?

_____ —Что́-то случи́лось? Он вам сро́чно ну́жен? У нас есть
телефо́н. Хоти́те позвони́ть ему́?

_____ —Но вы ведь приёхали из Москвы́!?

_____ —Ка́тя! У на́шего ветерина́ра, у Михаи́ла, в суббо́ту
сва́дьба. Вы не хоти́те со мной пойти́?

_____ —С ва́ми? Спаси́бо, Юра. Коне́чно, я с удово́льствием.

_____ —Отли́чно! Я в суббо́ту зае́ду за ва́ми.

_____ —Но чай ужé готóв, горя́чий,. . . клубни́чное варéнье.

_____ —Благодарю́ вас. Мне нáдо бежáть. Пóезд, рабóта. До свидáния. Покá. Я пошёл.

5. Как вы ду́маете?

Почему́ Савéльев и Кáтя нрáвятся друг дру́гу?
Савéльев сказáл прáвду, что он «прóсто éхал ми́мо» и
хотéл уви́деть Сергéя и́ли. . . .?
Савéльеву действи́тельно нáдо бы́ло бежáть на рабóту
и́ли . . .?

6. Что вы мóжете сказáть о Юре и Кáте? Какие они́?

По-мóему, . . .
Мне кáжется, . . .
Я ду́маю, что . . .

дóбрый   высóкий
ми́лый   краси́вый
рóбкий   симпати́чный
внимáтельный   смешнóй

Слу́шайте и повторя́йте:

фоне́тика

Мне нужна́ была́ газе́та,
Мне нужна́ была́ кассе́та,
Мне нужна́ была́ котле́та,
Мне нужна́ была́ конфе́та.

Нам ну́жно бу́дет э́то ма́сло.
Нам ну́жно бу́дет э́то мя́со.
Нам ну́жен бу́дет чёрный хлеб.
Всё ну́жно бу́дет на обе́д!

Лари́се и Ива́ну нужны́ бу́дут бана́ны.
Бори́су и Мари́не нужны́ бу́дут мандари́ны.
Васи́лию и Ста́су нужны́ бу́дут анана́сы.
Серге́ю и Ири́не нужны́ бу́дут апельси́ны.

1. Саве́льеву ну́жен телефо́н?
   А ему́ ну́жен Серге́й?
   А кто ему́ ну́жен?

2. а. Что́ им ну́жно? Кто им ну́жен?
      Заче́м?

> ну́жен был/бу́дет
> нужна́ была́/бу́дет
> ну́жно бы́ло/бу́дет
> нужны́ бы́ли/бу́дут

> Та́ня, видеока́мера, снима́ть фильм
>
> Та́не **нужна́ видеока́мера, что́бы** снима́ть фильм.

Серге́й, маши́на, е́здить на рабо́ту
Поли́на, фотогра́фии, пока́зывать студе́нтам
Ми́ша, па́спорт, зарегистри́ровать брак с Та́ней
па́па, компью́тер, соста́вить спи́сок проду́ктов
Оля, отпу́ск, пое́хать в го́сти к Дэ́нису в Аме́рику
Дэ́нис, вре́мя, прие́хать в Москву́
ма́ма, ку́рица, пригото́вить отли́чное блю́до
Арка́дий, друзья́, разгова́ривать о жи́зни.

   б. А е́сли э́то уже́ бы́ло и́ли бу́дет?

> Та́ня, видеока́мера, снима́ть фи́льм
>
> Вчера́ Та́не **нужна́ была́ видеока́мера, что́бы** снима́ть фильм.
> За́втра Та́не **нужна́ бу́дет видеока́мера, что́бы** снима́ть фильм.

3. Скажи́те, что́ им (не) ну́жно (бы́ло/бу́дет) сде́лать?

> кому́ { ну́жно + infinitive
> ну́жно бы́ло + ifinitive
> ну́жно бу́дет + ifinitive

> Та́ня: —За́втра я пое́ду в Смоле́нск.
> (взять с собо́й видеока́меру)
> —Та́не **ну́жно бу́дет взять** с собо́й видеока́меру.

Арка́дий: —Извини́те, я опозда́л! (встать пора́ньше)

Саве́льев: —Ка́тя — хоррррро́шая де́вушка!!!
(пригласи́ть её на сва́дьбу)

Оля: —Дэ́нис прие́дет в пя́тницу.
(встре́тить его́ в аэропорту́)

Арка́дий: —Как я тепе́рь найду́ Поли́ну!?
(не дава́ть Ми́ше её телефо́н)

Ми́ша: —Мой па́спорт! Что́ же де́лать!
(дать объявле́ние по телеви́дению)

Серге́й: —Ско́ро мои́ друзья́ же́нятся, а у меня́ есть маши́на.
(помо́чь им в день сва́дьбы)

Поли́на: —Ой, я так уста́ла вчера́!
(не ходи́ть в кафе́ с подру́жкой)

4. Imagine that you are getting ready to go to Russia, the mountains, the sea, to visit your grandparents or other family members for the summer. Talk about your plans and give each other advice on what to bring.

> Сиби́рь, сре́дство от комаро́в (mosquito repellent)
>
> —Я слы́шал(а), ты пое́дешь в Сиби́рь?
> —Пое́ду. А что́?
> —Тебе́ обяза́тельно ну́жно взять с собо́й сре́дство от комаро́в.
> —Сре́дство от комаро́в? Я ду́маю, оно́ мне не ну́жно.
> —Ну, смотри́. (think about it, you may be wrong)

> от + gen. = protection from

Росси́я, сре́дство от тарака́нов (cockroaches)
Мозамби́к, табле́тки от маляри́и
Тайла́нд, крем от зага́ра
го́ры, ку́ртка от ве́тра
се́вер, лека́рство от просту́ды
пляж, очки́ от со́лнца

5. Пóмните разговóр Савéльева с Кáтей?

—Чтó-нибудь случúлось? Чтó-нибудь вáжное?
—Нет, нет! **Ничегó вáжного.**

Как вы дýмаете, прáвду ли говорúт Савéльев?

6. а. Слýшайте и повторяйте (pay attention to IC-3 in the question and IC-1 in the answer).

Чтó-нибудь вáжное?³   Ничегó вáжного.¹

Чтó-нибудь интерéсное?³   Ничегó интерéсного.¹

Чтó-нибудь стрáнное?³   Ничегó стрáнного.¹

Чтó-нибудь смешнóе?³   Ничегó смешнóго.¹

Чтó-нибудь нóвое?³   Ничегó нóвого.¹

Чтó-нибудь хорóшее?³   Ничегó хорóшего.¹

ничегó + gen. adj.

б. Work in pairs. Complete the dialogues using the expressions from the second column above (7.a.).

1. —Юра, чтó-нибудь случúлось?
 —Да нет! Не волнýйся, . . .

2. —Сергéй, как делá? Как рабóта?
 —Всё по-стáрому, . . .

3. —Мúша, ты был в милúции – ну как?
 —. . . мéсяц – это мúнимум!

4. —Оля, ты чáсто éздишь в командирóвки. Это так интерéсно!
 —Ой, чтó ты, Танюш! . . .

5. —Дэнис, тéбе нрáвятся «Friends»? Отлúчная комéдия!
 —А по-моéму, . . . Глýпые шýтки!

6. —Как стрáнно! Днём почтú жáрко, а нóчью хóлодно!
 —. . . Это же весна!

фоне́тика

Слу́шайте и повторя́йте:

а. Вы не хоти́те погуля́ть на у́лице?
Вы не хоти́те посмотре́ть кино́?
Вы не хоти́те съесть блины́ и ку́рицу?
Вы не хоти́те написа́ть письмо́?

б. Извини́те, не могу́. У меня́ рабо́та.
К сожале́нию, не могу́. У меня́ дела́.
Ах, как жа́лко! У меня́ ва́жная рабо́та.
К сожале́нию, у меня́ ва́жные дела́.

К сожале́нию, к сожале́нию — ва́жная рабо́та.
Ах, как жа́лко! Ах, как жа́лко! Ва́жные дела́!

1. Вы по́мните, как они́ отве́тили на вопро́сы?

вы не хоти́те + infinitive = more formal
хоти́те + infinitive = less formal

—В суббо́ту у Миха́йла сва́дьба. Вы не хоти́те пойти́ со мно́й?

—Хоти́те позвони́ть Серге́ю?

2. Role-play the invitations or suggestions made by our Moscow friends. First review some possible appropriate responses.

To accept an invitation (согла́сие)	To turn down an invitation (отка́з)
Вот спаси́бо!	К сожале́нию, не могу́!
Спаси́бо. С удово́льствием!	Извини́(те), не могу́!
Спаси́бо. Бу́ду о́чень ра́д(а)!	К сожале́нию, ника́к не получа́ется!

Миша, Таня, пообедать в ресторане

—Таня, хочешь пообедать со мной в ресторане?
—С удовольствием!
или
—Ой, извини, не могу! У меня огромное домашнее задание.

Таня, Василий, поменяться местами
Миша, Савельев, погулять на свадьбе
Аркадий, Полина, пойти в театр в четверг вечером
Сергей, Миша, поехать в баню в субботу
Дэнис, Оля, приехать в Америку

3. Слушайте, читайте и повторяйте.

Михаил	—	Миша
Ольга	—	Оля
Сергей	—	Серёжа
Андрей	—	Андрюша
Василий	—	Вася
Николай	—	Коля
Людмила	—	Люда, Люся
Наталья	—	Наташа
Екатерина	—	Катя
Анна	—	Аня, Ася
Аркадий	—	Аркаша
Юрий	—	Юра
Ирина	—	Ира
Галина	—	Галя
Мария	—	Маша
Полина	—	Поля
Марина	—	Марина

4. Can you match the unexpected diminutive with the full name?

Евгений (Евгения)	Надя
Александр (Александра)	Лена
Елена	Володя (Вова)
Николай	Жора
Владимир	Настя
Григорий	Коля
Надежда	Катя
Екатерина	Гриша
Анастасия	Саша
Георгий	Женя

5. Using Russian names from above, invite one another to go someplace, do something, etc. Be sure to make up conversations for both formal and informal situations. Turn down the invitations and provide an excuse.

> —Поли́на Алекса́ндровна, вы не хоти́те пойти́ со мной за́втра ве́чером в теа́тр?
> —Извини́те, Арка́дий Никола́евич. К сожале́нию, не могу́. Де́ло в то́м, что за́втра ве́чером я е́ду в Новосиби́рск.
> —Понима́ю.

6. а. Ра́зве Юра не хо́чет чай с клубни́чным варе́ньем?

> Катя: —Хоти́те чай?
> Саве́льев: —Нет, спаси́бо. По́езд, рабо́та. . . Я до́лжен е́хать в Москву́.

б. Как вы ду́маете, э́то пра́вда, что Юра до́лжен сро́чно е́хать в Москву́?

7. Соста́вьте мини-диало́ги:

> Оля: —Дэ́нис, ну, дава́й поговори́м ещё 5 мину́т!
> Дэ́нис: (рабо́тать) —Извини́, Оля. Я до́лжен рабо́тать.

он до́лжен
она должна́ ⟩ + infinitive
они должны́

Арка́дий: —Дава́й схо́дим на футбо́л.
Ми́ша: (найти́ свой па́спорт)

Юра: —Ка́тя, выходи́те за меня́ за́муж!
Ка́тя: (поду́мать)

Оля: —Дава́й пое́дем в Петербу́рг.
Та́ня: (сдава́ть экза́мены)

Та́ня и Оля: —Ма́мочка, дава́й ку́пим проду́кты на сва́дьбу!
ма́ма: (снача́ла соста́вить спи́сок)

Та́ня и Ми́ша: —А мо́жно зарегистри́ровать наш брак побыстре́е?
Светла́на Ви́кторовна: (ждать оди́н ме́сяц)

8. Imagine a terrible situation: no one could come to Misha's and Tanya's wedding. What do you think happened? Match the following people with their excuses.

> Дэ́нис не прие́хал на сва́дьбу, потому́ что он до́лжен был рабо́тать на фотовы́ставке.

Дэ́нис	преподава́ть це́лый день.
Ка́тя	игра́ть в спекта́кле «Петербу́рг» по рома́ну Андре́я Бе́лого.
Саве́льев	рабо́тать на фотовы́ставке.
Ната́ша	стро́ить втору́ю ба́ню.
Оля	уе́хать в Аме́рику к дру́гу.
ма́ма	сде́лать сло́жную опера́цию.
па́па	гото́вить за́втрак, обе́д и у́жин для колле́г бра́та.
Арка́дий	пое́хать в друго́й го́род, к свое́й ста́рой ма́тери.
Серге́й	ремонти́ровать свой компью́тер.
Поли́на	пойти́ в поликли́нику к врачу́.

9. Imagine that two of you are Misha and Tanya. You are very offended that all of these people did not come to your wedding. Ask them to explain (note the use of IC-2 for emphasis):

Понима́ешь, . . .
Де́ло в том, что. . .
Ви́дишь ли, . . .

> —Ната́ша!!! А **ты** почему́ не была́ на сва́дьбе?!²
> —Понима́ешь, Тань, **я должна́ была́** пойти́ в поликли́нику к врачу́.

фонéтика

Слýшайте и повторя́йте:

Он дóлжен мнóго-мнóго спать.
Онá должнá письмó писáть.
Они́ должны́ всегдá гуля́ть.
А мы должны́ об э́том знать.

Я дóлжен бýду говори́ть.
Он дóлжен бýдет позвони́ть.
Ты дóлжен бýдешь всё купи́ть.
Ты дóлжен бýдешь пи́во пить!

А я должнá былá смотрéть,
Как ты должнá былá летéть.
Онá должнá былá летéть,
И не должнá былá болéть.

1. а. Кудá Савéльев
поéдет в суббóту?

—Я в суббóту заéду
за вáми.

б. **За кем** Юра заéдет в суббóту?

2. Слýшайте, повторя́йте:

Я зайдý за тобóй.
Ты зайдёшь за мной.
Он зайдёт за ней.
Онá зайдёт за ним.

Мы зайдём за вáми.
Вы зайдёте за нáми.
Они́ зайдýт за ни́ми.

3. Прочита́йте телефо́нные разгово́ры и отве́тьте на вопро́сы:

а. Серге́й: —Алё! До́брый день. Мо́жно Михаи́ла?
    Ми́ша: —Я слу́шаю. А кто говори́т?
    Серге́й: —Здоро́во, стари́к. Не узнаёшь?
    Ми́ша: —А-а! Приве́т, Серге́й!
    Серге́й: —Ну что́ но́вого? Что хоро́шего?
    Ми́ша: —Что́ но́вого? Вот, мы с Та́ней за́втра хоти́м пода́ть заявле́ние в ЗАГС.
    Серге́й: —Отли́чно! Хоти́те, я зае́ду за ва́ми на маши́не?
    Ми́ша: —Да нет, спаси́бо, стари́к. ЗАГС совсе́м ря́дом – 5 мину́т пешко́м.
    Серге́й: —Ну смотри́!

    1. Заче́м Серге́й звони́л Ми́ше?   **3. Что́ предложи́л Серге́й?**
    2. Что́ но́вого у Ми́ши?   **4. Почему́ Ми́ша отказа́лся?**

    > предложи́ть кому́ + infinitive = to suggest doing something
    > отказа́ться = to turn smth. down от чего́ (от предложе́ния); or + infinitive (пое́хать)

б. Оля: —Слу́шаю вас.
    Дэ́нис: —Алло́! Здра́вствуйте! Это говори́т Дэ́нис. Попроси́те, пожа́луйста, Ольгу.
    Оля: —Ой, Дэ́нис, приве́т! Это я!
    Дэ́нис: —Я тебя́ не узна́л.
    Оля: —Дэ́нис, как дела́? Что́ но́вого?
    Дэ́нис: —У меня́ отли́чная но́вость. За́втра я прилета́ю в Москву́.
    Оля: —Пра́вда? Вот здо́рово! Я тебя́ встре́чу в аэропорту́.
    Дэ́нис: —Спаси́бо, Оля.

    1. Что́ но́вого у Дэ́ниса?   **3. Оля ра́да, что Дэ́нис прилета́ет?**
    2. Что́ но́вого у Оли?   **4. Что́ предложи́ла Оля?**

в. Та́ня: —Алё.
    Ната́ша: —Приве́тик, Тань. Это я.
    Та́ня: —А-а! Приве́тик!
    Ната́ша: —Что но́вого, что хоро́шего?
    Та́ня: —Да ничего́ интере́сного. А у тебя́ что но́вого?
    Ната́ша: —Ничего́ хоро́шего.
    Та́ня: —Пра́вда? А что случи́лось?
    Ната́ша: —Анги́на. Боли́т го́рло и высо́кая температу́ра.
    Та́ня: —Хо́чешь, я прие́ду к тебе́?
    Ната́ша: —Не на́до. Сейча́с за мной зае́дет Юра, и мы пое́дем в поликли́нику.
    Та́ня: —Позвони́ мне пото́м.
    Ната́ша: —Ла́дно, пока́.

    Да = Well, . . .

    1. Что но́вого у Та́ни?   **4. Что предложи́ла Та́ня?**
    2. Что хоро́шего у Ната́ши?   **5. Почему́ Ната́ша отказа́лась?**
    3. Почему́ Ната́ша ду́мает, что у неё анги́на?

поэтому = therefore;
so,...

4. a. Чтó они́ должны́ купи́ть? Куда́ они́ пойду́т?

> ма́ма, ку́рица, магази́н «Проду́кты»
>
> Ма́ма должна́ купи́ть ку́рицу, **поэ́тому** она́ пойдёт в магази́н «Проду́кты».

Óля, зе́лень, ры́нок
Та́ня, ры́ба, магази́н «Океа́н»
па́па, хлеб, бу́лочная
Саве́льев, вóдка, магази́н «Ру́сские ви́на»
Ната́ша, лека́рство, апте́ка
Арка́дий, цветы́, магази́н «Цветы́»
Ми́ша, кóльца (rings), ювели́рный магази́н
Поли́на, рома́н «Анна Каре́нина», кни́жный магази́н
Серге́й, газе́та, кио́ск

б. Скажи́те, чтó вы должны́ купи́ть? Куда́ вы пойдёте?

5. a. Чтó бу́дет в суббо́ту? У кого́ бу́дет сва́дьба?

> —У на́шего ветерина́ра, у Михаи́ла, в суббо́ту бу́дет сва́дьба.

У кого́	The verb **to be** in the appropriate form	Что (event, activity)
У нас	no verb in the present tense	уро́к
У Та́ни	бу́дет, бу́дут	сва́дьба, кани́кулы
У Михаи́ла	бы́ло	собра́ние (meeting),
	был, была́, бы́ли	день рожде́ния, встре́ча, командиро́вки

б. Compose dialogues about upcoming activities and events. Use a variety of reactions, such as surprise, joy, doubt.

Event ——— собра́ние
ле́кция
свида́ние (date)
встре́ча
у́жин с . . .
день рожде́ния
командиро́вка в . . . (куда́)
визи́т к . . . (кому́)
марафо́н на . . . киломе́тров

Reactions

Joy _____
Поздравля́ю! Молоде́ц!
Вот э́то да!
Вот здо́рово!

Surprise _____
Ух ты!
Пра́вда (что ли)?

Doubt _____
Ну да!
Не мо́жет быть!

1. Посмотри́те **эпизóд 15:** « Дава́йте соста́вим спи́сок» и скажи́те, что сказа́ли, спроси́ли и отве́тили на́ши геро́и.

Ма́ма: —Во-пе́рвых, ку́рицу легко́ гото́вить. У меня́ есть прекра́сный реце́пт.
Ма́ма сказа́ла, _____

Оля: —Зна́чит, на́до ры́бу, грибы́, мя́со купи́ть.
Оля сказа́ла, _____

Па́па: —Де́вушки, о чём ваш спор?
Па́па спроси́л, _____

Оля: —Мы не кричи́м, а разгова́риваем.
Оля сказа́ла, _____

Па́па: —У вас есть спи́сок проду́ктов?
Па́па сказа́л, _____

Па́па: —Так. Каки́е блю́да вы собира́етесь гото́вить?
Па́па спроси́л, _____

Ма́ма: —Кто каки́е проду́кты покупа́ет?
Ма́ма спроси́ла, _____

Оля: —Я покупа́ю зе́лень, о́вощи, фру́кты, моро́женое.
Оля сказа́ла, _____

Дэ́нис: —У меня́ отли́чные но́вости. Бу́ду через два дня.
Дэ́нис сказа́л, _____

Оля: —Когда́ твой самолёт?
Оля спроси́ла, _____

Дэ́нис: —В пя́тницу, в 17.15 ч. Рейс 30.
Дэ́нис сказа́л, _____

Оля: —Я тебя́ встре́чу.
Оля сказа́ла, _____

2. a. Your classmate missed class and didn't see Episode 15. As a group, recount for him/her the basic content of this episode. First, tell him/her about the scene and describe where everyone is, who is there, and what they are doing. Then you can move on to a more detailed description.

б. Now, in small groups, reenact the discussion of what to prepare and buy for the wedding.

в. Now re-enact/retell the phone conversation between Olya and Dennis.

3. Посмотри́те **эпизо́д 16**: «Я про́сто е́хал ми́мо» и скажи́те, что́ сказа́ли, спроси́ли, отве́тили на́ши геро́и:

Ю́ра: —А Серге́й. . . где?
Ю́ра спроси́л, _____

Ка́тя: —Что́-то случи́лось? Он вам сро́чно ну́жен?
У нас есть телефо́н. Хоти́те позвони́ть ему́?
Ка́тя спроси́ла, _____

Ю́ра: —Я е́хал ми́мо… по́ездом и реши́л зайти́ посмотре́ть…
Ю́ра сказа́л, _____

Ю́ра: —Ка́тя, у на́шего ветерина́ра, у Михаи́ла в суббо́ту
сва́дьба. Вы не хоти́те со мной пойти́?
Ю́ра спроси́л, _____

Ка́тя: —С ва́ми? Спаси́бо, Ю́ра. Коне́чно, я с удово́льствием.
Ка́тя сказа́ла, _____

Ю́ра: —Отли́чно! Я в суббо́ту зае́ду за ва́ми.
Ю́ра сказа́л, _____

4. Reenact Saveliev's invitation to Katya and her acceptance from Episode 16. Then invite each other to upcoming events.

Давáйте почитáем

I Pre-Reading Exercises

1. Рабóта с корня́ми (working with roots).

   Analyze the words below based on the same roots. Try to determine the meaning of the roots, and explain the connections to the meanings of the words.

Words from the text	Words with the same root
отказáться	сказáть, рассказáть, показáть, заказáть, кáжется
граждани́н	гóрод (—град, as in Волгогрáд, Петрогрáд, Сталингрáд)
засте́нчивая	стенá
ры́женькая	ржáвая
отде́льная	де́лать
вопрóс	прóсьба, спроси́ть, попроси́ть
семья́	се́мя

2. Do you think the following Russian and English words could be related?

де́лать	deal, dealt
сéрдце	heart, cordial, cardiac
домáшний	domestic
мóжно (я могу́)	might
удиви́ться	divine
óчередь	cord
у́гол (в углу́)	angle
любóвь	love
(у)ви́деть (я ви́жу)	vision, view
два	two, dual
дéва, дéвушка, дéвочка	diva
кварти́ра,	quarter

3. Find the word that does not belong to the group.

   а. чемодáн, рюкзáк, су́мка, óчередь, портфéль, пакéт
   б. тут, в углу́, дóма, здесь, в кóмнате, темнó, у знакóмых
   в. остолбенéл (froze on the spot), удиви́лся, влюби́лся,
      (был) ошеломлён (was stunned), изуми́лся (was amazed)

4. Find the root in each of the related words.

    а.   сон, со́нный, засну́ть (to fall asleep), присни́ться (to dream), просну́ться
    б.   сосе́д, сесть (я ся́ду), сиде́ть, сосе́дний, сади́ться, сад
    в.   сосе́д, сесть (он сел), село́, населе́ние (population), посёлок (settlement), новосе́лье (housewarming)

II Reading

Read the text and answer the questions that follow. It may be helpful to read through the questions *before* reading the text!

Сентимента́льный рома́н

Арка́дий Тимофе́евич Аве́рченко

ARKADY TIMOFEEVICH AVERCHENKO (1881-1925) was a humorist, journalist and playwright. He began writing and publishing in 1903. He contributed to and edited two humorous journals, "Штык" (1906-07), and "Меч" (1907), in Kharkov (Ukraine). He moved to St. Petersburg, where he gained fame writing in the leading humorous journal "Сатирико́н" (1908-1914). He left "Сатирико́н" in 1913 to begin editing "Новый Сатирико́н," which he did until 1918, when it was closed for satirizing the Bolsheviks. He fled Russia in 1920, eventually settling in Prague. His works were published again in Russia after the Thaw of the 1960's. Here is one of his humorous stories that recounts the attempt of a young man to find the right time and place to propose to his beloved. ■

1

    Оди́н симпати́чный молодо́й челове́к влюби́лся в одну́ симпати́чную ми́лую де́вушку. Познако́мился и . . . влюби́лся! Де́ло изве́стное. А де́вушка то́же в него́ влюби́лась. Таки́е совпаде́ния иногда́ случа́ются. Они́ пошли́ в кино́, пото́м в о́перу. . . И чем ча́ще они́ ходи́ли в кино́, о́перу, цирк, тем бо́льше и бо́льше они́ влюбля́лись друг в дру́га.

    Одна́жды молодо́му челове́ку пришла́ в го́лову оригина́льная мы́сль – серьёзно поговори́ть с ми́лой де́вушкой и предложи́ть ей ру́ку и се́рдце. Этот молодо́й челове́к был о́чень неглу́пый! Он знал, что для э́того, во-пе́рвых, на́до встать на коле́ни. Тогда́ де́вушка не смо́жет отказа́ться от тако́го предложе́ния! Но где? В о́пере? В ци́рке?. . В теа́тре сли́шком светло́ и мно́го наро́да. В кинотеа́тре? . . . Нет, там, наоборо́т, сли́шком темно́. И э́то то́же пло́хо — де́вушка мо́жет поду́мать, что он потеря́л ша́пку и встал на коле́ни, чтобы найти́ её. Что́ же де́лать?

    Снача́ла молодо́й челове́к хоте́л пригласи́ть де́вушку к себе́, но она́ была́ засте́нчива. И вдруг ему́ в го́лову пришла́ замеча́тельная мысль: «Пойду́ к ней!»

И вот, одна́жды он спроси́л её:

—Ма́рья Петро́вна, мо́жно, я приду́ к Вам в го́сти?

—Пожа́луйста. Но у меня́ те́сно.

—Ничего́!

—Ну что ж, приходи́те. . .

—Вот спаси́бо! - обра́довался молодо́й челове́к. — Мы посиди́м, помечта́ем. Вы мне сыгра́ете.

—На чём? - удиви́лась де́вушка.

—Ра́зве у вас нет инструме́нта?

—Есть. Для консе́рвов.

—Да, - гру́стно сказа́л молодо́й челове́к, —на э́том инструме́нте не сыгра́ешь. . . Но всё равно́, я приду́.

2

Молодо́й челове́к нереши́тельно ка́шлянул и постуча́л в дверь.

—Что вам ну́жно? - спроси́л его неизве́стный со́нный граждани́н.

—Ма́рья Петро́вна до́ма?

—Кака́я? У нас в кварти́ре четы́ре Ма́рьи Петро́вны.

—В ко́мнате но́мер три.

—В ко́мнате но́мер три - их две.

—Мне нужна́ ры́женькая.

—А-а. . . э́та до́ма. А вы почему́ прихо́дите в тако́е вре́мя, когда́ лю́ди спят?

—Спят? - удиви́лся молодо́й челове́к. —Но ведь сейча́с то́лько 7 часо́в ве́чера!

—Это ничего́ не зна́чит. У нас здесь о́чередь на сон. Всегда́ кто-то спит. Ну, ла́дно, проходи́те в ко́мнату.

. . .Молодо́й челове́к вошёл в ко́мнату но́мер три и остолбене́л: в ко́мнате сиде́ло шесть челове́к - и мужчи́ны, и же́нщины. А в углу́, на чемода́не, сиде́ла его́ мечта́, Ма́рья Петро́вна.

—Что э́то? - ро́бко спроси́л молодо́й челове́к. —У вас суаре́? Мо́жет быть, вы изме́нница? Недо́брая!

—Что вы, - сказа́ла Ма́рья Петро́вна. —Како́е суаре́! Это мои́ сосе́ди.

—Сосе́ди? А где же ва́ша ко́мната?

—Вот она́.

—А что здесь де́лают э́ти лю́ди?

—Они́ то́же здесь живу́т.

—А где же вы спи́те?

—В углу́, на э́тих чемода́нах.

—Но здесь мужчи́ны!

—Они́ не смо́трят. . .

3

—Ма́рья Петро́вна! – молодо́й челове́к сел на пол. —Я хочу́ серьёзно поговори́ть с ва́ми. . .

—Послу́шаем! – сказа́л како́й-то мужчи́на, кото́рый спал на полу́ под шу́бой. —Люблю́ интере́сные вопро́сы!

—Но э́то инти́мный вопро́с! – воскли́кнул молодо́й челове́к в отча́янии (in desperation) .

—Ну и что же, инти́мный. Мы тут все свои́.

—Послу́шайте, Ма́рья Петро́вна, шепну́л ей молодо́й челове́к. —Я до́лжен вам сказа́ть. . .

—В о́бществе шепта́ться нехорошо́, – недово́льно сказа́ла немолода́я да́ма, ста́рая де́ва.

—Ма́рья Петро́вна! – закрича́л молодо́й челове́к в отча́янии. —Я из небога́той семьи́. . .

—А у вас есть отде́льная ко́мната? – с любопы́тством спроси́л стари́к.

Молодо́й челове́к бы́стро встал и заговори́л:

—Ма́рья Петро́вна! Я вас люблю́. Наде́юсь, что вы меня́ то́же лю́бите. Прошу́ ва́шей руки́. Пожа́луйста, Ма́рья Петро́вна, не отка́зывайте мне, а то я поко́нчу с собо́й!

Но тут все сосе́ди гро́мко закрича́ли:

—Не согла́сны! Не согла́сны! Мы зна́ем э́ти шу́тки!

—Прости́те, – удиви́лся молодо́й челове́к. — Каки́е «шу́тки»?

—Вы хоти́те жить в на́шей ко́мнате! – сказа́л стари́к. —Я не согла́сен на э́тот брак!

—Господа́! – сказа́ла Ма́рья Петро́вна. — Прошу́ вас, пожа́луйста! Он бу́дет жить здесь – за чемода́нами. Его́ никто́ не уви́дит! О, лю́ди до́брые! Да́йте согла́сие на наш брак!

—К чёрту! – крича́л челове́к под шу́бой. — Никогда́!

—Господа́, — удиви́лся молодо́й челове́к. — Но почему́ вы ду́маете, что мы бу́дем жить здесь? У меня́ своя́ ко́мната, и мы с Ма́рьей Петро́вной перее́дем ко мне. . .

И тут все сосе́ди ра́достно закрича́ли.

—Ми́лый, до́брый, чуде́сный молодо́й челове́к! – заговори́л стари́к. — Жела́ем вам сча́стья! Да́йте я вас поцелу́ю! . . Господа́, дава́йте сыгра́ем сва́дьбу пря́мо сейча́с, пока́ они́ не переду́мали!

Энтузиа́зм был неопису́емый: стари́к дава́л молодо́му челове́ку сигаре́ту, ста́рая де́ва держа́ла его́ ру́ку, челове́к под шу́бой что́-то пел, а два други́х сосе́да уже́ плани́ровали террито́рию кварти́ры по-но́вому.

. . .Когда́ счастли́вый молодо́й челове́к выходи́л из кварти́ры, к нему́ подошёл стари́к.

—Слу́шайте, – сказа́л он. — Вы ви́дели другу́ю де́вушку в на́шей ко́мнате? Она́ немолода́я, но то́же замеча́тельная. У вас нет дру́га?. . Она́ сде́лает любо́го челове́ка счастли́вым, а мы заодно́ изба́вимся от э́той ста́рой ве́дьмы, чёрт её побери́!

Слова́ к те́ксту

авантю́ра adventure, risky business
ве́дьма witch
влюби́ться (pf.) в кого́ to fall in love with
воскли́кнуть (pf.) to exclaim
вскочи́ть (pf.) на́ ноги to jump to one's feet
встать (pf.) на коле́ни to kneel
Де́ло изве́стное. It's a common thing.
заодно́ in concert, at one, at the same time
засте́нчивый shy
знако́мый acquaintance
изба́виться (pf.) от чего́ to get rid of
изме́нница unfaithful woman
инти́мный intimate, personal
кашляну́ть (pf.) to cough
консе́рвы canned goods
любопы́тство curiosity
лю́дно crowded, a lot of people
навести́ть (pf.) to pay a visit
наоборо́т on the contrary
неглу́пый not stupid, bright
недоразуме́ние confusion, misunderstanding
неопису́емый indescribable
нереши́тельно indecisively
о́бщество society
одна́жды once
остолбене́ть (pf.) to freeze
отказа́ться (pf.) от чего́ to turn down, to refuse
отча́яние desperation
о́чередь (f.) line

переду́мать (pf.) to change one's mind, to reconsider
поги́бнуть (pf.) to perish
  поги́бло всё all was lost
поко́нчить (pf.) с собо́й! to commit suicide
по́лзать на коле́нях (impf.) crawl about on one's knees
постуча́ть (pf.) в дверь to knock on the door
поцелова́ть (pf.) to kiss
прийти́ (pf.) в го́лову to enter one's head
пья́ный drunk
ро́бко timidly
ры́женький red-headed
симпати́чный cute, nice
скрыва́ть (impf.) to hide
совпаде́ние coincidence
согла́сие consent
сон sleep
со́нный sleepy
суаре́ soirée
схвати́ть (pf.) to grab
  схвати́ла его́ за ру́ку grabbed him by the arm
темно́ dark
те́сно crowded
угрю́мо sullenly, gloomily
чёрт её побери́! the devil take her!
шепта́ться (impf.) to whisper
шу́ба fur coat
шу́тка joke

1 часть

В О П Р О С Ы

1. В кого́ влюби́лся молодо́й челове́к?
2. Где он познако́мился с де́вушкой?
3. Понра́вился ли он де́вушке?
4. Куда́ они́ вме́сте ходи́ли?
5. О чём молодо́й челове́к реши́л сказа́ть де́вушке?
6. Что́ он до́лжен был сде́лать для э́того пре́жде всего́?
7. Почему́ молодо́й челове́к не хоте́л сде́лать э́то в теа́тре?
8. Почему́ молодо́й челове́к не хоте́л сде́лать э́то в кинотеа́тре?
9. Почему́ молодо́й челове́к не пригласи́л де́вушку к себе́ домо́й?
10. На како́м инструме́нте нельзя́ сыгра́ть?

2 часть

1. Кто откры́л дверь, когда́ молодо́й челове́к пришёл к де́вушке в го́сти?
2. Почему́ э́тот челове́к спал в 7 часо́в ве́чера?
3. Ско́лько же́нщин по и́мени Ма́рья Петро́вна жи́ло в э́той кварти́ре?
4. Как молодо́й челове́к объясни́л, кака́я Ма́рья Петро́вна ему́ нужна́?
5. Что почу́вствовал молодо́й челове́к, когда́ он вошёл в ко́мнату но́мер 3?
6. Почему́ у него́ была́ така́я реа́кция?
7. Кто бы́ли э́ти лю́ди в ко́мнате? Что́ они́ там де́лали?
8. Где молодо́й челове́к уви́дел свою́ Ма́рью Петро́вну?
9. Почему́ молодо́й челове́к снача́ла рассерди́лся на де́вушку?

ВОПРОСЫ

3 часть

1. Кто жил вме́сте с Ма́рьей Петро́вной в ко́мнате?
2. Како́й аргуме́нт был у «мужчи́ны под шу́бой» — почему́ он хоте́л слу́шать «инти́мный вопро́с»?
3. Почему́ ста́рая де́ва была́ недово́льна, когда́ молодо́й челове́к на́чал «шепта́ться»?
4. Почему́ стари́к вдруг спроси́л молодо́го челове́ка, есть ли у него́ отде́льная ко́мната?
5. Почему́ молодо́й челове́к не отве́тил на э́тот вопро́с?
6. Как реаги́ровали сосе́ди на «заявле́ние» молодо́го челове́ка?
7. О чём Ма́рья Петро́вна проси́ла свои́х сосе́дей?
8. Почему́ молодо́й челове́к не хоте́л жить в э́той ко́мнате?
9. Как измени́лось настрое́ние сосе́дей?
10. О чём хоте́л поговори́ть стари́к, когда́ молодо́й челове́к выходи́л из кварти́ры?

III Post-Reading Exercises

1. Как вы ду́маете?

1. Что́ ду́мал молодо́й челове́к, когда́ в пе́рвый раз уви́дел Ма́рью Петро́вну?
2. Что́ ду́мала Ма́рья Петро́вна, когда́ в пе́рвый раз встре́тила молодо́го челове́ка?
3. Что́ ду́мал молодо́й челове́к, пока́ шёл в го́сти к Ма́рье Петро́вне?
4. О чём разгова́ривали молодо́й челове́к и Ма́рья Петро́вна, когда́ плани́ровали свою́ сва́дьбу и перее́зд (move, relocation)?

2. Role-play the conversations.

1. Как молодо́й челове́к и де́вушка познако́мились «у одни́х знако́мых»?
2. Как молодо́й челове́к приглаша́л де́вушку в о́перу, цирк (по телефо́ну)?
3. Что́ говори́ли сосе́ди, по́сле того́ как Ма́рья Петро́вна уе́хала из ко́мнаты?

POVTORENIE *ПОВТОРЕНИЕ ПОВТОРЕНИЕ ПОВТОРЕНИЕ ПОВТОРЕНИЕ ПОВТОРЕНИЕ*

ПОВТОРЕ́НИЕ

ПОВТОРЕНИЕ ПОВТОРЕНИЕ ПОВТОРЕНИЕ

STAGE 2
Уро́к 8
День 12

1. Что́ вы ду́маете о назва́ниях эпизо́дов в э́том уро́ке? Почему́? Они́ вам нра́вятся? Каки́е други́е назва́ния возмо́жны?

эпизо́д 15: «Дава́йте соста́вим спи́сок.»   эпизо́д 16: «Я про́сто е́хал ми́мо. . .»

_____   _____

_____   _____

2. Act out the following situations based on Episodes 15 and 16.

   а. You are planning a big party. As a class, decide what you want to serve for food and drinks and who will make what. Each of you will advocate for your favorite dishes, explaining your preferences and objecting to the suggestions of others. You may use the following:

   на заку́ску, на пе́рвое, на второ́е (горя́чее), на десе́рт
   мо́жно пригото́вить. . .
   Мя́со с карто́шкой — по-мо́ему э́то непло́хо.
   Да что́ ты! Мя́со с карто́шкой — э́то отврати́тельно!

   б. Now, make a list of what you will need and what each of you will do to make the party a smashing success! Someone should record your plans on the board.

   в. Role play a surprise telephone call from someone you have not seen for a while and invite him or her to the party. Tell the caller where to meet you and when, and that s/he should not tell anyone else s/he is coming, since it will be a surprise.

   г. Invite someone in the class to go to an upcoming function with you. Pretend you do not know each other very well, so make the invitation polite and more formal (like Saveliev's invitation to Katya).

3. Tell the class what your favorite dish is and what you need make it. Whose taste is the most sophisticated? strangest? healthiest?

4. Make a list, as a class, of everything you want to eat for an upcoming Russian club event. Each person must repeat the whole list before adding his or her own item. Then the next person must do the same! Your item must consist of at least two words, like мя́со с карто́шкой.

   Мы бу́дем есть мя́со с карто́шкой, блины́ с мя́сом, ...

Грамма́тика

1. The instrumental case in definitions and descriptions

You are already familiar with the following uses of the instrumental case:

— to express instrument or agent of action (without a preposition) (писа́ть ру́чкой)
— to mean "accompanied by" with" or "along with" (after the preposition **с**)
— in equational sentences in the past or future (быть)
— with certain verbs (занима́ться, станов́ться-стать)

In Unit 8, the preposition **с + instrumental** is used to define or describe objects. This usage is particularly common with food. Here are some examples:

бутербро́д с сы́ром	bread and cheese
пироги́ с мя́сом	meat pies
омле́т с ветчино́й	ham omelet
макаро́ны с сы́ром	macaroni and cheese
ко́фе с молоко́м	coffee with milk
ча́й с лимо́ном	tea with lemon

2. Review the first-person imperative: "Let's...!"

Recall that the first-person imperative is used to express "Let's...," whereby the speaker includes him/herself in a suggestion, invitation, or exhortation. Review the following rules for the formation of the first-person imperative.

A.

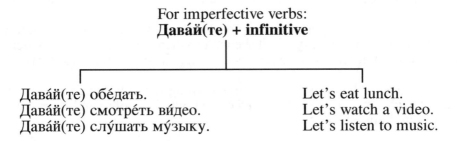

For imperfective verbs:
Дава́й(те) + infinitive

Дава́й(те) обе́дать.	Let's eat lunch.
Дава́й(те) смотре́ть ви́део.	Let's watch a video.
Дава́й(те) слу́шать му́зыку.	Let's listen to music.

The imperfective is used:

   a.   to make a suggestion to perform an action regularly:

        Дава́йте встреча́ться поча́ще.
        Let's get together more often.

б. as with the second-person imperative, to prompt a specific, one-time action to begin immediately:

> Дава́йте обе́дать, суп уже́ на столе́.
> Let's eat now. The soup is already on the table.

В.

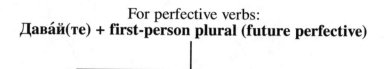

For perfective verbs:
Дава́й(те) + first-person plural (future perfective)

Дава́й(те) соста́вим спи́сок.	Let's make a list.
Дава́й(те) ку́пим шампа́нское.	Let's buy champagne.
Дава́йт(е) позвони́м Серге́ю.	Let's call Sergei.

3. Note the following expressions in Russian:

и .., и ... = both ... and ...

This construction is used in affirmative sentences.

> Же́нщина должна́ занима́ться и би́знесом, и семьёй.
> A woman has to take care of both business and her family.

> Мне на́до купи́ть и вино́, и шампа́нское.
> I have to buy both wine and champagne.

> И Серге́й, и Арка́дий приду́т на сва́дьбу.
> Both Sergei and Arkady will come to the wedding.

ни .., ни ... = neither, ... nor

This construction is used after negative verbs or with nouns in the genitive following **нет**:

> Оля не была́ ни в Аме́рике, ни в Смоле́нске.
> Olya has not been neither to America, nor to Smolensk

> Ни Та́ня, ни Оля ещё не́ были в Аме́рике.
> Neither Tanya, nor Olya have been in America yet.

> У нас нет ни мя́са, ни ры́бы.
> We don't have meat or fish.

4. Review and memorize the conjugations of the following common verbs.

есть (impf.) to eat	**пить** (пь/й–) (impf.) to drink	**понять** (пойм–) (pf.) to understand (pf. of понимать)
Non-past tense		
я ем	пью	пойму́
ты ешь	пьёшь	поймёшь
он(а́) ест	пьёт	поймёт
мы еди́м	пьём	поймём
вы еди́те	пьёте	поймёте
они́ едя́т	пьют	пойму́т
Past tense		
он ел	он пил	он по́нял
она́ е́ла	она́ пила́	она́ поняла́
мы (вы, они́) е́ли	они́ (мы, вы) пи́ли	они́ по́няли
Imperative		
е́шь(те)	пе́й(те)	пойми́(те)

5. Expressing necessity using ну́жен/нужна́, ну́жно, нужны́.

Recall that to express the necessity for something, Russian uses the following construction:

person dative case	**+**	form of ну́жен to agree with the object	**+**	thing required nominative case

Что́бы пригото́вить э́то, мне ну́жно молоко́, мне нужна́ ку́рица, мне ну́жен рис и мне нужны́ грибы́.
For this recipe, I need milk, I need chicken, I need rice, and I need mushrooms.

In the past or future, the appropriate form of **быть** agreeing with the object required, is placed immediately after the form of **ну́жен**:

> ну́жен был/бу́дет телефо́н
> нужна́ была́/бу́дет газе́та
> ну́жно бы́ло/бу́дет молоко́
> нужны́ бы́ли/бу́дут де́ньги

Recall that the form **ну́жно** can be used with an infinitive, just like **на́до**. The logical subject remains in the dative case:

> ну́жно + infinitive
> ну́жно бы́ло + infinitive
> ну́жно бу́дет + infinitive

> Мне ну́жно рабо́тать.
> Серге́ю ну́жно бы́ло рабо́тать.
> Ми́ше ну́жно бу́дет рабо́тать.

6. **The prefix за-, when added to verbs of motion, imparts the meaning of "to drop by."**

   a. If one wants to indicate that one will drop by "for some specific object," then **за + instrumental** is used:

Verb	Куда?	За чем?
заходи́ть-зайти́	в магази́н	за мя́сом, за ры́бой
заезжа́ть-зае́хать	на ры́нок	за фру́ктами

   b. When used with **к + dative** these verbs mean "to drop by" casually on the way somewhere else.

   > Я зайду́ к тебе́ по́сле рабо́ты.
   > I will stop by to see you after work.

   c. When used with **за + кем**, the meaning is "to pick someone up" on the way somewhere.

   > Саве́льев зае́дет за Ка́тей в суббо́ту.
   > Savelyev will stop by to get Katya on Saturday.

   > Я зае́ду за ва́ми в 7 часо́в.
   > I will stop by to get you at 7.

7. **Accepting and turning down invitations**

   Review the following ways to react to an invitation:

To accept an invitation (согла́сие)	To turn down an invitation (отка́з)
Вот спаси́бо!	К сожале́нию, не могу́!
Спаси́бо. С удово́льствием!	Извини́(те), не могу́!
Спаси́бо. Бу́ду о́чень ра́д(а)!	К сожале́нию, ника́к не получа́ется!

Словарь

Существительные (Nouns)

блю́до (pl. блю́да) prepared dish, dishes
борщ borshch (beet soup)
бутербро́д open face sandwich
буты́лка bottle
варе́нье jam (клубни́чное варе́нье strawberry jam)
вегетариа́нец vegetarian
вегетариа́нка vegetarian
винегре́т vinaigrette salad
ветчина́ ham
вино́ wine (кра́сное, бе́лое)
горя́чее main course (neuter adj., used as a noun, modifies блю́до)
грибы́ mushrooms (sg. гриб)
десе́рт dessert
заку́ски (pl.) hors d'oeuvres
зе́лень (f.) salad greens
икра́ caviar, кра́сная икра́, чёрная икра́
карто́шка potatoes
килогра́мм kilogram (≈ two pounds)
кинза́ coriander, cilantro
колбаса́ sausage
колле́га colleague (used to refer to men or women)
котле́та cutlet (мясны́е котле́ты = meat cutlets, карто́фельные котле́ты potato cutlets, овощны́е котле́ты vegetable cutlets)
консе́рвы (pl.) canned goods
ку́рица chicken
лэп-то́п laptop
лук onion (зелёный лук scallion)
макаро́ны (pl.) macaroni
ма́сло (сли́вочное) oil, butter (оре́ховое ма́сло peanut butter)
меню́ (n.) menu
моро́женое (n.) ice cream (adj., used as a noun)

мя́со meat
напи́ток (pl. напи́тки) beverage
о́вощи (pl.) vegetables
огуре́ц cucumber
пельме́ни pelmeni (Russian meat ravioli)
пе́рвое (n.) first course (often soup) (adj., used as a noun)
проду́кты (pl.) groceries
паке́т package (usually a cardboard box or carton)
па́чка package
пе́рец pepper
петру́шка parsley
пи́во beer
пи́цца pizza
пучо́к bundle (of vegetables, of salad greens)
рис rice
реце́пт recipe
ры́ба fish
сала́т lettuce (or used with an adjective to indicate a special kind of salad, such as Столи́чный сала́т = Capital Salad, a Russian potato salad)
са́хар sugar
смета́на sour cream
соль (f.) salt
спи́сок list
спор argument
укро́п dill
файл file
чесно́к garlic
шампа́нское (n.) champagne (adj., used as a noun)
цвето́к flower
цветы́ (pl.) flowers

Прилага́тельные (Adjectives)

варёный boiled
вку́сный delicious, tasty
внима́тельный attentive
до́брый kind
горя́чий hot
жа́реный fried
ми́лый nice
норма́льный normal
о́стрый hot, spicy
отли́чный excellent, great
прекра́сный wonderful

ро́бкий timid
сла́дкий sweet
тушёный stewed

Кра́ткие прилага́тельные (Short-from Adjectives)
гото́в (гото́ва, гото́во, гото́вы) ready
ну́жен (нужна́, нужно́, нужны́) кому́ to be needed by someone

брать (б/р**а́**-)/взять (irreg.) to take (colloquially, it can mean *to get*, Где вы взя́ли цветы́? Where did you get the flowers?)

вари́ть (вар**и́**-)/свари́ть (свар**и́**-) to boil

гото́вить (гото́в**и**-)/пригото́вить (пригото́в**и**-) to cook, to prepare

дари́ть (дар**и́**-)/подари́ть (подар**и́**-) to give as a gift

добавля́ть (добавл**я́й**–)/доба́вить (доба́в**и**–) to add

есть/съесть to eat (irreg.)

заезжа́ть (заезж**а́й**-)/зае́хать (irreg. like е́хать)/заходи́ть (заход**и́**-)/зайти́ (irreg.) 1. куда́ to stop by at someone's place; 2. за кем to pick someone up (on the way to someplace); за чем to pick something up (e.g., from a store)

крича́ть (крича́-, -**жа**- stem) (impf.) to shout, to yell

молча́ть (молча́,-, -**жа**- stem) to be silent, to be quiet

открыва́ть (открыв**а́й**-)/откры́ть (откр**о́й**-) to open

плани́ровать (плани́**рова**-) (impf.) to plan

понима́ть (понима́**й**–)/поня́ть (п**о́йм**-) to understand

собира́ться (собира́**й**–ся)/ собра́ться (соб/р**а́**-ся) что́-то де́лать to get ready to, to plan to do something

составля́ть (составл**я́й**-)/соста́вить (соста́в**и**-) to compose, to create

ссо́риться (ссо́р**и**-ся) to argue with one another

Глаго́лы (Verbs)

легко́ easy, easily
обяза́тельно without fail, definitely

сро́чно urgently
ти́хо quietly

Наре́чия (Adverbs)

Благодарю́ вас. Thank you. (formal)

До встре́чи. Until we meet.

и, ... и ... both ... and ...

ни ..., ни ... neither ... nor

Ничего́ ва́жного. It is nothing important.

Ра́зве э́то спи́сок? What kind of a list is this? Is this really a list?

Ско́лько сто́ит "N"? How much does "N" cost? (colloquially, почём "N" is also used.

Expressions used to accept an invitation:
Вот спаси́бо!
(Спаси́бо) С удово́льствием!
(Спаси́бо) Бу́ду о́чень рад(а)!

Expressions to turn down an invitation:
Извини́(те), не могу́!
К сожа́лению, не могу́!
К сожале́нию, ника́к не получа́ется!

To express a positive reaction:
Поздравля́ю! Молоде́ц!
Вот э́то да!
Вот здо́рово!

To express surprise:
Ух ты!
Пра́вда (что́ ли)?

To express doubt:
Не мо́жет быть!
Ну да́!

Поле́зные выраже́ния (Useful Expressions)

Урок

9

*I*n this lesson you will learn how to:

- talk about what is most important to you;

- make requests and give advice;

- discuss plans;

- describe your house, apartment, or room;

- give compliments; and

- talk about what people in different countries like and dislike.

Эпизо́д 17

Всё са́мое ва́жное – здесь.

1. Ми́ша с Та́ней плани́руют своё бу́дущее. Как вы ду́маете, в како́й магази́н они́ пойду́т и заче́м? ☑

   ❏ в продукто́вый магази́н, что́бы купи́ть еду́ и напи́тки для сва́дьбы.
   ❏ в ме́бельный магази́н, потому́ что по́сле сва́дьбы они́ собира́ются перее́хать на но́вую кварти́ру.
   ❏ в ювели́рный магази́н, что́бы купи́ть сва́дебные ко́льца.
   ❏ в автомагази́н, потому́ что Ми́ша хо́чет сде́лать Та́не сва́дебный пода́рок.
   ❏ в кни́жный магази́н, что́бы ку́пить ка́рту Флори́ды, куда́ они́ хотя́т пое́хать в сва́дебное путеше́ствие.

перее́хать = to move

2. А вы по́мните, кто по профе́ссии Серге́й и где он рабо́тает‘

3. Найди́те англи́йские эквивале́нты.

дива́н-крова́ть	bedroom (set)
ку́хня	table(s)
стол (pl. столы́)	chair(s)
пи́сьменный стол	kitchen (set)
обе́денный стол	desk
стул (pl. сту́лья)	dining room (set)
столо́вая	sleeper-couch
спа́льня	dining-room table

4. Посмотри́те эпизо́д 17: «Всё са́мое ва́жное – здесь» и скажи́те: ☑

Этот магази́н

❏ госуда́рственный.
❏ принадлежи́т (belongs to) Серге́ю.
❏ америка́нский.

Ми́ша с Та́ней пришли́, что́бы

❏ купи́ть пода́рок Оле.
❏ вы́брать ме́бель для но́вой кварти́ры.
❏ пригласи́ть Серге́я на сва́дьбу.

Серге́й собира́ется

❏ подари́ть ме́бель Ми́ше и Та́не.
❏ прода́ть им ме́бель по себесто́имости (at cost).
❏ закры́ть свой магази́н и вы́йти из би́знеса.

Та́ня говори́т, что они́ хотя́т посмотре́ть

❏ столы́, сту́лья, дива́н-крова́ти и ку́хни.
❏ таре́лки и хруста́ль.
❏ оде́жду и о́бувь.

5.

> **Кто э́то сказа́л?**

Т = Та́ня
М = Ми́ша
С = Серге́й

_____ Как настрое́ние, молоды́е?

_____ Отли́чно!

_____ Хорошо́. Где твой па́спорт?

_____ Всё са́мое ва́жное – здесь.

_____ Что-то ме́дленно. Ра́ньше бы́ло быстре́е.

_____ А у меня́ всё са́мое ва́жное – здесь. Проходи́те.

_____ По́сле сва́дьбы у нас бу́дет но́вая кварти́ра, мы бу́дем там жить.

_____ Я покажу́ всё са́мое лу́чшее. Во-пе́рвых, ты мой лу́чший друг. Во-вторы́х, молодожён. Я прода́м вам всё по себесто́имости.

_____ Ты с ума́ сошёл! Это же твой би́знес!

_____ Би́знес – э́то де́ньги. А дру́жбу за де́ньги не ку́пишь.

_____ Что́ мы хоти́м посмотре́ть?

_____ Нам на́до мно́го. Во-пе́рвых, дива́н-крова́ть. Ку́хни. Столы́ – пи́сьменный и обе́денный. Сту́лья.

6. а. Прочита́йте диало́г и переведи́те его́ на англи́йский язы́к:

Ми́ша: — Ты с ума́ сошёл! Это же твой би́знес!

Серге́й: — Би́знес – э́то де́ньги. А дру́жбу за де́ньги не ку́пишь.

б. Imagine that your friend gave you a very expensive or special gift. Compose dialogues similar to the one between Misha and Sergei.

Perhaps you received one of the following:

гита́ра	каранда́ш
компью́тер	кроссо́вки
маши́на	люби́мый диск

7. Как вы ду́маете, что́ Ми́ша с Та́ней ку́пят в конце́ концо́в?

в конце́ концо́в = ultimately

8. Почему́ эпизо́д называ́ется «Всё са́мое ва́жное – здесь»?

Пра́ктика

Уро́к 9

День 2

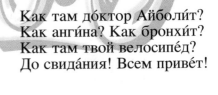

фоне́тика

Слу́шайте и повторя́йте:

Как маши́на? Как парко́вка?
Как твоя́ командиро́вка?
Как там Оля и Ива́н?
Как там твой большо́й дива́н?

Как Москва́? Как Петербу́рг?
Как твой ста́рый ру́сский друг?
Как там наш университе́т?
Как биле́ты на конце́рт?

Как там до́ктор Айболи́т?
Как анги́на? Как бронхи́т?
Как там твой велосипе́д?
До свида́ния! Всем приве́т!

1. a. Скажи́те, о чём Серге́й
спра́шивает Та́ню и Ми́шу?

— Как настрое́ние, молоды́е?
— Отли́чно!

б. Како́е настрое́ние у Ми́ши и Та́ни? Почему́?

2. a. Прочита́йте:

— **Как настрое́ние?** (Как + noun)
— **Отли́чно!**   (Adverb)

б. Прочита́йте возмо́жные вариа́нты отве́та и спроси́те
друг дру́га, как настрое́ние, как жи́знь, как дела́.
Продо́лжите диало́ги.

> — Эй, Лари́са! Как жизнь, как настрое́ние?
>
> — Ох! Не спра́шивай! *и́ли:* — Отли́чно!
> — Что случи́лось?   — Пра́вда? Ну, расскажи́.
> — ...   — ...

3. а. Как они́ мо́гут отве́тить? (Use a variety of positive
and negative responses.)

> — Приве́т, Оль! Как твой Дэ́нис?
>
> — Нева́жно.   *и́ли*   — Замеча́тельно!
> — Что́ случи́лось?   — Пра́вда? Ну, расскажи́!
> — Ка́жется, он не смо́жет   — Он прие́дет на сва́дьбу.
>   прие́хать на сва́дьбу.

1. — Приве́т, Ми́ша! Как твой па́спорт?

2. — Ну, Та́ня! Как твой фи́льм?

3. — Эй, Арка́дий! Как твоя́ Мари́на, Гали́на?

4. — Серге́й, как твой би́знес?

5. — Поли́на. Интере́сно, а как ва́ши студе́нты?

б. Спроси́те друг дру́га, испо́льзуя выраже́ния из
упр. 3.а. и сле́дующие слова́:

> экза́мен(ы)
> контро́льная (рабо́та)
> подрабо́тка (part-time work)
> выходны́е
> кани́кулы/о́тпуск
> пое́здка в ...
> командиро́вка в ...

4. а. Посмотри́те:

все (pl., everyone)	всё (sing., everything)
Кто был до́ма? Все бы́ли до́ма. (кто – masc., sing. все – plural)	**Что́** бы́ло на столе́? Всё бы́ло на столе́. (что – neuter, sing. всё – neuter sing.)

Как жи́знь?
замеча́тельно
великоле́пно
чуде́сно
прекра́сно
отли́чно
хорошо́
непло́хо
ничего́
норма́льно
та́к себе́
нева́жно
пло́хо
ужа́сно
отврати́тельно

Кошма́р!
Ужас!
Не спра́шивай!

6. Зада́йте вопро́сы: Кто или что́? (See Appendix 1 for Declensions.)

> Серге́й **всё** понима́ет. ➤ **Что́ он понима́ет?**
> Серге́й **всех** понима́ет. ➤ **Кого́ он понима́ет?**

Оля зна́ет **обо всём**. _____

Оля зна́ет **обо всех.** _____

Мне **всё** нра́вится. _____

Мне **все** нра́вятся. _____

Дэ́нис хо́чет **всё** фотографи́ровать. _____

Дэ́нис хо́чет **всех** фотографи́ровать. _____

Оля ра́да **всему́.** _____

Оля ра́да **всём.** _____

5. **Все** и́ли **всё**?

> Вчера́ прие́хали и Ми́ша, и Та́ня, и Оля.
> Вчера́ прие́хали **все**: и Ми́ша, и Та́ня, и Оля.
>
> Я люблю́ и ры́бу, и мя́со, и ку́рицу с ри́сом.
> Я люблю́ **всё**: и ры́бу, и мя́со, и ку́рицу с ри́сом.

1. И ма́ма, и па́па, и Оля зна́ют о па́спорте.

2. Та́не понра́вились и Смоле́нск, и гости́ница, и фи́рма Людми́лы.

3. Дэ́нис уме́ет и чита́ть, и писа́ть, и говори́ть по-ру́сски.

4. Ми́ша рассказа́л о па́спорте и Серге́ю, и Арка́дию, и да́же Та́не.

5. Дэ́нис е́здил и на маши́не, и на по́езде, и на самолёте.

6. Поли́на познако́милась и с Серге́ем, и с Ми́шей, и с Саве́льевым.

7. И ма́ма, и па́па, и Оля, и Ми́ша лю́бят Та́ню.

8. Саве́льев уста́л и от друзе́й, и от пацие́нтов.

9. Оля уста́ла и от рабо́ты, и от магази́нов, и от телеви́дения.

6. а. Слу́шайте и повторя́йте:

весь фи́льм вся кни́га всё письмо́ все фи́льмы
весь дом вся кварти́ра всё зда́ние все стра́ны
весь го́род вся страна́ всё вре́мя все лю́ди

б. Отве́тьте на вопро́сы, испо́льзуя сло́во
весь/вся/всё/все в пра́вильной фо́рме. (See Appendix 1
for Declensions.)

> – Ты написа́л(а) письмо́?
> – Да, я написа́л(а) **уже́ всё** письмо́.
> *и́ли:*
> – Нет, я написа́л(а) **ещё не всё** письмо́.

весь
вся
всё + noun
все

1. — Оля, ты позвони́ла свои́м подру́гам?
2. — Ми́ша, ты купи́л ме́бель?
3. — Ну, вы соста́вили спи́сок проду́ктов?
4. — Поли́на, вы познако́мились с но́выми студе́нтами?
5. — Та́ня, ты сдала́ экза́мены?
6. — Мам, ты ходи́ла по магази́нам?

7. а. Ната́ша боле́ет. Она́ жа́луется (complains to) Та́не.
(Note that IC-5 can be used to emphasize the fact that the
speaker considers the time period to be excessive.)

жа́ловаться кому́ на
что́ = to complain to
someone about
something

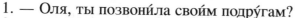

Весь день .... я не могла́ засну́ть!
Всю ночь .... я ждала́ врача́!
Всё у́тро у меня́ была́ температу́ра!
Весь ве́чер я не могла́ откры́ть глаза́!

б. А тепе́рь пожа́луйтесь друг дру́гу вы.
Жизнь тру́дная! (Do not forget your intonation!)

> Всё у́тро я сего́дня рабо́тал(а) на компью́тере!
> Я так уста́л(а)! (*и́ли:* Как я уста́л(а)!)

Слу́шайте и повторя́йте:

Я хочу́, что́бы Ми́ша пошёл в магази́н,
Я хочу́, что́бы Ми́ша купи́л апельси́н.
Я хочу́, что́бы Ми́ша пошёл на конце́рт,
Я хочу́, что́бы Ми́ша купи́л мне биле́т.

Я хочу́, что́бы Ми́ша сейча́с позвони́л,
Я хочу́, что́бы Ми́ша меня́ пригласи́л,
Что́бы Ми́ша меня́ пригласи́л на конце́рт,
Что́бы Ми́ша мне дал апельси́н и биле́т.

1. Заче́м Ми́ша с Та́ней
    пришли́ к Серге́ю
    в магази́н?

    — Мы пришли́ посмотре́ть
    на твоё бога́тство.
    — То́лько посмотре́ть?

2. Сравни́те (compare):

что́бы + infinitive Same subject for both actions	что́бы + past tense Different subjects for actions
Ми́ша с Та́ней пришли́ в магази́н, что́бы **посмотре́ть** ме́бель.	**Ми́ша с Та́ней** пришли́ в магази́н, что́бы **Серге́й показа́л** им ме́бель.
Скажи́те: Кто пришёл в магази́н? Кто смо́трит ме́бель?	*Скажи́те:* Кто пришёл в магази́н? Кто пока́зывает ме́бель?

3. a. Зада́йте друг дру́гу вопро́сы по ситуа́циям: use **что́бы + infinitive**. (Pay attention to the word order in the answers, remembering that the most important information is placed at the end of the sentence.)

Ситуа́ция: Та́ня е́здила в Смоле́нск (, что́бы) снима́ть свой фильм.

> — Кто е́здил в Смоле́нск?
> — В Смоле́нск е́здила Та́ня.
>
> — Кто снима́л фи́льм?
> — Фильм снима́ла то́же Та́ня.
>
> — Заче́м Та́ня е́здила в Смоле́нск?
> — **Что́бы снима́ть** свой фи́льм.

1. Ма́ма пошла́ в магази́н, что́бы купи́ть ку́рицу.
2. Саве́льев прие́хал к Ка́те, что́бы пригласи́ть её на сва́дьбу.
3. Ми́ша с Тане́й пошли́ в ЗАГС, что́бы пода́ть заявле́ние.
4. Дэ́нис прие́дет в Москву́, что́бы уви́деть Олю.
5. Друзья́ е́здили на да́чу, что́бы попа́риться в ба́не.

б. Зада́йте друг дру́гу вопро́сы по ситуа́циям (use **что́бы + past tense**) (Pay attention to word order.)

Ситуа́ция: Ната́ша ходи́ла в поликли́нику, что́бы врач дал ей лека́рство.

> — Кто ходи́л в поликли́нику?
> — В поликли́нику ходи́ла Ната́ша.
>
> — Кто дал Ната́ше лека́рство?
> — Лека́рство дал Ната́ше врач.
>
> — Заче́м Ната́ша ходи́ла в поликли́нику?
> — **Что́бы врач** дал ей лека́рство.

1. Та́ня прие́хала в Смоле́нск, что́бы Людми́ла рассказа́ла ей о свое́й фи́рме.
2. Ми́ша и Арка́дий пришли́ на телеви́дение, что́бы Оля помогла́ им сде́лать объявле́ния.
3. Па́па зашёл в ко́мнату, что́бы помо́чь же́нщинам соста́вить спи́сок проду́ктов.
4. Дэ́нис прилети́т не у́тром, а днём, что́бы Оля могла́ без пробле́м встре́тить его́ в «Шереме́тьево».

4. a. Как э́то бы́ло в на́шем фи́льме?
Object to the inaccuracy of the following statements. Correct the statement, preserving the main subject (in the main clause). Pay attention to the intonation, especially in the answer, where IC-2 emphasizes the objection or disagreement.)

> Оля хо́чет прие́хать в Аме́рику.
>
> Нет! Оля хо́чет, чтобы **Дэ́нис** прие́хал в Москву́!

Серге́й хо́чет купи́ть ме́бель.
Арка́дий хо́чет позвони́ть Поли́не. (Recall his announcement on Olya's television show!)
Ка́тя хо́чет пригласи́ть Саве́льева на сва́дьбу Ми́ши и Та́ни.
Васи́лий хо́чет рассказа́ть Та́не о своём фи́льме.
Поли́на хо́чет рассказа́ть студе́нтам о том, что́ тако́е сча́стье.
Та́ня хоте́ла сде́лать Ми́ше предложе́ние.

б. Скажи́те, что́ вы хоти́те или не хоти́те. (Remember: after negation не хочу́, use an imperfective verb.)

> расска́зывать/рассказа́ть о рабо́те
>
> Том: — Бре́ндон, я хочу́, чтобы ты рассказа́л о рабо́те.
>
> Бре́ндон: — А я не хочу́ расска́зывать о рабо́те!
> *и́ли:*
> Бре́ндон — Я хочу́ рассказа́ть о рабо́те.
>
> Том: — А я не хочу́, чтобы́ ты расска́зывал о рабо́те.

писа́ть/написа́ть письмо́
дава́ть/да́ть 100 рубле́й до за́втра
помога́ть/помо́чь мне
приезжа́ть/прие́хать к нам в го́сти
звони́ть/позвони́ть Ива́ну

5. a. Role-play in groups of three: *A* makes a suggestion, *B* asks for advice from *C*, and *C* objects or disagrees.

предлага́ть/предложи́ть + кому́ + infinitive

> регистри́ровать/зарегистри́ровать, брак побыстре́е
>
> Ми́ша: — Тань, дава́й зарегистри́руем брак побыстре́е.
> Та́ня: — Пап, Ми́ша **предлага́ет** мне зарегистри́ровать брак побыстре́е.
> па́па: — Я не о́чень хочу́, чтобы вы регистри́ровали брак побыстре́е.

1. е́хать/пое́хать в Сиби́рь
   Дэ́нис
   Оля
   ма́ма

2. кури́ть/покури́ть
   Саве́льев
   Арка́дий
   Поли́на

3. расска́зывать/рассказа́ть о па́спорте роди́телям
   Оля
   Та́ня
   Ми́ша

б. **А тепе́рь вы.**
   Imagine that you and your roommates are discussing plans
   and giving advice. Work in groups of three, and use **я (не)
   хочу́ + infinitive or я хочу́,
   что́бы + past tense.**

   брать/взя́ть котёнка
   приглаша́ть/пригласи́ть ве́чером всех друзе́й
   продава́ть/прода́ть ста́рый си́ний дива́н
   организова́ть большу́ю вечери́нку (this verb is used as
       both perfective and imperfective)
   переезжа́ть/перее́хать в но́вый дом
   зака́зывать/заказа́ть пи́ццу

6. а. Прочита́йте запи́ски (notes) и скажи́те, кто́ их написа́л.
   Кому́ они́ написа́ли запи́ски? Что хо́чет челове́к,
   кото́рый написа́л запи́ску?

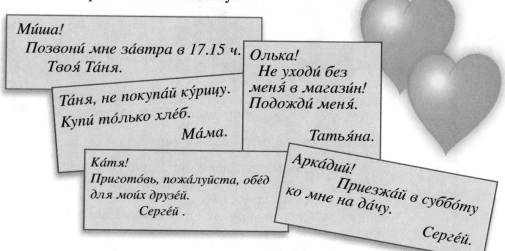

Ми́ша!
Позвони́ мне за́втра в 17.15 ч.
Твоя́ Та́ня.

Та́ня, не покупа́й ку́рицу.
Купи́ то́лько хле́б.
                    Ма́ма.

Ка́тя!
Пригото́вь, пожа́луйста, обе́д
для мои́х друзе́й.
          Серге́й .

Олька!
Не уходи́ без
меня́ в магази́н!
Подожди́ меня́.

          Татья́на.

Арка́дий!
    Приезжа́й в суббо́ту
ко мне на да́чу.

          Серге́й.

б. Напиши́те друг дру́гу запи́ски с про́сьбой.

Слу́шайте и повторя́йте:

Во-первы́х, я уста́л,
А во-вторы́х, чита́л,
А в-тре́тьих, отдыха́л,
В-четвёртых, опозда́л.

А в-пя́тых, я спеши́л,
В-шесты́х, цветы́ купи́л,
В-седьмы́х, цветы́ забы́л,
По у́лице ходи́л.

Во-пе́рвых, я уста́ла,
А во-вторы́х, чита́ла,
А в-тре́тьих, отдыха́ла,
В-четвёртых, опозда́ла.

А в-пя́тых, я спеши́ла,
В-шесты́х, цветы́ купи́ла,
В-седьмы́х, цветы́ забы́ла,
По у́лице ходи́ла.

1. а.   Почему́ Серге́й хо́чет прода́ть Ми́ше ме́бель по
себесто́имости?

— Я прода́м вам всё
по себесто́имости.
— Ты с ума́ сошёл!
— Во-пе́рвых, ты мой
лу́чший друг. Во-
вторы́х, молодожён.

б.   А в-тре́тьих?

2.   Прочита́йте диало́ги и отве́тьте на вопро́сы, испо́льзуя
во-пе́рвых, во-вторы́х, в-тре́тьих и так да́лее.

а.   Кто бу́дет на сва́дьбе Ми́ши и Та́ни?

Та́ня: — Дава́й пригласи́м Ната́шу с Оле́гом.
Ми́ша: — Согла́сен. А я приглашу́ свои́х друзе́й.
Та́ня: — Каки́х друзе́й?
Ми́ша: — Серге́я, Арка́дия и до́ктора Саве́льева.
Та́ня: — Ла́дно.
Ми́ша: — Интере́сно, а Дэ́нис прилети́т?
Та́ня: — Не зна́ю. О́ля ничего́ не говори́т.

б. Какую мебель они собираются купить?

Таня: — Нам нужна кровать.
Миша: — Может быть, диван-кровать лучше?
Таня: — Ой, что ты, Миша! Я не люблю диван-кровати – они неудобные.
Миша: — Ладно. Согласен. Что ещё нужно?
Таня: — Много! Нам нужен стол, нужны стулья, нужен большой шкаф, нужна кухня.
Миша: — Телевизор нужен!!!
Таня: — Миша! Что ты говоришь! Холодильник и пылесос – вот что нам нужно!

в. Что нужно для регистрации брака?

Светлана Викторовна: — Ваши паспорта с собой?
Миша: — Вот, пожалуйста.
Светлана Викторовна: — Замечательно! Вот анкеты. Заполните их, пожалуйста.
Таня: — Это всё?
Светлана Викторовна: — Да. Приходите через месяц и не забудьте 300 рублей.

3. Скажите всем, почему вы изучаете русский язык? (Give at least three reasons.)

4. a. Как вы помните, после свадьбы Миша с Таней переедут на новую квартиру. Поэтому им нужно купить новую мебель. Опишите их новую квартиру.

> обеденный стол
> Обеденный стол стоит на кухне.

письменный стол	гостиная
журнальный столик	
стулья	прихожая
книжные полки	
двухспальная кровать	
шкаф	
велосипед	кабинет
итальянская стенка	
туркменский ковёр	кухня
картина Петрова-Водкина	
карта мира	
тумбочка для обуви	спальня
шкура неубитого медведя*	

Что		Где
диван	стоит	в гостиной
картина	висит	в кабинете
ковёр	лежит	в спальне
		на кухне
		в прихожей

---

*There is an expression in Russian, «делить шкуру неубитого медведя» which literally means "to divide up the pelt of a bear before it has been killed," roughly equivalent to our "counting chickens before they are hatched"!

б.   Опиши́те стол Ми́ши по карти́нке:

5.   Сравни́те (compare):

Transitive Где?		Intransitive Куда́?	
стоя́ть лежа́ть висе́ть	что́? куда́?	ста́вить/поста́вить класть/положи́ть ве́шать/пове́сить	что́? куда́?

Куда́?

на ку́хню
в спа́льню
в гости́ную
в прихо́жую
в кабине́т

6.   Посмотри́те ещё раз упр. 4.а. и скажи́те, куда́ Та́ня с Ми́шей поста́вят (поло́жат или пове́сят) свои́ ве́щи?

7.   Describe your room, apartment or house to one another.

8.   Imagine your friends in Moscow have just bought a new apartment in the city center. Find out what their plans for decorating are. What kind of furniture, appliances, and decorations are they looking for? Will they buy a bear rug?

ЭПИЗОД 18

Понимаешь, это сюрприз.

1. a. Помните, кто ещё приезжает на свадьбу?

б. Как вы думаете, почему Оля не сказала Тане о Дэнисе?

Дело в том, что...

2. Расскажите всё, что вы знаете/помните об американском друге Оли.

3. Посмотрите эпизод 18: «Понимаешь, это сюрприз» и скажите: ☑

    Новая причёска Оли
    ❑ не нравится Дэнису.
    ❑ не нравится Оле.
    ❑ очень нравится Дэнису.

причёска = hairstyle

Но́вая причёска Дэ́ниса
- ❏ не нра́вится Оле.
- ❏ о́чень нра́вится Оле.
- ❏ не нра́вится Дэ́нису.

Когда́ Дэ́нис лете́л, он
- ❏ чита́л и слу́шал му́зыку.
- ❏ всё вре́мя спал.
- ❏ разгова́ривал с други́ми пассажи́рами.

пересáдка = change of planes

Переса́дка была́
- ❏ в Торо́нто.
- ❏ в Пари́же.
- ❏ в Шено́нне.

настоя́щий = genuine

Дэ́нис привёз на сва́дьбу
- ❏ настоя́щую ру́сскую икру́ (caviar).
- ❏ настоя́щее францу́зское шампа́нское.
- ❏ настоя́щий бельги́йский шокола́д.

Оля говори́т, что Дэ́нис «настоя́щий москви́ч, хотя́ и америка́нец», потому́ что
- ❏ он тепе́рь о́чень хорошо́ зна́ет Москву́.
- ❏ он свобо́дно говори́т по-ру́сски.
- ❏ он получи́л росси́йский па́спорт.

Дэ́нис был на стадио́не «Дина́мо», что́бы
- ❏ посмотре́ть футбо́л.
- ❏ купи́ть сувени́ры.
- ❏ послу́шать рок-конце́рт.

Дэ́нис пошути́л (joked), что Пу́шкин –
- ❏ изве́стный ру́сский писа́тель.
- ❏ изве́стный италья́нский арти́ст.
- ❏ изве́стный америка́нский баскетболи́ст.

Ми́ша и Та́ня
- ❏ зна́ют, что Дэ́нис прие́хал, и о́чень ждут его́.
- ❏ не зна́ют, что Дэ́нис прие́хал.
- ❏ ду́мают, что Дэ́нис прие́дет через ме́сяц.

Оля и Дэ́нис договори́лись встре́титься
- ❏ у вхо́да в метро́.
- ❏ у вхо́да в гости́ницу, где бу́дет жить Дэ́нис.
- ❏ у вхо́да в ЗАГС.

Они́ договори́лись встре́титься
- ❏ в 10 ч.
- ❏ в 11 ч.
- ❏ в 5 ч.

4.

> **Кто э́то сказа́л?**

Д = Дэ́нис
О = Оля

_____ Слу́шай, у тебя́ но́вая причёска. Тебе́ идёт!

_____ Ты, наве́рное, уста́л. До́лго лете́л?

_____ А рейс был прямо́й и́ли с переса́дкой?

_____ С переса́дкой в Пари́же.

_____ Нет, то́лько полтора́ часа́. Ты зна́ешь, там отли́чный магази́н «Duty Free»! Я купи́л настоя́щее францу́зское шампа́нское на сва́дьбу.

_____ Удиви́тельно! Как ты всё по́мнишь?

_____ А ты по́мнишь, кто тако́й Го́рький?

_____ Да, Дэ́нис, ты настоя́щий москви́ч, хотя́ и америка́нец.

_____ Спаси́бо за комплиме́нт. А вон, смотри́, па́мятник Пу́шкину. Пу́шкин – э́то изве́стный америка́нский баскетболи́ст.

_____ Понима́ешь, э́то сюрпри́з.

_____ Это я отли́чно понима́ю. У нас в Аме́рике то́же лю́бят сюрпри́зы.

_____ Где мы встре́тимся?

_____ Подожди́ у вхо́да в ЗАГС, я дам тебе́ а́дрес.

5. Как вы ду́маете, Дэ́нис придёт в ЗАГС за́втра в 11 часо́в?

6. Role-play the scene of Denis waiting at the ZAGS. How will everyone react to the surprise arrival?

фоне́тика

Слу́шайте и повторя́йте:

Ах, как тебе́ идёт пальто́!
В пальто́ ты – Мерили́н Монро́!
Ах, как тебе́ идёт куло́н!
С куло́ном ты – как Ша́рон Сто́ун!

Ах, как тебе́ идёт пиджа́к!
Ты в пиджаке́ – как Пастерна́к!
Тебе́ идёт так – с бородо́й,
Ты с бородо́й – как Лев Толсто́й!

1. а. Они́ говоря́т
   друг дру́гу
   комплиме́нты.

   — У тебя́ но́вая
   причёска. Тебе́
   идёт.
   — Тебе́ то́же.

   б. Дэ́нису нра́вится но́вая причёска Оли? А Оле нра́вится
   но́вая причёска Дэ́ниса?

2. Отве́тьте кра́тко, испо́льзуя сло́во **то́же**.

   1. Та́ня: – Олька! Ты так здо́рово вы́глядишь сего́дня!
      Оля: – Спаси́бо, … .

2. Ми́ша: — У тебя́, стари́к, кла́ссный га́лстук!!
   Серге́й: — … .

3. Арка́дий: — Поли́на! Како́е краси́вое и́мя!
   А меня́ зову́т Арка́дий.
   Полина: — Очень прия́тно.
   Арка́дий: — … .

4. Ми́ша: — Здра́вствуйте!
   Меня́ зову́т Михаи́л.
   Горбачёв: — … .

3. Give each other compliments using то́же,
   and do not forget to say thank you!
   (Спаси́бо за комплиме́нт.)

Кому́?		Что?
Мне		руба́шка
Тебе́		причёска
Ему́/ей	идёт	ю́бка
Нам	иду́т	шо́рты
Вам		джи́нсы
Им		

4. а. Слу́шайте, чита́йте и повторя́йте.
   Pay attention to word order and intonation.

   1. — Та́ня е́здила на по́езде в Смоле́нск в э́том году́.

      — А в Петербу́рг?

      — В Петербу́рг она́ то́же ездила. (И в Петербу́рг
      то́же.)

   2. — Та́ня е́здила на по́езде в Смоле́нск в э́том году́.

      — А на авто́бусе?

      — На авто́бусе она́ то́же е́здила. (И на авто́бусе
      то́же.)

   3. — Та́ня е́здила на по́езде в Смоле́нск в э́том году́.

      — А в про́шлом году́?

      — В про́шлом году́ она́ то́же е́здила. (И в про́шлом
      году́ то́же.)

4. — Та́ня е́здила на по́езде в Смоле́нск в э́том году́.

    — А Ната́ша?

    — В э́том году́ Ната́ша то́же е́здила на по́езде в

    Смоле́нск. (И Ната́ша то́же.)

б. Соста́вьте диало́ги как в упр. 3.a. Provide brief responses!

> поéхать на мо́ре в суббо́ту
>
> – В суббо́ту Са́ша пое́дет на мо́ре.
> – А Лари́са?
> – И Лари́са тоже.

сдать экза́мен по исто́рии
поéхать в Тимбухту́
прочита́ть «Войну́ и Мир» по-ру́сски
приготóвить пирожки́ с гриба́ми
купи́ть но́вый костю́м/но́вое пла́тье

5. а. Скажи́те, Дэ́нис в Москве́
   в пе́рвый раз?

    — Я е́хал по э́той доро́ге
    год наза́д и ничего́ не знал
    о Москве́.

б. Как вы ду́маете?

По-мо́ему, . . .
Мне ка́жется, . . .
Я ду́маю, что . . .

Как ча́сто Дэ́нис е́здит в Москву́?
А в бу́дущем он ча́сто бу́дет е́здить туда́?
    Почему́ вы так ду́маете?
Когда́ Оля пое́дет в Аме́рику?
    Она́ ча́сто бу́дет е́здить туда́?
С кем Дэ́нис е́хал из аэропо́рта в про́шлом году́?
    А с кем он е́дет тепе́рь?
Ско́лько вре́мени Дэ́нис с Олей бу́дут е́хать на автобусе?

6. а. Когда́ Оля с Дэ́нисом е́хали на авто́бусе, они́ разгова́ривали. Ча́сто, когда́ лю́ди е́дут на авто́бусе, они́ разгова́ривают.

А вы?
Что́ вы де́лали в после́дний раз, когда́ вы е́хали на авто́бусе, на по́езде, на маши́не или когда́ вы лете́ли на самолёте?

> В после́дний раз, когда́ я е́хал(а) на велосипе́де, я смотре́ла напра́во и нале́во, жева́ла жва́чку (chewing gum), и дыша́ла све́жим во́здухом (breathed fresh air).

ду́мать (о ком, о чём)
спать
чита́ть (что)
игра́ть на компью́тере
слу́шать му́зыку, но́вости
игра́ть в ка́рты (в ша́хматы) с сосе́дом
есть чи́псы
смотре́ть в окно́
де́лать дома́шнее зада́ние
писа́ть дневни́к (diary), письмо́
реша́ть кроссво́рды
кури́ть
гро́мко петь люби́мые пе́сни
вспомина́ть (кого́, что)
составля́ть спи́сок (проду́ктов, госте́й)
болта́ть (gab) по телефо́ну (с кем)
счита́ть де́ньги в кошельке́ (wallet)
сочиня́ть стихи́

б. Кста́ти, куда́ вы е́здили (или лета́ли) в после́дний раз? Ско́лько вре́мени вы е́хали (лете́ли) туда́?

фоне́тика

Слу́шайте и повторя́йте:

В метро́

Та́ня! Осторо́жно, две́ри закрыва́ются!
Сле́дующая ста́нция – «Ле́нинский проспе́кт»!

Ми́ша! Осторо́жно, две́ри закрыва́ются!
Сле́дующая ста́нция – «Университе́т»!

Оля! Осторо́жно, две́ри закрыва́ются!
Сле́дующая ста́нция – «Комсомо́льская»!

Дэ́нис! Осторо́жно, две́ри закрыва́ются!
Сле́дующая ста́нция – «Театра́льная»!

Юра! Осторо́жно, две́ри закрыва́ются!
Сле́дующая ста́нция – «Маяко́вская»!

Ка́тя! Осторо́жно, две́ри закрыва́ются!
Сле́дующая ста́нция – «Ба́бушкинская»!

Ма́ма! Осторо́жно, две́ри закрыва́ются!
Сле́дующая ста́нция – «Белору́сская»!

Па́па! Осторо́жно, две́ри закрыва́ются!
Сле́дующая ста́нция – «Пло́щадь Ильича́»!

1. а. Ка́кой был рейс у
Дэ́ниса? Прямо́й?

— А твой рейс прямо́й?
— Нет. С переса́дкой –
в Пари́же.

б. Отку́да и куда́
лете́л Дэ́нис? Како́й
у него́ был биле́т?
(от ... до ...)

2. Спроси́те дру́га, куда́ он(а́) неда́вно лета́л(а) или ско́ро полети́т? Како́й был/бу́дет рейс?

> послеза́втра, Орла́ндо, Атла́нта
>
> — **Представля́ешь**, я послеза́втра полечу́ в Орла́ндо!
> — В Орла́ндо? Вот здо́рово! А твой рейс бу́дет прямо́й?
> — К сожале́нию, нет. С переса́дкой в Атла́нте.

Представля́ешь! = Guess what? Can you imagine?

на про́шлой неде́ле, Бо́стон, Филаде́льфия
в ма́е, Сиэ́ттл, Сан-Франци́ско
в пя́тницу, Чика́го, Да́ллас
позавчера́, Нью-Йорк, Детро́йт
через неде́лю, Лос-Анжелес, Дэ́нвер

3. You are in Moscow and need to find a certain metro station.

> Тага́нская
>
> — Скажи́те, я дое́ду до ста́нции «Тага́нская» без переса́дки?
> — «Тага́нская»? Это пряма́я ли́ния.
>
> *и́ли:*
>
> — Нет, вам ну́жно сде́лать переса́дку на ста́нции «Парк Культу́ры».

дое́хать = to reach; с переса́дкой = with a change of metro lines; без переса́дки = without changing lines

«Студе́нческая»   «ВДНХ»
«Кита́й-го́род»   «Дина́мо»
«Третьяко́вская»   «Соко́льники»
«Кузне́цкий мост»   «Ряза́нский проспе́кт»
«Изма́йловская»

4. а. Кому́ э́тот па́мятник?

— А вон па́мятник Пу́шкину!

па́мятник кому́

б. Скажи́те, кому́ э́ти па́мятники и где они́ нахо́дятся?

> Это па́мятник вели́кому америка́нскому баскетболи́сту, Алекса́ндру Серге́евичу Пу́шкину, кото́рый нахо́дится на ста́нции метро́ «Пу́шкинская».

◄ Влади́мир Ильи́ч Ле́нин –
основа́тель Сове́тского Сою́за;
ста́нция метро́ «Октя́брьская»

Михаи́л Васи́льевич ►
Ломоно́сов – основа́тель
Моско́вского университе́та;
ста́нция метро́ «Университе́т»

◄ Князь Юрий Долгору́кий –
основа́тель Москвы́;
ста́нция метро́ «Охо́тный ряд»

Серге́й Есе́нин – ру́сский поэ́т; ►
ста́нция метро́ «Кузьми́нки»

5. А каки́е па́мятники есть в ва́шем го́роде (шта́те) или в ва́шей стране́? Кому́ э́ти па́мятники? Кем бы́ли э́ти лю́ди? Где нахо́дятся э́ти па́мятники?

> Па́мятник Уо́лту Дисне́ю – а́втору мультфи́льмов о Ми́кки-Ма́усе нахо́дится в «Дисне́й-лэнде» в Калифо́рнии.

6. Соста́вьте диало́ги/шу́тки на осно́ве упр. 5. Pretend you have just arrived in a new city or town and want to see the famous monuments. Make names up or use those of famous people, classmates or friends! Ask passers-by for directions.

> — Извини́те, вы зде́шний(яя)?
> — Зде́шний(яя). А что́?
> — Вы не подска́жете, где здесь па́мятник Ивано́ву?
> — Ивано́ву? Иди́те пря́мо, а пото́м поверни́те напра́во (нале́во). Там вы уви́дите па́мятник Ивано́ву.
> — Спаси́бо огро́мное. (Благодарю́ вас.)
> — Пожа́луйста. (Не́ за что.)

Пра́ктика

Слу́шайте и повторя́йте:

Говоря́т, что че́рез год
Бу́дет но́вый самолёт.
Говоря́т ещё, что́ он
Сто́ит то́лько миллио́н.

Говоря́т, что в го́сти к нам
Прилета́ет Кло́д Ван Дамм.
Говоря́т, что Кло́д Ван Дамм
Прилета́ет, но не к нам.

Говоря́т, что о́чень ско́ро
Бу́дем е́здить без мото́ра,
Без мото́ра, без бензи́на,
Будем е́здить в магази́ны.

Говоря́т, что в сентябре́,
Бу́дет хо́лодно в Москве́,
Говоря́т, что во дворе́,
Снег уви́дим на траве́.

1. а. В Аме́рике лю́бят сюрпри́зы?

   — У нас в Аме́рике то́же
   лю́бят сюрпри́зы.

   б. Что́ ещё лю́бят в Аме́рике?

2. а. Прочита́йте диало́ги и скажи́те,
       что́ да́рят на день рожде́ния в Росси́и?

   — Алё.
   — Приве́т, стари́к. Это я.
   — А! Молодожён? Здоро́во! Что́ но́вого?
   — У на́шего до́ктора Айболи́та ско́ро день рожде́ния.
     Что́ пода́рим ему́? Кни́гу?
   — Нет. Кни́гу мы подари́ли в про́шлом году́.
   — Мо́жет быть, кассе́ту «Жизнь прекра́сна!»? Хоро́ший
     италья́нский фильм.
   — Неплоха́я иде́я. А мо́жет быть, ку́пим га́лстук?
   — Га́лстук? А мо́жет быть, часы́?
   — Ну, … дава́й часы́.

б. А что́ да́рят в Аме́рике:

> на день рожде́ния?
> на Но́вый год?
> на день свя́того Валенти́на?
> на сва́дьбу?
> на новосе́лье? (housewarming)

3. а. Прочита́йте диало́ги и скажи́те, что́ едя́т на за́втрак в Росси́и?

> — Таню́ша, ты бу́дешь яи́чницу? (fried eggs)
> — Нет, спаси́бо, мам.
> — А бутербро́ды с колбасо́й или с сы́ром?
> — Не хочу́.
> — Хо́чешь, я сде́лаю сы́рники (cheese pancakes) или блины́?
> — Нет, я бу́ду то́лько ко́фе с молоко́м.

б. А что́ едя́т на за́втрак в ва́шей семье́?

4. Скажи́те:

надева́ть что́ (accus.)
> ю́бку
> га́лстук
> пла́тье
> костю́м

О чём разгова́ривают на вечери́нках?
Что продаю́т в ме́бельных магази́нах (продукто́вых, ювели́рных, спорти́вных)?
Что надева́ют, когда́ иду́т в хоро́ший рестора́н? А на дискоте́ку?
Каку́ю информа́цию и́щут в Интерне́те? (информа́ция о …)

5. а. Скажи́те, как они́ э́то узна́ли?

Откуда? = source of information

от + genitive (person)
> от Ива́на
> от Та́ни

из + genitive (inanimate source)
> из Интерне́та
> из газе́ты

> 1. — Говоря́т, что ты выхо́дишь за́муж.
> — Откуда́ ты зна́ешь?!
> — Твоя́ сестра́ мне сказа́ла.
> — Болту́шка! (blabber mouth)

> 2. — Говоря́т, что за́втра бу́дет снег.
> — Пра́вда?! А отку́да ты зна́ешь?
> — В газе́те писа́ли.
> — И ты пове́рил(а)?!

> 3. — Говоря́т, что есть мно́го шокола́да – хорошо́ для здоро́вья.
> — Ерунда́! (Nonsense!) Это тебе́ Саве́льев сказа́л?
> — Да нет! Я «Но́вости» смотре́л(а) по пя́тому кана́лу.
> — Я не ве́рю.

б. А тепе́рь вы!

— Говоря́т, что на Ма́рсе есть вода́.
— …

6. Слу́шайте, чита́йте и повторя́йте:

Impf. / Perf.		
ра́доваться/обра́доваться	он(а́)	ра́дуется/обра́дуется
серди́ться/рассерди́ться	он(а́)	се́рдится/рассе́рдится
удивля́ться/удиви́ться	он(а́)	удивля́ется/удиви́тся
обижа́ться/оби́деться	он(а́)	обижа́ется/оби́дится
расстра́иваться/расстро́иться	он(а́)	расстра́ивается/расстро́ится

7. Представля́ешь, как он(а́) … Finish the statements using verbs from Ex. 6, above (future, perfective).

> Ми́ша: — Дава́й ку́пим Саве́льеву компью́тер! Представля́ешь, как он обра́дуется!

ра́доваться кому́/чему́ = to be delighted about
(рас)серди́ться на кого́/на что = to be angry at
удивля́ться/удиви́ться чему́ = to be surprised by
обижа́тться/оби́деться на кого́/на что = to be offended by

1. Студе́нт: — Вот вам телефо́н Арка́дия. Позвони́те ему́, Поли́на Степа́новна!

    ———————————————————————

2. Ната́ша: — Оле́г, ну почему́ ты не хо́чешь идти́ на сва́дьбу?

    ———————————————————————

3. Ми́ша: — Где мой па́спорт! Что́ де́лать? Что́ я скажу́ Та́не?

    ———————————————————————

4. Оля: — Это сюрпри́з, Дэ́нис! Та́ня с Ми́шей выхо́дят из ЗАГСа, и вдруг – ты!!!

    ———————————————————————

5. Серге́й: — А е́сли Поли́на не позвони́т Арка́дию?

    ———————————————————————

6. Ми́ша: — Стари́к, пригласи́ Ка́тю пойти́ с тобо́й на сва́дьбу.

    ———————————————————————

8. Share with the class a brief episode that caused a strong emotional reaction. Tell what happened and how you reacted. Conclude your story using, for example:

> И он(а́) о́чень обра́довался (-лась)!
> И я так удиви́лся(-лась)!
> И они́ ужа́сно рассерди́лись!

ви́део обзо́р

Уро́к 9
День 9

1. Посмотри́те **эпизо́д 17**: «Всё са́мое ва́жное – здесь» и переда́йте, что́ они́ сказа́ли, спроси́ли и отве́тили. (In your reported speech, be sure to include who is being asked, told, etc.)

   Серге́й: — Как настрое́ние, молоды́е?
   Серей спроси́л Ми́шу и Та́ню, как у них настрое́ние.

   Ми́ша: — Вот мы и пришли́ посмотре́ть на твоё бога́тство.
   Ми́ша сказа́л, _____

   Ми́ша: — По́сле сва́дьбы у нас бу́дет но́вая кварти́ра, мы бу́дем там жить.
   Ми́ша сказа́л, _____

   Серге́й: — Что́ вы хоти́те посмотре́ть?
   Серге́й спроси́л, _____

   Та́ня: — Нам на́до мно́го. Во-пе́рвых, дива́н-крова́ть. Ку́хни. Столы́ – пи́сьменный и обе́денный. Сту́лья.
   Та́ня сказа́ла, _____

   Серге́й: — Нет никаки́х пробле́м. Не волну́йтесь. У нас большо́й вы́бор.
   Серге́й сказа́л, _____

2. Your classmate missed class and did not see Episode 17. As a group, recount for him/her the basic content of this episode. First describe the scene: where is the action taking place? What are they doing there? Then describe the basic contents of the conversation between Sergei, Tanya, and Misha.

3. Посмотри́те **эпизо́д 18**: «Понима́ешь, э́то сюрпри́з» и переда́йте, что́ они́ сказа́ли, спроси́ли и отве́тили.

   Дэ́нис: — Слу́шай, у тебя́ но́вая причёска. Тебе́ идёт!
   Дэ́нис сказа́л, _____

   Оля: — До́лго лете́л?
   Оля спроси́ла, _____

   Оля: — А рейс был прямо́й и́ли с переса́дкой?
   Оля спроси́ла, _____

   Дэ́нис: — С переса́дкой в Пари́же.
   Дэ́нис сказа́л, _____

Дэ́нис: — Нет, то́лько полтора́ часа́. Ты зна́ешь, там
отли́чный магази́н «Duty Free»! Я купи́л
настоя́щее францу́зское шампа́нское на сва́дьбу.
Дэ́нис сказа́л, _____

Оля: — А ты по́мнишь, кто тако́й Го́рький?
Оля спроси́ла, _____

Оля: — Понима́ешь, э́то сюрпри́з.
Оля сказа́ла, _____

Дэ́нис: — Это я отли́чно понима́ю. У нас в Аме́рике то́же
лю́бят сюрпри́зы.
Дэ́нис сказа́л, _____

Оля: — Подожди́ у вхо́да в ЗАГС, я дам тебе́ а́дрес.
Оля сказа́ла, _____

Дэ́нис: — Коне́чно, я буду́ ждать о́коло вхо́да.
Дэ́нис сказа́л, _____

4. In pairs, reenact the conversation between Olya and Dennis,
staying as close to the original as possible.

Давайте почитаем

Урок 4
Дни 10/11

I Pre-Reading Exercises

1. Рабóта с корнями (working with roots). Analyze the words below based on the same roots. Try to determine the meaning of the roots.

скáзка	сказáть
отношéние	носи́ть, ношý
путешéствие	путь, шéствовать (to walk)
несмотря́ на	смотрéть
обручи́ться	рукá, рýчка
рассерди́ться	сéрдце
вмéсте	мéсто
согласи́ться, пригласи́ть	гóлос

2. Do you think the following words could be related in English and Russian?

гóрод, огорóд	garden
зóлото, жёлтый	gold
дóчка, дóчь	daughter
жени́ться, женá	genesis, genes, (genitive!)
мéжду	medium, mediator

3. Find the word that does not belong to the group:

   а. истóрия, расскáз, скáзка, передáча, пьéса, ромáн, пóвесть

   б. обручи́ться, жени́ться, подáть заявлéние, разводи́ться, вы́йти зáмуж

   в. рабóта, карьéра, компáния, óфис, правослáвный, рабóчий

4. Find the two words in each group that are not based on the same root. <u>Underline</u> the root in the related words:

   а. конéц, окáнчиваться, в концé, Кончи́та, концéрт, закóнчить, конéчная

   б. росси́йский, Росси́я, рýсский, русофóбия, пáрус (sail), россия́нин, кроссвóрд

   в. трýдный, труди́ться, труд, трýженик, трубá (pipe), трудолюби́вый, страдáние (suffering)

II Reading

Read the text and answer the questions that follow. (It may be helpful to read through the questions *before* reading the text!)

Юнóна и Авóсь

1

*« ... Нет пóвести печáльнее на свéте,
Чем пóвесть о Ромéо и Джульéтте».*

... так закáнчивается пьéса, котóрая считáется однóй из сáмых романти́чных и гру́стных истóрий любви́ в мировóй литерату́ре. Извéстно, что эта истóрия – всегó лишь плод воображéния талáнтливого писáтеля Уи́льяма Шекспи́ра.

Но есть и другáя истóрия – ещё бóлее романти́чная и печáльная, котóрая действи́тельно происходи́ла почти́ 200 лет назáд. Это истóрия любви́ ру́сского морскóго офицéра Николáя Резáнова и Кончи́ты, дéвушки из гóрода Сан-Франци́ско. Об их траги́ческой любви́ рассказáл росси́йский поэ́т Андрéй Вознесéнский в своéй поэ́ме «Авóсь».

Резáнов роди́лся в Смолéнской губéрнии в 1764 году. Егó роди́тели бы́ли небогáтые провинциáльные дворя́не, поэ́тому Резáнов дóлжен был серьёзно ду́мать о своéй карьéре. Как и мнóгие дворя́не в то врéмя, он стал офицéром, но потóм нáчал рабóтать в компáнии, котóрая занимáлась торгóвыми отношéниями мéжду Амéрикой и Росси́ей. И вот, в 1806 году́ Резáнов отпрáвился в Калифóрнию на двух пáрусных корабля́х, котóрые называ́лись «Юнóна» и «Авóсь». Путешéствие бы́ло тру́дным, но в концé концóв Резáнов добрáлся до Сан-Франци́ско.

2

Там, в Сан-Франци́ско, Резáнов познакóмился с Кончи́той – дóчкой губернáтора гóрода. Они́ срáзу полюби́ли друг дру́га и реши́ли пожени́ться. Но роди́тели Кончи́ты бы́ли прóтив их брáка. Во-пéрвых, Кончи́та былá ещё óчень молодá – ей бы́ло тóлько 16 лет, и во-вторы́х, отéц дéвушки не хотéл, чтóбы дочь уéхала в незнакóмую и далёкую Росси́ю. Крóме тогó, Резáнов был правослáвным, а Кончи́та былá из католи́ческой семьи́. Но несмотря́ на все тру́дности, Резáнов и Кончи́та обручи́лись.

Ско́ро росси́йский царь узна́л об их любви́ и рассерди́лся. Он приказа́л Реза́нову верну́ться в Петербу́рг. Реза́нов до́лжен был уе́хать, но он обеща́л Кончи́те сде́лать всё возмо́жное и невозмо́жное, что́бы они́ могли́ быть вме́сте:

Через год мы вернёмся в Росси́ю.
Вспы́хнет зо́лото и карте́чь –
Я заста́влю, чтоб согласи́лись,
Царь мой, Па́па и твой оте́ц!

Он обеща́л ско́ро верну́ться, а Кончи́та обеща́ла ждать, хотя́ они́ о́ба чу́вствовали, что сча́стье о́чень далеко́:

Ты меня́ на рассве́те разбу́дишь,
Проводи́ть, необу́тая, вы́йдешь.
Ты меня́ никогда́ не забу́дешь,
Ты меня́ никогда́ не уви́дишь.

Кончи́та никогда́ бо́льше не уви́дела Реза́нова. Она́ ждала́ его́ всю жизнь – ещё 35 лет, не зна́я о том, что Реза́нова бо́льше нет. Возвраща́ясь в Петербу́рг че́рез сне́жную Сиби́рь, Реза́нов простуди́лся и у́мер в го́роде Красноя́рске. А Кончи́та об э́том так и не узна́ла, она́ ждала́ его́ до конца́ свое́й жи́зни.

В настоя́щее вре́мя э́ту печа́льную исто́рию любви́ мо́жно посмотре́ть и послу́шать в моско́вском теа́тре Ленком. Рок-о́пера «Юно́на и Аво́сь» – одна́ из са́мых популя́рных музыка́льных пьес.

Слова́ к те́ксту

аво́сь (adv.) perhaps
губерна́тор governor
губе́рния province
дворя́не (pl.) gentry
действи́тельно actually, really
карье́ра career
кора́бль ship, па́русный к. = sailing ship
католи́ческий Catholic
мирово́й (adj.) world
молодёжь (f.) youth
морско́й (adj.) of the sea
морско́й офице́р naval officer
небога́тый not wealthy
обеща́ть (impf.) to promise
обручи́ться (pf.) to become engaged (to)
осно́ва base
  не име́ет в свое́й осно́ве похо́жей реа́льной
  исто́рии = it is not based on an actual story
отпра́виться (pf.) to set off for
охарактеризова́ть (pf.) to characterize

па́рус sail
печа́льный sad
плод fruit
плод воображе́ния fruit of the imagination
правосла́вный Russian orthodox
приказа́ть (pf.) to order, command
провинциа́льный provincial
простуди́ться (pf.) to catch cold
пье́са play
разви́тие development
разви́тие торго́вых отноше́ний ме́жду Аме́рикой и
  Росси́ей = the development of trade relations
  between America and Russia
сне́жный snowy
умере́ть (pf.) to die
  он у́мер = he died
фанта́зия fantasy, imagination
чи́стый clean, pure
чи́стая фанта́зия = pure fantasy

В

1. Кто написа́л исто́рию любви́ Роме́о и Джулье́тты?
2. Кака́я э́та исто́рия?
3. О чём расска́зывает исто́рия «Юно́на и Аво́сь»?
4. Где происходи́ла э́та исто́рия?
5. Когда́ она́ произошла́?
6. Что́ вы узна́ли о Никола́е Реза́нове?
7. Куда́ Реза́нов до́лжен был пое́хать? Почему́?
8. Что́ тако́е «Юно́на» и «Аво́сь»?

О

2 часть

1. С кем Реза́нов познако́мился в Сан-Франци́ско?
2. Что́ вы узна́ли об э́той де́вушке?
3. Что́ ду́мали роди́тели де́вушки о её бра́ке с ру́сским офице́ром?
4. Почему́ Реза́нов до́лжен был уе́хать от Кончи́ты?
5. О чём Кончи́та и Реза́нов говори́ли перед отъе́здом?
6. Как Реза́нов е́хал в Петербу́рг?
7. Что́ случи́лось с Реза́новым по доро́ге в Петербу́рг?
8. Ско́лько вре́мени Кончи́та ждала́ Реза́нова?
9. Где мо́жно посмотре́ть рок-о́перу «Юно́на и Аво́сь»?

П

Р

О

С

Ы

III Post-Reading Exercises

1. Combine the following into one sentence, using **кото́рый**.

Реза́нов был ру́сским офице́ром.	**Он** роди́лся в 1764 году́.
	Кончи́та познако́милась **с ним**.
	Ему́ бы́ло 42 го́да, когда́ он познако́мился с Кончи́той.
	Кончи́та полюби́ла **Реза́нова**.
	Царь приказа́л **ему́** верну́ться в Петербу́рг.
	Кончи́та рассказа́ла **о нём** свои́м роди́телям.
	Кончи́та ждала́ **его́** 35 лет.
Ко́нчита – америка́нская де́вушка.	**Она́** жила́ в Сан-Франци́ско с роди́телями.
	Ей бы́ло всего́ 16 лет!
	Реза́нов полюби́л **Кончи́ту**.
	Реза́нов хоте́л жени́ться **на ней**.
	У неё был стро́гий оте́ц.
	Реза́нов обеща́л **ей** верну́ться.
	Реза́нов был гото́в сде́лать всё для **неё**.

2. Answer the following questions, providing support for your answers. Take a few minutes to discuss your opinions in pairs, then share them with the rest of the class.

1. Почему́ пье́са «Ро́мео и Джулье́тта» счита́ется одно́й из са́мых романти́чных и траги́ческих исто́рий любви́ в мирово́й литерату́ре?
2. Заче́м Реза́нов пое́хал в Калифо́рнию?
3. Почему́ роди́тели Кончи́ты бы́ли про́тив их бра́ка?
4. Почему́ Реза́нов до́лжен был верну́ться в Петербу́рг?
5. Почему́ ру́сский царь рассерди́лся, когда́ узна́л о любви́ Реза́нова и Кончи́ты?
6. Почему́ Ко́нчита никогда́ не вы́шла за́муж?

3. a. Read the first verse from the poem by Voznesensky, and try to explain what Rezanov planned to do so he could be with Conchita. What does this tell us about Rezanov?

б. Now read the second verse and try to explain in Russian how the lovers felt before parting.

4. Отве́тьте на вопро́сы:

a. Что вы ду́маете о хара́ктере Кончи́ты?

б. Что́ бы вы сде́лали на ме́сте Кончи́ты? Что́, по-ва́шему, должна́ была́ де́лать Кончи́та?

в. Как вы ду́маете, кака́я исто́рия бо́лее печа́льная – «Ро́мео и Джулье́тта» или «Юно́на и Аво́сь»? Почему́ вы так ду́маете?

ПОВТОРЕНИЕ
ПОВТОРЕНИЕ
ПОВТОРЕНИЕ
ПОВТОРЕНИЕ
ПОВТОРЕНИЕ
ПОВТОРЕНИЕ
ПОВТОРЕНИЕ
ПОВТОРЕНИЕ
ПОВТОРЕНИЕ

ПОВТОРÉНИЕ

STAGE 2

**Урóк 9
День 12**

1. Чтó вы дýмаете о назвáниях эпизóдов в э́том урóке? Они́ вам нрáвятся? Почемý? Каки́е другие назвáния возмóжны?

> **эпизóд 17:** «Всё сáмое вáжное – здесь».

_____

_____

> **эпизóд 18:** «Понимáешь, э́то сюрпри́з!»

_____

_____

2. Play the MEGA-memory game. Create a list of all the items you need for the new apartment in the Russian language dormitory. Do you remember how to play as a class? The first person names an item; the second person repeats what the first person said and adds an item; the third person repeats the first two and adds another; and so on!

3. Act out the following situations based on Episodes 17 and 18:

a. Imagine that you are moving into a new apartment. You will need to furnish the following rooms: спáльня, столóвая, гости́ная, прихóжая и кýхня. First, set the classroom up as a furniture store. A few of you are going to be roommates and will play the shoppers, while the others play salespeople in the store. Be sure to find out where the items come from and how much they cost. Decide what you will buy (you may need to make labels for various items in the room beforehand.) Be sure to tell the salesclerks what you need, using нам нýжен, нужнá, нýжно, нужны́.

б. Now, transform the classroom into the new apartment, and imagine where everything will be placed:

> – Здесь бýдет стоя́ть (лежáть, висéть) …

Do not forget to hang the carpet on the wall and place the шкýра уби́того медвéдя on the floor!

в. Now imagine that the furniture is being delivered. Explain to the members of the delivery crew which room each item goes to and where in the room they should place each thing:

    – Поста́вьте дива́н …
    – Положи́те …
    – Пове́сьте …

4. Now, imagine one of you is having a housewarming party.

a. The rest of the class will tell what they plan to give to the person with the new apartment:

    Я хочу́ подари́ть (кому́? что́?).

б. Now, the person with the new apartment gives his/her wish list of gifts:

    Я хочу́, что́бы Ива́н подари́л (купи́л, дал) мне …

Грамма́тика

1. Asking, "How is *x* ?" and "How is *x* going?", in conversational Russian

In colloquial Russian, **Как + noun** can be used to ask about almost anything, and a simple adverb is an appropriate response:

Как + noun	→	– Как настрое́ние?	How's your mood?
Adverb	→	– Отли́чно!	Great!

Как университе́т?	How are things going at the university?
Как рабо́та?	How is work going?
Как жи́знь?	How is life?
Как твой Дэ́нис?	How is your Dennis doing?

Simple responses:

отли́чно	great
хорошо́	fine
неплохо	not bad
норма́льно	normal
нева́жно	not great
ужа́сно	awful

2. Review the use of the demonstrative pronoun

a. весь/всё/вся/все, used as an adjective meaning, "the whole", or "the entire *x* "

Masculine	Feminine	Neuter	Plural
весь фильм	вся кни́га	всё письмо́	все фи́льмы
весь дом	вся кварти́ра	всё зда́ние	все стра́ны
весь го́род	вся страна́	всё госуда́рство	все лю́ди

For a complete table of all the cases, see Appendix I.

b. Everything vs. everyone in Russian

Recall that **всё** is used in Russian as a neuter singular pronoun to mean, "everything," and **все** is used as a plural pronoun to mean, "everyone."

Все = everyone (pl.)	**Всё** = everything (sing.)
Кто зна́ет об э́том? Об э́том зна́ют все!	**Что́** могло́ случи́ться? Случи́ться могло́ всё!
кто masc. sing. pronoun	**что́** neuter pronoun

3. Clauses of purpose introduced by чтобы

As you have seen in reporting commands, requests, and wishes, Russian uses the conjunction **чтобы** with a verb in the past tense.

> Таня сказала Наташе, чтобы она пила горячий чай с лимоном.

Remember that **чтобы** is also used to introduce subordinate clauses of purpose. Two different grammatical structures are possible:

1. When the subjects of the two clauses are the same, use **чтобы + infinitive**.

> Миша с Таней пришли (, чтобы) посмотреть мебель.
> Misha and Tanya came to look at furniture.

English often uses only an infinitive, but, in Russian **чтобы** is generally not omitted. If "in order to" can be inserted into the English equivalent expression, **чтобы** should be used in Russian.

2. When the subjects of the two clauses are different, use **чтобы + past tense**.

> Миша с Таней пришли, чтобы Сергей показал им мебель.
> Misha and Tanya came (to the store) so that Sergei could show them furniture.

4. Verbs of position and positioning

There are four sets of positional verbs that are very frequently used in both the spoken and written language. The chart below is intended to show the symmetries among forms and functions within this important group.

Stative verbs (All intransitive) **Где?** "to be in a certain position"	Causative verbs (All transitive) **Куда?** "to put into a certain position"
лежа́ть (лежа́-) to be in a lying position	класть (клад-)/положи́ть (положи́-) to put into a lying position
сиде́ть (сиде́-) to be in a sitting position	сажа́ть (сажа́й-)/посади́ть (посади́-) to put into a sitting position (to seat)
стоя́ть (стоя́-) to be in a standing position	ста́вить (ста́ви-)/поста́вить (поста́ви-) to put into a standing position
висе́ть (висе́-) to be in a hanging position	ве́шать (ве́шай-)/пове́сить (пове́си-) to hang up

Note the following features of these special verbs:

- Stative verbs have no perfective aspectual counterparts, because, by definition, they indicate a "state" or process.

- All the stative verbs are second conjugation verbs, with stress on the ending.

- The perfective counterparts of the causative verbs are all prefixed with **по-** and belong to the second conjugation.

- Note that the stative verbs are intransitive verbs used to express *location*, and therefore are often followed by **в** or **на + prepositional case**, or **a + instrumental**. In contrast, the causative verbs are all transitive verbs seen as implying *motion*, and, therefore, are followed by **в, на, за + accusative case**.

Compare the following examples.

Где	Куда́
стои́т, лежи́т, сиди́т, виси́т ..?	ста́вить, класть, ве́шать, сажа́ть ..?
Ла́мпа стои́т на столе́. The lamp is (standing) on the table.	Я ста́влю ла́мпу на стол. I am placing the lamp on the table.
Газе́ты лежа́т на по́лке. The newspapers are lying on the shelf.	Он всегда́ кладёт газе́ты на по́лку. He always puts the newspapers on the shelf.
Карти́на висе́ла на стене́. The painting was hanging on the wall.	Она́ пове́сила карти́ну на сте́ну. She hung the painting on the wall.
Го́сти сиде́ли за столо́м. The guests sat around the table.	Хозя́йка посади́ла госте́й за стол. The hostess seated the guests at the table.

5. Compliments

To say that something looks good on someone, the following construction is used:

> **person (dative) + идёт (иду́т) + article/color that looks nice (or not very good) on them (nominative)**

Оля, тебе́ о́чень идёт но́вая причёска.
Olya, that new haircut really looks good on you.

Вам не о́чень идёт э́то пла́тье.
That dress does not really become you.

Ива́ну э́тот костю́м не о́чень идёт.
That suit does not look very good on Ivan.

Ли́нде о́чень иду́т но́вые очки́.
Linda's glasses look really nice on her.

Вам о́чень идёт кра́сный цвет.
The color red looks very good on you.

Note that the appropriate response to a compliment is simply «Спаси́бо».

6. Unprefixed unidirectional verbs of motion in the past tense

Recall that unidirectional verbs of motion (идти́, е́хать) are used to describe circumstances surrounding the action of the main verb in complex sentences. In all of the examples below, the English "while" or "when on one's way" can be inserted.

Дэ́нис: "Когда́ я е́хал по э́той доро́ге, я ничего́ не знал о Москве́."
Dennis: "When I was riding down this road (last time), I did not know anything about Moscow! " (While I was riding down this road ...)

Analyze the following examples containing unidirectional verbs of motion:

Вчера́ когда́ я шёл (е́хал) в магази́н, я встре́тил дру́га.
Yesterday, when I was on my way to the store, I ran into my friend.

Ка́ждый день, когда́ я шёл (е́хал) в магази́н, я встреча́л дру́га.
Every day, when I would be on my way to the store, I would run into my friend.

Я вспо́мнила о собра́нии, когда́ я е́хала домо́й.
I remembered about the meeting (while I was) on my way home.

Начался́ дождь, когда́ мы шли домо́й по́сле конце́рта.
It started raining when (while) we were on our way home after the concert.

Ми́ша потеря́л па́спорт, когда́ он е́хал домо́й.
Misha lost his passport when (while) he was on his way home.

7. The verb "to fly" лета́ть–лете́ть

The verbs лета́ть (лета́й–)/лете́ть (лете́–) form a multi-directional/uni-directional pair of verbs that functions just like the other pairs: ходи́ть/идти́, е́здить/е́хать. The same rules apply for prefixing and using these verbs. (See Unit 3.) For example, по- can be added to the unidirectional лете́ть to form a perfective verb полете́ть to indicate future direction or the onset or shift of the action. Spatial prefixes (при-, у-, в-, вы-) can be added to the basic multi/unidirectional pair, with the resulting pair

forming a new aspectual pair: **прилета́ть/прилете́ть**. Memorize the basic
conjugations:

Multidirectional лет**а́й**–	Unidirectional лет**е́**–
infinitive: лета́ть	infinitive: лете́ть
non-past: я лета́ю ты лета́ешь он (она́, оно́) лета́ет мы лета́ем вы лета́ете они́ лета́ют	non-past: я лечу́ ты лети́шь он (она́, оно́) лети́т мы лети́м вы лети́те они́ летя́т
imperative: лета́й(те)	imperative: лети́(те)
past: он лета́л она́ лета́ла оно́ лета́ло они́ лета́ли	past: он лете́л она́ лете́ла оно́ лете́ло они́ лете́ли

Слова́рь

Слова́рь Слова́рь Слова́рь Слова́рь Слова́рь Слова́рь Слова́рь Слова́рь

Существи́тельные (Nouns)

богáтство   wealth, riches
бу́дущее   future (neuter adjective that functions as noun)
все (pl.)   everyone (functions as a pl. noun)
всё   everything (functions as a neuter sg. noun)
вход   entrance
  у вхóда   at the entrance
вы́бор   selection, choice
гости́ная   living room
дивáн-кровáть   sleeper couch
дру́жба   friendship
кольцó   ring (pl. кóльца)
комплимéнт   compliment
ку́хня   kitchen (room and furniture sets)
магази́н   store
  автомагази́н   autostore
  кни́жный   bookstore
  мéбельный   furniture
  продуктóвый   grocery

ювели́рный   jewelry
мéбель (f.)   furniture
молодожёны   newlyweds
настроéние   mood
причёска   hairstyle
пылесóс   vacuum cleaner
рейс   flight
  прямóй   direct or non-stop flight
  с пересáдкой   flight with a transfer
спáльня   bedroom, bedroom set
стол (pl. столы́)
  обéденный-стол   dining table
  пи́сьменный стол   desk
столóвая   dining room, dining room set
стул   chair (pl. сту́лья)
тарéлка   dish
ту́мбочка   nightstand, small cabinet
холоди́льник   refrigerator
хрустáль (m.)   crystal
шампáнское   champagne (neuter adjective, used as noun)

Прилагáтельные (Adjectives)

бы́стрый   quick, fast
вáжный   important
извéстный   famous, well-known

настоя́щий   genuine, real
свáдебный   wedding
удóбный   comfortable

Глагóлы (Verbs)

вéшать (вéшай–)/повéсить (повéси–)   to hang
висéть (висé–) (impf.)   to be hanging
выбирáть (выбирáй–)/вы́брать (вы́б/ра̌–)   to choose, to select
дари́ть (дари̌й–)/подари́ть (подари̌–)   to give as a gift
засыпáть (засыпáй–)/засну́ть (засну́–)   to fall asleep
клáсть (клад-́–)/положи́ть (положи̌–)   to place in a lying position
летáть (летáй–) (multidirectional) /летéть (летé–) (unidirectional)   to fly
лежáть (лежá–)   to be lying
надевáть (надевáй–)/надéть (надéн–)   to dress in, to cloth in

обижáться (обижáй–ся)/оби́деться (оби́де–ся) на когó/чтó   to be offended by, to be insulted
переезжáть (переезжáй–)/ переéхать (переéхать, irreg. like éхать)   to move (to a new house, apartment, etc.)
покáзывать (покáзывай–)/показáть (показ̌á–)   to show
привози́ть (привози̌й–)/привезти́ (привёз-́–)   to bring
принадлежáть (принадлежá–) кому́   to belong to somebody
продавáть (продавáй–)/продáть (irreg.)   to sell
рáдоваться (рáдова–ся) /обрáдоваться (обрáдова–ся) чему́   to be happy about something

расстра́иваться (расстра́ивай-ся)
/расстро́иться (расстро́и-ся) to
get upset
серди́ться (серди́-ся)/рассерди́ться
(рассерди́-ся) на что to be/get
angry about
ста́вить (ста́ви-)/поста́вить
/(поста́ви-) куда́ to place in a
standing position

стоя́ть (сто́я-, -жа- verb) to be
standing
удивля́ться (удивля́й-ся)
/удиви́ться (удиви́-ся) чему́ to
be surprised about something
устава́ть (устава́й-)/уста́ть (уста́н-)
(impf.) to get tired; (pf.) used in
past tense to be tired

Глаго́лы
(Verbs — cont'd.)

великоле́пно magnificently
до́лго for a long time
замеча́тельно marvelously
наве́рно probably
надо́лго for a long time
нева́жно not very well
отврати́тельно awfully,
disgustingly, repulsively

отли́чно excellently
почти́ almost
прекра́сно beautifully, wonderfully
удиви́тельно surprisingly
ужа́сно horribly, terribly
чуде́сно wonderfully

Наре́чия
(Adverbs)

Дру́жбу за де́ньги не ку́пишь. You
cannot buy friendship for money.
Как настрое́ние? How is your
mood?
Кошма́р! What a nightmare! How
awful!
Не спра́шивай! Don't ask!
Нет никаки́х пробле́м. There are
no problems whatsoever.

По себесто́имости at cost
Спаси́бо за комплиме́нт. Thanks
for the compliment.
Тебе́ идёт. It suits you.
Ты с ума́ сошёл (сошла́)! You are
crazy! (You have gone out of your
mind)!
Ужас! What a horror! How terrible!

Поле́зные
выраже́ния
(Useful Expressions)

Урок

10

*I*n this lesson you will learn how to:

- express surprise and other different emotions;

- express wishes and preferences;

- discuss clothing and appearances;

- celebrate with friends; and

- make toasts!

Поздравля́ю вас, ребя́та.

1. Ура́!!! Наконе́ц, 20-ое ию́ня! Как вы ду́маете, куда́ обы́чно е́дут молодожёны-москвичи́ по́сле ЗАГСа? ☑

   ❏ к мавзоле́ю Ле́нина
   ❏ к моги́ле Неизве́стного солда́та
   ❏ к моги́ле ба́бушки и де́душки
   ❏ на Покло́нную го́ру*
   ❏ на смотрову́ю площа́дку МГУ
   ❏ на Кра́сную пло́щадь
   ❏ в Кремль
   ❏ к Большо́му теа́тру
   ❏ в Третьяко́вскую галере́ю
   ❏ к па́мятнику Ю́рию Долгору́кому

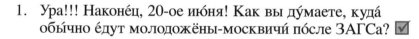

*Покло́нная гора́ - newly built memorial complex in Moscow dedicated to all Russian soldiers who have died in battle.

2. Посмотри́те эпизо́д 19 и скажи́те: ☑

Дэ́нис ждал Та́ню с Ми́шей

- ❑ о́коло их до́ма.
- ❑ о́коло своего́ до́ма.
- ❑ о́коло вхо́да в ЗАГС.

It is customary for newlyweds to ride around the city after registering their marriage in the ЗАГС, visiting monuments, historical places, and other favorite spots.

поцелова́ть кого́ = to kiss someone; поцелова́ться с кем = to kiss each other

Когда́ Та́ня уви́дела Дэ́ниса, она́

- ❑ поцелова́ла его́.
- ❑ не узна́ла его́.
- ❑ не хоте́ла с ним разгова́ривать.

Ми́ша говори́т: «Моя́ жена́ целу́ется с други́м мужчи́ной!»

- ❑ он шу́тит.
- ❑ он ревну́ет (is jealous) Та́ню.
- ❑ он се́рдится на Олю.

Оля сказа́ла, что она́ хоте́ла сде́лать им

- ❑ пода́рок.
- ❑ сюрпри́з.
- ❑ сва́дебный фильм.

Серге́й называ́ет Ми́шу и Та́ню «молодожёны», потому́ что

- ❑ они́ давно́ лю́бят друг дру́га.
- ❑ они́ то́лько что пожени́лись.
- ❑ они́ ещё молоды́е.

Серге́й говори́т «Пое́хали!». По-англи́йски э́то зна́чит:

- ❑ We went.
- ❑ They left.
- ❑ Let's go.

По́сле регистра́ции в ЗАГСе ребя́та

- ❑ сра́зу пое́хали домо́й к Та́не.
- ❑ пое́хали по го́роду.
- ❑ пое́хали в рестора́н.

There are two parts to a Russian wedding: first, the bride and groom register their marriage in the ЗАГС, usually accompanied by two witnesses and only a few close friends; the second, main part of the wedding is the celebration held at home or in a restaurant for family and close friends.

3.  **Кто э́то сказа́л?**

Т = Та́ня   Д = Дэ́нис
М = Ми́ша   С = Серге́й

_____ —Не успе́л я жени́ться, как моя́ жена́ целу́ется с други́м мужчи́ной!

_____ —Ми́ша! Ну как тебе́ не сты́дно! Это же Дэ́нис!

_____ —Это про́сто фанта́стика! А Ольга, коне́чно, зна́ла о том, что ты прие́дешь.

_____ —Я хоте́ла сде́лать вам сюрпри́з.

_____ —Ребя́та, поздравля́ю вас.

_____ —Ну что, молодожёны, гото́вы?

_____ —Пое́хали!

4. Как вы ду́маете, ско́лько вре́мени

продолжа́лась сва́дебная церемо́ния в ЗАГСе?

Дэ́нис е́хал от гости́ницы до ЗАГСа?

Дэ́нис ждал молодожёнов у вхо́да в ЗАГС?

друзья́ е́здили по го́роду?

5. Как вы ду́маете, почему́ ма́ма и па́па не́ были на сва́дебной церемо́нии в ЗАГСе?*

два часа́, часа́ два
пять мину́т, мину́т пять
по́лчаса, где-то по́лчаса

_____

*As a rule, it is not customary for parents to attend the ceremonies at ЗАГС. Instead, they usually wait at home preparing the wedding feast for friends. Parents traditionally greet the newlyweds at the door upon their return with bread and salt–essentials of life.

фоне́тика

Слу́шайте и повторя́йте:

Не успе́ли пожени́ться,
    Как хоти́те разводи́ться!
        Не успе́ли полюби́ть,
            Как хоти́те всё забы́ть.

❖ ❖ ❖

        Не успе́ли пожени́ться,
            Как мой Ми́ша рассерди́лся.
                Не успе́л он рассерди́ться.
                  Как уж хо́чет разводи́ться!

1. а. Что случи́лось?

—. . .Моя́ жена́ целу́ется с други́м мужчи́ной!!!

б. Как вы ду́маете, есть ли у Ми́ши причи́на серди́ться на Та́ню?

2. Ми́ша говори́т: —**Не успе́л я жени́ться, как** моя́ жена́ целу́ется с други́м мужчи́ной!

Ми́ша жени́лся (Which is most accurate?) ☑

❏ сего́дня.
❏ неда́вно.
❏ то́лько что.

то́лько что = just

3. a.   Слу́шайте и повторя́йте. (Pay attention to the use of IC-3 in the first clause and the use of IC-1 at the end of the statement.)

Не успе́ла она́ войти́, как зазвони́л телефо́н.

Не успе́ла она́ войти́ в кабине́т, как зазвони́л телефо́н.

Не успе́ла она́ войти́ в кабине́т дире́ктора, как зазвони́л телефо́н.

Не успе́ла она́ войти́ в кабине́т дире́ктора фи́рмы, как зазвони́л телефо́н.

Не успе́ла она́ войти́ в кабине́т дире́ктора фи́рмы и сказа́ть «до́брое у́тро», как зазвони́л телефо́н.

б.   Не успе́л я съесть макаро́ны, как уже́ принесли́ десе́рт.

Не успе́л я съесть макаро́ны с сы́ром, как уже́ принесли́ десе́рт.

Не успе́л я съесть макаро́ны с сы́ром и с гриба́ми, как уже́ принесли́ десе́рт.

Не успе́л я съесть макаро́ны с сы́ром, с гриба́ми и с помидо́рами, как уже́ принесли́ десе́рт.

Не успе́л я съесть макаро́ны с сы́ром, с гриба́ми и с помидо́рами и вы́пить стака́н воды́, как уже́ принесли́ десе́рт.

4. Try to describe the following situations in one sentence. Pay close attention to intonation!

> Оля то́лько что зако́нчила рабо́ту. Та́ня начала́ расска́зывать о свои́х дела́х.
>
> **Не успе́ла** Оля зако́нчить рабо́ту, **как** Та́ня начала́ расска́зывать о свои́х дела́х.

Ми́ша с Та́ней то́лько что вошли́ в магази́н. Серге́й спроси́л Ми́шу о па́спорте.

Арка́дий то́лько что дал Ми́ше телефо́н Поли́ны. Ми́ша его́ потеря́л.

Саве́льев то́лько что вы́шел из поликли́ники покури́ть. Ми́ша позвони́л ему́.

Дэ́нис то́лько что поздоро́вался с молодожёнами. Та́ня поцелова́ла его́.

Та́ня то́лько что поцелова́ла Дэ́ниса. Ми́ша «рассерди́лся» и «оби́делся».

Та́ня то́лько что прие́хала с мо́ря. Тепе́рь она́ е́дет в командиро́вку в Смоле́нск.

5. а. Что́ Та́ня говори́т Ми́ше?
    Почему́ ему́ должно́
    быть сты́дно?

—Ми́ша! Как тебе́ не сты́дно! Это же Дэ́нис!!

    б. Как вы ду́маете, Ми́ше сты́дно?
    А ему́ должно́ бы́ть сты́дно?

6. Как тебе́ не сты́дно! = Я ду́маю, что тебе́ должно́ быть о́чень сты́дно!

   Как тебе́ не одино́ко! = Я ду́маю, что тебе́ должно́ быть о́чень одино́ко!

   Как тебе́ не хо́лодно! = Я ду́маю, что тебе́ должно́ быть о́чень хо́лодно!

Choose an appropriate adverb, and use it as in the example:

—Закро́й окно́! Как тебе́ не хо́лодно (cold)! Это же не ле́то!
—Мне не хо́лодно: я из Новосиби́рска.

кому́	хо́лодно = cold
	жа́рко = hot
	тру́дно = difficult
	ску́чно = bored
	одино́ко = lonely
	проти́вно = disgusting

1. —Ива́н ещё не жени́лся?
   —Да нет ещё. . .
   —_____ (lonely)! У него́ до́ма да́же ко́шки нет!

2. —У нас нет маши́ны. Я е́зжу на авто́бусе. Магази́ны, проду́кты, кни́ги. . .
   —Ужас! _____ (difficult)! И проду́кты, и кни́ги!!

3. —Стра́нный челове́к э́тот Ива́н!
   —Почему́ стра́нный?
   —Нигде́ не рабо́тает, никуда́ не е́здит, ниче́м не интересу́ется. . .
   —_____ (bored)! Не понима́ю!

4. —До́ктор Саве́льев! Не кури́те, пожа́луйста! _____ (disgusting)! Фу!
   —Мне нра́вится. . .

5. —На у́лице плюс 30! А она́ наде́ла э́тот сви́тер!
   —Да, _____ (hot)!

фонéтика

Слýшайте и повторя́йте:

Вот э́то кварти́ра!   Вот э́то — кварти́ра,
Вот э́то карти́на!   А э́то — карти́на.
Кварти́ра, карти́на!   Вот э́то кварти́ра, а э́то карти́на.
Ах, как всё краси́во!

Вот э́то кассéта!   Вот э́то — кассéта,
Вот э́то газéта!   А э́то — газéта.
Кассéта, газéта!   Вот э́то кассéта, а э́то газéта.
Ах, как интерéсно!

Вот э́то капýста!   Вот э́то — капýста,
Кака́я капýста!   И э́то капýста.
Капýста, капýста!   Вот э́то капýста и э́то капýста.
Ах, как э́то вкýсно!

1. а. О каком сюрпри́зе говори́т
       Ми́ша?

—Вот э́то сюрпри́з!!!

   б. Как вы дýмаете, кака́я
       была́ реа́кция у Ми́ши, когда́
       он уви́дел Дэ́ниса?

2. а. Ана́лиз: Слу́шайте и повторя́йте, анализи́руйте интона́цию:

to identify	to express a positive reaction
Вот э́то – кни́га. А э́то журна́л.	Вот э́то кни́га! Обяза́тельно прочита́й её.
Вот э́то – компью́тер. А э́то при́нтер.	Вот э́то компью́тер! 150 гигаба́йт па́мяти!
Вот э́то – пальто́. А э́то ку́ртка.	Вот э́то пальто́! Где ты его́ купи́ла?!
Вот э́то – матрёшки. А э́то балала́йка.	Вот э́то матрёшки! Каки́е краси́вые!

б. Прочита́йте фра́зы. (Note that these statements express the speaker's attitude toward the noun, not an identification.)

Вот э́то иде́я! Молоде́ц, Серге́й!

Вот э́то но́вость! Я так ра́да!

Вот э́то о́тдых! Со́лнце, мо́ре, па́льмы. . .

Вот э́то ско́рость!   200 киломе́тров в час!!!

Вот э́то регистра́ция! Как бы́стро рабо́тают в ЗАГСе!

в. Как вы ду́маете, кто э́то мог сказа́ть?

ско́рость = speed

3. Как вы ду́маете, что́ они́ сказа́ли бы (pay attention to intonation IC-5 that has two intonational centers):

Если бы Ми́ша уви́дел огро́мную краси́вую **соба́ку**.

—Вот э́то соба́ка!

a. Если бы Васи́лию с Людми́лой ужа́сно понра́вилась Олина **програ́мма** «До 16-и и ста́рше».

б. Если бы Ми́ше ужа́сно понра́вилось Та́нино сва́дебное **пла́тье**.

в. Если бы Юра попро́бовал о́чень вку́сный **борщ** (кото́рый приготро́вила Ка́тя!).

г. Если бы па́па реши́л, что у ма́мы великоле́пная **иде́я**.

д. Если бы Та́ня вдруг узна́ла стра́шно интере́сную **но́вость.**

e. Если бы Поли́не о́чень понра́вился **отве́т** студе́нта.

ж. Если бы Серге́й уви́дел на у́лице после́днюю моде́ль «**Кадилла́ка**» и́ли «**По́рше**».

з. Если бы Юра расска́зывал друзья́м о чуде́сной **сестре́** Серге́я.

и. Если бы Ми́ша расска́зывал Та́не о том, как он па́рился в **ба́не** в суббо́ту с друзья́ми.

4. **А ВЫ:**
Provide a positive evaluation of different objects and people you see around you, such as clothing, books, jewelry, backpacks, and food.

5. Spend a few minutes preparing contexts for the following statements. Provide continuations (contexts), as in Ex. 3 & 4. Do not forget to use the proper intonation (for identification, use IC-3/1 and for evaluation, use IC-5). Read your sentences and their continuations out loud for the entire class. What punctuation would you use: an exclamation mark or a period?

Вот э́то студе́нтка __	Вот э́то му́зыка __
Вот э́то любо́вь __	Вот э́то пельме́ни __
Вот э́то музе́й __	Вот э́то жи́знь __
Вот э́то рабо́та __	Вот э́то кварти́ра __
Вот э́то пого́да __	Вот э́то ро́зы __

6. Почему́ Оля не предупреди́ла Ми́шу и Та́ню о Дэ́нисе?

предупреди́ть кого́ о чём = to warn someone about something

—Олька! Ну почему́ ты ничего́ не сказа́ла?!
—Я хоте́ла сде́лать вам сюрпри́з.

7. а.   Дава́йте вспо́мним.

> Ми́ша хоте́л сде́лать предложе́ние Та́не. А Та́ня?
> Та́ня то́же хоте́ла, что́бы Ми́ша сде́лал ей предложе́ние.

Серге́й хоте́л пригласи́ть друзе́й в ба́ню. А друзья́?
Ми́ша и Арка́дий хоте́ли сде́лать объявле́ние по телеви́зору. А Серге́й?
Дэ́нис хо́чет прие́хать в Москву́ к Оле. А Оля?
Ка́тя хо́чет пойти́ с Саве́льевым на сва́дьбу. А Саве́льев?
Оля хо́чет позвони́ть Дэ́нису в Аме́рику. А ма́ма?

б.   Дава́йте вспо́мним. (Provide continuations as in the model. Pay attention to the use of verbal aspect after negation.)

> Та́ня **хоте́ла отдохну́ть** на мо́ре одна́. А Ми́ша?
> А Ми́ша **не хоте́л, что́бы Та́ня отдыха́ла** на мо́ре одна́.

Ми́ша с Та́ней хотя́т зарегистри́ровать брак побыстре́е. А Светла́на Ви́кторовна? (Do you remember who she is?)
В Смоле́нске Та́ня хо́чет спроси́ть ба́бушку, где гости́ница. А ба́бушка?
Ми́ша хо́чет жени́ться в 24 го́да. А Саве́льев?
Саве́льев хо́чет закури́ть в ко́мнате. А Ка́тя?
Та́ня хо́чет рассказа́ть о па́спорте роди́телям. А Ми́ша?

Слу́шайте и повторя́йте:

Он говори́т, он говори́т
О том, что у него́ боли́т.
О том, что у него́ бронхи́т
О том, что он давно́ не спит.

Она́ сказа́ла нам вчера́
О том, что за́втракать пора́.
О том, что у́жинать пора́
О том, что спать давно́ пора́.

1. а. **О чём** зна́ла Оля?

—Ольга, коне́чно, зна́ла
о том, что Дэ́нис прие́дет!

   б. А кто ещё знал о то́м,
   что Дэ́нис прие́дет?

2. а. О чём зна́ла Оля?

> **о чём?**
> Оля зна́ла **о прие́зде** Дэ́ниса.
> Olya knew about Dennis's arrival.
>
> **о чём?**
> Оля зна́ла **о том, что** Дэ́нис прие́дет.
> Olya knew that Dennis would arrive.

   б. Слу́шайте и повторя́йте:

Дэ́нис зна́л о сва́дьбе.
О чём? Дэ́нис знал **о то́м, что** бу́дет сва́дьба.

Та́ня сказа́ла роди́телям о предложе́нии.
О чём? Та́ня сказа́ла роди́телям **о то́м, что** Ми́ша
сде́лал ей предложе́ние.

После бани Миша рассказал друзьям о паспорте.
О чём? После бани Миша рассказал друзьям **о том, что** он потерял паспорт.

Таня и Миша мечтают о новой квартире.
О чём? Таня и Миша мечтают **о том, что** они будут жить в новой квартире.

3. О чём пишут газеты и журналы?

Премьера спектакля

Завтра в 19 часов в Театре Маяковского

состоится премьера спектакля по роману Андрея Белого «Петербург». В главной роли - молодой артист Аркадий Леонов.

Экспедиция на Марс

В октябре будущего года состоится третья межпланетная экспедиция на «красную планету». На космическом корабле «Вояджер» полетят четыре космонавта.

Школьная проблема в Африке

Более 40 миллионов детей школьного возраста в странах Африки южнее Сахары не ходят в школы. А в школах также есть много проблем. Во-первых, там часто нет воды и туалетов. Во-вторых, не хватает учебников. А в-третьих, учителя недостаточно компетентны.

4. Вы, наверное, смотрите новости по телевизору или слушаете радио в машине. Скажите, о чём вы узнали (услышали) сегодня (вчера, в субботу)?

Три дня назад я услышала по радио **о том, что** в августе бензин (gasoline) будет дороже на 50 центов! Кошмар!

5. a. Как они выглядят? **В чём** они?

кто	в чём
Миша	в белой футболке.
Таня	в синих шортах.
Сергей	в чёрном костюме.

По-мо́ему, . . .
Мне ка́жется, . . .

б. Скажи́те, в чём они́?

Ми́ша	в бе́лом сва́дебном пла́тье.
Та́ня	в све́тлом пиджаке́ и в тёмных брю́ках.
Поли́на	в голубо́й руба́шке с га́лстуком.
Серге́й	в дли́нном си́нем пла́тье.
Саве́льев	в руба́шке с коро́ткими рукава́ми.

в. А в чём Арка́дий и Ка́тя?

6. а. Как вы ду́маете, кто вы́глядит лу́чше всех? Почему́ вы так ду́маете?

б. Что ду́мают на́ши геро́и друг о дру́ге:

Кто краси́вее всех?
Кто умне́е всех?
Кто са́мый неорганизо́ванный челове́к?
Кто са́мый весёлый?

Ми́ша ду́мает, что Та́ня краси́вее всех!

7. а. Как одева́ются на америка́нской сва́дьбе? В чём обы́чно быва́ют жени́х, неве́ста и го́сти?

Обы́чно жени́х быва́ет в. . . .(чём)

б. Have you ever seen someone dressed non-traditionally for a wedding? Tell about it. What were they wearing? Where was the wedding held? Who was getting married?

8. Imagine that you have arrived in Moscow and have been asked by your American teacher to pass on a small gift to his/her Muscovite friends. Call the number you were given and arrange to meet the person at a certain time and at a certain metro station. (See metro map on page 171.) You will need to describe yourself and what you are wearing, since the two of you have never met before.

ЭПИЗОД 20

Горько... Горько! Горько!

1. Как ру́сские отмеча́ют сва́дьбу? ☑

   ❏ Они́ сидя́т все вме́сте за одни́м больши́м столо́м, едя́т, пьют и пою́т пе́сни.
   ❏ Они́ стоя́т в ма́леньких гру́ппах, пьют и разгова́ривают о пого́де, соба́ках и маши́нах.
   ❏ Они́ сидя́т за ра́зными ма́ленькими стола́ми в большо́й ко́мнате и слу́шают Чайко́вского.

2. Как вы ду́маете, что́ уме́стно (appropriate) за ру́сским сва́дебным столо́м? Вы́берите все вариа́нты: ☑

   ❏ пить «Пе́пси»
   ❏ гро́мко крича́ть
   ❏ говори́ть то́сты
   ❏ расска́зывать о свои́х пробле́мах
   ❏ ссо́риться
   ❏ бить друг дру́га берёзовыми ве́никами
   ❏ петь ру́сские наро́дные пе́сни
   ❏ мно́го есть и пить
   ❏ класть друг дру́гу еду́ на таре́лки
   ❏ целова́ться
   ❏ игра́ть в ша́хматы

класть/положи́ть что куда́ = to place/put something somewhere

соста́вить | меню́
спи́сок

3. По́мните ли вы, како́е меню́ соста́вили на сва́дьбу?
   Как вы ду́маете, каки́е блю́да пригото́вили?
   Кто бу́дет на сва́дьбе?

4. Посмотри́те эпизо́д 20 и скажи́те: ☑

   Го́сти прие́хали домо́й, и они́
   ❏ танцу́ют вальс.
   ❏ садя́тся за стол.
   ❏ гото́вят обе́д.

   Го́сти говоря́т, что
   ❏ стол о́чень краси́вый.
   ❏ стол о́чень дорого́й.
   ❏ стол о́чень ма́ленький.

   Па́па про́сит ма́му положи́ть ему́
   ❏ ры́бу.
   ❏ сала́т с кра́бами.
   ❏ солёный огуре́ц.

   Саве́льев лю́бит сала́т, потому́ что
   ❏ там витами́ны.
   ❏ сала́т о́чень вку́сный.
   ❏ он на дие́те.

   Поли́на лю́бит
   ❏ кра́сную ры́бу.
   ❏ бе́лую ры́бу.
   ❏ чёрную икру́.

   Дэ́нис
   ❏ лю́бит сала́т с кра́бами.
   ❏ не хо́чет сала́т с кра́бами.
   ❏ лю́бит Олю.

выпить за кого́/что = to
   drink to someone/
   something

   Серге́й предлага́ет вы́пить
   ❏ за молоды́х.
   ❏ за роди́телей.
   ❏ за би́знес.

   Все крича́т:
   ❏ «Во́д-ка! Во́д-ка!»
   ❏ «Го́рь-ко! Го́рь-ко!»
   ❏ «Ско́ль-ко! Ско́ль-ко!»

го́рько = bitter

5. Кто э́то сказа́л?

Т = Та́ня п = па́па П = Поли́на
М = Ми́ша С = Саве́льев Н = Ната́ша
ММ = ма́ма К = Ка́тя Д = Дэ́нис
Ми́ши А = Арка́дий О = Оле́г

STAGE 2

угоща́ть/угости́ть кого́? = to treat someone to Угоща́йтесь! = a polite way to tell guests to begin eating; Please, help yourselves!

_____ — Пожа́луйста, го́сти дороги́е, угоща́йтесь! Вот сала́ты, мя́со, о́вощи, огурцы́, икра́, ры́ба. Прошу́ вас, бу́дьте как до́ма.

_____ — Како́й прекра́сный стол! Как краси́во.

_____ — Хва́тит. Спаси́бо, мать. И солёный огу́рчик положи́, пожа́луйста.

_____ — Коне́чно, и побо́льше. Там витами́ны. Я тебе́ как врач говорю́.

_____ — Поли́на, вам положи́ть ры́бу?

_____ — Кра́сную.

_____ — Дэ́нис, ты бу́дешь сала́т с кра́бами?

_____ — Я не о́чень люблю́ кра́бы. Но. . . гуля́ть, так гуля́ть.

_____ — Ти́хо, тихо! Тамада́ говори́т – все молча́т!

_____ — Шампа́нское не сла́дкое!

_____ — Го́рько! Ужа́сно го́рько!

6. Fill in the blanks from Sergei's toast:

Серге́й: Дороги́е _____ и хозя́ева. Сего́дня осо́беный день. Сего́дня у нас большо́й, нет, _____ пра́здник. Та́ня и Ми́ша ста́ли _____ и жено́й. Ну и, коне́чно, для всех нас их сва́дьба не _____. Мы зна́ли, что сто лет они́ _____ друг дру́га. Дава́йте вы́пьем за то́, чтобы э́та _____ была́ дру́жной, кре́пкой, бога́той, гостеприи́мной. Жела́ем вам _____, ребя́та. За молоды́х!

7. А вы по́няли, почему́ на сва́дьбе всегда́ крича́т «го́рько!»?

фоне́тика

Слу́шайте и повторя́йте:

Неуже́ли, неуже́ли
Ты рабо́тал две неде́ли?!
Неуже́ли ты опя́ть
Бу́дешь ру́сский изуча́ть?!

Неуже́ли, неуже́ли
Вы на по́езд не успе́ли?!
Неуже́ли вы пото́м
Пи́ли ко́фе с молоко́м?!

1. а. Почему́ Оле́г
удиви́лся?

Ната́ша: —Како́й прекра́сный
стол! Как краси́во!
Оле́г: —Неуже́ли всё са́ми
гото́вили?

б. Кто пригото́вил э́тот прекра́сный стол?

2. а. Express your surprise using **неуже́ли**:

> Дэ́нис **прие́хал** в Москву́.
> —А ты зна́ешь о то́м, что Дэ́нис **прие́хал** в Москву́?
> —Пра́вда? Не мо́жет быть! **Неуже́ли прие́хал**?
> —Да. Предста́вь себе́.

Ми́ша с Та́ней наконе́ц **пожени́лись.**
Саве́льев **пригласи́л** Ка́тю на сва́дьбу.
Та́ня **поцелова́ла** Дэ́ниса.
Ми́ша **не рассерди́лся** на Та́ню.
Арка́дий и Поли́на наконе́ц **встре́тились.**
Ми́ша **нашёл** свой па́спорт.
Саве́льев **бро́сил** кури́ть.

Предста́вь себе́! =
Imagine that!

наконе́ц = finally

б. А тепéрь вы. Расскажи́те друг дру́гу нóвость и удиви́тесь.

3. Скажи́те, ктó-нибу́дь помогáл им?

роди́тели, **готóвить** прáздничный стол

—Кто помогáл роди́телям готóвить прáздничный стол?
—Никтó. **Они́ всё сáми готóвили.**
—**Неужéли?!**
—Да, представь себé.

он сам
онá самá
они́ сáми

Тáня, снимáть фильм в Смолéнске
Кáтя, готóвить обéд и бáню
Людми́ла Пушкарёва, откры́ть свою́ фи́рму
Сергéй, начáть свой би́знес
Савéльев, брóсить кури́ть

4. а. Чтó предлагáет Аркáдий?

Аркáдий: —Поли́на, **вам положи́ть ры́бу**?
Поли́на: —Да, спаси́бо.

б. Imagine yourselves at such a feast. Offer each other various tasty dishes/drinks. (First, determine whether you will address each other formally (вы) or informally (ты).)

5. Now, expand your dialogues as follows. Pay attention to the intonational patterns used in the questions.

а. салáт из крáбов/салáт Оливьé

—Дэ́нис, тебé положи́ть салáт?

—Да, спаси́бо. И побóльше!

—Ты бу́дешь какóй салáт: из крáбов и́ли Оливьé?

—Из крáбов, пожáлуйста.

крáсная икрá/чёрная икрá
бéлая ры́ба (sturgeon)/крáсная ры́ба (salmon)
салáт из крáбов/салáт из огурцóв и помидóров
копчёная колбасá (salami)/варёная колбасá (bologna)
салáт Оливьé/зелёный салáт
салáт из свёклы/салáт из моркóви
солёный огурéц/солёный помидóр

б. Что́ вам нали́ть?

—Ю́ра, что́ вам нали́ть?

—Во́дку, пожа́луйста.

—Каку́ю? «Столи́чную»?

—Нет, «Сиби́рскую».

кра́сное вино́/бе́лое вино́
сухо́е шампа́нское/сла́дкое шампа́нское
во́дка «Кремлёвская»/во́дка «Ру́сская»
пи́во «Столи́чное»/пи́во «Ги́несс»
апельси́новый сок/виногра́дный сок

6. Often, Russians tell jokes while gathered around a festive table. Some are funnier than others. Read the jokes below. Do you think they are funny?

Стук в дверь.
—Кто там?
—Открыва́йте! Мили́ция!
—А никого́ нет до́ма.
—А кто говори́т?
—Говори́т Москва́! Моско́вское вре́мя 9 часо́в. . .*

старушка = ста́рая
же́нщина

Стару́шка прихо́дит в конди́терскую и говори́т:
—Да́йте мне, пожа́луйста, одну́ ири́ску (tootsie roll).
—То́лько одну́? Почему́ так ма́ло?
—Эх, гуля́ть так гуля́ть! Дава́йте две ири́ски!

Немолодо́й мужчи́на прихо́дит в бар и спра́шивает барме́на:
—Ско́лько сто́ит ка́пля (a drop) во́дки?
—Ниско́лько. . .
—Ну, нака́пайте (drip) мне стака́н.

7. Can you think of any simple jokes you could tell in Russian?

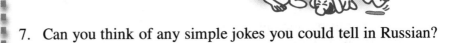

_____

*This is how time is announced on the radio.

Практика

Слушайте и повторяйте:

У меня́ до́ма сего́дня нет хле́ба,
И э́то больша́я, больша́я проблема!
Зато́ у меня́ до́ма есть колбаса́
И я уже́ ем её полчаса́.

фоне́тика

Тру́дно есть колбасу́ без хле́ба
Колбаса́ без хле́ба – больша́я проблема!
И магази́н сего́дня закры́т!
Зато́ у меня́ живо́т не боли́т.

1. а. Дэ́нис хо́чет сала́т с кра́бами?

—Дэ́нис, ты бу́дешь сала́т
 с кра́бами?
—Я не о́чень люблю́ кра́бы.
 Но. . . гуля́ть так гуля́ть!

б. Как вы ду́маете, почему́ Дэ́нис реши́л
попро́бовать э́тот сала́т?

По-мо́ему, . . .
Мне ка́жется, . . .
Я ду́маю, что . . .

2. а. Дэ́нис не о́чень лю́бит кра́бы, **но** бу́дет сала́т
с кра́бами.
=
Хотя́ Дэ́нис не о́чень лю́бит кра́бы, он бу́дет
сала́т с кра́бами.

б. А тепе́рь попро́буйте вы са́ми.

> Та́ня поцелова́ла Дэ́ниса, **но** Ми́ша не рассерди́лся на неё.
> **Хотя́** Та́ня поцелова́ла Дэ́ниса, Ми́ша не рассерди́лся на неё.

а. Дэ́нис был о́чень за́нят в Вашингто́не, но он прие́хал на сва́дьбу.

б. Ка́те нра́вится Саве́льев, но ей не нра́вится, что он ку́рит.

в. Арка́дий не опозда́л на по́езд, но он не купи́л биле́т.

г. Серге́й живёт в Москве́, но он был в Большо́м теа́тре то́лько два ра́за.

д. Васи́лий хоте́л узна́ть, о чём бу́дет Та́нин фильм, но Та́ня не откры́ла свой секре́т.

е. На у́лице отли́чная пого́да, но Ната́ша сиди́т до́ма с температу́рой.

ж. Поли́на ча́сто смо́трит переда́чу «До 16-ти и ста́рше», но она́ не ви́дела объявле́ние Арка́дия.

з. Оле нра́вится рабо́тать на телеви́дении, но она́ не о́чень лю́бит е́здить в командиро́вки.

3. а. У ва́шего дру́га плоха́я но́вость. Бу́дьте оптими́стом:

> —Фильм ску́чный. (му́зыка неплоха́я)
> —**Зато́** му́зыка неплоха́я.

зато́ but at least (concession)
хотя́ although (lack of something)

1. —Кошма́р! Де́нег нет ни копе́йки! (друзья́ есть)
   — . . .

2. —Экза́мен не сда́л(а́)! Э́то коне́ц. . . (пого́да отли́чная)
   — . . .

3. —Маши́на слома́лась! Что́ де́лать? (велосипе́д есть)
   — . . .

4. —Представля́ешь, я потеря́л(а) ключ. (па́спорт нашёл/ нашла́)
   — . . .

5. —Катастро́фа!!! У меня́ нет рабо́ты! (свобо́дное вре́мя есть)
   — . . .

б. Now, try to combine the two statements into one:

Хотя́ фильм ску́чный, **зато́** му́зыка неплоха́я.

4. Прочита́йте диало́ги и скажи́те о чём они́ разгова́ривают. (Provide two possible responses: a. using **зато́** and б. using **хотя́**.)

—Дава́йте ку́пим чёрную икру́.
—Чёрную? По-мо́ему, чёрная – сли́шком дорога́я.
—Но она́ така́я вку́сная!

а. Икра́ дорога́я, **зато́** вку́сная.

б. Икра́ вку́сная, **хотя́ и** дорога́я.

here, **и** is used for emphasis

1. —Мне ка́жется, что Ольга сли́шком молода́, что́бы вести́ э́ту переда́чу.
    —Э́то пра́вда. Ей то́лько 27 лет. Но она́ о́чень о́пытная. (experienced)
    —Да? Вы так ду́маете?

    а) _____

    б) _____

2. —Ваш друг неорганизо́ванный челове́к!
    —Извини́те его́. Он у нас изве́стный арти́ст!
    —Э́то меня́ не интересу́ет! И арти́ст до́лжен покупа́ть биле́ты.

    а) _____

    б) _____

3. —Серёжа, э́тот* твой друг Саве́льев ужа́сно мно́го ку́рит. Как парово́з!
    —Ка́тя, неуже́ли э́то так ва́жно? Он о́чень до́брый челове́к, врач, лю́бит цветы́.

    а) _____

    б) _____

кури́ть как парово́з = smoke like a chimney (lit., a steam engine!)

---

*Note how этот is used here colloquially to indicate the speaker's negative attitude toward Saveliev: "That friend of yours, Saveliev."

5. Составьте диалоги:

> быть (Москва́, Ита́лия)
>
> —**Хотя́ я уже́** был(а́) в Москве́, я ещё не́ был(а́)
>   в Ита́лии.
> —Да! Но **зато́** ты была́ в Москве́! А я нигде́ не́ был(а́)!

> чита́ть (Пу́шкин, Толсто́й)
> отдыха́ть (ле́том, в январе́)
> познако́миться (Ивано́в, Петро́в)
> купи́ть (дива́н-крова́ть, пи́сьменный стол)
> е́здить (Кита́й, Япо́ния)

6. Describe your family members and friends to one another,
   indicating their shortcomings and positive traits, using **хотя́** and
   з**ато́**. You may make use of the following:

Shortcomings	Positive Traits
лени́вый	у́мный
нео́пытный	до́брый
несерьёзный	симпати́чный
неорганизо́ванный	ве́жливый
болтли́вый	забо́тливый (considerate)
не́рвный	споко́йный

> Хотя́ мой брат неорганизо́ванный,
> зато́ он о́чень до́брый.

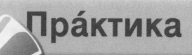

Слу́шайте и повторя́йте:

Дава́йте вы́пьем за Ми́шу!

Дава́йте вы́пьем за Та́ню!

За то, что́бы молодожёны

Друг дру́га всегда́ понима́ли!

Дава́йте вы́пьем за па́пу!

Дава́йте вы́пьем за ма́му!

Дава́йте вы́пьем за Олю!

За Олину телепрогра́мму!

1. а. О како́м пра́зднике говори́т Серге́й?

—Дороги́е го́сти и хозя́ева! Сего́дня у нас огро́мный пра́здник. . .

б. Скажи́те, кто на э́той сва́дьбе – го́сти, а кто – хозя́ева?

хозя́ин + хозя́йка =
  хозя́ева (pl. nom.)
  host/hostess

2. а. Как вы ду́маете, в како́й ситуа́ции мо́жно нача́ть тост так:

—Дороги́е друзья́!
—Уважа́емые да́мы и господа́!
—Ребя́та! (mixed, or all male, company)
—Девчо́нки!

господи́н–господа́ (pl.)
  = gentleman

свáдьба
юбилéй
рождéние ребёнка
Нóвый год
8-óе мáрта
новосéлье
день рождéния

б. Как вы дýмаете, на какóм прáзднике мóжно э́то услы́шать:

—Сегóдня Мúша и Тáня стáли мýжем и женóй.

—Сегóдня мы поздравля́ем нáших жéнщин с э́тим прекрáсным весéнним прáздником!

—Сегóдня Сергéю исполня́ется 29 лет.

—25 лет назáд онú стáли мýжем и женóй.

—Вчерá наш Ивáн стал пáпой.

—Сегóдня мы в пéрвый раз собралúсь в э́той замечáтельной квартúре.

—Сегóдня – послéдний день 2001 гóда!

тамадá = someone who proposes toasts and entertains the guests around the table.

3. а. **За когó** предлагáет вы́пить тамадá?

—Давáйте вы́пьем **за тó, чтóбы** э́та семья́ былá дрýжной, крéпкой, богáтой и гостеприúмной. **За молоды́х!**

б. За что Сергéй предлагáет вы́пить?

4. а. **За чтó** и **за когó** вы предлóжите вы́пить в э́тих ситуáциях:

> чтóбы э́та семья́ былá дрýжной и гостеприúмной, Мúша и Тáня
>
> —Давáйте вы́пьем **за тó, чтóбы** э́та семья́ былá дрýжной и гостеприúмной. **За Мúшу и Тáню! Урá!**

Урá! = Hooray!

чтóбы Натáша сдáл(á) все экзáмены
чтóбы командирóвка в Смолéнск былá успéшной, Тáня
чтóбы Юра брóсил курúть и нáчал нóвую жизнь
чтóбы Оля с Дэ́нисом моглú встречáться почáще
чтóбы у Мúши нé было бóльше проблéм с пáспортом
чтóбы Аркáдий всегдá был организóванным
чтóбы Натáша бóльше не болéла

б. А за чтó/за когó вы хотúте вы́пить? (Propose toasts to one another and the teacher. Be sure to address the group, and feel free to imagine various settings – you are with friends, coworkers, very important people at a social event such as the Oscars. Use your imagination!)

5. a. Прочита́йте э́тот стра́нный тост Ми́ши:

    —Дороги́е друзья́! Дорого́й наш Серге́й! Я хочу́
    вы́пить за то́, что́бы ты у́мер. . .

        . . .И что́бы тебя́ похорони́ли в гробу́. . .
        . . .кото́рый бу́дет сде́лан из столе́тнего ду́ба,
          кото́рый ещё не посади́ли!
        За Серге́я!

бу́дет сде́лан из + gen.
  = will be made of

    б. Скажи́те, за что́ Ми́ша хо́чет вы́пить?

        ❏ за то́, что́бы Серге́й у́мер и его́ похорони́ли.
        ❏ за то́, что́бы Серге́й посади́л столе́тний дуб.
        ❏ за то́, что́бы Серге́й жил сто лет (т.е. до́лго).

    в. Как вы ду́маете, на како́м пра́зднике мо́жно услы́шать
    э́тот тост? Вам понра́вился э́тот тост?

6. Hold a class contest for the best toasts – the wittiest, funniest,
longest, shortest, silliest, etc. Take a few minutes to prepare
your toasts, then propose them to the whole class!

Each toast should:

  ✅ Address those present.
  ✅ State the occasion.
  ✅ Propose what you wish to toast (за то́, что́бы).
  ✅ Name the person you are toasting (за кого́).
  ✅ УРА!!!

—Го́рько, ужа́сно
  го́рько!

ви́део обзо́р

Уро́к 10
День 9

1. Посмотри́те **эпизо́д 19**: «Поздравля́ю вас, ребя́та!» и переда́йте, что они́ сказа́ли, спроси́ли и отве́тили. (In your reported speech, be sure to include who is being asked and told.)

Ми́ша: Не успе́л я жени́ться, как моя́ жена́ целу́ется с други́м мужчи́ной!
Ми́ша сказа́л, _____

Та́ня: Ми́ша, ну как тебе́ не сты́дно, э́то же Дэ́нис!
Та́ня сказа́ла, _____

Ми́ша: Здо́рово! Вот э́то сюрпри́з.
Ми́ша сказа́л, _____

Ми́ша: Это про́сто фанта́стика! А Ольга, коне́чно, зна́ла, о том, что ты прие́дешь.
Ми́ша сказа́л, _____

Та́ня: Олька, ну почему́ ты мне ничего́ не сказа́ла?
Та́ня спроси́ла, _____

Оля: Я хоте́ла сде́лать вам сюрпри́з.
Оля сказа́ла, _____

2. Your classmate missed class and did not see Episode 19. As a group, recount for him/her the basic content of this episode. First, describe the scene, including where the action is taking place, what they are doing there, etc. Then, tell about everyone's reactions to the surprise arrival.

3. Посмотри́те **эпизо́д 20**: «Горько!. . . Го́рько!» и переда́йте, что они́ сказа́ли, спроси́ли и отве́тили.

Ната́ша: Како́й прекра́сный стол! Как краси́во!
Ната́ша сказа́ла, _____

Арка́дий: Поли́на, вам положи́ть ры́бу?
Арка́дий спроси́л, _____

Арка́дий: Вам кра́сную или бе́лую?
Арка́дий спроси́л, _____

Поли́на: Кра́сную.
Поли́на сказа́ла, _____

Оля: Дэ́нис, ты бу́дешь сала́т с кра́бами?
Оля спроси́ла, _____

Дэ́нис: Я не о́чень люблю́ кра́бы. Но . . . гуля́ть, так гуля́ть.
Дэ́нис сказа́л, _____

Оля: Кто ещё хо́чет сала́т с кра́бами?
Оля спроси́ла, _____

Та́ня: Я! Я люблю́ сала́т с кра́бами. Это ма́ма гото́вила!
Та́ня сказа́ла, _____

Па́па: Шампа́нское не сла́дкое!
Па́па сказа́л, _____

4. Now, recount the events and conversations of our final episode!
What toast did Sergei propose? What toast might others around
the table have proposed? What toast would you have proposed?

Я бы сказа́л(а)…
Я бы вы́пил(а́) за…
Я бы предложи́л(а) вы́пить за…

Давайте почитаем

I Pre-Reading Exercises

1. Match the following words based on the same root. Circle the root. Can you guess at the meaning of the root?

спеши́ть	бога́тый
роди́тели	сиде́ть
дере́вня	(день) рожде́ния
Бо́же!	продолжа́ть
жени́х	иностра́нец
сосе́д	ме́сто
поме́щик	продолжа́ть
до́лго	жена́
стра́нно	пешко́м

2. Can you provide antonyms in Russian for the following?

молодо́й	_____	откры́та	_____
прие́хать во́время	_____	несча́стный	_____
же́нщина	_____	не име́ю наде́жды	_____
бога́тый	_____	до́брая	_____
легко́	_____		

3. Can you provide other ways of saying the same thing in Russian?

1. Она́ была́ влюблена́ в офице́ра.
2. Она́ не подава́ла никому́ наде́жды.
3. Бурми́н молча́л.
4. Она́ прие́хала во́время.
5. Влади́мир потеря́л доро́гу.
6. Не зна́ю, уви́жусь ли я с ней.
7. Но его́ там не́ было.
8. Наконе́ц произошло́ объясне́ние.
9. Я не име́ю наде́жды найти́ её.

4. Which words in the following groups are not based on the same root?

а. влюблена́, люби́мый, любопы́тный, бле́дный, трудолюби́вый, любо́й
б. нера́вный, ро́вно, сра́внивать, парово́з, у́ровень, воро́на
в. жить, жизнь, живо́т, ждал, живо́й
г. вспомина́ла, па́мять, по́мнить, понима́ть, па́мятник

5. Which words do not belong to the group? Why?

a. нра́виться, интересова́ть, познако́миться, влюби́ться, занима́ться, увлека́ться
б. чу́вство, эмо́ция, мысль, пробле́ма, настрое́ние, но́вость
в. мете́ль, зима́, снег, ве́тер, хо́лод, на́сморк

II Reading

Read the text, and answer the questions that follow. (It may be helpful to read through the questions **before** reading the text!)

Мете́ль

по расска́зу А.С. Пу́шкина

ALEKSANDR SERGEEVICH PUSHKIN
(1799—1837)

is considered to be the father of the Russian literary language and the greatest national poet in Russian history. He is famous for both his poetry and prose, including many short stories, like the one below. In this story we read about a Russian wedding that took place long ago and far away. Can you find any similarities between this one and Misha and Tanya's? ■

1

В одно́й дере́вне в семье́ поме́щика жила́ 17-ле́тняя де́вушка, кото́рую зва́ли Ма́рья Гаври́ловна. Бо́льше всего́ она́ люби́ла чита́ть францу́зские рома́ны. Она́ мечта́ла, что в её жи́зни бу́дут любо́вь и страда́ния, кото́рые, как в рома́нах, сча́стливо око́нчатся. И, коне́чно, как герои́ни её люби́мых книг, она́ была́ влюблена́. Люби́ла она́ бе́дного арме́йского офице́ра Влади́мира. Он то́же люби́л Ма́рью Гаври́ловну, но её роди́тели бы́ли про́тив нера́вного бра́ка. И тогда́ молоды́е лю́ди, кото́рые не могли́ жи́ть друг без дру́га, реши́ли та́йно пожени́ться. Они́ ду́мали, что пото́м бро́сятся к нога́м роди́телей, кото́рые, коне́чно, простя́т их.

В день, когда́ Ма́рья Гаври́ловна реши́ла бежа́ть из до́ма, на у́лице была́ мете́ль, кото́рая не помеша́ла, одна́ко, де́вушке прие́хать во́время в це́рковь, где Влади́мир до́лжен был жда́ть её. Но его́ там не́ было. В темноте́, в мете́ли Влади́мир потеря́л доро́гу. Ма́рья Гаври́ловна, кото́рая ждала́ его́ в це́ркви почти́ всю ночь, верну́лась домо́й. Бо́льше она́ никогда́ не вспомина́ла о своём женихе́. Влади́мир уе́хал в а́рмию и че́рез не́сколько ме́сяцев поги́б.

2

Прошло 3 года. Женихов у богатой и милой Марьи Гавриловны было много, но она никому не подавала надежды. Всё изменилось, когда познакомилась Марья Гавриловна с офицером Бурминым. Это был молодой человек из тех, которые легко нравятся женщинам. Понравился он и Марье Гавриловне. Он, казалось, тоже полюбил девушку. Но почему он ничего не говорил о своём чувстве? Уже соседи решали, когда будет свадьба, а Бурмин молчал. Наконец произошло объяснение. . .

—Я вас люблю, - сказал Бурмин. —Но мне надо открыть вам ужасную тайну. . . Добрая, милая Марья Гавриловна, я знаю, я чувствую, что вы были бы моей женой, но я несчастный человек. Я женат. Я женат уже четвёртый год, но я не знаю, кто моя жена, где она и увижусь ли я с ней когда-нибудь!

—Что вы говорите! - воскликнула Марья Гавриловна. — Как это странно! Продолжайте, я расскажу после, продолжайте.

3

—В начале 1812 года, - сказал Бурмин, — я спешил в Вильну, в которой находился наш полк. Вдруг началась ужасная метель. Но я поехал. Метель продолжалась. В метели я потерял дорогу и приехал в незнакомую деревню. Церковь в деревне была открыта. «Сюда! Сюда!» - закричало несколько человек. — «Где ты был так долго?» - сказал мне кто-то. —Поп не знает, что делать. Мы готовы были ехать назад. Скорей!» Я вошёл в церковь. Было полутемно. Ко мне подошёл поп. — «Можно начинать?» - спросил он. — «Начинайте», —ответил я и встал рядом с девушкой. Нас обвенчали.

«Поцелуйтесь!» - сказали нам. И тут впервые девушка посмотрела на меня. Я хотел поцеловать её. Она закричала: «Ай, не он! Не он!». И упала без памяти. Все испуганно на меня посмотрели. Я вышел из церкви.

—Боже мой! - закричала Марья Гавриловна. — И вы не знаете, что случилось с вашей бедной женой?

—Не знаю, –ответил Бурмин, — не знаю, как называется деревня, в которой я венчался. Не помню, с какой станции уехал. Я не имею надежды найти ту, над которой я пошутил так жестоко.

—Боже мой! - сказала Марья Гавриловна. —Так это были вы! И вы не узнаёте меня?

—Бурмин побледнел. . . и бросился к её ногам.

Слова́ к те́ксту

армéйский (adj.) army
брóситься (pf.) to throw oneself (куда́)
венчáться (impf.) to get married (said of a church ceremony)
влюбленá (fem. short-form adj.) in love
вóвремя on time
восклѝкнуть (pf.) to exclaim
геройня heroine
дерéвня village
жестóко cruelly
закричáть (pf.) to shout out
измени́ться to change (Всё измени́лось. = Everything changed.)
испýганно frightened
метéль (f.) blizzard
молчáть (impf.) to be silent
нерáвный unequal, uneven
нерáвный брáк unequal marriage
несчáстный miserable, unfortunate, unhappy
обвенчáть (pf.) to wed
   (нас обвенчáли = we were wed)
офицéр officer
побледнéть (pf.) to grow pale
погѝбнуть (pf.) to perish (past tense = он погѝб)

подавáть надéжду (impf.) to give hope
   не подавáла надéжды she did not give any hope
полк regiment
полутемнó semi-dark
помéщик landowner
поп priest
пошутѝть to joke
пошутѝть над кем (pf.) to play a joke or prank on someone
продолжáть (impf.) to continue
Продолжáйте. Continue, go on.
произойтѝ (pf.) to take place, to occur (past tense = произошлó объяснéние)
спешѝть (impf.) to hurry
страдáние suffering
счáстливо happily
счáстливо окóнчатся will end happily
тáйна secret
тáйно secretly
темнотá darkness
упáсть (pf.) to fall
   онá упáла без пáмяти = she fainted/fell unconscious
цéрковь (f.) church

1 часть

В О П Р О С

1. Где жилá Мáрья Гаврѝловна?
2. В какóй семьé онá родилáсь?
3. Скóлько ей бы́ло лет?
4. Чем онá занимáлась в свобóдное врéмя?
5. О чём онá мечтáла?
6. В когó онá былá влюблена́?
7. Чтó дýмали её роди́тели об э́той любвѝ?
8. Почемý роди́тели бы́ли прóтив э́того брáка?
9. Как Мáрья Гаври́ловна и Влади́мир хотéли реши́ть э́ту проблéму?
10. Где Мáрья Гаври́ловна должнá былá встрéтиться с Влади́миром?
11. Почемý Влади́мир не пришёл?
12. Дóлго ли Мáрья Гаври́ловна ждалá своегó женихá?
13. Чтó случи́лось с Влади́миром потóм?

2 часть

О С Ы

1. Скóлько лет бы́ло Мáрье Гаври́ловне, когдá онá встрéтила Бурминá?
2. Кто такóй Бурми́н?
3. Чтó они́ чýвствовали друг к дрýгу?
4. О чём говори́ли сосéди Мáрьи Гаври́ловны?
5. Почемý тáйна Бурминá «ужáсная»?
6. Скóлько врéмени у Бурминá былá «ужáсная тáйна»?
7. Чтó он знáет о своéй женé?
8. Как Мáрья Гаври́ловна реаги́ровала на «ужáсную тáйну»?

В О П Р О С Ы

3 часть

1. Когда́ случи́лась исто́рия, кото́рую рассказа́л Бурми́н?
2. Куда́ и зачём он éхал?
3. Кака́я пого́да была́ на у́лице?
4. Что́ случи́лось с Бурмины́м во вре́мя мете́ли?
5. Куда́ он прие́хал?
6. Почему́ он зашёл в це́рковь?
7. Почему́ никто́ не заме́тил, что э́то был Бурми́н, а не Влади́мир?
8. Почему́ его́ пригласи́ли в це́рковь?
9. Что́ случи́лось в це́ркви?
10. Почему́ Бурми́н никогда́ бо́льше не ви́дел э́ту де́вушку?
11. Кто была́ э́та де́вушка?
12. Как реаги́ровал Бурми́н на но́вость?

III Post-Reading Exercises

1. Расскажи́те:

   а. о хара́ктере 17-ле́тней Ма́рьи Гаври́ловны.
   б. о пе́рвой любви́ Ма́рьи Гаври́ловны к Влади́миру и об их та́йном реше́нии.
   в. о том, как они́ не пожени́лись.
   г. о Ма́рье Гаври́ловне че́рез 3 го́да.
   д. об «ужа́сной та́йне» Бурмина́.
   е. о счастли́вом конце́.

2. Как вы ду́маете?

   а. Почему́ Ма́рья Гаври́ловна полюби́ла офице́ра Влади́мира?
   в. Почему́ по́сле «э́той но́чи» Ма́рья Гаври́ловна бо́льше никогда́ не вспомина́ла о Влади́мире?
   в. Почему́ Бурми́н нра́вился мно́гим же́нщинам?
   г. Почему́ Бурми́н так «жесто́ко поступи́л» с бе́дной де́вушкой в це́ркви?
   д. Како́е могло́ бы́ть продолже́ние э́той исто́рии?

3. Recall how Burmin began his explanation to Marya Gavrilovna: «Мне на́до откры́ть Вам ужа́сную та́йну. . .». How do you think these other "explanations" might have begun?

   а. Ма́рья Гаври́ловна со свои́ми роди́телями.
   б. Поп с роди́телями Ма́рьи Гаври́ловны.

4. Скажи́те, что́ они́ ду́мали, когда́. . .?

   а. Ма́рья Гаври́ловна, пока́ ждала́ Влади́мира в це́ркви.
   б. Влади́мир, когда́ потеря́л доро́гу в мете́ли.
   в. Бурми́н, когда́ вошёл в це́рковь.
   г. Поп, когда по́нял, что Бурми́н – э́то «не он».
   д. Ма́рья Гаври́ловна, когда́ поняла́, кто тако́й Бурми́н.
   е. Бурми́н, когда́ бро́сился к нога́м Ма́рьи Гаври́ловны.
   ж. Сосе́ди Ма́рьи Гаври́ловны, пока́ жда́ли её сва́дьбу с Бурмины́м.

ПОВТОРЕНИЕ
ПОВТОРЕНИЕ
ПОВТОРЕНИЕ
ПОВТОРЕНИЕ
ПОВТОРЕНИЕ

STAGE 2

ПОВТОРЕ́НИЕ

ПОВТОРЕНИЕ
ПОВТОРЕНИЕ
ПОВТОРЕНИЕ
ПОВТОРЕНИЕ

Уро́к 10
День 12

1. Что́ вы ду́маете о назва́ниях эпизо́дов в э́том уро́ке? Они́ вам нра́вятся? Каки́е други́е назва́ния возмо́жны?

эпизо́д 19:
«Поздравля́ю вас, ребя́та!»

эпизо́д 20:
«Го́рько! Го́рько!»

_____   _____

_____   _____

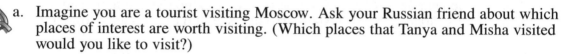

2. Act out the following situations, based on Episodes 19 and 20:

   a. Imagine you are a tourist visiting Moscow. Ask your Russian friend about which places of interest are worth visiting. (Which places that Tanya and Misha visited would you like to visit?)

   б. Each of you assumes the role of one person at the wedding. Arrange the festive table, and act out the scene. Pretend there is a feast before your eyes. Provide your reactions to the various dishes, and discuss what each of you would like to eat and drink. Be sure to raise toasts to the guests of honor, and to other people, such as mama, papa, Sergei, Olya, and Dennis), as you wish!

   Do not forget that Russians often sing when they gather on special occasions, so feel free to raise your voices as well as your glasses!

Дава́йте поговори́м об э́том видеофи́льме:

Скажи́те: Како́й геро́й вам понра́вился бо́льше всех?
        Почему́? Како́й у него́/у неё хара́ктер, кака́я вне́шность?
        Како́й геро́й вам понра́вился ме́ньше всех? Почему́?
        Како́й ваш люби́мый эпизо́д фи́льма? Почему́ он вам понра́вился?
        Кака́я ситуа́ция была́
                —са́мая смешна́я?
                —са́мая романти́чная?
                —са́мая гру́стная?
                —са́мая неинтере́сная (ску́чная)?
                —са́мая весёлая?
                —са́мая «ру́сская»?
                —са́мая «америка́нская»?
                —са́мая . . . ?

Грамма́тика

1. The expression: "I barely managed to do *x*, when *x* happened!"

Memorize the following construction:

> Не успе́л(а, и) я + perfective infinitive, **как** past tense verb (*x* happened).

—Не успе́ла она́ войти́ в ко́мнату, как зазвони́л телефо́н.
She had barely entered the room when the phone rang.

2. The impersonal construction, Как тебе́ не. . . !

Study the very common impersonal construction using the dative case for the logical subject and an adverb that expresses surprise and/or judgment:

Как тебе́ не сты́дно! = Я ду́маю, что тебе́ должно́ быть о́чень сты́дно.
Как ему́ не одино́ко! = Я ду́маю, что ему́ должно́ быть о́чень одино́ко.
Как им не хо́лодно! = Я ду́маю, что им должно́ быть о́чень хо́лодно.

3. Review of чтобы to express wishes

Recall the use of **что́бы** to indicate that one person wishes for another to do something. **Что́бы** is always followed by the past tense.

Та́ня хоте́ла, что́бы Ми́ша сде́лал ей предложе́ние.
Tanya wanted Misha to propose to her.

Серге́й хоте́л, что́бы друзья́ пое́хали на да́чу.
Sergei wanted his friends to go to the dacha.

Note that when **хоте́ть** is negated–when the main subject does not want something to happen–the imperfective is usually used:

Ми́ша не хоте́л, что́бы Та́ня отдыха́ла на мо́ре одна́.
Misha did not want Tanya to vacation at the sea alone.

Ка́тя не хоте́ла, что́бы Саве́льев кури́л в кварти́ре.
Katya did not want Saveliev to smoke in the apartment.

4. For a review of the use of the conjunction, о том, что, see Урóк 6: Грамма́тика #7.

5. Describing clothing and personal appearance

A. Expressions for describing clothing

To describe what someone is wearing, use the following construction:

> person being described + быть + в + clothing (prepositional)

Ми́ша был в све́тлом пиджаке́.
Misha was wearing a light-colored jacket.

Поли́на была́ в дли́нном си́нем пла́тье.
Polina was in (was wearing) a long blue dress.

— Ты не зна́ешь кто э́та же́нщина в си́нем пла́тье?
— В си́нем пла́тье? Нет, не зна́ю.
— Do you know who that woman in the blue suit is?
— In the blue suit? No, I do not know.

— В чём ты пойдёшь на ве́чер?
— Я, наве́рное, пойду́ в моём люби́мом костю́ме.
— What are you going to wear to the party?
— I will probably wear my favorite suit.

Expressions with the verbs **ходи́ть** and **носи́ть** can be used to indicate that someone regularly wears a given article or kind of clothing.

носи́ть что (accusative)
Она́ всегда́ но́сит кроссо́вки.
She always wears sneakers.

Он всегда́ но́сит очки́.
He always wears glasses.

ходи́ть в чём (prepositional)
Студе́нты здесь всегда́ хо́дят в джи́нсах и ма́йках.
Students here always wear jeans and t-shirts.

B. Describing physical traits and features: У кого́ что...

Recall the use of the following construction to describe physical traits and features:

у + **person** being described (genitive) + **attribute** (nominative)

У ма́мы зелёные глаза́ и краси́вая улы́бка.
Mother has green eyes and a beautiful smile.

У сестры́ ры́жие во́лосы и чёрные глаза́.
My sister has red hair and dark eyes.

У моего́ бра́та дли́нные све́тлые во́лосы.
My brother has long, light hair.

У ма́льчика симпати́чное лицо́.
The little boy has a cute face.

6. The emphatic pronoun сам

The emphatic pronoun **сам** (oneself, itself) is used to emphasize the noun or pronoun it modifies. Note that it must agree in number, gender, and case with its head word.

		Masc.	Neuter	Fem.	Plural
Nom.		сам	само́	сама́	са́ми
Accus.	(inanimate)	сам	само́	саму́	са́ми
	(animate)	самого́	самого́	——	сами́х
Gen.		самого́	самого́	само́й	сами́х
Prep.		само́м	само́м	само́й	сами́х
Dat.		самому́	самому́	само́й	сами́м
Instr.		сами́м	сами́м	само́й	сами́ми

Роди́тели всё са́ми пригото́вили.
The parents made everything themselves.

Ми́ша сам э́то сде́лает.
Misha will do that himself.

Мы са́ми ку́пим все проду́кты на сва́дьбу.
We will buy all the groceries for the wedding ourselves.

Note that, in English the emphatic pronoun usually occurs at the end of the sentence, but in Russian it most commonly occurs immediately after the noun or pronoun it modifies. Also, it may help to note that **сам** follows the stress pattern of the pronouns **он, она́, оно́ and они́,** with the only exception being that the nominative/accusative inanimate plural forms are stressed on the root **са́ми.**

7. Proposing toasts

To propose a toast, **за** + accusative is used:

> Дава́йте вы́пьем за Ми́шу и Та́ню!
> Let's drink to Misha and Tanya!

> Дава́йте вы́пьем за мир и дру́жбу!
> Let's drink to peace and friendship!

When the object/wish of the toast is not a noun, then **за то́, что́бы + past tense** is used, as in Sergei's toast:

> Дава́йте вы́пьем **за то́, что́бы** э́та семья́ **была́** дру́жной и гостеприи́мной. **За Ми́шу и Та́ню!**
> Here's wishing that this family will be friendly and full of hospitality. To Tanya and Misha.

Here are some other examples:

> Дава́йте вы́пьем за то́, что́бы Та́ня сдала́ все экза́мены.
> Here's to Tanya passing all her exams!

> Дава́йте вы́пьем за то́, что́бы Юра бро́сил кури́ть и на́чал но́вую жизнь!
> Here's to Yura quitting smoking and starting a new life!

> Дава́йте вы́пьем за то́, что́бы у Ми́ши не́ было бо́льше проблéм с па́спортом.
> Here's hoping that Misha does not have any more problems with his passport!

Существи́тельные (Nouns)

витами́ны vitamins
дие́та diet
  быть на дие́те be on a diet
костю́м suit
кра́бы crabs (used in plural in Russian)
новосе́лье housewarming party
пла́тье dress
прие́зд arrival
руба́шка shirt
рукава́ (pl.) sleeves
  руба́шка с коро́ткими рукава́ми a short-sleeved shirt
ры́ба fish

кра́сная ры́ба salmon
бе́лая ры́ба (usually) sturgeon
сала́т salad (с чем)
  сала́т с кра́бами crab salad
свёкла beets
селёдка herring
сюрпри́з surprise
тамада́ toast-master
хозя́ева (pl.) hosts
хозя́ин host
хозя́йка hostess
церемо́ния ceremony
шо́рты shorts
юбиле́й anniversary

Прилага́тельные (Adjectives)

бога́тый wealthy
болтли́вый talkative
вку́сный tasty, delicious
гостеприи́мный hospitable
дру́жный friendly
забо́тливый considerate, caring
кре́пкий strong
лени́вый lazy

нео́пытный inexperienced
о́пытный experienced
осо́бенный special
симпати́чный cute, nice-looking, nice
споко́йный calm, tranquil
сухо́й dry
сухо́е вино́ dry wine

Глаго́лы (Verbs)

выпива́ть (выпива́й–)/вы́пить (вы́пь/й–) за кого́/что; за то́, что́бы to drink to, to raise a toast to
гуля́ть (гуля́й–) (impf.) to party (colloquial)
жела́ть (жела́й–) (impf.) кому́ чего́ to wish sombody something
жела́ем вам сча́стья we wish you happiness
налива́ть (налива́й–)/нали́ть (наль/й–) что куда́ to pour
ожида́ть (ожида́й–) (impf.) to expect, to anticipate
передава́ть (передава́й–)/переда́ть (irreg. like дать) to pass (at the table)

поздравля́ть (поздравля́й–) /поздра́вить (поздра́ви–) кого́ to congratulate (someone)
приве́тствовать (приве́тствова–) (impf.) to greet
ревнова́ть (ревнова́–) к кому́ (impf.) to be jealous (of someone)
сади́ться (сади́—ся)/сесть (irreg.) куда́ to sit down
успева́ть (успева́й–)/успе́ть (успе́й–) to manage to do something
целова́ться (целова́–ся) /поцелова́ться (поцелова́–ся) с кем to kiss (one another)
шути́ть (шути́–)/пошути́ть (пошути́–) to joke

Наре́чия (Adverbs)

одино́ко lonely
проти́вно disgusting

сты́дно ashamed
хотя́ even though, although

Поле́зные выраже́ния (Useful Expressions)

Го́рько, го́рько! Bitter, bitter! (This is said at weddings, the idea being that things — perhaps the шампа́нское – are a bit sour and must be sweetened up, in response to which the bride and groom are supposed to kiss.)

Как тебе́ не сты́дно. You should be ashamed! (Aren't you ashamed?)
Кака́я пре́лесть! How lovely!
Неуже́ли? Really? Is it possible?
Пое́хали! Let's go!
Угоща́йтесь. Help yourself.
Это про́сто фанта́стика! This is just fantastic!

Appendices

THE RUSSIAN ALPHABET

Cyrillic Letter	Name of Letter	Cyrillic Letter	Name of Letter
А а *Аа*	a	П п *Пп*	pe
Б б *Бб*	be	Р р *Рр*	er
В в *Вв*	ve	С с *Сс*	es
Г г *Гг*	ge	Т т *Тт*	te
Д д *Дд*	de	У у *Уу*	u
Е е *Ее*	ye	Ф ф *Фф*	ef
Ё ё *Ёё*	yo	Х х *Хх*	kha
Ж ж *Жж*	zhe	Ц ц *Цц*	tse
З з *Зз*	ze	Ч ч *Чч*	che
И и *Ии*	i	Ш ш *Шш*	sha
Й й *Йй*	i kratkoye (short i)	Щ щ *Щщ*	shcha
К к *Кк*	ka	Ъ *ъ*	tvyordiy znak (hard sign)
Л л *Лл*	el	Ы *ы*	yeri
М м *Мм*	em	Ь *ь*	myagkiy znak (soft sign)
Н н *Нн*	en	Э э *Ээ*	e oborotnoye (reversed e)
О о *Оо*	o	Ю ю *Юю*	yu
		Я я *Яя*	ya

Appendix I
Summary of Noun, Pronoun and Adjective Declensions

A. Nouns

Singular

		1st Declension						2nd Declension			3rd Declension
Nom.	ø	студéнт	музéй	словáрь	–o	окнó	здáние	–a	газéта	лаборатóрия	ø	ночь
*Accus.	Nom./Gen.	студéнта	музéй	словáрь	–o	окнó	здáние	–u	газéту	лаборатóрию	ø	ночь
Gen.	–a	студéнта	музéя	словаря́	–a	окнá	здáния	–i	газéты	лаборатóрии	–'i	нóчи
Prep.	–'e	студéнте	музéе	словарé	–'e	окнé	здáнии	–'e	газéте	лаборатóрии	–'i	нóчи
Dat.	–u	студéнту	музéю	словарю́	–u	окну́	здáнию	–'e	газéте	лаборатóрии	–'i	нóчи
Instr.	–om	студéнтом	музéем	словарём	–om	окнóм	здáнием	–oj	газéтой	лаборатóрией	–'ju	нóчью

Plural

		1st Declension					2nd Declension		3rd Declension
Nom.	–i/–a	студéнты	музéи	словари́	óкна	здáния	газéты	лаборатóрии	нóчи
Accus.	as Nom. or Gen.	студéнтов	музéи	словари́	óкна	здáния	газéты	лаборатóрии	нóчи
Gen.	ø/–ov/–ej	студéнтов	музéев	словарéй	óкон	здáний	газéт	лаборатóрий	ночéй
Prep.	–ax	студéнтах	музéях	словаря́х	óкнах	здáниях	газéтах	лаборатóриях	ночáх
Dat.	–am	студéнтам	музéям	словаря́м	óкнам	здáниям	газéтам	лаборатóриям	ночáм
Instr.	–am'i	студéнтами	музéями	словаря́ми	óкнами	здáниями	газéтами	лаборатóриями	ночáми

B. Pronouns

Personal Pronouns

Nom.	я	ты	он/онó	онá	мы	вы	онú
Accus.	меня́	тебя́	егó	её	нас	вас	их
Gen.	меня́	тебя́	егó	её	нас	вас	их
Prep.	обо мне	о тебé	о нём	о ней	о нас	о вас	о них
Dat.	мне	тебé	емý	ей	нам	вам	им
Instr.	мнóй	тобóй	им	ей	нáми	вáми	úми

Interrogative Pronouns

Nom.	кто	чтó
Accus.	когó	чтó
Gen.	когó	чегó
Prep.	о ком	о чём
Dat.	комý	чемý
Instr.	кем	чем

*Accusative is identical to the Nominative for inanimate nouns; to the Genitive for animate nouns.

Appendix I / Summary of Noun, Pronoun and Adjective Declensions (cont'd)

Demonstrative and Possessive Pronouns

Masculine and Neuter

		этот это	мой моё	наш наше	чей чьё	весь всё	тот то
Nom.	ø/–o	этот это	мой моё	наш наше	чей чьё	весь всё	тот то
Accus.	ø/–o	этот это	мой моё	наш наше	чей чьё	весь всё	тот то
Gen.	–ogo	этого	моего	нашего	чьего	всего	того
Prep.	–om	этом	моём	нашем	чьём	всём	том
Dat.	–omu	этому	моему	нашему	чьему	всему	тому
Instr.	–im	этим	моим	нашим	чьим	всем	тем

Feminine

		эта	моя	наша	чья	вся	та
Nom.	–a	эта	моя	наша	чья	вся	та
Accus.	–u	эту	мою	нашу	чью	всю	ту
Gen.	–oj/–ej	этой	моей	нашей	чьей	всей	той
Prep.	–oj/–ej	этой	моей	нашей	чьей	всей	той
Dat.	–oj/–ej	этой	моей	нашей	чьей	всей	той
Instr.	–oj/–ej	этой	моей	нашей	чьей	всей	той

Plural

		эти	мои	наши	чьи	все	те
Nom.	–i	эти	мои	наши	чьи	все	те
Accus.	–i	эти	мои	наши	чьи	все	те
Gen.	–ix	этих	моих	наших	чьих	всех	тех
Prep.	–ix	этих	моих	наших	чьих	всех	тех
Dat.	–im	этим	моим	нашим	чьим	всем	тем
Instr.	–im'i	этими	моими	нашими	чьими	всеми	теми

C. Adjectives

	Stem-Stressed						Ending-Stressed		
	Masculine/Neuter	Feminine	Plural	Masculine/Neuter	Feminine	Plural	Masculine/Neuter	Feminine	Plural
Nom.	но́вый но́вое	но́вая	но́вые	си́ний си́нее	си́няя	си́ние	молодо́й молодо́е	молода́я	молоды́е
Accus.	но́вый но́вое	но́вую	но́вые	си́ний си́нее	си́нюю	си́ние	молодо́й молодо́е	молоду́ю	молоды́е
Gen.	но́вого	но́вой	но́вых	си́него	си́ней	си́них	молодо́го	молодо́й	молоды́х
Prep.	но́вом	но́вой	но́вых	си́нем	си́ней	си́них	молодо́м	молодо́й	молоды́х
Dat.	но́вому	но́вой	но́вым	си́нему	си́ней	си́ним	молодо́му	молодо́й	молоды́м
Instr.	но́вым	но́вой	но́выми	си́ним	си́ней	си́ними	молоды́м	молодо́й	молоды́ми

Appendix II
Special Spelling Rules

After к, г, х and ш, ж, ч, щ only и is written (never ы).

After к, г, х and ш, ж, ч, щ, ц only а and у are written (never я and ю).

After ш, ж, ч, щ, ц in the endings of nouns and adjectives the letter o may be written only of stressed; otherwise e should be used.

Appendix III
Declensions of Third-Declension Nouns with an -ep- Infix, Neuter Nouns in –мя, and Irregular Plurals брáтья, мужья́, сыновья́, друзья́, гра́ждане

Sing.	мать (f.)	дочь (f.)	вре́мя (n.)	и́мя (n.)
Nom.	мать	дочь	вре́мя	и́мя
Accus.	мать	дочь	вре́мя	и́мя
Gen.	ма́тери	до́чери	вре́мени	и́мени
Prep.	ма́тери	до́чери	вре́мени	и́мени
Dat.	ма́тери	до́чери	вре́мени	и́мени
Instr.	ма́терью	до́черью	вре́менем	и́менем

Plural				
Nom.	ма́тери	до́чери	времена́	имена́
Accus.	матере́й	до́чери	времена́	имена́
Gen.	матере́й	дочере́й	времён	имён
Prep.	матеря́х	дочеря́х	времена́х	имена́х
Dat.	матеря́м	дочеря́м	времена́м	имена́м
Instru.	матеря́ми	дочерьми́	времена́ми	имена́ми

Irregular plurals (singular is indicated in parentheses)

Plural	бра́тья(брат)	друзья́ (друг)	мужья́ (муж)	сыновья́ (сын)	гра́ждане (граждани́н)
Nom.	бра́тья	друзья́	мужья́	сыновья́	гра́ждане
Accus.	бра́тьев	друзе́й	муже́й	сынове́й	гра́ждан
Gen.	бра́тьев	друзе́й	муже́й	сынове́й	гра́ждан
Prep.	бра́тьях	друзья́х	мужья́х	сыновья́х	гра́жданах
Dat.	бра́тьям	друзья́м	мужья́м	сыновья́м	гра́жданам
Instru.	бра́тьями	друзья́ми	мужья́ми	сыновья́ми	гра́жданами

469

Appendix IV
Nouns Used with the Preposition На.
Prepositional Case in -ý.

A. ***На nouns* in Russian.** A group of Russian nouns occurs in the prepositional case only with the preposition **на** when location is to be designated. For these nouns, the preposition **на** is the only means of expressing "in", "at" and "on".

This group includes the main directions of the compass, islands, open spaces, events and activities and other nouns which must be memorized. Here is a partial list which includes those "на-nouns" used in this book.

на базаре
на балете
на берегу
на бирже
на бульваре
на вокзале
на войне
на выставке

на заводе
на консультации
на концерте
на корте
на курсах
на лекции
на море (at the seahore)
на мосту
на озере
на опере
на остановке
на острове
на площади
на почте
на практике
на приёме
на проспекте
на работе
на ремонте
на рынке
на собрании
на спектакле
на стадионе
на станции
на стоянке
на углу (on the corner)
на улице
на уроке
на фабрике
на факультете
на экскурсии
на ярмарке

Certain geographical places:

на Кавказе
на Урале
на Украйне
на Аляске
на Гавайских островах

на востоке
на западе
на севере
на юге

Remember that when used with nouns that usually take **в** to indicate location, **на** retains its literal meaning of "on the surface of", "on top of".

B. *Prepositional case in -ý.* When used with a spatial or temporal meaning, a few masculine nouns (mostly monosyllabic) take the ending -ý instead of the regular prepositional case ending. (Note that the ending -ý is always stressed in such cases.) Among such nouns are the following:

в аэропорту
на берегу
в глазу
в году
в Крыму
в лесу
на мосту
в носу
на полу
в саду
на углу (on the corner)
в углу (in the corner)
в шкафу

Remember, this -ý is used when referring to location (or time) only. The regular -e prepositional ending is also possible (and the only correct one) when not referring to location, for example, after the preposition "o".

Мы стояли на мосту.
but
Мы разговариваем о новом мосте.

Он работает в саду.
but
Мы разговариваем о ботаническом саде в Петербурге.

Appendix V
Stress Patterns in Russian Nouns

There are eight possible stress patterns in Russian nouns. A symbol consisting of two capital letters is used to indicate which pattern a particular noun follows. The first letter indicates the stress pattern in the singular, the second letter indicates the stress pattern in the plural.

A indicates stress is fixed on the stem.
B indicates stress is fixed on the ending.
C indicates a shifting stress: in the singular the stress is on the ending except in the accusative, where it shifts to the root; in the plural the stress is on the ending except in the nominative (and accusative when it is identical to the nominative) where it shifts to the root.

Eight possible types actually exist in Russian.

	AA	AB	AC
Nom.	кни́га	гóрод	ночь (f.)
Accus.	кни́гу	гóрод	ночь
Gen.	кни́ги	гóрода	нóчи
Prep.	кни́ге	гóроде	нóчи
Dat.	кни́ге	гóроду	нóчи
Instr.	кни́гой	гóродом	нóчью
Nom.	кни́ги	городá	нóчи
Accus.	кни́ги	городá	нóчи
Gen.	книг	городóв	ночéй
Prep.	кни́гах	городáх	ночáх
Dat.	кни́гам	городáм	ночáм
Instr.	кни́гами	городáми	ночáми

	BA	BB	BC
Nom.	женá	язы́к	губá
Accus.	женý	язы́к	губý
Gen.	жены́	языкá	гýбы
Prep.	женé	языкé	губé
Dat.	женé	языкý	губé
Instr.	женóй	языкóм	губóй
Nom.	жёны	языки́	гýбы
Accus.	жён	языки́	гýбы
Gen.	жён	языкóв	губ
Prep.	жёнах	языкáх	губáх
Dat.	жёнам	языкáм	губáм
Instr.	жёнами	языкáми	губáми

	CA	CB	CC
Nom.	рекá	None	головá
Accus.	рéку		гóлову
Gen.	реки́		головы́
Prep.	рекé		головé
Dat.	рекé		головé
Instr.	рекóй		головóй
Nom.	рéки		гóловы
Accus.	рéки		гóловы
Gen.	рек		голóв
Prep.	рéках		головáх
Dat.	рéкам		головáм
Instr.	рéками		головáми

In the dictionary at the end of the book, nouns with stress other than AA are marked.

Appendix VI
Cardinal and Ordinal Numerals

1. CARDINAL NUMERALS

1	один, одна, одно	14	четырнадцать	27	двадцать семь	
2	два, две	15	пятнадцать	28	двадцать восемь	
3	три	16	шестнадцать	29	двадцать девять	
4	четыре	17	семнадцать	30	тридцать	
5	пять	18	восемнадцать	40	сорок	
6	шесть	19	девятнадцать	50	пятьдесят	
7	семь	20	двадцать	60	шестьдесят	
8	восемь	21	двадцать один	70	семьдесят	
9	девять	22	двадцать два	80	восемьдесят	
10	десять	23	двадцать три	90	девяносто	
11	одиннадцать	24	двадцать четыре	100	сто	
12	двенадцать	25	двадцать пять	200	двести	
13	тринадцать	26	двадцать шесть	300	триста	

400	четыреста
500	пятьсот
600	шестьсот
700	семьсот
800	восемьсот
900	девятьсот
1000	тысяча
2000	две тысячи
3000	три тысячи
4000	четыре тысячи
5000	пять тысяч

a. Spelling rule: Numerals up to 40 have ь at the end; those after 40 have ь in the middle of the word: пятнадцать — пятьдесят, пятьсот; семнадцать — семьдесят, семьсот.

b. 21, 32, 43, etc. are formed by adding the digit to the ten: двадцать один (одна, одно), тридцать два (две), сорок три, etc.

c. Тысяча "thousand" is a regular feminine noun; further thousands are regular too: две тысячи, три тысячи, пять тысяч, сорок тысяч.

d. Миллион "million" and миллиард "thousand million" are regular masculine nouns and decline accordingly: два миллиона, пять миллионов; три миллиарда, девяносто миллиардов.

e. Remember that in writing numerals, a comma is used in Russian where a decimal point is used in English. Thus, 32,5 means "thirty-two and a half" in English. Thousands are marked off either by a period or by a space. For example: 6.229.315 or 6 229 315 (cf. the English 6,229,315).

2. ORDINAL NUMERALS

1	первый	9	девятый	17	семнадцатый	
2	второй	10	десятый	18	восемнадцатый	
3	третий	11	одиннадцатый	19	девятнадцатый	
4	четвёртый	12	двенадцатый	20	двадцатый	
5	пятый	13	тринадцатый	30	тридцатый	
6	шестой	14	четырнадцатый	40	сороковой	
7	седьмой	15	пятнадцатый	50	пятидесятый	
8	восьмой	16	шестнадцатый	60	шестидесятый	

70	семидесятый	600	шестисотый
80	восьмидесятый	700	семисотый
90	девяностый	800	восьмисотый
100	сотый	900	девятисотый
200	двухсотый	1000	тысячный
300	трёхсотый		
400	четырёхсотый		
500	пятисотый		

a. The Russian ordinal numerals corresponding to 21st, 32nd, 43rd, etc, are composed of the cardinal representing the ten and the ordinal representing the digit: двадцать первый; тридцать второй, тридцать третий; сорок седьмой, etc.

b. The Russian 2000th, 3000th, etc. are formed on the pattern of the hundreds: двухтысячный, трёхтысячный, пятитысячный, шеститысячный, etc.

Appendix VI / Cardinal and Ordinal Numerals (cont'd)

A. Cardinal Numerals

	один/одно	одна	одни	два (m. & n.)/две (f.)	три	четыре
Nom.	один/одно	одна	одни	два (m. & n.)/две (f.)	три	четыре
Accus.	(like Nom. or Gen.)	одну	(like Nom. or Gen.)	(like Nom. or Gen. for all: 2, 3, 4)		
Gen.	одного	одной	одних	двух	трёх	четырёх
Prep.	одном	одной	одних	двух	трёх	четырёх
Dat.	одному	одной	одним	двум	трём	четырём
Instr.	одним	одной	одними	двумя	тремя	четырьмя

Nom.-Accus.	пять	восемь	пятнадцать	тридцать
Gen.-Prep.-Dat.	пяти	восьми	пятнадцати	тридцати
Instr.	пятью	восьмью	пятнадцатью	тридцатью

Nom.-Accus.	сорок	сто	девяносто	двести	триста	четыреста
Gen.-Prep.-Dat.-Instr.	сорока	ста	девяноста	двухсот	трёхсот	четырёхсот
				двухстах	трёхстах	четырёхстах
				двумстам	трёмстам	четырёмстам
				двумястами	тремястами	четырьмястами

In the following forms containing трёх and четырёх, the two dots over the ё indicate secondary stress:

Nom.-Accus.	пятьдесят	пятьсот
Gen.	пятидесяти	пятисот
Prep.	пятидесяти	пятистах
Dat.	пятидесяти	пятистам
Instr.	пятьюдесятью	пятьюстами

B. Ordinal Numerals are declined like adjectives except for "third":

	третий	третье	третья	третьи
Nom.	третий	третье	третья	третьи
Accus.	(like Nom. or Gen.)	третье	третью	(like Nom. or Gen.)
Gen.	третьего		третьей	третьих
Prep.	третьем		третьей	третьих
Dat.	третьему		третьей	третьим
Instr.	третьим		третьей	третьими

Appendix VII
Clock Time

1. First half of the hour: nominative of number of minutes (cardinal) + genitive of the hour (ordinal) in progress.

   12.03   три минýты пéрвого
   2.05   пять минýт трéтьего
   3.22   двáдцать две минýты четвёртого
   9.25   двáдцать пять минýт десятого

2. Second half of the hour: без + genitive of number of minutes (cardinal) + nominative of hour (cardinal) in progress.

   12.40   без двáдцати час
   1.55   без пятú (минýт) два
   3.45   без чéтверти (пятнáдцати минýт) четыре
   7.51   без десятú (минýт) вóсемь
   10.59   без одннóй минýты одúннадцать

   Note that чéтверть can be used for "a quarter." It is a third declension noun.

3. To say half-past, we use половúна + the genitive (ordinal) of the hour in progress. (Colloquially, половúна is often shortened to пол- and attached to the ordinal of the hour in progress.)

   12:30   половúна пéрвого   (полпéрвого)
   1:30   половúна вторóго   (полвторóго)
   3:30   половúна четвёртого   (полчетвёртого)
   7:30   половúна восьмóго   (полвосьмóго)

4. "Time when" according to the clock is expressed by в + the accusative and the above forms are used:

   Урóк начинáется в пять минýт девятого.
   Мы приéхали в двáдцать минýт пятого.

   The preposition в is omitted before без:

   Мы встрéтились без пятú семь.
   Онá пришлá без чéтверти дéсять.

   Половúна is an exception to this "time when" rule as it requires в + prepositional case to express "at half past":

   Спектáкль начинáется в половúне вторóго.
   Он пришёл в половúне пятого.

Appendix VIII
Common Short-Form Adjectives

Since they are used only predicatively, short-form adjectives exist only in one case, ie. nominative, and are marked for gender and number only. The endings are: masc. **-Ø**, fem. **-a**, neuter **-o**, plural **-ы**. (In the examples below, the neuter is generally omitted.)

Included here are short-form adjectives which have *no long-form counterparts with the same meaning*. These can be divided into roughly three groups:

1. Adjectives which exist only in the short-form.

до́лжен, должна́, должно́, должны́
Мы должны́ позвони́ть Оле́гу.   We should call Oleg.

рад, ра́да, ра́ды
Я рад(а) с ва́ми познако́миться.   I am happy to meet you.

2. Adjectives whose short-forms are used only predicatively and differ in meaning from their long-form counterparts, which can be used predicatively and attributively. Generally, short-forms are highly bound to a particular context, time, etc. and express temporary or relational qualities, whereas long-forms tend to express permanent features, and are the only form possible when used attributively. This is illustrated in the examples below.

ви́ден, видна́, видно́, видны́
Отсю́да ви́ден весь го́род.
The whole city is visible from here.

ви́дный
Па́мятник на ви́дном ме́сте стои́т.
The monument is in a visible place.

жив, жива́, жи́вы
Моя́ праба́бушка ещё жива́.
My great-grandmother is still alive.

живо́й
Он о́чень живо́й ребёнок.
He is a very lively baby.

здоро́в, здоро́ва, здоро́вы
Ли́нда боле́ла, но сейча́с она́ здоро́ва.
Linda was sick but she's healthy now.

здоро́вый
Он о́чень здоро́вый челове́к.
He's a very healthy person.

прав, права́, пра́вы
Вы соверше́нно пра́вы.
You are absolutely right.

пра́вый
На́ше де́ло пра́вое.
Our cause is just (right).

свобо́ден, свобо́дна, свобо́дны
Я свобо́дна по́сле пяти́.
I am free after five o'clock.

свобо́дный
Всё своё свобо́дное вре́мя он прово́дит в клу́бе.
He spends all his free time at the club.

сыт, сыта́, сы́ты
Я уже́ сыта́.
I am already full (of food).

сы́тый
Сы́тый (челове́к) голо́дного не разуме́ет.
A full person doesn't understand a hungry one.

Appendix VIII / Common Short-Form Adjectives (cont'd)

Among these short-form adjectives, some are capable of syntactic government, ie. require a certain preposition and/or case.

бо́лен, больна́, больны́ (чем)
Его́ сего́дня не бу́дет. Он бо́лен.
He won't be here today. He's sick.

винова́т, винова́та, винова́ты (в чём)
Я ни в чём не винова́т.
I'm not guilty of anything.

гото́в, гото́ва, гото́вы, (к чему́)
Мы бу́дем гото́вы через пять мину́т.
We'll be ready in five minutes.
Я не гото́в к экза́мену.
I'm not ready for the exam.

дово́лен, дово́льна, дово́льны (чем)
Преподава́тель дово́лен на́ми.
The teacher is pleased with us.

жена́т (на ком)
Ива́н жена́т на О́ле.
Ivan is married to Olya.

за́мужем (за кем)
О́ля за́мужем за Ива́ном.
Olya is married to Ivan.

бо́льно́й
Наш де́душка больно́й челове́к.
Our grandfather is an ill man.

винова́тый
У него́ винова́тый вид.
He has a guilty look (appearance).

гото́вый
В э́том магази́не мо́жно купи́ть гото́вые блю́да.
You can buy prepared foods in this store.

дово́льный
У неё о́чень дово́льный вид.
She has a very pleased (satisfied) look. (She looks very pleased.)

жена́тый
Он жена́тый челове́к.
He is a married man.

заму́жняя
О́ля заму́жняя же́нщина.

(Note the form за́мужем which is said of women, despite its lack of a feminine ending. It is actually derived from за + instrumental of муж.)

за́нят, занята́, за́няты (чем)
Мы бы́ли за́няты вчера́ ве́чером.
We were busy last night.

знако́м, знако́ма, знако́мы (с кем) (незнако́м с кем)
Мы с ни́ми знако́мы давно́.
We have known each other for a long time.

похо́ж, похо́жа, похо́жи (на кого́)
Сын похо́ж на отца́.
The son looks like (resembles) his father.

согла́сен, согла́сна, согла́сны (с кем–с чем)
Мы с ва́ми согла́сны.
You and I agree.

уве́рен, уве́рена, уве́рены (в чём)
Я уве́рен в э́том.
I am certain of that.

3. There are certain constructions where only the short-form can be used, such as with an imperative:

за́нятый
Наш профе́ссор о́чень за́нятый челове́к.
Our professor is a very busy person.

знако́мый, незнако́мый
Не на́до разгова́ривать с незнако́мыми людьми́.
One shouldn't talk to strangers.

похо́жий
У них похо́жие хара́ктеры.
They have similar personalities.

согла́сный
У них согла́сная семья́.
They have a harmonious family. (outdated long-form rarely used today)

уве́ренный
У него́ уве́ренный вид.
He has a confident appearance.

Бу́дьте добры́, . . .
Бу́дьте внима́тельны, . . .
Бу́дьте любе́зны, . . .
Бу́дьте здоро́вы!

476

Appendix IX
Verb Classifiers

1. Classifier is given in boldface.
2. There are two types of stress shifts possible in Russian verbs (marked by an x over the stem), in the non-past (ie. the present tense for imperfective verbs and the future tense for perfective verbs) and in the past tense.

A. *In non-past:* Unless otherwise indicated, stress shift in non-past indicates that the stress shifts onto the root in the non-past forms **ты, он (она́, оно́), мы, вы, они́.** In all other forms, the stress is fixed where the x is (ie. in the non-past **я** form, the infinitive, the imperative and the past tense forms). See **проси́-** as an example.

B. *In past:* Stress shift in past indicates that the stress retracts to the root in all past tense forms *except* the feminine **-á.** In non-past of these verbs, stress falls on the endings unless otherwise indicated. (See **жи́в-** as an example.)

SECOND CONJUGATION
I. Suffixed Stems

	Classifier	Notes	Conjugation
1.	проси́-	Alternation in 1st per. sg. only; thousands of verbs, mostly transitive. Stress shift in non-past.	проси́ть прошу́, про́сишь про́сят; проси́л, проси́ла; проси́(те)!
2.	ви́де-	Alternation in 1st per. sg. only; about 50 verbs, mostly transitive.	ви́деть ви́жу, ви́дишь ви́дят; ви́дел, ви́дела;
3.	лежа́-	-жа- represents **-жа-, -ша-, -ща-,** **-ща-, -ща-, -ча-,** plus 2 **-я-** verbs (стоя́ть and боя́ться). No alternations, stress shift in non-past. About 30 verbs, mostly intransitive.	лежа́ть лежу́, лежи́шь лежа́т; лежа́л, лежа́ла; лежи́(те)!

FIRST CONJUGATION

	Classifier	Notes	Conjugation
4.	писа́-	Alternation throughout the non-past, including the imperative. Stress shift in non-past.	писа́ть; пишу́, пи́шешь, пи́шут; писа́л, писа́ла; пиши́(те)!
	наде́я-ся	No alternation possible.	наде́ятъся наде́юсь, наде́ешься наде́ются; наде́йтесь!
	б/ра́-	No consonant alternation. The slash (/) indicates **-о-** or **-е-** inserted before all vocalic endings, ie. non-past and imperative. Stress shift in past.	брать; беру́, берёшь, беру́т; брал, брала́, бра́ло, бра́ли; бери́(те)!
5.	диктова́-	Alternation of **-ова-** to **-уй-** throughout non-past, including imperative. Thousands of verbs, many foreign borrowings.	диктова́ть; дикту́ю, дикту́ешь дикту́ют; диктова́л, диктова́ла; дикту́й(те)!
6.	читай-	Thousands of verbs, all imperfective.	чита́ть; чита́ю, чита́ешь, чита́ют; чита́л, чита́ла; чита́й(те)!
7.	умей-	Hundreds of verbs, mostly intransitive.	уме́ть; уме́ю, уме́ешь, уме́ют; уме́л, уме́ла; уме́й(те)!

Appendix IX / Verb Classifiers (cont'd)

	Stem	Description	Forms
8.	отдохну́-	Hundreds of verbs, mostly intransitive.	отдохну́ть; отдохну́, отдохнёшь, отдохну́т, отдохну́л, отдохну́ла; отдохни́(те)!
	привы́к[ну]-	About 60 intransitive verbs, all with stressed root. The suffix -ну- is dropped in the past tense.	привы́кнуть; привы́кну, привы́кнешь, привы́кнут; привы́к, привы́кла, привы́кло, привы́кли; привы́кни(те)!
9.	дава́й-	Alternation of -ава́й- to -а́й- in the present tense, but **NOT** in the imperative. Only 3 roots: -дава́й-, -става́й-, -знава́й-.	дава́ть; даю́, даёшь, даю́т; дава́л, дава́ла; дава́й(те)!
10.	бор**о́**-ся	Alternation -р- to -р'- throughout the non-past. 4 verbs + 1 irreg. Stress shift in non-past to stem.	боро́ться; борю́сь, бо́решься, бо́рются; боро́лся, боро́лась, боро́лись; бори́сь (бори́тесь)!
2.	ста́н-	Four stems, all stem stressed: ста́н-, де́н-, стря́н-, сты́н-.	стать; ста́ну, ста́нешь, ста́нут; стал, ста́ла, ста́ло, ста́ли; стань(те)!
3.	кро́й-	Five stems: во́й-, кро́й-, мо́й-, но́й-, ро́й-. Alternation of -о- to -ы- before consonantal endings (ie. past and infinitive).	крыть; кро́ю, кро́ешь, кро́ют; крыл, кры́ла, кры́ло, кры́ли; кро́й(те)!
4.	ду́й-	Four verbs, all stem stressed.	дуть; ду́ю, ду́ешь, ду́ют; дул, ду́ла, ду́ло, ду́ли; ду́й(те)!

Non-Syllabic Stems

	Stem	Description	Forms
5.	пь/й-	Five stems: бь/й-, вь/й-, ль/й-, пь/й-, шь/й-. -и added before consonantal endings (ie. past, infinitive). Stress shift in past.	пить; пью, пьёшь, пьют; пил, пила́, пи́ло, пи́ли; пей(те)!
6.	у-мр-	Four stems: мр-, пр-, тр-, стр-. Alternation of -р- with -ере- in infinitive, and with -ер- before other consonants (ie. past). In masc. past tense, л is dropped. Stress shift in past tense.	умере́ть; умру́, умрёшь, умру́т; у́мер, умерла́, у́мерло, у́мерли; умри́(те)!
7.	на-чн-	Five stems: жм-, жн-, мн-, распн-, чн-. м или н changes to **я** (spelling permitted, otherwise to **а**) before consonantal endings (ie. past, infinitive). Stress shift in past tense.	нача́ть; начну́, начнёшь, начну́т; на́чал, начала́, на́чало, на́чали; начни́(те)!

II. NON-SUFFIXED STEMS
(About 100 stems in all, all are first conjugation)

A. Resonant Stems (ie. ending in **н, р,** or **м**) or stems ending in **в** or **й**

	Stem	Description	Forms
1.	жив-	Three stems: жив-, плыв-, слыв-. Stress shift in past.	жить; живу́, живёшь, живу́т; жил, жила́, жи́ло, жи́ли; живи́(те)!

Appendix IX / Verb Classifiers (cont'd)

	Stem	Description	Forms
8.	по́-йм-´	One stem: йм changes to ня before consonantal endings (ie. past, infinitive). Stress shift in past.	понять; пойму́, поймёшь, пойму́т; по́нял, поняла́, по́няло, по́няли; пойми́(те)!
9.	сни́м-´ при́м-´	Variant of 8 used after prefixes ending in a consonant, им- changes to ня before consonantal endings (ie. past and infinitive). Shifting stress in both tenses.	снять; сниму́, сни́мешь, сни́мут; снял, сняла́, сня́ло, сня́ли; сними́(те)!

B. Obstruent Stems (ie. ending in д, т, г, к, or б) or stems in з or с. No others occur.

	Stem	Description	Forms
1.	вёд-´	д or т changes to с in infinitive (+ти). Omission of д or т in past is regular. Fourteen stems.	вести́; веду́, ведёшь, веду́т; вёл, вела́, вело́, вели́; веди́(те)!
2.	вёз-´	Infinitive -ти. In masc. past tense, л is dropped, other consonantal endings are added *without* truncation. Seven stems.	везти́; везу́, везёшь, везу́т; вёз, везла́, везло́, везли́; вези́(те)!
3.	тёк-´	Alternation of г or к to ч before ё. Infinitve -чь becomes -чь. In masculine past tense л is dropped, other consonantal endings are added without truncation. Eleven stems.	течь; теку́, течёшь, теку́т; тёк, текла́, текло́, текли́; теки́(те)!
4.	грёб-´	б changes to с in infinitive (+ти). In masc. past tense л is dropped. Other consonantal endings added without truncation. Two stems: грёб-´, скрёб-´.	грести́; гребу́, гребёшь, гребу́т; грёб, гребла́, гребло́, гребли́; греби́(те)!

Non-Syllabic Stems

	Stem	Description	Forms
5.	-чёсть (-чт-)	One stem, like д/т verbs.	-честь; -чту́, -чтёшь, -чту́т; -чёл, -чла́, -чло́, чли́; -чти́(те)!
6.	жёчь (-жг-)	One stem, like г/к verbs. Alternation of г to ж before ё.	жёчь; жгу́, жжёшь, жгу́т; жёг, жгла́, жгло́, жгли́; жги́(те)!

Chart of Consonant Alternations:

Dentals (hard or soft):

д	—	ж
т	—	ч
з	—	ж
с	—	ш
ст	—	щ
ск	—	щ
ц	—	ч

Labials (hard or soft):

б	—	бл'
п	—	пл'
м	—	мл'
в	—	вл'
ф	—	фл'

Velars (hard or soft):

г	—	ж
к	—	ч
х	—	ш

Church Slavonic:

д	—	жд
т	—	щ

479

Appendix X
Inventory of Irregular Verbs

Infinitive	Conjugation
бежа́ть	бегу́, бежи́шь, бежи́т, бежи́м, бежи́те, бегу́т бежа́л, бежа́ла, бежа́ло, бежа́ли беги́(те)!
бри́ться	бре́юсь, бре́ешься, бре́ется, бре́емся, бре́етесь, бре́ются бри́лся, бри́лась, бри́лось, бри́лись бре́йся! (бре́йтесь)!
быть	бу́ду, бу́дешь, бу́дет, бу́дем, бу́дете, бу́дут был, была́, бы́ло, бы́ли будь(те)
взять	возьму́, возьмёшь, возьмёт, возьмём, возьмёте, возьму́т взял, взяла́, взя́ло, взя́ли возьми́(те)!
дать	даю́, даёшь, даёт, даём, даёте, даю́т дал, дала́, да́ло, да́ли дай(те)!
есть	ем, ешь, ест, еди́м, еди́те, едя́т ел, е́ла, е́ло, е́ли ешь(те)!
е́хать	е́ду, е́дешь, е́дет, е́дем, е́дете, е́дут е́хал, е́хала, е́хало, е́хали поезжа́й(те)!
идти́	иду́, идёшь, идёт, идём, идёте, иду́т шёл, шла, шло, шли иди́(те)!
лечь	ля́гу, ля́жешь, ля́жет, ля́жем, ля́жете, ля́гут лёг, легла́, легло́, легли́ ляг(те)!
мочь	могу́, мо́жешь, мо́жет, мо́жем, мо́жете, мо́гут мог, могла́, могло́, могли́ imperative not used
ошиби́ться	ошибу́сь, ошибёшься, ошибётся, ошибёмся, ошибётесь, ошибу́тся ошибся, ошиблась, ошиблось, ошиблись ошиби́сь (ошиби́тесь)!
петь	пою́, поёшь, поёт, поём, поёте, пою́т пел, пе́ла, пе́ло, пе́ли пой(те)!
расти́	расту́, растёшь, растёт, растём, растёте, расту́т рос, росла́, росло́, росли́ расти́(те)
сесть	ся́ду, ся́дешь, ся́дет, ся́дем, ся́дете, ся́дут сел, се́ла, се́ло, се́ли сядь(те)!
спать	сплю́, спишь, спит, спим, спите, спят спал, спала́, спа́ло, спа́ли спи́(те)!
хоте́ть	хочу́, хо́чешь, хо́чет, хоти́м, хоти́те, хотя́т хоте́л, хоте́ла, хоте́ло, хоте́ли

Appendix XI
Verbs of Motion

INTRANSITIVE VERBS OF MOTION

Multidirectional	Unidirectional	Meaning
ходи́ть (ходи́-)	идти́ (*irreg.*)	to go by foot, walk
хожу́	иду́	
хо́дишь	идёшь	
хо́дит	идёт	
хо́дим	идём	
хо́дите	идёте	
хо́дят	иду́т	
ходи́л, ходи́ла, ходи́ло, ходи́ли	шёл, шла, шло, шли	
ходи́(те)	иди́(те)	
е́здить (е́зди-)	е́хать (*irreg.*)	to go by vehicle, ride
е́зжу	е́ду	
е́здишь	е́дешь	
е́здит	е́дет	
е́здим	е́дем	
е́здите	е́дете	
е́здят	е́дут	
е́здил, е́здила, е́здило, е́здили	е́хал, е́хала, е́хало, е́хали	
е́зди(те) (used rarely)	поезжа́й(те)	
бе́гать (бе́гай-)	бежа́ть (*irreg.*)	to run
бе́гаю	бегу́	
бе́гаешь	бежи́шь	
бе́гает	бежи́т	
бе́гаем	бежи́м	
бе́гаете	бежи́те	
бе́гают	бегу́т	
бе́гал, бе́гала, бе́гало, бе́гали	бежа́л, бежа́ла, бежа́ло, бежа́ли	
бе́гай(те)	бе́ги(те)	
лета́ть (лета́й-)	лете́ть (лете́-)	to fly
лета́ю	лечу́	
лета́ешь	лети́шь	
лета́ет	лети́т	
лета́ем	лети́м	
лета́ете	лети́те	
лета́ют	летя́т	
лета́л, лета́ла, лета́ло, лета́ли	лете́л, лете́ла, лете́ло, лете́ли	
лета́й(те)	лети́(те)	
пла́вать (пла́вай-)	плыть (плыв-)	to swim, float
пла́ваю	плыву́	
пла́ваешь	плывёшь	
пла́вает	плывёт	
пла́ваем	плывём	
пла́ваете	плывёте	
пла́вают	плыву́т	
пла́вал, пла́вала, пла́вало, пла́вали	плыл, плыла́, плы́ло, плы́ли	
пла́вай(те)	плыви́(те)	

PREFIXATION IN VERBS OF MOTION

When these unprefixed verbs of motion are prefixed, a new aspectual pair is formed: the multidirectional verbs remain imperfective, whereas the unidirectional forms become perfective. Here is a partial list of the most common possible pairs:

Appendix XI / Verbs of Motion (cont'd)

Imperfective-Perfective

при- arrive, **в/на** + accus., **к** + dat.

приходи́ть-прийти́ — to arrive by foot
приезжа́ть-прие́хать — to arrive by vehicle
прибега́ть-прибежа́ть — to arrive running
прилета́ть-прилете́ть — to arrive by airplane
приплыва́ть-приплы́ть — to arrive by swimming, or by boat

у- depart, **из, с, от** + gen.

уходи́ть-уйти́ — to depart by foot
уезжа́ть-уе́хать — to depart by vehicle

в-(во-) enter, **в** + accus.

входи́ть-войти́ — to enter by foot
въезжа́ть-въе́хать — to enter by vehicle

вы- exit, **из** + gen.

выходи́ть-вы́йти — to exit by foot
выезжа́ть-вы́ехать — to exit by vehicle

под-(подо-) approach, **к** + dat.

подходи́ть-подойти́ — to approach by foot
подъезжа́ть-подъе́хать — to approach by vehicle

от-(ото-) back away, withdraw, **от** + gen.

отходи́ть-отойти́ — to move away from by foot
отъезжа́ть-отъе́хать — to move away from by vehicle

пере- cross over, **через** + accus., or accus. direct object
without a preposition

переходи́ть-перейти́ — to cross by foot
переезжа́ть-перее́хать — to cross by vehicle

про- pass through, pass by, accus. direct object without a preposition,
ми́мо + gen. pass by

проходи́ть-пройти́ — to pass by or through by foot
проезжа́ть-прое́хать — to pass by or through by vehicle

NOTE the following changes in the basic stems in the prefixed forms:

идти́ becomes -йти́ — прийти́
е́зди- becomes -езжа́й- — приезжа́ть
бе́гай- becomes -бега́й- — прибега́ть (stress shifts to -а́- of the classifier)
плыва́й- becomes -плыва́й- — приплыва́ть

TRANSITIVE VERBS OF MOTION

Multidirectional	Unidirectional	Meaning
носи́ть (носй́-)	нести́ (нёс-´)	to carry by foot
ношу́	несу́	
но́сишь	несёшь	
но́сит	несёт	
но́сим	несём	
но́сите	несёте	
но́сят	несу́т	
носи́л, носи́ла,	нёс, несла́,	
носи́ло, носи́ли	несло́, несли́	
носи́(те)	неси́(те)	
вози́ть (вози́-)	везти́ (вёз-´)	to carry by vehicle
вожу́	везу́	
во́зишь	везёшь	
во́зит	везёт	
во́зим	везём	
во́зите	везёте	
во́зят	везу́т	
вози́л, вози́ла,	вёз, везла́,	
вози́ло, вози́ли	везло́, везли́	
вози́(те)	вези́(те)	
води́ть (води́-)	вести́ (вёд-´)	to lead, conduct
вожу́	веду́	
во́дишь	ведёшь	
во́дит	ведёт	
во́дим	ведём	
во́дите	ведёте	
во́дят	веду́т	
води́л, води́ла,	вёл, вела́,	
води́ло, води́ли	вело́, вели́	
води́(те)	веди́(те)	

The same rules of prefixation apply to these transitive verbs.

Appendix XII
Intonation Patterns

Here is a brief overview of the seven basic Intonational Constructions (IC) in contemporary spoken Russian. Intonational Constructions 1-4 are most common and need to be fully activized. Intonational Constructions 5-7 are all used in evaluative sentences and the use of them can enrich one's speech, rendering it more expressive. Remember: 1) the center of the IC always falls on the stressed syllable of the emphasized element in the syntagm (breath group); 2) each syntagm has its own Intonational Construction.

Intonational Construction	Usage	Example (with context)
IC-1	Declarative sentences	(Куда́ е́здила Та́ня?) Та́ня е́здила **в Смоле́нск.**
		(Кто е́здил в Смоле́нск?) **Та́ня** е́здила в Смоле́нск.
		(Та́ня **е́здила** в Смоле́нск?) Да. Та́ня **е́здила** в Смоле́нск.
IC-2	1. Questions with an interrogative word (general question)	Когда́ бу́дет **сва́дьба?** or: Когда́ бу́дет **сва́дьба?**
		С кем он познако́мился? or: С кем он **познако́мился?**
		Что у вас боли́т? or: Что у вас **боли́т?**
	2. Imperative	Позвони́ мне!
		Дава́йте скоре́е обе́дать!
	3. Forms of Address	Арка́дий! Еле́на Андре́евна!
		Здра́вствуйте! Приве́т! До свида́ния!
	4. Emphasis	Де́нис прилети́т в Москву́ в суббо́ту **у́тром.** (а не ве́чером)
		Де́нис прилети́т в Москву́ **в суббо́ту** у́тром. (а не в сре́ду)
		Де́нис прилети́т в Москву́ в суббо́ту у́тром. (а не Билл)

Appendix XII / Intonation Patterns (cont'd)

Intonational Construction	Usage	Example (with context)
IC-3 	1. Questions without interrogative word (yes/no questions)	Вы говори́те **по-ру́сски**? (Нет, по-англи́йски) Вы **говори́те** по-ру́сски? (Нет, не говорю́.) **Вы** говори́те по-ру́сски? (Да, я.) У тебя́ **есть** биле́т? Вы **бу́дете** сала́т?
	2. In parts of a compound sentence, list, etc., but not at the end of a declarative sentence.	Та́ня **сказа́ла,**/ что Ми́ша сде́лал ей предложе́ние. Когда́ Та́ня узна́ла о **па́спорте,**/ она́ была́ о́чень расстро́ена. По́сле **ба́ни**/ друзья́ пи́ли пи́во.
	3. Lists (IC-1 will always come at the end.)	Дэ́нис е́здил в **Москву́,**/ **в Петербу́рг,**/ и в Смоле́нск.
IC-4 	1. Comparative question, often starting with the conjunction A. . .	(Меня́ зову́т Арка́дий.) А **вас** как зову́т? (На десе́рт бу́дет торт.) А на **горя́чее**? (У́тром Та́ня с Ми́шей пое́дут в ЗАГС.) А что они́ бу́дут де́лать **ве́чером**?
	2. Lists (more official style; IC-1 will always come at the end.)	Дэ́нис е́здил в **Москву́,**/ **в Петербу́рг,**/ и в Смоле́нск.

Appendix XII / Intonation Patterns (cont'd)

Intonational Construction	Usage	Example (with context)
IC-5	Evaluative sentences; to express emotional reaction/response	Как я уста́ла! Я так уста́ла! (=Я о́чень уста́ла.) Како́й у вас са́д! У вас тако́й са́д! (= Мне о́чень нра́вится ваш сад. Ваш сад о́чень краси́вый.) Замеча́тельный конце́рт! Удиви́тельная де́вушка! Ужа́сная гости́ница! (= Это о́чень плоха́я гости́ница!) Отврати́тельная пого́да! (= О́чень плоха́я пого́да.)
IC-6	1. Interrogative sentences to repeat the question with emphasis (and perhaps surprise).	Что Вы сказа́ли? (= Извини́те, я не по́нял. Повтори́те, пожа́луйста, что вы сказа́ли.) Когда́ бу́дет сва́дьба? С кем ты познако́мился? (= Скажи́ ещё раз, с кем ты познако́мился. Я пло́хо слы́шал и не по́нял и́мя.)
	2. Evaluative sentences; to express emotional reaction/response	Како́й пиро́г вку́сный! or Кака́я кни́га интере́сная!
IC-7	1. Evaluative sentences, often used to indicate a negative attitude (or sarcastic)	Кака́я э́то ба́ня! (= Эта ба́ня мне не нра́вится. Она́ ма́ленькая, гря́зная и пло́хо де́ржит тепло́.)= It's not even close to what I consider to be a real sauna. This sauna is small, dirty and doesn't stay warm!) Кака́я у него́ рабо́та! Макдо́нальдс -- э́то несерьёзно! (= у него́ не о́чень ва́жная, не перспекти́вная рабо́та. = What kind of job is that! He doesn't have a real job!)
	2. Sentences used to express objection or absence	Что он зна́ет! (= Он ничего́ не зна́ет!) Куда́ она́ пое́дет! (= Она́ никуда́ не пое́дет!) Каки́е у неё друзья́! Никто́ не хо́чет с ней разгова́ривать! (= У неё нет друзе́й.)

Appendix XIII

Nationalities   (This partial list is intended to provide examples of how countries, nationalities, and adjectives relate to one another.)

1. Only the name of the country should be spelled with a capital letter. Lower case letters are used to refer to nationality and for adjectives.

2. The name of the language is formed by the adjective followed by the noun **язы́к: англи́йский язы́к, ру́сский язы́к,** etc. The adverb is formed using по- (+hyphen) and the adjective form minus the final **-й:**

   *Я говорю́ по-ру́сски, по-англи́йски, по-неме́цки.
   The following adjectives (marked with an asterik) in the above list do not refer to languages spoken:

   америка́нский, изра́ильский, инди́йский, кана́дский, мексика́нский, швейца́рский

The adjective **изра́ильский is used to refer to things that are Israeli and an **израильтя́нин/израильтя́нка** is a citizen of Israel. A Jewish person is referred to as **евре́й/евре́йка,** and the language is **иври́т,** and yiddish is **и́диш.** Note also the combinations **говори́ть на иври́те, на и́дише. Он говори́т на иври́те. Мы говори́м на и́дише.**

Note also **ара́б/ара́бка** Arab person.

Country	Nationality masc./fem.	Adjective
Аме́рика	америка́нец/америка́нка	америка́нский*
А́нглия	англича́нин/англича́нка	англи́йский
Арме́ния	армяни́н/армя́нка	армя́нский
Герма́ния	не́мец/не́мка	неме́цкий
Гру́зия	грузи́н/грузи́нка	грузи́нский
Изра́иль	израильтя́нин/израильтя́нка	изра́ильский**
Испа́ния	испа́нец/испа́нка	испа́нский
Ита́лия	италья́нец/италья́нка	италья́нский
Кана́да	кана́дец/кана́дка	кана́дский*
Кита́й	кита́ец/китая́нка	кита́йский
Ла́твия	латы́ш/латы́шка	латы́шский
Литва́	лито́вец/лито́вка	лито́вский
Ме́ксика	мексика́нец/мексика́нка	мексика́нский
По́льша	поля́к/по́лька	по́льский
Росси́я	россия́нин/россия́нка/россия́не	росси́йский
	ру́сский/ру́сская	ру́сский
Слова́кия	слова́к/слова́чка	слова́цкий
Украи́на	украи́нец/украи́нка	украи́нский
Финля́ндия	фи́нн/фи́нка	фи́нский
Фра́нция	францу́з/францу́женка	францу́зский
Че́хия	чех/че́шка	че́шский
Эсто́ния	эсто́нец/эсто́нка	эсто́нский
Швейца́рия	швейца́рец/швейца́рка	швейца́рский
Шве́ция	швед/шве́дка	шве́дский
Япо́ния	япо́нец/япо́нка	япо́нский

Appendix XIV
The Fifty States

Соединённые Штáты Амéрики

Айдахо *indecl.*
Айóва
Алабáма
Алáска (на Алáске)
Аризóна
Арканзáс
Вайóминг
Вашингтóн
Вермóнт
Вирджúния
Вискóнсин
Гавáйи *pl.* (на Гавáйях)
   Гавáйские островá (на Гавáйских островáх)
Делавéр
Джóрджия
Зáпадная Вирджúния
Иллинóйс
Индиáна
Калифóрния
Канзáс
Кентýкки *indecl.*
Колорáдо *indecl.*
Коннéктикут
Луизиáна
Массачýсетс
Миннесóта

Миссисúпи *indecl.*
Миссýри *indecl.*
Мичигáн
Монтáна
Мэн
Мэрилéнд
Небрáска
Невáда
Нью Джéрси *indecl.*
Нью Йóрк
Нью Мéксико *indecl.*
Нью Хэмпшир
Огáйо *indecl.*
Оклахóма
Орегóн
Пенсильвáния
Род-Áйленд
Сéверная Дакóта
Сéверная Каролúна
Теннессú *indecl.*
Техáс
Флорúда
Южная Дакóта
Южная Каролúна
Юта
Note also: Óкруг Колýмбия
     (District of Columbia)

487

Англо-ру́сский слова́рь

(Chapter indicated in parentheses.)

a little bit more   побо́льше (4)

a local person   зде́шний/зде́шняя (adj. used as a noun) (4)

above, up top   наверху́ (3)

absolutely   абсолю́тно (2)

academy   акаде́мия (1)

ache   боле́ть (боле́-) (impf.) (2)

actor   актёр (6)

actor   арти́ст (3)

actress   актри́са (6)

actress   арти́стка (3)

acquainted (be)   знако́м (знако́ма, знако́мы) (6)

add   добавля́ть (добавля́й-) /доба́вить (доба́ви-) что́ (8)

advice   сове́т (5)

advise someone to do something   сове́товать (сове́това-) (impf.) кому́ что́-то де́лать (4)

after   по́сле чего́ кого́ (1)

again   сно́ва (2)

age   во́зраст (2)

agree   соглаша́ться (соглаша́й-ся) /согласи́ться (согласи́-ся) с кем (1)

agree   согла́сен (согла́сна, согла́сны) (7)

agree upon, to come to an agreement   догова́риваться (догова́ривай-ся) /договори́ться (договори́-ся) о чём с кем (3)

airplane   самолёт (3)

Alas!   Увы́! (6)

alive and well   жи́вы-здоро́вы (1)

almost   чуть не + (verb) (You were almost late! = Ты чуть не опозда́л!) (4)

almost   почти́ (9)

already   уже́ (8)

always, forever   всегда́ (7)

anatomy   анато́мия (1)

angry   серди́т (серди́та, серди́то, серди́ты) (5)

angry (to get) at (someone, something)   серди́ться (серди́-ся) /рассерди́ться (рассерди́-ся) на кого́, на что (4)

anniversary   юбиле́й (10)

announcement   объявле́ние (5)

another   друго́й (5)

answer   отвеча́ть (отвеча́й-) /отве́тить (отве́ти-) кому́ (to answer the question = отве́тить на вопро́с) (4)

application   заявле́ние (to file an application = пода́ть заявле́ние) (2)

Are you last (in line)?   Вы после́дний? Вы после́дняя? (3)

argue with one another   ссо́риться (ссо́ри–ся) с кем (impf.) (8)

argument   спор (8)

arrival   прие́зд (10)

arrive (by vehicle)   приезжа́ть (приезжа́й-) /прие́хать (irreg. like е́хать) (3)

art works made of linen fabrics   худо́жественные изде́лия из льняны́х тка́ней (5)

As usual.   Как обы́чно. (3)

ashamed   сты́дно (10)

ashtray   пе́пельница (3)

aspirin   аспири́н (2)

at cost   по себесто́имости (9)

at the entrance   у вхо́да (9)

attentive   внима́тельный (8)

aunt   тётя (1)

automatic bank machine   банкома́т (АТМ) (4)

awful, horrible, terrible   ужа́сный (can be used figuratively to indicate "awful" or excessive: They are awful idealists. = Они́ ужа́сные идеали́сты.) (7)

awfully, disgustingly, repulsively   отврати́тельно (9)

bathhouse   ба́ня (3)

be, to tend to be   быва́ть (быва́й-) (impf.) (7)

be (formal, bookish style)   явля́ться (явля́й-ся) (impf.) кем, чем (6)

be a guest at someone's place   быть в гостя́х (у кого́) (6)

be on a diet   быть на дие́те (10)

beach   пляж (4)

beautiful, pretty   краси́вый (2)

become   станови́ться (станови́-ся) /стать (ста́н-) кем/чем (7)

bedroom, bedroom set   спа́льня (9)

beer   пи́во (4)

beets   свёкла (10)

begin   начина́ть (начина́й-) /нача́ть (на́-чн-) что, что де́лать (always followed by an impf. verb) (5)

behind   за чём (4)

belong to somebody   принадлежа́ть (принадлежа́-) (impf.) кому́ (9)

berth (in train car), also means shelf   по́лка (3)

between "N" and "N"   ме́жду чем и чем (4)

beverage   напи́ток (pl. напи́тки) (8)

billiards бильярд (to play billiards, pool = играть в бильярд) (3)

biology биология (1)

birthday день рождения (2)

Bitter, bitter! Горько, горько! (This is said at weddings, in response to which the bride and groom are supposed to kiss.) (10)

Bless you! (in response to sneezing) Будьте здоровы! (5)

boil варить (вари́-) /сварить (свари́-) что (8)

boiled варёный (8)

Bon appetit! Приятного аппетита! (5)

boring скучно (7)

born (to be) родиться (роди-ся) (pf.) (1)

borsch (beet soup) борщ (8)

both ... and ... и .., и ... (8)

bother someone мешать (мешай-) /помешать (помешай-) кому (3)

bother, worry someone беспокоить (беспокои-) (impf.) кого (What is bothering you? = Что вас беспокоит?) (said by a doctor to a patient) (2)

bottle бутылка (8)

brave смелый (4)

brazen, impertinent, bold, audacious, impudent нахальный (4)

breakfast (eat) завтракать (завтракай-) /позавтракать (позавтракай) (4)

brilliant, genius гениальный (2)

bring привозить (привози́-) /привезти (привёз-) что кому (9)

brother брат (1)

bundle (of vegetables, of salad greens) пучок (8)

business бизнес (1)

business card визитная карточка (визитка) (3)

busy занят (занята, занято, заняты) (5)

but then, but to make up for it зато (used to introduce a compensating factor) (7)

But what about "N"? А как же "N"? (1)

buy something for someone покупать (покупай-) /купить (купи́-) что кому (1)

By the way Между прочим (3)By what twist of fate? Какими судьбами? (6)

C

cake торт (6)

call back later перезвонить (перезвони́-) (pf.) кому (2)

call one another regularly перезваниваться (перезванивай-ся) (impf.) (2)

call someone звонить (звони́-) /позвонить (позвони́-) кому (1)

calm, tranquil спокойный (10)

canned goods консервы (pl.) (8)

Careful! (Be careful!) Осторожно! (3)

carry by foot носить (носи́-) (multidirectional) /нести (нёс-) (unidirectional) (both imperfective) (3)

carry by vehicle возить (вози́-) (multidirectonal) /везти (вёз-) (unidirectional) (both imperfective) (3)

cat (female) кошка (1)cat (male) кот (1)

catch a cold простудиться (простуди́-ся) (pf.) (2)

caviar икра (8)

ceremony церемония (10)

certain, confident уверен (уверена, уверены) в чём (6)

certificate справка (7)

chair стул (pl. стулья) (9)

champagne (adj. used as a noun) шампанское (n.) (8)

channel/station канал (Moscow stations = московские каналы) (6)

cheery, happy весёлый (2)

chemical химический (1)

chemist химик (1)

chemistry химия (1)

chicken курица (8)

children (pl.) дети (genitive pl. детей) (7)

chills, to have знобить (зноби́-) (impf.) (used in the third-person with accusative of logical subject) (I have the chills = Меня знобит) (2)

choose, to select выбирать (выбирай-) /выбрать (вы́б/ра-) что (9)

citizen гражданин, гражданка, граждане (m., f., pl.) (4)

civil registrar's office ЗАГС (Запись актов гражданского состояния) (2)

clinic поликлиника (2)

close закрываться (закрывай-ся) /закрыться (закрой-ся) (2)

cocktail коктейль (3)

cold холодно (6)

cold холодный (4)

colleague коллега (used to refer to men or women) (2)

Come in and make yourself at home. Проходите, будьте как дома. (6)

comfortable удобный (9)

compartment (in train car) купе (3)

compliment комплимент (9)

compose, to create составлять (составляй-) /составить (состави-) что (8)

composer композитор (6)

computer programmer программист (1)

computer programming программирование (1)

congratulate (someone) поздравлять (поздравляй-) /поздравить (поздрави-) кого с чем (10)

consider, to think считать (считай-) (impf.) (5)

considerate забо́тливый (10)

consult with someone сове́товаться (сове́това-ся) /посове́товаться (посове́това-ся) с кем о чём (6)

continue (always followed by an impf. verb) продолжа́ть (продолжа́й-) /продо́лжить (продо́лжи-) что де́лать (always followed by an imperfective verb) (5)

coriander, cilantro кинза́ (8)

correspond with one another перепи́сываться (перепи́сывай-ся) (impf.) (2)

cost сто́ить (сто́и-) (impf.) (3)

cough ка́шель (2)

country страна́ (pl. стра́ны) (5)

course of study курс по + dative (to take a course = слу́шать курс) (6) cozy ую́тный (1)

crab краб (10)

cry пла́кать (пла́ка-) /запла́кать (запла́ка-) (impf.) (7)

crystal хруста́ль (9)

cute, nice-looking, nice симпати́чный (6)

cucumber огуре́ц (3)

cultured культу́рный (3)

cutlet котле́та (meat cutlets = мясны́е котле́ты, potato cutlets = карто́фельные котле́ты, vegetable cutlets = овощны́е котле́ты) (8)

dacha, summer house да́ча (3)

daughter дочь (f.), до́чка (1)

debut дебю́т (6)

decide; to solve реша́ть (реша́й-) /реши́ть (реши́-) (2)

decisive, resolute реши́тельный (4)

definitely, without fail обяза́тельно (4)

delicious, tasty вку́сный (1)

department, college (in a university) факульте́т (1)

dessert десе́рт (8)

diet дие́та (10)

different, various ра́зный (different countries = ра́зные стра́ны) (7)

difficult, hard тру́дный (5)

difficult, hard тру́дно (3)

dill укро́п (8)

dining room, dining room set столо́вая (9)

diploma, academic degree дипло́м (1)

dirty гря́зно (6)

discrimination дискримина́ция (5)

disgusting проти́вно (10)

dish таре́лка (9)

disorganized неорганизо́ванный (4)

dissatisfied недово́льный (7)

divorce разводи́ться (разводи́-ся) /развести́сь (развёд-ся) с кем (2)

Do you feel sick? Тебе́ пло́хо? (4)

Do you have a question for me? У вас вопро́с ко мне? (5)

document докуме́нт (1)

dog соба́ка (1)

domestic, handy around the house (in Russian, this adjective has a strong positive connotation!) хозя́йственный (5)

Don't ask! Не спра́шивай! (9)

Don't cry! Не плачь! (2)

Don't worry. Everything's fine. Не волну́йся. Всё норма́льно. (1)

Don't mention it. It's nothing. Не́ за что. (4)

doubt сомнева́ться (сомнева́й-ся) в чём (impf.) (6)

dream мечта́ (6)

dress пла́тье (10)

dress in, to clothe in надева́ть (надева́й-) /наде́ть (наде́н-) что (9)

drink пить (пь/й-) (impf.) (2)

drink to; to raise a toast to пить (пь/й-) /вы́пить (вы́пь/й-) за кого́/что́; за то, что́бы . . . (10)

driver, chauffeur шофёр (6)

driver's license води́тельские права́ (2)

drops (pl.) ка́пли (2)

dry сухо́й (dry wine = сухо́е вино́) (10)

early ра́но (2)

earn extra money подраба́тывать (подраба́тывай-) (impf.) (5)

eat (irreg.) есть/съесть (8)

easy, easily легко́ (8)

economics эконо́мика (1)

economist экономи́ст (1)

educational institute учи́лище (theater school = театра́льное учи́лище) (6)

egoist эгои́ст (5)

electronic электро́нный (2)

elevator лифт (4)

e-mail электро́нная по́чта (2)

embassy посо́льство (4)

end, finish конча́ться (конча́й-ся) /ко́нчиться (ко́нчи-ся) (2)

to envy someone зави́довать (зави́дова-) (impf.) кому́ (2)

entrance вход (9)

eternally ве́чно (used colloquially for emphasis to mean forever, always) (7)

even though, although хотя́ (10)

everyone (pl.) все (2)

everything всё (neuter sg.) (9)

enormous, huge огро́мный (2)

especially осо́бенно (7)

Everything is fine. Всё норма́льно. (2)

Everything is simple. Всё про́сто. (3)

everywhere везде́ (5)

exactly, precisely ро́вно (4)

excellent отли́чно (1)

excellent, superb, great отли́чный (1)

exit, get off (a bus, the metro) выходи́ть (выходи́-) /вы́йти (irreg.) (4) exotic экзоти́ческий (3) expect, to anticipate ожидáть (ожидáй-) (impf.) (10)

expensive дорогóй (1)

experienced óпытный (10)

explain объяснять (объясняй-) /объяснить (объясни-) чтó комý (7)

extremely крáйне (7)

eye глаз (pl. глазá) (2)

F

fall asleep засыпáть (засыпáй-) /заснýть (заснý-) (9)

family семья́ (5)

famous знаменитый (6)

famous, well-known извéстный (6)

Fantastic! Great! Здóрово! (1)

farmers' market ры́нок (4)

fate судьбá (3)

favorite люби́мый (7)

fear, be afraid (of something/someone) боя́ться (боя́-ся: -жа- stem) чегó/когó (impf.) (3)

feel nauseous (used in the third-person with accusative of logical subject) тошнить (тошни́-) (impf.) (I feel nauseous (sick to my stomach) = Меня́ тошни́т.) (2)

fiance жени́х (2)

fiancée невéста (2)

file файл (8)

file documents, to apply подавáть (подавáй-) /подáть (irreg. like дать) докумéнты кудá (1)

find находить (находи́-) /найти́ (irreg.) чтó где (4)

Fine. OK. Лáдно. (1)

fine, penalty штраф (4)

finish закáнчивать (закáнчивай-) /закóнчить (закóнчи-) (always followed by an impf. verb) (5)

finish something кончáть (кончáй-) /кóнчить (кóнчи-) (6)

firm фи́рма (5)

first course пéрвое (n.) (often soup) (adj. used as a noun) (8)

fish ры́ба (8)

flight рейс (direct or non-stop flight = рейс прямóй ; flight with a transfer = рейс с пересáдкой) (9)

flower цветóк (pl. цветы́) (6)

flu грипп (2)

fly летáть (летáй-) (multi-directional, impf.); летéть (летé-) (unidirectional, impf.) (2)

foolish, ridiculous дурáцкий (2)

for за + чтó (accus.) (thank you for the book/interview = спаси́бо за кни́гу/интервью́) (6)

for a long time дóлго (7)

for a long time надóлго (5)

for example напримéр (7)

forbid (someone from doing something) запрещáть (запрещáй-) /запрети́ть (запрети́-) комý чтó-то дéлать (1)

foreign инострáнный (3)

forget забывáть (забывáй-) /забы́ть (irreg. like быть) что, о чём/о ком, что сдéлать to forget (2)

former, ex- бы́вший (6)

founder основáтель (6)

free свобóден (свобóдна, свобóдно, свобóдны) (5)

fresh свéжий (2)

fried жáреный (8)

friendly дрýжный (10)

friendly привéтлив (привéтлива, привéтливы) (7)

friendship дрýжба (7)

furniture мéбель (f.) (3)

future бýдущее (adj. form used like a noun) (1)

G

garden сад (6)

garlic чеснóк (8)

gas station бензоколóнка (4)

generous щéдрый (4)

genuine, real настоя́щий (6)

get well, recover from an illness выздорáвливать (выздорáвливай-) /вы́здороветь (вы́здоровей-) (3)

Get in (the car)! Сади́тесь! (3)

give as a gift дари́ть (дари́-) /подари́ть (подари́-) чтó комý (1)

glad, happy рад (рáда, рáды) (1)

gloomy хмýрый (7)

go abroad поéхать за грани́цу (5)

go by foot ходи́ть (ходи́-) (multidirectional, impf.); идти́ (irreg.) (unidirectional, impf.); пойти́ (irreg.) (pf.) (3)

go by vehicle éздить (éзди-) (multidirectional, impf.); éхать (irreg.) (unidirectional, impf.) unidirectional); поéхать (irreg. like éхать) (pf.) (3)

Go straight, then left. Иди́те пря́мо, а потóм налéво. (4)

Good luck! Ни пýха, ни перá! (To the devil! К чёрту! (said in response to Ни пýха, ни перá!) (5)

government, state госудáрство (5)

graduate school аспирантýра (1)

graduate student аспирáнт (1)

graduate окáнчивать (окáнчивай-) /окóнчить (окóнчи-) чтó (шкóлу, университéт, коллéдж, институ́т, кýрсы, аспирантýру) (1)grandfather дéдушка (1)

grandmother бáбушка (1)

great вели́кий (6)

great, first-rate, cool клáссный (2)

greet привéтствовать (привéтствова-) (impf.) (10)

groceries продýкты (pl.) (8)

group (here, rock group) грýппа (3)

group of friends компа́ния (2)

guest гость (pl. го́сти) (1)

guilty (it's my fault) винова́т (винова́та, винова́ты) (7)

Н

hairstyle причёска (9)

ham ветчина́ (8)

handicraft, trade ремесло́ (5)

hang (to be hanging) висе́ть (висе́-) где (impf.) (9)

hang ве́шать (ве́шай-) /пове́сить (пове́си-) куда́ (9)

happen (often used in past tense sing.) случа́ться (случа́й-ся) /случи́ться (случи́-ся) (What happened? = Что́ случи́лось?) (1)

happiness сча́стье (5)

Happiness rests not in money! Сча́стье не в деньга́х! (7)

happy сча́стлив (сча́стлива, сча́стливо, сча́стливы) (5)

happy, cheery ве́село (2)

happy (to be) (about something) ра́доваться (ра́дова-ся) /обра́доваться (обра́дова-ся) чему́ (9)

hard-working (colloquial) работя́щий (4)

hard-working, industrious трудолюби́вый (4)

have (own, possess) something име́ть (име́й-) (impf.) что (7)

head голова́ (2)

head cold на́сморк (2)

health здоро́вье (2)

heap, a whole lot ку́ча (1)

hear слы́шать (слы́ша-: -жа- stem) (impf.) (3)

help someone помога́ть (помога́й-) /помо́чь (irreg. like мочь) кому́ (1)

Help yourself! Угоща́йтесь! (10)

help, assistance по́мощь (f.) (6)

herring селёдка (10)

Hi! Здоро́во! (2)

historian исто́рик (1)

historical истори́ческий (1)

history исто́рия (1)

holiday пра́здник (1)

hope наде́яться (наде́я-ся) (impf.) (4)

horrible ужа́сно (That's terrible! = Ужа́сно! Это ужа́сно!)(1)

hors-d'oeuvres заку́ски (pl.) (8)

hospitable гостеприи́мный (10)

host хозя́ин (10)

hostess хозя́йка (10)

hosts хозя́ева (pl.) (10)

hot горя́чий (2)

hot жа́рко (6)

hot, spicy о́стрый (8)

hotel гости́ница (4)

housewarming party новосе́лье (n.) (10)

How awful! How horrible! Како́й у́жас! (5)

How can I get to (the hotel)? Как дое́хать до (чего́) (гости́ницы)? (4)

How did you know? Отку́да ты узна́л? (How do you know? = Отку́да вы зна́ете?) (4)

How do you say in Russian? Как сказа́ть по-ру́сски? (Как бу́дет по-ру́сски?) (7)

How interesting! Как интере́сно! (3)

How is your mood? Как настрое́ние? (9)

How lovely! Кака́я пре́лесть! (10)

How much does "N" cost? Ско́лько сто́ит "N"? (colloquially, почём "N" is also used) (8)

How pretty it is here! Как здесь краси́во! (6)

How strange! That's strange! Стра́нно! (7)

hungry голо́дный (7)

husband муж (1)

I

I am having chills. Меня́ зноби́т. (2)

I am listening (What can I do for you?) Я вас слу́шаю. (2)

I feel nauseous (sick to my stomach). Меня́ тошни́т. (2)

I have a request for you У меня́ к вам про́сьба. (3)

I implore you, I beg you. Умоля́ю вас. (6)

I think (in my opinion)... По-мо́ему, ... (1)

I think that... Я ду́маю, что... (1)

ice cream моро́женое (n.) (adj. used as a noun) (8)

ideal идеа́льный (4)

idealist идеали́ст (7)

I'm after you (in line). Я за ва́ми. (3)

immediately, right away сра́зу (5)

implore, to beg умоля́ть (умоля́й-) (impf.) кого́ (6)

impolite неве́жливый (7)

important ва́жный (1)

important ва́жно (7)

impression впечатле́ние (7)

in front перед чём (4)

in front of впереди́ кого́/чего́ (5)

in general вообще́ (в о́бщем) (1)

in love влюблённый (3)

in the first place, in the second place во-пе́рвых, во-вторы́х (3)

in vain напра́сен (напра́сна, напра́сно, напра́сны) (3)

in, after (in expressions of time), across через что́ (1)

incidentally, by the way кста́ти (2)

inexpensive, cheap дешёвый (1)

inexperienced нео́пытный (10)

institute институ́т (1)

intend, to get ready to do something; to get together; to plan to do something собира́ться (собира́й-ся) /собра́ться (соб/ра́-ся) что́-то де́лать (1)

interesting интере́сно (That's interesting = Интере́сно) (1)

international междунаро́дный (1)

Internet   Интернéт (6)
invitation   приглашéние (1)
invite someone to something
приглашáть (приглашáй-)
/пригласи́ть (пригласи́-) когó
кудá на чтó (1)
Is smoking allowed here?   Здесь
кýрят? (3)
it is forbidden   нельзя́ (+ impf.
verb); it is impossible (+ pf.
verb) (5)
it is nothing important   ничегó
вáжного (8)
It is unlikely, doubtful. I doubt it!
Вря́д ли! (7)
It seems to me...   Мне кáжется,
... (1)
It suits you.   Тебé идёт. (9)
it's a pity, to feel sorry for
жáлко (комý когó) (I feel
sorry for you = Мне жáлко
тебя́) (2)
It's OK. It's no big deal.
Ничегó. (1)
It's time to ...   Порá + infinitive
(2)

J

jam   варéнье (strawberry jam =
клубни́чное варéнье) (8)
jealous (to be, of someone)
ревновáть (ревновá-) (impf.)
когó к комý (10)
joke   шути́ть (шути́-)
/пошути́ть (пошути́-) (3)
journalism   журнали́стика (1)
judicial, legal   юриди́ческий (1)

K

key   ключ (4)
kilogram   килогрáмм (8)
kind   дóбрый (2)
kiss (one another)   целовáться
(целовá-ся) /поцеловáться
(поцеловá-ся) с кем (10)
kitchen (room and furniture sets)
кýхня (9)
knee   колéнка (колéно) (2)

L

laptop   лэп-тóп (8)
last   послéдний (1)
late   пóздно (2)
late (to be) опáздывать
(опáздывай-) /опоздáть
(опоздáй-) кудá (4)
laureate   лауреáт (6)
law   прáво (international law =
междунарóдное прáво) (1)
lazy   лени́вый (10)
leave (behind)   оставля́ть
(оставля́й-) /остáвить
(остáви-) что где (4)
leave, depart (by vehicle)
уезжáть (уезжáй-) /уéхать
(irreg. like éхать) (3)
leave, to depart (by foot)
уходи́ть (уходи́-) /уйти́ (irreg.)
(4)
lecture   лéкция (6)
left   лéвый
to the left   налéво (4)
leg   ногá (2)
Let's go!   Поéхали! (3)
lettuce; salad   салáт (used with
an adjective to indicate a
special kind of
salad, such as Capital Salad, a
Russian potato salad = салáт
"Столи́чный" or with smth.
(с чéм) crab salad = салáт
с крáбами) (8)
lie (to be lying)   лежáть (лежá-
: -жá- stem) где (impf.) (9)
light (weight)   лёгкий (2)
linguist   лингви́ст (1)
linguistic   лингвисти́ческий (1)
linguistics   лингви́стика (1)
list   спи́сок (4)
listen to   слýшать (слýшай-)
когó/ что (impf.) (3)
living room   гости́ная (adj.
functions as a noun) (9)
lonely   одинóко (10)
lose something   теря́ть (теря́й-)
/потеря́ть (потеря́й-) чтó (1)
love   любóвь (f.) (3)
lower   ни́жний (lower berth =
ни́жняя пóлка) (3)

M

macaroni   макарóны (pl.) (8)
magnificently   великолéпно (9)
mail, post office   пóчта (2)
main course   горя́чее (n.) (adj.
used as a noun, modifies
блю́до) (8)
male   мужскóй (2)
man   мужчи́на (2)
manage to do something
успевáть (успевáй-) /успéть
(успéй-) (10)
management   мéнеджмент (1)
many people   мнóгие (pl. adj.
used as a noun) (5)
margarita   маргари́та (3)
marketing   маркéтинг (1)
marry   жени́ться (жени́-ся)
/пожени́ться (пожени́-ся) (pl.
said only of couples) (2);
marry жени́ться (жени́-ся) на
ком used as impf. and pf. to
refer to a man only
marry (referring to a woman)
выходи́ть (выходи́-) /вы́йти
(irreg.) зáмуж (за когó) (1)
martini   марти́ни (3)
massage   массáж (5)
materialist   материали́ст (7)
mathematical   математи́ческий
(1)
mathematician   математи́к (1)
matter, business   дéло (5)
meat   мя́со (8)
mechanic   механи́к (6)
medical   медици́нский (1)
medicine (liquid), syrup
миксту́ра (2)
meet   встречáться (встречáй-
ся) /встрéтиться (встрéти-ся)
с кем где (3)
meet someone half-way, to
compromise   идти́ комý
навстрéчу (They will meet us
half-way. = Они́ пойдýт нам
навстрéчу.) (7)
mega, cool, hugely successful,
important   крутóй (slang) (3)
menu   меню́ (n.) (8)
methodology (teaching)
метóдика (1)

minimum ми́нимум (5)

miserable несча́стный (7)

misfortune несча́стье (n.) (terrible misfortune = стра́шное несча́стье) (6)

mistake оши́бка (7)

modern, contemporary совреме́нный (2)

modest, humble скро́мный (4)

money (pl.) де́ньги (genitive pl. де́нег) (1)

month ме́сяц (5)

mood настрое́ние (9)

more than anything, best of all бо́льше всего́ (7)

Moscow Art Theatre МХАТ (Моско́вский худо́жественный академи́ческий теа́тр) (6)

to move (to a new house, apartment) переезжа́ть (переезжа́й-) /перее́хать (irreg. like е́хать) куда́ (9)

mushroom гриб (pl. грибы́) (8)

N

name и́мя (n.) (3)

named after и́мени кого́ (Shchukin Institute, Institute named after Shchukin = институ́т и́мени Щу́кина) (6)

nearby, around о́коло чего́ (4)

needed by someone ну́жен (нужна́, ну́жно, нужны́) кому́ (8)

neighbor сосе́д (pl. сосе́ди) (1)

neither... nor... ни.., ни... (5)

nervous не́рвный (7)

never никогда́ (7)

newlyweds молодожёны (pl.) (9)

news но́вость (f.) (1)

next to, near у чего́ (4)

nice ми́лый (8)

night ночь (f.) (4)

nightstand, small cabinet ту́мбочка (9)

nonsense ерунда́ (5)

normal норма́льный (3)

No, seriously! Нет, серьёзно! (3)

not serious, unimportant несерьёзный (2)

not seriously несерьёзно (5)

Not true! Непра́вда! (3)

not very well нева́жно (9)

novel рома́н (6)

now тепе́рь (5)

No way! Ну да! (8)

number (it also means room in a hotel as it is used in this unit) но́мер (4)

O

obliging, complaisant покла́дистый (4)

offended by, to be insulted обижа́ться (обижа́й-ся) /оби́деться (оби́де-ся) на кого́, на что (9)

Oh! How could you! Эх ты! (7)

Oh, my God! Бо́же мой! (5)

oil, butter ма́сло (сли́вочное) (peanut butter = оре́ховое ма́сло) (8)

old man (used as slang by a man to refer to a close male friend) стари́к (2)

on television по телеви́зору (3)

on the left сле́ва от чего́ (4)

on the one hand, on the other hand с одно́й стороны́, с друго́й стороны́ (7)

on the right спра́ва от чего́ (4)

one more time, once again ещё раз (4)

onion лук (scallion = зелёный лук) (8)

open face sandwich бутербро́д (8)

open something открыва́ть (открыва́й-) /откры́ть (откро́й-) что (8)

open открыва́ться (открыва́й-ся) /откры́ться (откро́й-ся) (2)

opinion мне́ние (other opinions = други́е мне́ния) (7)

opposite, across from напро́тив (чего́) (4)

optimist оптими́ст (7)

Or what? Что ли? (2)

order зака́з (4)

order, to reserve зака́зывать (зака́зывай-) /заказа́ть (заказа̌-) что (4)

ordinary обы́чный (6)

oversleep проспа́ть (irreg. like спать) (pf.) (4)

Р

package па́чка (8)

package (usually a cardboard box or carton) паке́т (8)

paper, piece of paper бума́га (2)

parents роди́тели (pl.) (1)

parking lot стоя́нка (4)

parsley петру́шка (8)

participate in something уча́ствовать (уча́ствова-) (impf.) в чём (6)

partner партнёр (3)

party (colloquial) гуля́ть (гуля́й-) (impf.) (10)

pass on to, to give a message to передава́ть (передава́й-) /переда́ть (irreg. like дать) что кому́ (2)

passport па́спорт (pl. паспорта́) (2)

pasta макаро́ны (pl.) (8)

patient пацие́нт (2)

peaceful, tranquil споко́ен (споко́йна, споко́йны) (7)

pedagogical педагоги́ческий (1)

pelmeni (Russian meat ravioli) пельме́ни (pl.) (8)

pen ру́чка (2)

pepper пе́рец (8)

perform выступа́ть (выступа́й-) /вы́ступить (вы́ступи-) (3)

personal ли́чный (7)

pessimist пессими́ст (7)

philological филологи́ческий (1)

philologist фило́лог (1)

philology филоло́гия (1)

philosopher филосо́ф (1)

philosophical филосо́фский (1)

philosophy филосо́фия (1)

phone call   звонóк (gen. звонка́) (6)

physical   физи́ческий (1)

physicist   фи́зик (1)

physics   фи́зика (1)

pickle   солёный огурéц (3)

pill   таблéтка (2)

pina colada   пинаколáда (3)

pizza   пи́цца (8)

place in a lying position, to put down   класть (клад-) /положи́ть (положи́-) чтó куда́ (3)

place in a standing position   стáвить (стáви-) /постáвить (постáви-) чтó куда́ (9)

plan   план (3)

plan   плани́ровать (плани́рова-) (impf.) (8)

plans for tomorrow   плáны на зáвтра (3)

play a role   игрáть (игрáй-) /сыгрáть (сыгрáй-) роль в чём (6)

pleasant   прия́тный (2)

Pleasant steam! (said in the bathhouse)   С лёгким пáром! (5)

Please (said as an invitation to come in, sit down, help yourself, etc.)   Прошу́ (from проси́ть) (6)

police   мили́ция (5)

police officer   милиционéр (6)

polite   вéжливый (7)

political science   политолóгия (1)

politician   поли́тик (1)

politics   поли́тика (1)

poor   бéдный (literally and figuratively) (3)

pose a question   задавáть (задавáй-) /задáть (irreg. like дать) вопрóс кому́ (6)

possibility, opportunity   возмóжность (f.) (7)

potatoes   картóшка (8)

pour   наливáть (наливáй-) /нали́ть (нали́й-) чтó куда́ (10)

precise   тóчный (7)

Precisely!   Как рáз! (6)

prepare, to cook   готóвить (готóви-) /приготóвить (приготóви-) что (1)

prepared dish, dishes   блю́до (pl. блю́да) (8)

private car (that moonlights as a taxi)   чáстник (4)

probably   навéрно (9)

produce   производи́ть (производи́-) /произвести́ (произвёд-) чтó (5)

produced (to be)   производи́ться (производи́-ся) (impf.) (6)

production, manufacturing   произвóдство (5)

professional   профессионáльный (6)

profit   при́быль (f.) (3)

proposal (of marriage); suggestion; sentence   предложéние (1)

propose (marriage)   дéлать (дéлай-) /сдéлать (сдéлай-) предложéние кому́ (1)

Q

quantity   коли́чество (7)

question, issue, matter   вопрóс (7)

questionnaire, application   анкéта (2)

quick, fast   бы́стрый (9)

quickly, fast   бы́стро (2)

quickly, without delay   немéдленно (6)

quietly   ти́хо (8)

R

rare   рéдкий (3)

reach, get to   доезжáть (доезжáй-) /доéхать (irreg. like éхать) до чегó (4)

reach, to get to   добирáться (добирáй-ся) /добрáться (доб/рá-ся) до чегó (4)

ready   готóв (готóва, готóво, готóвы) (5)

realist   реали́ст (7)

Really? Is it possible?   Неужéли? (10)

receipt   квитáнция (4)

recently   недáвно (6)

recipe   рецéпт (8)

recognize, to find out   узнавáть (узнавáй-) /узнáть (узнáй-) чтó/когó (Do you recognize me? = Узнаёшь?) (said on the phone) (2); (5)

refrigerator   холоди́льник (9)

register (marriage)   регистри́ровать (регистри́рова-) /зарегистри́ровать (зарегистри́рова-) что (брак) (2)

regularly   регуля́рно (5)

rehearse   репети́ровать (репети́рова-) что (impf.) (6)

relate to, to have an attitude toward, to treat someone   относи́ться (относи́-ся) (impf.) к кому́/чему́, как (хорошó, плóхо) (5)

relative   рóдственник (3)

request   прóсьба (3)

request (of someone = когó)   проси́ть (проси́-) /попроси́ть (попроси́-) (2)

respect   уважéние (5)

rice   рис (8)

ride without a ticket   éхать зáйцем (you are riding without a ticket = вы éдете зáйцем) (4)

ridiculous, silly   глу́пый (2)

right   прáвый

to the right   напрáво (4)

right now   пря́мо сейчáс (5)

ring   кольцó (pl. кóльца) (9)

rock-n-roll   рок (рок-н-ролл) (3)

round trip ticket   билéт туда́ и обрáтно (3)

run   бéгать (бéгай-) (impf., multidirectional) (2)

run around like a dog (to be really busy)   бéгать как собáка (2)

S

sad   гру́стный (2)

salad greens   зéлень (f.) (8)

salmon   крáсная ры́ба (10)

salt   соль (f.) (8)

sausage   колбаса́ (8)

saved   спасён (спасена́, спасены́) (7)

scientist   учёный (6)

seat, place (here, in a train car)   ме́сто (3)

second   секу́нда (2)

secret   секре́т (2)

secretary   секрета́рша (6)

see, to spot   уви́деть (уви́де-) кого́/что (pf.) (4)

selection, choice   вы́бор (9)

sell (transitive, takes a direct object)   продава́ть (прода**ва́й**-) /прода́ть (irreg. like **дать**) что́ кому́ (6)

seminar   семина́р (6)

send something to someone   посыла́ть (посыла́й-) /посла́ть (посла́-) что́ кому́ (6)

senior thesis   дипло́мная рабо́та (2)

serious   серьёзный (2)

seriously   серьёзно (2)

shirt   руба́шка (a short-sleeved shirt = руба́шка с коро́ткими рукава́ми) (10)

shoot a film   снима́ть (снима́й-) /снять (сни́м-) фильм (2)

shorts   шо́рты (10)

should/must (to be obligated)   до́лжен (должна́, должны́) (7)

show, production   спекта́кль (6)

show   пока́зывать (пока́зыв**ай**-) /показа́ть (показа́-) что́ кому́ (5)

shower   душ (4)

sick   бо́лен (больна́, больны́) (5)

sick (to be/get)   боле́ть (боле́й-) /заболе́ть (заболе́й-) (2)

silent (to be), to be quiet   молча́ть (молча́-: -**жа**- stem) (8)

simple   просто́й (6)

simultaneously   одновреме́нно (5)

sister   сестра́ (1)

sit (be sitting)   сиде́ть (сиде́-) /посиде́ть (посиде́-) где (2)

sit down, to have a seat   сади́ться (сади́-ся) /сесть (irreg.) куда́ (2)

situation   ситуа́ция (7)

skip class   прогуля́ть (прогуля́й-) (pf.) что́ уро́к (2)

sleep   спать (irreg.) (impf.) (3)

sleeper couch   дива́н-крова́ть (m.) (9)

sleeves   рукава́ (pl.) (10)

slowly   ме́дленно (2)

small boy   ма́льчик (2)

smart, intelligent   у́мный (2)

smoke   кури́ть (кури́-) (impf.) (3)

So what should I do?   А что мне де́лать? (What should be done? = Что де́лать?) (4)

So? Why do you ask?   А что́? (2)

software   програ́мма (7)

sold (to be), can also mean to be in stock   продава́ться (прода**ва́й**-ся) (impf.) (6)

son   сын (1)

Sorry, I cannot!   Извини́(те), не могу́! (8)

So-so, not so great.   Так себе́. (2)

sour cream   смета́на (8)

special   осо́бенный (10)

speciality, major   специа́льность (f.) (1)

specific   специфи́ческий (5)

square (city or town)   пло́щадь (f.) (4)

stairs   ле́стница (4)

stand/to be standing   стоя́ть (стоя́-: -**жа**- stem) (impf.) где (9)

start, begin   начина́ться (начина́й-ся) /нача́ться (на́-чн-ся) (2)

station (metro)   ста́нция (метро́) (4)

steam (in the sauna)   па́риться (па́ри-ся) (impf.) (7)

stewed   тушёный (8)

stomach   живо́т (2)

Stop!   Посто́й! (7)

stop, bus stop   остано́вка (авто́бусная) (4)

stop by at someone's place   заходи́ть (заходи́-)/ зайти́ (irreg.) куда́; to pick someone up (on the way to someplace) за кем; to pick something up за чем (8)

store   магази́н (auto store = автомагази́н, bookstore = кни́жный, furniture = ме́бельный, grocery = проду́ктовый, jewelry = ювели́рный) (9)

story   расска́з (6)

straight   пря́мо (Straight to the large white building. = Пря́мо до большо́го бе́лого зда́ния.) (4)

strange   стра́нный (2)

strong   кре́пкий (10)

studio   сту́дия (television studio = телесту́дия) (1)

study   учи́ться (учи́-ся) (impf.) где, на како́м ку́рсе; изуча́ть (изуча́й-) что́ (impf,) to study an academic subject (1)

stuffy   ду́шно (6)

sturgeon (usually)   бе́лая ры́ба (10)

suitcase   чемода́н (3)

superstitious   суеве́рный (3)

surprise   сюрпри́з (10)

surprised   удивлён (удивлена́, удивлено́, удивлены́) (5)

surprised (to be) about something   удивля́ться (удивля́й-ся) /удиви́ться (удиви́-ся) чему́ (9)

surprisingly   удиви́тельно (9)

sweet   сла́дкий (8)

switch with someone   поменя́ться (поменя́й-ся) (pf.) с кем (3)

T

table   стол (pl. столы́) (dining table = стол обе́денный, desk = стол пи́сьменный) (9)

take   брать (б/ра́-) /взять (irreg.) что́ куда́ to take along (to take with oneself = с собо́й); to interview someone = интервью́ у кого́ (3)

take a course on ... слу́шать (слу́шай-) /прослу́шать (прослу́шай-) курс по + dat. (6)

take/pass сдава́ть (сдава́й-) /сдать (irreg. like да́ть) что́ (экза́мен, зачёт) (6)

talkative болтли́вый (10)

tall (person), high высо́кий (3)

task, assignment зада́ние (homework = дома́шнее зада́ние) (7)

taxes нало́ги (pl.) (high taxes = высо́кие нало́ги) (3)

tea (with honey) чай (с мёдом) (2)

teach преподава́ть (преподава́й-) что кому́ (impf.) (3)

teacher учи́тель (pl. учителя́) (6)

television industry телеви́дение (1)

television program переда́ча (5)

tell someone something расска́зывать (расска́зывай-) /рассказа́ть (рассказ́и-) кому́ что́ (1)

temperature температу́ра (2)

terrible, horrible стра́шный (6)

Thank God. Сла́ва Бо́гу. (1)

Thank you Благодарю́ Вас! за что (more formal than спаси́бо) (3)

Thanks a lot. Спаси́бо огро́мное. (за что́) (1)

Thanks for the compliment. Спаси́бо за комплиме́нт. (9)

That can't be! Не мо́жет быть! (4)

that is very likely to happen о́чень мо́жет быть (7)

That means Зна́чит (1)

That's great! Вот здо́рово! (8)

That's your business. Это твоё де́ло. (2)

That's exactly right! Это то́чно! (3)

That's good for one's health. Это поле́зно для здоро́вья. (4)

That's it! Enough! I can't take it anymore! Всё. Хва́тит. Я бо́льше не могу́. (5)

That's right, and you shouldn't. И не на́до. (4)

That's very harmful. Это о́чень вре́дно. (4)

The thing is... Де́ло в том, что... (1)

There are no problems whatsoever. Нет никаки́х пробле́м. (9)

There is no way out, you have no choice. Вы́хода нет. (7)

This is for the first time! Это в пе́рвый раз! (3)

This is just fantastic! Это про́сто фанта́стика! (10)

This is what happiness really is all about! Вот что тако́е сча́стье! (7)

thrifty бережли́вый (4)

throat го́рло (2)

time вре́мя (n.) (a little time = немно́го вре́мени) (5)

timid ро́бкий (8)

tired (to get) (impf.); to be tired (pf. used in past tense) устава́ть (устава́й-) /уста́ть (уста́н-) (9)

toast-master тамада́ (10)

too, excessive(ly) сли́шком (1)

tooth зуб (2)

top ве́рхний (upper berth = ве́рхняя по́лка) (3)

train station вокза́л (3)

traincar ваго́н (3)

translate переводи́ть (переводй́-) /перевести́ (перевёд́-) что́ с како́го языка́ на како́й язы́к (5)

transportation passes проездны́е докуме́нты (pl.) (4)

travel, journey путеше́ствие (7)

travel (impf.) путеше́ствовать (путеше́ствова-) (7)

treat medically (for an illness) лечи́ть (лечй́-) /вы́лечить (вы́лечи-) кого́ от чего́ (3)

trip пое́здка (2)

try про́бовать (про́бова-) /попро́бовать (попро́бова-) что (7)

try, to attempt стара́ться (стара́й-ся) /постара́ться (постара́й-ся) что (с) де́лать (7)

turn (right, left) повора́чивать (повора́чивай-) /поверну́ть (поверн́у-) (напра́во, нале́во) (4)

twenty-four-hour period су́тки (pl.) (4)

umbrella зонт (3)

uncle дя́дя (1)

understand понима́ть (понима́й-) /поня́ть (пойм́-) (8)

unexpected неожи́данный (2)

unpleasant неприя́тный (2)

Until we meet. До встре́чи. (8)

up to, as far as до чего́ (4)

upset расстро́ен (расстро́ена, расстро́ено, расстро́ены) (5)

upset (to get) расстра́иваться (расстра́ивай-ся) /расстро́иться (расстро́и-ся) (9)

urgently сро́чно (8)

usually, as a rule обы́чно (3)

vacation о́тпуск (7) vacuum cleaner пылесо́с (9)

vegetables о́вощи (pl.) (8)

vegetarian вегетариа́нка (8)

vegetarian вегетариа́нец (8)

veterinary ветерина́рный (1)

videocamera видеока́мера (3)

vinaigrette salad винегре́т (8)

vitamins (pl.) витами́ны (10)

vodka во́дка (3)

wait ждать (жд́а-) /подожда́ть (подожд́а-) кого́/чего́ ско́лько вре́мени (1) wait a little while, for a short period of time подождáть (подожда^х-) (pf.) (Wait a second = Подожди секýнду) (2)

waiter, server официáнт (6) waitress, server официáнтка (6)

wake up просыпáться (просыпáй-ся) /проснýться (проснý-ся) (4)

warm тёплый (2)

we (to express a plural subject) мы с + кем (my brother and I = мы с брáтом) (2)

we wish you happiness желáем вам счáстья (10)

wealth, riches богáтство (9)

wealthy богáтый (10)

wedding свáдьба (1)

wedding свáдебный (9)

Well, and that's the right thing to do. Ну и прáвильно. (1)

well-organized организóванный (4)

What a horror! How terrible! Ужас! (9)

What a morning! Ну и ýтро сегóдня! (4)

What a nightmare! How awful! Кошмáр! (9)

What are you talking about! (Don't mention it! if said in response to спасибо) Да ну чтó ты (Вы)! (6)

What are you talking about! What are you, crazy! Ты чтó! (5)

What business is it of yours? А тебé какóе дéло? (7)

What can I (we) do? (lit., What should/can be done?) Что дéлать? (5)

What do you mean no? Как нет? (4)

What does "N" have to do with it? При чём здесь "N"? (5)

What happened? Что случилось? (1)

What is ... (happiness)? (Used to ask for a fuller meaning, not just a one word definition.) Чтó такóе ... (счáстье)? (7)

What kind of a list is this? Is this really a list? Рáзве это списóк? (8)

What occurred (What happened)? Что произошлó? (1)

What's wrong with you? Чтó с тобóй? (1)

wife женá (1)

wine винó (8)

wish somebody something желáть (желáй-) (impf.) кому чегó (10)

With pleasure. С удовóльствием. (1)

without без когó/чегó (5)

woman жéнщина (2)

wonderful прекрáсен (прекрáсна, прекрáсно, прекрáсны) (3)

wonderful прекрáсный (8)

wonderful, marvelous замечáтельный (1)

wonderful, terrific замечáтельно (2)

wonderfully чудéсно (9)

word слóво (the exact, precise word = тóчное слóво) (7)

work on something (a show/ performance) рабóтать (рабóтай-) (impf.) над чем (спектáклем) (6)

worried (to be) about something волновáться (волновá-ся) о чём (impf.) (1)

Wow! Ух ты! (7)

Wow! Imagine that! Нáдо же! (3)

Wow! That's really something! Вот это да! (8)

write down, to make a note of запи́сывать (запи́сывай-) /записáть (запиcá^х-) чтó (7)

Y

yell, to shout кричáть (кричá-: -жа- stem) на когó (impf.) (7)

You are crazy! (You have gone out of your mind!) Ты с умá сошёл (сошлá)! (9)

You're really too much! Ну ты даёшь! (4)

You cannot buy friendship for money. Дрýжбу за дéньги не кýпишь. (9)

You should be ashamed! (Aren't you ashamed?) Как тебé не стыдно! (10)

You will have to pay a fine. Придётся вам заплати́ть штраф. (4)

young woman дéвушка (2)

youth молодёжь (f.) (collective noun) (4)

Ру́сско-англи́йский слова́рь

(Chapter indicated in parentheses.)

А

абсолю́тно   absolutely (2)
акаде́мия   academy (1)
А как же "N"?   But what about "N"? (1)
актёр   actor (6)
актри́са   actress (6)
анато́мия   anatomy (1)
анке́та   questionnaire, application (2)
арти́ст   actor (3)
арти́стка   actress (3)
аспира́нт   graduate student (1)
аспиранту́ра   graduate school (1)
аспири́н   aspirin (2)
А что́?   So? Why do you ask? (2)
А что́ мне де́лать?   So what should I do? (Что́ де́лать? = What should be done?) (4)

Б

ба́бушка   grandmother (1)
банкома́т   automatic bank machine (ATM) (4)
ба́ня   bathhouse (3)
бе́гать   (бе́гай-) (impf., multidirectional)   run (2)
бе́гать как соба́ка   to run around like a dog (to be really busy) (2)
бе́дный   poor (literally and figuratively) (3)
без кого́/чего́   without (5)
безрабо́тица unemployment
бензоколо́нка   gas station (4)
бережли́вый   thrifty (4)
безболе́зненный painless
бесконе́чность (f.) infinity

беспоко́ить (беспоко́и-) (impf.) кого́ to bother, worry someone (Что́ вас беспоко́ит? = What is bothering you?) (said by a doctor to a patient) (2)
би́знес   business (1)
биле́т туда́ и обра́тно   round trip ticket (3)
билья́рд   billiards (игра́ть в билья́рд = to play billiards, pool) (3)
биоло́гия   biology (1)
благодари́ть (благодари́-) /поблагодари́ть (поблагодари́-) кого́ за что́ to thank someone for something Благодарю́ Вас!   Thank you (more formal than спаси́бо) (3)
блю́до (pl. блю́да)   prepared dish, dishes (8)
бога́тство   wealth, riches (9)
бога́тый   wealthy (10)
Бо́же мой!   Oh, my God! (5)
боле́зненный painful
боле́знь (f.) disease
бо́лен (больна́, больны́)   sick (5)
боле́ть (боле́й-) /заболе́ть (заболе́й-) чем (ангиной, гри́ппом)   to be (get) sick (2)
боле́ть (боле́-) (impf.) У меня́ боли́т голова́.   to ache (2)
болтли́вый   talkative (10)
боль (f.) pain, ache
больни́ца hospital
больно́й sick (also used as a noun meaning patient)
бо́льше всего́   more than anything, best of all (7)
борщ   borsch (beet soup) (8)
боя́ться (боя́-ся: -жа- stem) чего́/кого́ (impf.)   to be afraid (of something/someone) (3)

брат   brother (1)
брать (б/ра̌-) /взять (irreg.) что́ куда́ to take (с собо́й = to take along, to take with oneself); интервью́ у кого́   to interview someone (3)
бу́дущее   future (adj. form used like a noun) (1)
Бу́дьте здоро́вы!   Bless you! (in response to sneezing) (5)
бума́га   paper, piece of paper (2)
бутербро́д   open face sandwich (8)
буты́лка   bottle (8)
быва́ть (быва́й-) (impf.) где, у кого́   to be, to tend to be (7) Он ча́сто быва́ет у нас в гостя́х.
бы́вший   former, ex- (6)
бы́стро   quickly, fast (2)
бы́стрый   quick, fast (9)
быть в гостя́х (у кого́)   to be a guest at someone's place (6)

В

ваго́н   traincar (3)
ва́жно   important (7)
ва́жный   important (1)
варе́нье   jam (клубни́чное варе́нье = strawberry jam) (8)
варёный   boiled (8)
вари́ть (вари́-) /свари́ть (свари̌-) что́   to boil (8)
вдруг (adv.) suddenly
вегетариа́нец   vegetarian (8)
вегетариа́нка   vegetarian (8)
ве́жливый   polite (7)
везде́   everywhere (5)
везти́ (вёз-) (unidirectional, impf.)   to carry by vehicle
вели́кий   great (6)
великоле́пно   magnificently (9)

ве́рхний top (ве́рхняя по́лка = upper berth) (3)

ве́село happy, cheery (2)

весёлый cheery, happy (2)

ветерина́рный veterinary (1)

ветчина́ ham (8)

ве́чно eternally (used colloquially for emphasis to mean forever, always) (7)

ве́шать (ве́ша**й**-) /пове́сить (пове́с**и**-) что́, куда́ to hang (9)

ви́деть (ви́д**е**-) /уви́деть (уви́д**е**-) кого́/что́ to see (impf.), to spot or catch sight of (pf.) (4)

видеока́мера videocamera (3)

визи́тная ка́рточка (визи́тка) business card (3)

винегре́т vinaigrette salad (8)

вино́ wine (8)

винова́т (винова́та, винова́ты) to be guilty (я винова́т(а) it's my fault) (7)

висе́ть (вис**е**-) (impf.) где to be hanging (9)

витами́ны (pl.) vitamins (10)

вку́сный delicious, tasty (1)

влюблённый in love (3)

внима́тельный attentive, thoughtful (8)

води́тельские права́ driver's license (2)

во́дка vodka (3)

вози́ть (воз**и̌**-) (multidirectional, impf.) to carry by vehicle (3)

возмо́жность (f.) possibility, opportunity (7)

во́зраст age (2)

вокза́л train station (3)

волнова́ться (о чём) (волн**ова́**-ся) (impf.) to be worried about something (1)

вообще́ (в о́бщем) in general (1)

во-пе́рвых, во-вторы́х in the first place, in the second place (3)

вопро́с question, issue, matter (7)

Вот здо́рово! That's great! (8)

Во́т что тако́е сча́стье! This is what happiness really is all about! (7)

Вот э́то да! Wow! That's really something! (8)

впереди́ кого́/чего́ in front of (5)

впечатле́ние impression (7)

вре́мя (n.) time, (немно́го вре́мени = a little time) (5)

вре́дно harmful

вре́дный harmful, nasty (used figuratively about a person), Это о́чень вре́дно. That's very harmful. (4)

Вря́д ли! It is unlikely, doubtful. I doubt it! (7)

все (pl.) everyone (2)

всегда́ always, forever (7)

всё everything (neuter sg.) (9)

Всё норма́льно. Everything is fine. (2)

Всё про́сто. Everything is simple. (3)

встреча́ться (встреча́**й**-ся) /встре́титься (встре́т**и**-ся) с кем где to meet (3)

второ́й second (2)

вход entrance (9)

выбира́ть (выбира́**й**-) /вы́брать (вы́б/**ра**-) что/кого to choose, to select (9)

вы́бор selection, choice (9)

выздора́вливать (выздора́влива**й**-) /вы́здороветь (вы́здоров**ей**-) to get well, recover from an illness (3)

вызыва́ть (вызыва́**й**-) /вы́звать (вы́з/**ва**-) to summon, call upon

вы́пить see пи́ть

высо́кий tall (person), high (3)

выступа́ть (выступа́**й**-) /вы́ступить (вы́ступ**и**-) to perform (3)

вы́ход exit

Вы́хода нет. There is no way out, you have no choice. (7)

выходи́ть (выход**и̌**-) /вы́йти (irreg.) за́муж (за кого́) to get married (referring to a woman) (1)

выходи́ть (выход**и̌**-) /вы́йти (irreg.) отку́да to get off (a bus, the metro) (4)

гениа́льный brilliant, genius (2)

глаз (pl. глаза́) eye (2)

глу́пый ridiculous, silly, stupid (2)

голова́ head (2)

голо́дный hungry (7)

го́рло throat (2)

Го́рько, го́рько! Bitter, bitter! (This is said at weddings, in response to which the bride and groom are supposed to kiss.) (10)

горя́чее (n.) main course (adj. used as a noun, modifies блю́до) (8)

горя́чий hot (2)

гостеприи́мный hospitable (10)

гостеприи́мство hospitality

гости́ная living room (adj. functions as a noun) (9)

гости́ница hotel (4)

гости́ть (гост**и́**-) /погости́ть (погост**и́**-) to stay as a guest

гость (pl. го́сти) guest (1); быть в гостя́х (у кого́) to be a guest at someone's place (6)

госуда́рство government, state (5)

гото́в (гото́ва, гото́во, гото́вы) ready (5)

гото́вить (гото́в**и**-) /пригото́вить (пригото́в**и**-) что́ to prepare, to cook (1)

граждани́н, гражда́нка, гра́ждане (m., f., pl.) citizen (4)

гриб (pl. грибы́) mushroom (8)

грипп flu (2)

гру́ппа group (here, rock group) (3)

гру́стный sad (2)

гря́зно dirty (6)

гуля́ть (гуля́**й**-)/погуля́ть (погуля́**й**-) to stroll about; to party (colloquial) (10)

Д

Да ну что ты (Вы)! What are you talking about! (Don't mention it! if said in response to спасибо) (6)

дарить (дари-) /подарить (подари́х-) что кому to give as a gift (1)

дача dacha, summer house (3)

дебют debut (6)

девушка young woman (2)

дедушка grandfather (1)

делать (делай-) /сделать (сделай-) предложение кому to make a proposal, to propose (marriage) (1)

дело matter, business (5) А тебе какое дело? What business is it of yours? (7)

Дело в том, что... The thing is... (1)

деньги (pl.) money (genitive pl. денег) (1)

день рождения birthday (2)

десерт dessert (8)

дети (pl.) children (genitive pl. детей) (7)

дешёвый inexpensive, cheap (1)

диван-кровать (m.) sleeper couch (9)

диета diet (10) быть на диете be on a diet (10)

диплом diploma, academic degree (1)

дипломная работа senior thesis (2)

дискриминация discrimination (5)

добавлять (добавляй-) /добавить (добави-) что куда to add (8)

добираться (добирай-ся) /добраться (доб/ра́-ся) до чего на чём to reach, to get to (4) До центра можно добраться на автобусе.

добрый kind (2)

До встречи. Until we meet. See you.(8)

договариваться (договаривай-ся) /договориться (договори́-ся) о чём с кем to come to an agreement (3)

доезжать (доезжай-) /доехать (irreg. like **ехать**) до чего to get to (4)

документ document (1)

долго for a long time (7)

должен (должна, должны) что (с)делать to be obligated to, should/must (7) Я должна работать.

дорогой expensive (1)

до чего up to, as far as (4)

дочь (gen.дочери), дочка daughter (1)

друг друга one another

другой another, different (5)

дружба friendship (7) Дружбу за деньги не купишь. You cannot buy friendship for money. (9)

дружить (дружи́-) с кем to be freinds with

дружный friendly (10)

дурацкий foolish, ridiculous (2)

душ shower (4)

душно stuffy (6)

дядя uncle (1)

Е

ездить (езди-) на чём (multidirectional, impf.) to go by vehicle (3)

ерунда nonsense (5)

есть/съесть (irreg.) to eat (8)

ехать (irreg., unidirectonal, impf.) на чём to go by vehicle (3)

ехать зайцем to ride without a ticket (вы едете зайцем = you are riding without a ticket) (4)

ещё раз one more time, once again (4)

Ж

жалко (кому кого) it's a pity, to feel sorry for (Мне жалко тебя = I feel sorry for you) (2)

жареный fried (8)

жарко hot (6)

ждать (жда́-) /подождать (подожда́-) кого/чего сколько времени to wait (1)

желать (желай-) (impf.) кому чего to wish somebody something (10)желаем вам счастья we wish you happiness (10)

жена wife (1)

жениться (жени́-ся) (pf. and impf.) на ком to marry, get married (of a man) (2)

жениться (жени́-ся) /пожениться (пожени́-ся) to get married (pl. used only; of couples) (2)

жених fiancé (2)

женский female

женственный feminine

женат (short-form adjective said of a man) married

женщина woman (2)

живот stomach (2)

живы-здоровы alive and well (1)

журналистика journalism (1)

З

заботливый considerate (10)

забывать (забывай-) /забыть (irreg. like **быть**) что, о чём/о ком, что сделать to forget (2)

завидовать (зави́дова-) (impf.) кому to envy someone (2)

завтракать (завтракай-) /позавтракать (позавтракай-) to have breakfast (4)

ЗАГС (Запись актов гражданского состояния) civil registrar's office (2)

задавать (задавай-) /задать (irreg. like **дать**) вопрос кому to pose a question (6)

задание task, assignment (домашнее задание = homework) (7)

заезжа́ть (заезжа́й-) /зае́хать (irreg. like **е́хать**) куда́ to stop by at someone's place; за кем to pick someone up (on the way to someplace); за чем to pick something up (8)

зака́з order (4)

зака́зывать (зака́зывай-) /заказа́ть (заказа́ͯ-) что́ to order, to reserve (4)

зака́нчивать (зака́нчивай-) /зако́нчить (зако́нчи-) что/что де́лать to finish (always followed by an impf. verb) (5)

закрыва́ться (закрыва́й-ся) /закры́ться (закро́й-ся) to close (2)

заку́ски (pl.) hors-d'oeuvres (8)

замеча́тельно wonderful, terrific (2)

замеча́тельный wonderful, marvelous (1)

за́мужем (said of a woman) married

за́нят (занята́, за́нято, за́няты) busy (5)

запи́сывать (запи́сывай-) /записа́ть (записа́ͯ-) что́ to write down, to make a note of (7)

запреща́ть (запреща́й-) /запрети́ть (запрети́-) кому́ что́-то де́лать to forbid (someone from doing something) (1)

засыпа́ть (засыпа́й-)/засну́ть (засну́-) to fall asleep (9)

зато́ but then, but to make up for it (used to introduce a compensating factor) (7)

заходи́ть (заходи́ͯ-)/ зайти́ (irreg.) куда́ к кому́ to stop by at someone's place; за кем to pick someone up (on the way to someplace); за чем to pick something up (8)

за чем behind (4)

за + что (accus.) for (спаси́бо за кни́гу/интервью́ = thank you for the book/interview) (6)

заявле́ние application (пода́ть заявле́ние = to file an application) (2)

звать (з/ва́ͯ-) (impf.) to call, меня́ зову́т ... My name is...

звони́ть (звони́-) /позвони́ть (позвони́-) кому́ to call someone (1)

звоно́к (gen. звонка́) phone call (6)

Здесь ку́рят? Is smoking allowed here? (3)

зде́шний/зде́шняя a local person (adj. used as a noun) (4)

Здо́рово! Fantastic! Great! (1)

Здоро́во! Hi! (2)

здоро́вый healthy

здоро́вье health (2)

здравомы́слящий sensible

здра́вствовать to greet

зе́лень (f.) salad greens (8)

знако́м (знако́ма, знако́мы) to be acquainted (6)

знамени́тый famous (6)

зна́чит that means (1)

зноби́ть (зноби́-) (impf.) to have chills (used in the third-person with accusative of logical subject) (Меня́ зноби́т = I have the chills) (2)

зонт, зо́нтик umbrella (3)

зуб tooth (2)

И

и .., и ... both ... and ... (8)

игра́ть (игра́й-) /сыгра́ть (сыгра́й-) роль в чём to play a role (6)

идеали́ст idealist (7)

идеа́льный ideal (4)

Иди́те пря́мо, а пото́м нале́во. Go straight, then left. (4)

идти́ (irreg. unidirctional, impf.) to go by foot

идти́ кому́ идёт что Тебе́ идёт. It suits you. Эта причёска о́чень тебе́ идёт. (9)

идти́ кому́ навстре́чу to meet someone half-way, to compromise (Они́ пойду́т нам навстре́чу = They will meet us half-way) (7)

изве́стный famous, well-known (6)

Извини́(те), не могу́! Sorry, I cannot! (8)

изуча́ть (изуча́й-) (impf.) что́ to study an academic subject (1)

икра́ caviar (8)

и́мени кого́ named after (институ́т и́мени Щу́кина = Shchukin Institute, Institute named after Shchukin) (6)

име́ть (име́й-) (impf.) что́ to have (own, possess) something (7)

и́мя (gen.и́мени) (n.) name, и́мени кого́ named after... (3)

И не на́до. That's right, and you shouldn't. (4)

иностра́нный foreign (3)

институ́т institute (1)

интере́сно interesting (Интере́сно = That's interesting) (1)

Интерне́т Internet (6)

исто́рик historian (1)

истори́ческий historical (1)

исто́рия history (1)

К

Кака́я пре́лесть! How lovely! (10)

Как дое́хать до (чего́) (гости́ницы)? How can I get to (the hotel)? (4)

Как здесь краси́во! How pretty it is here! (6)

Каки́ми судьба́ми? By what twist of fate? (6)

Как интере́сно! How interesting! (3)

Как настрое́ние? How is your mood? (9)

Как нет? What do you mean no? (4)

Как обы́чно. As usual. (3)

Какой ужас! How awful! How horrible! (5)

Как раз! Precisely! (6)

Как сказать по-русски "N"? (Как будет по-русски "N"?) How do you say in Russian "N"? (7)

Как тебе не стыдно! You should be ashamed! (Aren't you ashamed?) (10)

канал tv channel/station (московские каналы = Moscow stations) (6)

капли (pl.) drops (2)

капризный capricious

картошка (sg.) potatoes (8)

кашель cough (2)

квитанция receipt (4)

килограмм kilogram (8)

кинза coriander, cilantro (8)

классный great, first-rate, cool (2)

класть (клад-) /положить (положи́-) что куда to place in a lying position, to put down (3)

ключ key (4)

коктейль cocktail (3)

колбаса sausage (8)

коленка (колено) knee (2)

количество quantity (7)

коллега colleague (used to refer to men or women) (2)

кольцо (pl. кольца) ring (9)

компания group of friends (2)

комплимент compliment (9)

композитор composer (6)

конечный final, end, ultimate

конец end

консервы (pl.) canned goods (8)

кончать (конча́й-) /кончить (кончи-) что, что делать to finish something (6)

кончаться (конча́й-ся) /кончиться (кончи-ся) to end, finish (2)

костюм suit (10)

кот (male) cat (1)

котлета cutlet (мясные котлеты = meat cutlets, картофельные котлеты = potato cutlets, овощные котлеты = vegetable cutlets) (8)

кошка (female) cat (1)

Кошмар! What a nightmare! How awful! (9)

краб crab (10)

крайне extremely (7)

красивый beautiful, pretty (2)

крепкий strong (10)

кричать (крича́-: -жа- stem) (impf.) на кого to yell, to shout (7)

крутой (slang) mega, cool, hugely successful, important (3)

кстати incidentally, by the way (2)

культурный cultured (3)

купе compartment (in train car) (3)

курить (кури́-)/закурить (закури́-) to smoke, to light a cigarette (3)

курица chicken (8)

курс по + dat. course of study (слушать курс = to take a course) (6)

кухня kitchen (room and furniture sets) (9)

куча heap, a whole lot (1)

Л

Ладно. Fine. OK. (1)лауреат laureate (6)

легко easy, easily (8)

лежать (лежа́-: -жа- stem) (impf.) где to be lying (9)

лекция lecture (6)

ленивый lazy (10)

лестница stairs (4)

летать (лета́й-) (multi-directional, impf.) куда (на самолёте) to fly (2)

лететь (лете́-) (unidirectional, impf.) куда (на самолёте) to fly (2)

лечить (лечи́-) /вылечить (вылечи-) кого от чего to treat medically (for an illness) (3)

лёгкий light (weight) (2)

лингвист linguist (1)

лингвистика linguistics (1)

лингвистический linguistic (1)

лифт elevator (4)

личный personal (7)

лук onion (зелёный лук = scallion) (8)

лэп-топ laptop (8)

любимый favorite (7)

любовь (f.) love (3)

М

магазин store (автомагазин = auto store, книжный = bookstore, мебельный = furniture, продуктовый = grocery, ювелирный = jewelry) (9)

макароны (pl.) pasta (8)

мальчик small boy (2)

маргарита margarita (3)

маркетинг marketing (1)

мартини martini (3)

масло (сливочное) oil, butter (ореховое масло = peanut butter) (8)

массаж massage (5)

математик mathematician (1)

математический mathematical (1)

материалист materialist (7)

мебель (f.) furniture (3)

медицинский medical (1)

медленно slowly (2)

международный international (1)

между прочим by the way (3)

между чем и чем between "N" and "N" (4)

менеджмент management (1)

меню (n.) menu (8)

Меня знобит. I am having chills. (2)

Меня тошнит. I feel nauseous (sick to my stomach). (2)

ме́сто   seat, place (here, in a train car) (3)

ме́сяц   month (5)

мето́дика   (teaching) methodology (1)

меха́ник   mechanic (6)

мечта́   dream (6)

меша́ть (меша́й-) /помеша́ть (помеша́й-) кому́   to bother someone (3)

миксту́ра   (liquid) medicine, syrup (2)

милиционе́р   police officer (6)

мили́ция   police (5)

ми́лый   nice (8)

ми́нимум   minimum (5)

Мне ка́жется, ...   It seems to me... (1)

мне́ние   opinion (други́е мне́ния = other opinions) (7)

мно́гие   many people (pl. adj. used as a noun) (5)

молодёжь (f.)   youth (collective noun) (4)

молодожёны (pl.)   newlyweds (9)

молча́ть (молча́-: -жа- stem)   to be silent, to be quiet (8)

моро́женое (n.)   ice cream (adj. used as a noun) (8)

муж   husband (1)

му́жественный   courageous

му́жество   courage

мужско́й   male (2)

мужчи́на   man (2)

МХАТ (Моско́вский худо́жественный академи́ческий теа́тр)   Moscow Art Theatre (6)

мы с + кем   we (to express a plural subject) (мы с бра́том = my brother and I) (2)

мя́со   meat (8)

Н

наве́рно   probably (9)

наверху́   above, up top (3)

надева́ть (надева́й-) /наде́ть (наде́н-) что   to dress in, to clothe in (9)

наде́яться (наде́я-ся) (impf.) на что   to hope (4)

На́до же!   Wow! Imagine that! (3)

надо́лго   for a long time (5)

назва́ние   name (used with inanimate things)

называ́ться (называ́й-ся)   to be named/called

наконе́ц (adv.)   finally

нале́во   to the left (4)

налива́ть (налива́й-) /нали́ть (нальx/й-) что куда́   to pour (10)

нало́г   tax (высо́кие нало́ги = high taxes) (3)

напи́ток (pl. напи́тки)   beverage (8)

напра́во   to the right (4)

напра́сно   in vain (3)

наприме́р   for example (7)

напро́тив чего́   opposite, across from (4)

на́сморк   head cold (2)

настоя́щий   genuine, real (6)

настрое́ние   mood, Как настрое́ние? How's your mood?/ How's it going? (9)

нау́ка   science

нау́чный   scientific, scholarly

наха́льный   brazen, impertinent, bold, audacious, impudent (4)

находи́ть (находиx́й-) /найти́ (irreg.) что где   to find (4)

нача́ло   beginning

нача́льник   boss

нача́льный   initial

начина́ть (начина́й-) /нача́ть (на́-чн-) что де́лать   to begin (always followed by an impf. verb) (5)

начина́ться (начина́й-ся) /нача́ться (на́x-чн-ся)   to start, begin (2)

нева́жно   not very well (9)

неве́жливый   impolite (7)

неве́ста   fiancée (2)

Не волну́йся. Всё норма́льно.   Don't worry. Everything's fine. (1)

неда́вно   recently (6)

недово́льный   dissatisfied (7)

Не́ за что.   Don't mention it. It's nothing. (4)

нельзя́   it is forbidden (+ impf. verb); it is impossible (+ pf. verb) (5)

неме́дленно   quickly, without delay, immediately (6)

Не мо́жет быть!   That can't be! Impossible (4)

неожи́данный   unexpected (2)

нео́пытный   inexperienced (10)

неорганизо́ванный   disorganized (4)

Непра́вда!   Not true! (3)

неприя́тный   unpleasant (2)

не́рвный   nervous (7)

нереши́тельный   indecisive

несерьёзно   not seriously (5)

несерьёзный   not serious, unimportant (2)

Не спра́шивай!   Don't ask! (9)

нести́ (нёс-) (unidirectional, impf.)   to carry by foot

несча́стный   miserable (7)

несча́стье (n.)   misfortune (стра́шное несча́стье = terrible misfortune) (6)

Нет никаки́х пробле́м.   There are no problems whatsoever. (9)

Неуже́ли?   Really? Is it possible? (10)

ни́жний   lower (ни́жняя по́лка = lower berth) (3)

никогда́   never (7)

ни.., ни...   neither... nor... (5)

Ни пу́ха, ни пера́!   Good luck! (К чёрту! To the devil! (said in response to Ни пу́ха, ни пера́!) (5)

Ничего́.   It's OK. It's no big deal. (1)

ничего́ ва́жного   it is nothing important (8)

новосе́лье (n.)   housewarming party (10)

но́вость (f.)   news (1)

нога́ (pl. но́ги)   leg (2)

но́мер   number (it also means room in a hotel as it is used in this unit) (4) норма́льный normal, ordinary (3)

носи́ть (носи́-) (multidirectional, impf.) to carry by foot (3)

ночь (f.) night (4)

ну́жен (нужна́, ну́жно, нужны́) кому́ что to be needed by someone (8)

Ну да! No way! (8)

Ну и пра́вильно. Well, and that's the right thing to do. (1)

Ну и у́тро сего́дня! What a morning! (4)

Ну ты даёшь! You're really too much! (4)

О

обижа́ться (обижа́й-ся) /оби́деться (оби́де-ся) на кого/на что, за что to be offended by, to be insulted (9)

объявле́ние announcement (5)

объясня́ть (объясня́й-) /объясни́ть (объясни́-) что кому́ to explain (7)

обы́чно usually, as a rule (3)

обы́чный ordinary (6)

обяза́тельно definitely, without fail (4)

о́вощ (pl. о́вощи) vegetable(s)(8)

огро́мный enormous, huge (2)

огуре́ц cucumber (3)

одино́ко lonely (10)

одновреме́нно simultaneously (5)

ожида́ть (ожида́й-) (impf.) to expect, to anticipate (10)

ока́нчивать (ока́нчивай-) /око́нчить (око́нчи-) что to graduate (шко́лу, университе́т, колле́дж, институ́т, ку́рсы, аспиранту́ру) (1)

о́коло чего nearby, around (4)

опа́здывать (опа́здывай-) /опозда́ть (опозда́й-) куда́ to be late (4)

оптими́ст optimist (7)

о́пытный experienced (10)

организо́ванный well-organized (4)

основа́тель founder (6)

осо́бенно especially (7)

осо́бенный special (10)

оставля́ть (оставля́й-) /оста́вить (оста́ви-) что где to leave (behind) (4)

остано́вка (авто́бусная) stop, bus stop (4)

Осторо́жно! Careful! (Be careful!) (3)

о́стрый hot, spicy (8)

отвеча́ть (отвеча́й-) /отве́тить (отве́ти-) кому́ to answer someone (отве́тить на вопро́с = to answer the question) (4)

отврати́тельно awfully, disgustingly, repulsively (9)

открыва́ть (открыва́й-) /откры́ть (откро́й-) что to open something (8)

открыва́ться (открыва́й-ся) /откры́ться (откро́й-ся) to open (2)

Отку́да ты знал? How did you know? (Отку́да вы зна́ете? = How do you know?) (4)

отли́чно excellent (1)

отли́чный excellent, superb, great (1)

относи́ться (относи́-ся) (impf.) к кому́/чему́ как (хорошо́, пло́хо) to have an attitude toward, to treat someone (5)

о́тпуск vacation (from work); кани́кулы (from school) (7)

официа́нт waiter, server (6)

официа́нтка waitress, server (6)

Очень мо́жет быть. That is very likely to happen (7)

оши́бка mistake (7)

П

паке́т package (usually a cardboard box or carton) (8)

па́лец (pl. па́льцы) finger

па́риться (па́ри-ся) (impf.) to steam (in the sauna) (7)

партнёр partner (3)

па́спорт (pl. паспорта́) passport (2)

пацие́нт patient (2)

па́чка package (8)

педагоги́ческий pedagogical (1)

пельме́ни (pl.) pelmeni (Russian meat ravioli) (8)

пе́пельница ashtray (3)

пе́рвое (n.) first course (often soup) (adj. used as a noun) (8)

переводи́ть (переводи́-) /перевести́ (перевёд-) что с како́го языка́ на како́й язы́к to translate (5)

перед чём in front (4)

передава́ть (передава́й-) /переда́ть (irreg. like дать) что кому́ to pass on to, to give a message to (2)

переда́ча television program (5)

переезжа́ть (переезжа́й-) /перее́хать (irreg. like е́хать) куда́ (в но́вый дом/в но́вую кварти́ру) to move (to a new house, apartment) (9)

перезва́ниваться (перезва́нивай-ся) (impf.) с кем to call one another regularly (2)

перезвони́ть (перезвони́-) (pf.) кому́ to call back later (2)

перепи́сываться (перепи́сывай-ся) (impf.) с кем to correspond with one another (2)

перехо́д crosswalk

пе́рец pepper (8)

пессими́ст pessimist (7)

петру́шка parsley (8)

пешехо́д pedestrian

пи́во beer (4)

пинакола́да pina colada (3)

пить (пьй-)/вы́пить (вы́пь/й-) to drink (2)

пить (пьй-) /вы́пить (вы́пь/й-) за кого́/что; за то, чтобы… to drink to; to raise a toast to (10)

пи́цца pizza (8)

пла́кать (пла́ка-)/запла́кать (запла́ка-) to cry (7)

план plan (3) плани́ровать (плани́рова-) (impf.) что to plan (8) пла́ны на за́втра plans for tomorrow (3)

пла́тье dress (10)

пло́щадь (f.) (city or town) square (4)

пляж beach (4)

побо́льше a little bit more (4)

Поверни́те напра́во/нале́во Turn right/left. (4)

повора́чивать (повора́чив**ай**-) /поверну́ть (поверн**у́**-) (напра́во, нале́во) to turn (right, left) (4)

подава́ть (под**ава́й**-) /пода́ть (irreg. like **дать**) докуме́нты куда́ to file documents, to apply (1)

подожда́ть (подожд**а́**-) (pf.) кого́ to wait a little while, for a short period of time (Подожди́ секу́нду = Wait a second) (2)

подраба́тывать (подраба́тыв**ай**-) где (impf.) to earn extra money (5) (По вечера́м он подраба́тывает в рестора́не.)

пое́здка trip (2)

Пое́хали! Let's go! (3)

пое́хать (irreg. like **е́хать**) (pf.) куда́ на чём to go by vehicle (3)

пое́хать за грани́цу to go abroad (5)

по́здно late (2)

поздравля́ть (поздравля́**й**-) /поздра́вить (поздра́в**и**-) кого́ с чем to congratulate (someone) (10)

пока́зывать (пока́зыв**ай**-) /показа́ть (показ**а́**-) кому́ что to show (5)

покла́дистый obliging, complaisant (4)

покупа́ть (покуп**а́й**-) /купи́ть (куп**и́**-) что́ кому́ to buy something for someone (1)

поле́зно beneficial; Это поле́зно для здоро́вья. That's good for one's health. (4)

поле́зный beneficial

поликли́ника clinic (2)

поли́тик politician (1)

поли́тика politics (1)

политоло́гия political science (1)

по́лка berth (in train car), also means shelf (3)

поменя́ться (поменя́**й**-ся) (pf.) с кем чем to switch with someone (3)

помога́ть (помог**а́й**-) /помо́чь (irreg. like **мочь**) кому́ что́ де́лать to help someone (1)

По-мо́ему, ... I think (in my opinion)... (1)

по́мощь (f.) help, assistance (6)

понима́ть (поним**а́й**-) /поня́ть (по́йм-)кого́/что́ to understand (8)

пора́ (+ inf.) It's time to ... (2)

после́дний last (1) Вы после́дний? Вы после́дняя? Are you last (in line)? (3)

по́сле чего́, кого́ after (1)

посо́льство embassy (4)

Посто́й! Stop! (7)

посыла́ть (посыл**а́й**-) /посла́ть (посл**а́**-) что́ кому́ to send something to someone (6)

по телеви́зору on television (3)

по́чта mail, post office (2)

почти́ almost (9)

пра́во law (междунаро́дное пра́во = international law) (1)

пра́здник holiday (1)

предложе́ние proposal (of marriage); suggestion; sentence (1)

предме́т (academic) subject (1)

прекра́сен (прекра́сна, прекра́сно, прекра́сны) wonderful (3)

прекра́сный wonderful (8)

пре́лесть (f.) delight, Кака́я пре́лесть! How lovely! (10)

преподава́ть (препод**ава́й**-) (impf.) что кому́ где to teach (3)

при́быль (f.) profit (3)

приве́тливый friendly (7)

приве́тствовать (приве́тств**ова**-) (impf.) кого́ to greet (10)

привози́ть (привоз**и́**-) /привезти́ (привёз-) что́ куда́ to bring (9)

приглаша́ть (приглаш**а́й**-) /пригласи́ть (приглас**и́**-) кого́ куда́ (к кому́ на что (event)) to invite someone to something (1)

приглаше́ние invitation (1)

Придётся вам заплати́ть штраф. You will have to pay a fine. (4)

прие́зд arrival (10)

приезжа́ть (приезж**а́й**-) /прие́хать (irreg. like **е́хать**) куда́ to arrive (by vehicle) (3)

призва́ние calling, vocation

принадлежа́ть (принадлеж**а́**-) (impf.) кому́ to belong to somebody (9)

При чём здесь "N"? What does "N" have to do with it? (5)

причёска hairstyle (9)

Прия́тного аппети́та! Bon appetit! (5)

прия́тный pleasant (2)

про́бовать (про́б**ова**-) /попро́бовать (попро́б**ова**-) что, что (с)де́лать to try (7)

програ́мма software (7)

программи́рование computer programming (1)

программи́ст computer programmer (1)

прогуля́ть (прогуля́**й**-) (pf.) что уро́к to skip class (2)

продава́ть (прод**ава́й**-) /прода́ть (irreg. like **дать**)что где кому́ to sell (transitive, takes a direct object) (6)

продава́ться (прод**ава́й**-ся) где to be in stock (6)

продолжа́ть (продолж**а́й**-) /продо́лжить (продо́лж**и**-) что де́лать to continue (always followed by an imperfective verb) (5)

проду́кты (pl.) groceries (8)

проездны́е докуме́нты transportation passes (4)

производи́ть (производи́-)
/произвести́ (произвёд-) что
где to produce (5)

производи́ться (производи́-ся)
(impf.) где to be produced
(6)

произво́дство production,
manufacturing (5)

происходи́ть (происходи́-)
/произойти́ (irreg.) to happen,
occur Что произошло́? What
occurred (What happened)?
(1)

проси́ть (проси́-) /попроси́ть
(попроси́-) кого́ to make a
request (кого́ = of someone)
(2)

проспа́ть (irreg. like **спать**) (pf.)
to oversleep (4)

просто́й simple (6)

простуди́ться (простуди́-ся)
(pf.) to catch a cold (2)

про́сьба request (3) У меня́
к вам про́сьба. I have a
request for you (3)

просыпа́ться (просыпа́й-ся)
/просну́ться (просну́-ся)
когда́ to wake up (4)

проти́вно disgusting (10)

Проходи́те, бу́дьте как до́ма.
Come in and make yourself at
home. (6)

профессиона́льный
professional (6)

прохо́жий passerby

Прошу́ (from проси́ть) Please
(said as an invitation to come
in, sit down, help yourself,
etc.) (6)

пря́мо straight (Пря́мо до
большо́го бе́лого зда́ния. =
Straight to the large white
building. (4)

пря́мо сейча́с right now (5)

путеше́ствие travel, journey (7)

путеше́ствовать (путеше́ствова-)
(impf.) по чему́ (по Сиби́ри)
to travel (7)

пучо́к bundle (of vegetables, of
salad greens) (8)

пылесо́с vacuum cleaner (9)

Р

раб slave

ра́бство slavery

рабо́тать (рабо́тай-) (impf.) над
чем (над спекта́клем) to
work on something (a
show/performance) (6)

рабо́тник worker, employee

рабо́чий worker, laborer

рабо́тящий hard-working
(colloquial) (4)

рад (ра́да, ра́ды) glad, happy
(1)

ра́доваться (ра́дова-ся)
/обра́доваться (обра́дова-ся)
чему́ to be happy about
something (9)

раз (1 раз, 2 ра́за, 5 раз) time,
occasion

Ра́зве э́то спи́сок? What kind
of a list is this? Is this really a
list? (8)

разводи́ться (разводи́-ся)
/развести́сь (развёд-ся) с кем
to divorce (2)

ра́зный different, various
(ра́зные стра́ны = different
countries) (7)

ра́но early (2)

расска́з story (6)

расска́зывать (расска́зывай-)
/рассказа́ть (рассказа́-) кому́
что to tell someone something
(1)

расстра́иваться (расстра́ивай-
ся) /расстро́иться (расстро́и-
ся) из-за чего́ to get upset
(9)

расстро́ен (расстро́ена,
расстро́ено, расстро́ены) из-
за чего́ upset (5)

реали́ст realist (7)

ревнова́ть (ревнова́-) (impf.)
кого́ к кому́ to be jealous (of
someone) (10)

регистри́ровать (регистри́рова-)
/зарегистри́ровать
(зарегистри́рова-) что (брак)
to register (marriage) (2)

регуля́рно regularly (5)

ре́дкий rare (3)

рейс flight (рейс прямо́й =
direct or non-stop flight; рейс с
переса́дкой = flight with a
transfer (9)

ремесло́ handicraft, trade (5)

репети́ровать (репети́рова-)
(impf.) что to rehearse (6)

реце́пт recipe (8)

реша́ть (реша́й-) /реши́ть
(реши́-)что́ to decide; to
solve (2)

реши́тельный decisive,
resolute (4)

рис rice (8)

ро́бкий timid (8)

ро́вно exactly, precisely (4)

роди́тели (pl.) parents (1)

роди́ться (роди́-ся) (pf.) to be
born (1)

ро́дственник relative (3)

рок (рок-н-ролл) rock-n-roll
(3)

рома́н novel (6)

руба́шка shirt (руба́шка с
коро́ткими рукава́ми = a
short-sleeved shirt (10)

рука́в (pl. рукава́) sleeve(s)
(10)

ру́чка pen (2)

ры́ба fish (8) бе́лая ры́ба
(usually) sturgeon (10)
кра́сная ры́ба salmon (10)

ры́нок farmers' market (4)

С

сад garden (6)

Сади́тесь! Get in (the car)! (3)

сади́ться (сади́-ся) /сесть
(irreg.) куда́ to sit down, to
have a seat (2)

сала́т lettuce; salad (used with
an adjective to indicate a
special kind of salad, such as
сала́т "Столи́чный" = Capital
Salad, a Russian potato salad
or with (с чем) сала́т
с кра́бами = crab salad) (8)

самолёт airplane (3)

са́хар sugar (8)

сва́дебный wedding (9)

сва́дьба wedding (1)

свéжий fresh (2)

свёкла beets (10)

свобóден (свобóдна, свобóдно, свобóдны) free (5)

сдавáть (сдавáй-) /сдать (irreg. like дáть) что to take/pass (экзáмен, зачёт) (6)

себестóимость (f.) wholesale cost, по себестóимости at cost (9)

секрéт secret (2)

секретáрша secretary (6)

секýнда second (2)

селёдка herring (10)

семинáр seminar (6)

семья́ family (5)

сердúт (сердúта, сердúто, сердúты) на когó/на чтó angry (5)

сердúться (сердú-ся) /рассердúться (рассердú-ся) на когó/на что to get angry at (someone, something) (4)

серьёзно seriously (2) Нет, серьёзно! No, seriously! (3)

серьёзный serious (2)

сестрá sister (1)

сидéть (сидé-) /посидéть (посидé-) где на чём to sit (2)

симпатúчный cute, nice-looking, nice (6)

ситуáция situation (7)

Скóлько стóит "N"? How much does "N" cost? (colloquially, почём "N" is also used) (8)

скрóмный modest, humble (4)

скýчно boring (7)

Слáва Бóгу. Thank God. (1)

слáдкий sweet (8)

слéва от чегó on the left (4)

С лёгким пáром! Pleasant steam! (said in the bathhouse) (5)

слúшком too, excessive(ly) (1)

слóво word (тóчное слóво = the exact, precise word) (pl. словá) (7)

случáться (случáй-ся) /случúться (случú-ся) to happen (often used in past tense sing. (Чтó случúлось? = What happened?) (1)

слýшать (слýшай-)/послýшать (послýшай-) когó/чтó to listen to (3)

слýшать (слýшай-) /прослýшать (прослýшай-) курс to take a course on ... (6)

слы́шать (слы́ша-: -жа- stem) /услы́шать что to hear (3)

смéлый brave (4)

сметáна sour cream (8)

сначáла (adv.) at first

снимáть (снимáй-) /снять (снúм-) фильм to shoot a film (2); когó/что - to take a picture of ...

снóва again (2)

собáка dog (1)

собирáться (собирáй-ся) /собрáться (соб/рá-ся) чтó-то (с)дéлать to intend, to get ready to do something; to get together; to plan to do something (1)

совéт advice (5)

совéтовать (совéтова-) (impf.) комý чтó-то (с)дéлать to advise someone to do something (4)

совéтоваться (совéтова-ся) /посовéтоваться (посовéтова-ся) с кем о чём to consult with someone about(6)

совремéнный modern, contemporary (2)

соглáсен (соглáсна, соглáсны) to agree(7)

соглашáться (соглашáй-ся) /согласúться (согласú-ся) с кем to agree with smb. (1)

с однóй стороны́, с другóй стороны́ on the one hand, on the other hand (7)

солёный огурéц pickle (3)

соль (f.) salt (8)

сомневáться (сомневáй-ся) (impf.) в чём to doubt (6)

сосéд (pl. сосéди) neighbor (1)

составля́ть (составля́й-) /состáвить (состáви-) что to compose, to create (8)

спáльня bedroom, bedroom set (9)

спасён (спасенá, спасены́) to be saved (7)

Спасúбо за комплимéнт. Thanks for the compliment. (9)

Спасúбо огрóмное. Thanks a lot. (1)

спать (irreg.) (impf.) to sleep (3)

спектáкль show, production (6)

специáльность (f.) speciality, major (1)

специфúческий specific (5)

спúсок list (4)

спокóен (спокóйна, спокóйны) peaceful, tranquil (7)

спокóйный calm, tranquil (10)

спор argument (8)

спрáва от чегó on the right (4)

спрáвка certificate (7)

срáзу immediately, right away (5)

срóчно urgently (8)

ссóриться (ссóри–ся) (impf.) с кем из-за чегó to argue with one another (8)

стáвить (стáви-) /постáвить (постáви-) чтó кудá to place in a standing position (9)

становúться (становú-ся) /стать (стáн-) кем/чем to become (7)

стáнция (метрó) station (metro) (4)

старáться (старáй-ся) /постарáться (постарáй-ся) что (с)дéлать to try, to attempt (7)

старúк old man (used as slang by a man to refer to a close male friend) (2)

стóить (стóи-) (impf.) to cost (3)

стол (pl. столы́) table (стол
обе́денный = dining table,
стол пи́сьменный = desk) (9)

столо́вая dining room, dining
room set (9)

стоя́нка parking lot (4)

стоя́ть (стоя́-: -жа- stem)
(impf.) где to be standing (9)

страна́ (pl. стра́ны) country (5)

Стра́нно! How strange! That's
strange! (7)

стра́нный strange (2)

стра́шный terrible, horrible (6)

сту́дия studio (телесту́дия =
television studio) (1)

стул (pl. сту́лья) chair (9)

сты́дно ashamed (10)

С удово́льствием. With
pleasure. (1)

судьба́ fate, Каки́ми судьба́ми?
By what twist of fate? (3)

суеве́рный superstitious (3)

су́тки (pl.) 24-hour period (4)

сухо́й dry (сухо́е вино́ = dry
wine) (10)

сча́стлив (сча́стлива, сча́стливо,
сча́стливы) happy (5)

сча́стье happiness (5)

Сча́стье не в деньга́х!
Happiness rests not in money!
(7)

счита́ть (счита́й-) (impf.) to
consider, to think (5)

сын son (1)

сюрпри́з surprise (10)

Т

табле́тка pill (2)

Так себе́. So-so, not so great. (2)

тамада́ toast-master (10)

таре́лка dish (9)

Тебе́ идёт. It suits you. (9)

Тебе́ пло́хо? Do you feel sick?
(4)

телеви́дение television industry
(1)

температу́ра temperature (2)

тепе́рь now (5)

теря́ть (теря́й-) /потеря́ть
(потеря́й-) что́ to lose
something (1)

тёплый warm (2)

тётя aunt (1)

ти́хо quietly (8)

торт cake (6)

то́чный precise (7)

тошни́ть (тошни́-) (impf.) to
feel nauseous (used in the
third-person with accusative of
logical subject) (Меня́
тошни́т. = I feel nauseous
(sick to my stomach) (2)

труд labor

труди́ться (труди́-ся) to labor

тру́дно difficult, hard (3)

тру́дный difficult, hard (5)

трудолюби́вый hard-working,
industrious (4)

ту́мбочка nightstand, small
cabinet (9)

тушёный stewed (8)

Ты с ума́ сошёл (сошла́)! You
are crazy! (You have gone out
of your mind!) (9)

Ты что́! What are you talking
about! What are you, crazy!
(5)

У

у чего́ next to, near (4), у вхо́да
at the entrance (9)

уваже́ние respect (5)

У вас вопро́с ко мне́? Do you
have a question for me? (5)

уве́рен (уве́рена, уве́рены) to
be certain, confident (6) Ты
уве́рен? Are you sure?

уви́деть (уви́де-) (pf.) to see, to
spot (4)

Увы́! Alas! (6)

угоща́ть (угоща́й-) /угости́ть
(угости́-) кого́ to treat

Угоща́йтесь! Help yourself!
(10)

удиви́тельно surprisingly (9)

удивлён (удивлена́, удивлено́,
удивлены́) surprised (5)

удивля́ться (удивля́й-ся)
/удиви́ться (удиви́-ся) чему́
to be surprised about
something (9)

удо́бный comfortable (9)

уезжа́ть (уезжа́й-) /уе́хать
(irreg. like е́хать) to leave
(by vehicle) (3)

Ужас! What a horror! How
terrible! (9)

ужа́сно horrible (Ужа́сно!
Это ужа́сно! = That's
terrible!)(1)

ужа́сный awful, horrible,
terrible (can be used
figuratively to indicated
"awful" or excessive: Они́
ужа́сные идеали́сты = They
are awful idealists.) (7)

уже́ already (8)

узнава́ть (узнава́й-) /узна́ть
(узна́й-) to recognize
кого́/что (Узнаёшь? = Do you
recognize me?) (said on the
phone) (2); to find out (5)

укро́п dill (8)

у́мный smart, intelligent (2)

умоля́ть (умоля́й-) (impf.) кого́
to implore, to beg (6)

Умоля́ю вас. I implore you, I
beg you. (6)

успева́ть (успева́й-) /успе́ть
(успе́й-) что сде́лать to
manage to do something (10)

устава́ть (устава́й-) /уста́ть
(уста́н-) to get tired (impf.);
to be tired (pf. used in past
tense) от кого́/от чего́ (9)

уходи́ть (уходи́-) /уйти́ (irreg.)
to leave, to depart (4)

Ух ты! Wow! (7)

уча́ствовать (уча́ствова-)
(impf.) в чём to participate in
something (6)

уче́бник textbook

учени́к, учени́ца pupil, school-
age student

учёный scientist (6)

учи́лище educational institute
(театра́льное учи́лище =
theater school) (6)

учи́тель (pl. учителя́) teacher
(6)

учи́ться (учи́-ся) (impf.) где, на
како́м ку́рсе to study
where?(1)

ую́тный cozy (1)

Ф

файл   file (8)

факульте́т   department, college (in a university) (1)

фи́зик   physicist (1)

фи́зика   physics (1)

физи́ческий   physical (1)

фило́лог   philologist (1)

филологи́ческий   philological (1)

филоло́гия   philology (1)

филосо́ф   philosopher (1)

филосо́фия   philosophy (1)

филосо́фский   philosophical (1)

фанта́стика, Это про́сто фанта́стика!   This is just fantastic! (10)

фи́рма   firm (5)

Х

Хва́тит.   Enough! Stop it !

хи́мик   chemist (1)

хими́ческий   chemical (1)

хи́мия   chemistry (1)

хму́рый   gloomy (7)

ходи́ть (ходи́-)(multidirectional, impf.) to go by foot (3)

хозя́ева (pl.)   hosts (10)

хозя́ин   host (10)

хозя́йка   hostess (10)

хозя́йственный   domestic, handy around the house (in Russian, this adjective has a strong positive connotation!) (5)

холоди́льник   refrigerator (9)

хо́лодно   cold (6)

холо́дный   cold (4)

хотя́   even though, although (10)

хруста́ль   crystal (9)

худо́жественные изде́лия из льняны́х тка́ней   art works made of linen fabrics (5)

Ц

цвето́к (pl. цветы́)   flower (6)

целова́ться (целова́-ся) /поцелова́ться (поцелова́-ся) с кем   to kiss (one another) (10)

церемо́ния   ceremony (10)

Ч

чай (с мёдом)   tea (with honey) (2)

ча́стник   private car (that moonlights as a taxi) (4)

чемода́н   suitcase (3)

через что́   in, after (in expressions of time), across (1)

чесно́к   garlic (8)

Что де́лать?   What can I (we) do? (lit., What should/can be done?) (5)

Что́ ли?   Or what? (2)

Что произошло́?   What occurred (What happened)? (1)

Что случи́лось?   What happened? (1)

Что с тобо́й?   What's wrong with you? (1)

Что тако́е … (сча́стье)?   What is … (happiness)? (Used to ask for a fuller meaning, not just a one word definition.) (7)

чуде́сно   wonderfully (9)

Чуть не + (verb)   almost (Ты чуть не опозда́л! = You were almost late!) (4)

Ш

шампа́нское (n.)   champagne (adj. used as a noun) (8)

шо́рты   shorts (10)

шофёр   driver, chauffeur (6)

штраф   fine, penalty (4)

шути́ть (шути́-) /пошути́ть (пошути́-)   to joke (3)

Щ

ще́дрый   generous (4)

Э

эгои́ст   egoist (5)

экзоти́ческий   exotic (3)

эконо́мика   economics (1)

экономи́ст   economist (1)

электро́нная по́чта   e-mail (2)

электро́нный   electronic (2)

Это в пе́рвый раз!   This is for the first time! (3)

Это твоё де́ло.   That's your business. (2)

Это то́чно!   That's exactly right! (3)

Эх ты!   Oh! How could you! (7)

Ю

юбиле́й   anniversary (10)

юриди́ческий   judicial, legal (1)

Я

Я вас слу́шаю.   I am listening (What can I do for you?) (2)

явля́ться (явля́й-ся) (impf.) кем, чем   to be (formal, bookish style) Москва́ явля́ется столи́цей Росси́и. Moscow is the capital of Russia. (6)

Я ду́маю, что…   I think that… (1)

Я за ва́ми.   I'm after you (in line). (3)

Grammatical Index